U0474278

图解
北大管理课

张卉妍 编著

中国华侨出版社
北京

图书在版编目(CIP)数据

图解北大管理课 / 张卉妍编著 . — 北京：中国华侨出版社，2018.4
ISBN 978-7-5113-7590-2

Ⅰ.①图… Ⅱ.①张… Ⅲ.①管理学—图解 Ⅳ.① C93-64

中国版本图书馆 CIP 数据核字（2018）第 041287 号

图解北大管理课

编　　著：张卉妍
责任编辑：紫　岚
封面设计：韩立强
文字编辑：焦金云
美术编辑：盛小云
插图绘制：李小永
封面供图：www.quanjing.com
经　　销：新华书店
开　　本：720mm×1020mm　1/16　印张：28　字数：650千字
印　　刷：北京市松源印刷有限公司
版　　次：2018 年 5 月第 1 版　2018 年 5 月第 1 次印刷
书　　号：ISBN 978-7-5113-7590-2
定　　价：39.80 元

中国华侨出版社　北京市朝阳区静安里 26 号通成达大厦 3 层　邮编：100028
法律顾问：陈鹰律师事务所
发 行 部：（010）58815874　　　传　　真：（010）58815857
网　　址：http://www.oveaschin.com　　E-mail：oveaschin@sina.com

如果发现印装质量问题，影响阅读，请与印刷厂联系调换。

前 言

沙滩红楼，未名燕园，博洋高歌，陈实飞舞。北京大学是享誉世界的百年名校，莘莘学子孜孜以求的学术殿堂。作为中国历史悠久、地位崇高、影响力巨大的高等学府之一，北京大学历经了百余年的文化积累与沉淀，形成了独特的文化体系与理念，培养了一代又一代的社会精英，也产生了无数优秀的科研成果。北京大学的发展，不仅代表了一个学校的成长历程和中国高等教育的成败荣辱，更加见证了中国的百年蜕变和世事沧桑。

1985年，北京大学顺应时代需求，成立了经济管理系，1994年，经济管理系正式更名为北京大学光华管理学院。作为专门从事管理研究和教育的机构，光华管理学院秉承了北大悠久的人文传统、深邃的学术思想和深厚的文化底蕴，处于中国经济发展与企业管理研究的前沿，以向社会各界提供真正具有国际水准的管理教育为己任，致力于帮助国有企业实现管理的国际化、民营企业管理的现代化、跨国公司管理的本土化。如今，光华管理学院仍然在源源不断地向社会输出管理型人才，而北大管理课教授们的管理学经验，也随着信息化的发展和北大管理公开课的持续推广散发出越来越持久、越来越璀璨的光芒，在给我们带来巨大的学习和借鉴价值的同时，也带来了难得的机遇。2014年度《金融时报》公布的全球百强MBA排名中，光华MBA项目位居第57位，连续三年在该榜单中引领全国高校。光华金融硕士项目在《金融时报》2012年度全球金融硕士项目排名中位列第8位，也是排名榜前35位中唯一入选的亚洲院校。

北大是中国人的骄傲，而北大光华管理学院更是培养职业管理人的摇篮。然而，能真正走进北大的毕竟是少数，大多数人还是难以如愿以偿。为了帮助莘莘学子及广大渴望有成就、有所作为的读者不进北大也一样能聆听到有关管理方面的精彩课程，学到百年北大的管理智慧，我们编写了这部《图解北大管理课》。

管理是一门学问，也是一门艺术。有人说，管理很复杂，确实如此，管理涉及到企业的方方面面，有人员管理、团队管理、时间管理、决策管理、风险管理……

也有人说管理很简单，其实，如果把所有的想法整合在一起实行，也确实很简单。这两种说法都正确；但关键是要能实施成功而有效的管理，把工作程序合理化、科学化，减少不必要的阻碍，使企业的利益最大化。可以说，每一个管理者都在不遗余力地探求最有效的成功管理模式，但是如何掌握其中的奥妙却众说纷纭，成功管理的哲学与艺术也是仁者见仁、智者见智。当今世界，商业竞争日益复杂，充满诸多挑战，因而比任何时候都需要更多、更优秀的管理者。而在我国，随着市场经济的高速发展，各种各样的企业如雨后春笋般迅速建立起来，各种管理思想、管理书籍也十分火爆和走俏，这表明，我们的企业迫切需要优秀的管理者。管理直接影响着一个企业的兴衰成败。每一位高明的管理大师像一位技艺精湛的厨师，能够根据实际情况来掌握好管理的火候，并不断地学习和尝试更先进的烹饪方法。日本企业的崛起归功于其对西方管理思想的吸收，印度软件业的成功则基本上是依靠现代的组织制度。那么中国企业的复兴靠什么？一位研究员曾经说过："中国企业最缺的是企业管理。"

现代"管理学之父"彼得·德鲁克说过："在人类历史上，还很少有什么事比管理学的出现和发展更为迅猛，对人类具有更为重大和更为激烈的影响。"大到国家、企业，小到个人工作、生活中遇到的各种问题，管理都发挥着无可替代的作用。20世纪末的20年，管理学发展迅猛。随着世界经济由制造业一统天下的格局成为历史，金融、贸易、IT产业、跨国集团大举发展，世界经济呈现繁荣多变的景象。游戏规则开始国际化、法制化，企业发展外部环境和对外关系上升为关乎企业生存的首要问题，公司治理结构取代了企业内部管理，连人力资源管理、市场营销这样的传统管理理论都无法沿袭旧路。

在一个企业中，管理层是神经系统，担负着整个企业的日常工作运转。企业只有在优秀管理者的领导下，才能健康有序地运作，并在这种状态下发展壮大。因此，越来越多的人认识到先进的管理模式对于企业发展的重要作用。然而，管理者一般上有顶头上司，下有基层员工，怎样才能在遵照上司指令的基础上带领下属员工做好工作，实现卓有成效的管理呢？我们以北大管理课的学术观点为发射源，从企业最根本的生存和发展等问题出发，归纳其生存根基，总结其发展优势，倡导务实的管理艺术，升华可持续性的管理理念。本书从管理者内在素质的培养到外在的形象树立，从管理者识人、用人、授权到激励员工、协调团队，从管理决策、战略到应对危机、创新发展，详尽细致地讲述了管理者如何完成从平凡到优秀、从优秀到卓越的蜕变。书中还总结提炼了许多北大著名教授的管理箴言，为广大读者提供了管理企业的方法和思路。同时，本书让你感悟百年北大管理智慧，借鉴大师们的管理经验，为自己的事业创造非凡的成功。北大的管理智慧，将会成为我们走向人生巅峰的一个重要的法宝。每一堂北大管理课，都能促进我们事业的发展；每一种北大精神，都将照亮我们人生与事业的前进道路。

目　录

第一章

目标管理课：认定方向就不会改变，用目标凝聚力量

名企为什么这样红——始于伟大的目标…………………………… 1
专注，用手中的枪去瞄准目标…………………………………………… 4
要让员工相信，实实在在的目标唾手可得…………………………… 6
目标的恒一性——"二十年来坚持做同一件事情"………………… 9
学会"走楼梯"，分步实现阶段性目标……………………………… 11
尽可能提前完成目标的最后期限……………………………………… 14
艺术而又科学地设定目标，最好是使劲跳后就能触摸到………… 16
梦想的力量——成功往往"源于一个梦"…………………………… 19

第二章

战略管理课：生存下去并且发展起来，"你的利润空间会很大"

定战略——确定何所为，何所不为…………………………………… 22
红海或蓝海，依存于自身的定位……………………………………… 24
进入门槛相对较低，要做好低利润率的准备………………………… 27
傻瓜才会去试图预测，规划是成功的保证…………………………… 28
成长是第一战略，而不是利润最大战略……………………………… 29

1

没有必要一开始就把战线拉太长 …………………………………… 31
掌握趋势，确保战略的前瞻性 …………………………………… 33

第三章
决策管理课：学会做决策，但必须"摆脱具体事务的羁绊"

指挥上的"独裁"：必须要抓的大权 …………………………… 37
决策以长期理念为基础，即使牺牲短期财务也在所不惜……… 41
决策目标要明确，行动就有针对性 …………………………… 42
没有充分的调查，就没有正确的决策 ………………………… 45
90%的信息加10%的直觉，就是成功的决策 ………………… 49
兼听则明，引导员工积极参与决策 …………………………… 52
当断不断，反受其乱：果断决策的重要性 …………………… 55

第四章
人才招聘课：用三分之一的时间找人，找最优秀的人，找最适合的人

选人就像赌博，选错人就会满盘皆输 ………………………… 58
道不同不相为谋——选人的前提是价值观的统一 …………… 60
真正的人才值得"众里寻他千百度"，千方百计邀请对方…… 63
通过面试识人，让你招到精英 ………………………………… 67
在赛马中相马，选择人才比培养人才更重要 ………………… 71
伯乐相马：寻找有潜力的员工 ………………………………… 72
学历与能力：天平该向哪边倾斜 ……………………………… 75

第五章
用人管理课：每个人都拥有智慧，关键是怎样激发和运用

没有最好的人才，只有最适合的人才 ………………………… 78

用人无须求全责备，永远找不到没有缺点的人…………… 81
用人之长，避人之短：知人善任的领导是最聪明的………… 83
唯才是举，避免任人唯亲……………………………………… 86
凡是真正必不可少的人物，肯定不会让他走………………… 89
关键位置上敢用外来管理者…………………………………… 92
抛弃等级成见，尝试让B级人干A级事……………………… 95

第六章

授权管理课："从细节中超脱出来"，不去和别人抢权

充分授权：管理者的带队伍诀窍……………………………… 97
越聪明的管理者，越懂得"弱治"…………………………… 101
权责一致，授权也要讲究策略………………………………… 104
向下属分权，让看准的人挑担子……………………………… 107
问员工要业绩，不要具体方案………………………………… 110
大权紧握，小权分散：注意集权和分权的结合点…………… 113

第七章

创新管理课：复制北大精神，鼓励不断揣摩市场需要的创新

企业管理最大的敌人就是"不懂创新"……………………… 117
不要抱怨创新难，不换脑袋就换人…………………………… 120
创新型员工——提升企业竞争力的关键……………………… 123
学会借力——左脑和右脑的配合……………………………… 126
盲目不可取，重大决策性创新要慎之又慎…………………… 128
走出思维的栅栏，甩掉"金科玉律"的束缚………………… 130
鼓励创新，找到企业创新的动力机制………………………… 134

第八章

制度管理课：谁说了算——慢慢形成"规矩说了算"

管理难题：法治还是人治…………………………………………… 137
建章立制，坚决做到"对事不对人"……………………………… 141
按制度办事：不要动不动就"例外"……………………………… 142
制度的基础：建立适合企业的组织架构………………………… 145
减肥，实现扁平化………………………………………………… 147
制度不完善，滋生"潜规则"……………………………………… 149
企业制度必须与时俱进，确保制度的切实可行………………… 150

第九章

人性管理课：管理是以他人为中心的包容，不是以个体为中心的自私

不要存心去管人，不要忽略人的情绪…………………………… 154
"Y"优于"X"，管理必须弘扬的"善"……………………………… 157
为企业之道——先存员工………………………………………… 158
"仁爱"是赢得人心的有效方法…………………………………… 160
带人要带心，把下属的心暖热…………………………………… 162
尊重员工的尊严，让其安心工作、体现价值…………………… 164
关注员工心理，帮助他们对抗挫折……………………………… 167

第十章

激励管理课：滋润员工心灵，"在让利中学会分享"

保健因素和激励因素：激励的重要作用………………………… 170
有激励才有动力，建立企业的激励机制………………………… 173
奖励真正解决问题的员工，而非只做表面文章的员工………… 176
给员工以挑战，就是对他最大的激励…………………………… 178
摘到金苹果——保证优秀员工能顺利"晋级"…………………… 181

赏不逾时：把握激励的及时原则……………………………… 184
不吝啬赞扬，最大限度地鼓舞士气……………………………… 187

第十一章
沟通管理课：少说多听常点头，"下属的干劲是谈出来的"

与员工交流思想，这是你的主要工作……………………………… 191
不要像评论家一样品头论足，这样的态度解决不了问题……… 194
不说废话——向任正非学习"直接沟通"………………………… 196
用心倾听员工的心声和抱怨，让对方多说话…………………… 198
传递期望，让员工感受到鼓舞而不是失望……………………… 202
心怀善意和认同感，可以帮你赢得人心………………………… 204
放下你的高姿态，和员工坦诚交流……………………………… 206

第十二章
执行力管理课：大多数时候，人们不知道干什么

把信交给加西亚——管理呼唤优秀执行力……………………… 209
细化执行的标准，科学考察执行的效果………………………… 212
不要把问题留到明天，尽力在今天找到最好的解决方法……… 215
执行不打折：明确管理角色与执行角色………………………… 219
每个管理者都要给员工"对"的明确标准……………………… 221
执行力是一种服从力，像军人一样执行………………………… 224

第十三章
高效能管理课：错误的工作方式只会增加劳动强度

忙碌并不等于高效，谨防跌入效率的陷阱……………………… 228
时间完全没有替代品，尊重时间的价值………………………… 230

把事情一次做到位，不要为同一事情而反复忙碌……………… 232
神奇的"二八法则"：抓住关键……………………………… 235
集中精力去做那些最重要的事情……………………………… 238
制定任务清单，让工作条理化………………………………… 240
聚焦你的全部力量，每次只专心做好一件事………………… 242
界定问题，然后第一时间解决问题…………………………… 244

第十四章

潜能管理课：激发个人潜力，将"小草"变成"大树"

有关潜能的三个疑问…………………………………………… 248
别轻易说已经尽力，"逼"出自己的潜能…………………… 251
挑战自我，突破劣势更要突破优势…………………………… 255
"你的身后缺少一匹狼"：让压力激发潜能………………… 257
勇于打破旧有的秩序，不要笼罩在"神话"中……………… 260
提升期望值，充分挖掘员工潜力……………………………… 262
摆脱约拿情节，不再自我设限………………………………… 266

第十五章

竞争力管理课：商战策略是真正决胜千里的因素

你可以拒绝进步，但你的竞争对手不会……………………… 269
核心优势——牢记自己的核心竞争力………………………… 273
与对手合作，实现双赢的竞争之道…………………………… 275
抓住特定的客户群，走市场细分之路………………………… 279
既要关注宏观战略，也要关注细节的竞争…………………… 282
淡季不淡：如何将淡季转为旺季……………………………… 283
创立自己的品牌，提升自己的行业影响力…………………… 286

第十六章

营销管理课：尊重客户价值，持续创造差异和个性

客户的抱怨就是你的订单，不要逃避…… 289
从"请消费者注意"到"请注意消费者"…… 293
诚信是基石，做到这点才能走得更远…… 295
主动从客户的立场寻找需求…… 298
消费者的懒惰心理中也有商机…… 302
打造产品卖点，成功吸引客户…… 305
开发市场的广度和深度，两手都要硬…… 308

第十七章

成本管理课：记住，企业内部只产生成本

浪费总会被习惯性地隐藏起来，避免那些浪费…… 311
微利时代，节约的都是利润…… 313
重视微小的数字，不让重大的浪费呈现出来…… 316
砍采购成本，剔除毫无成效的投入…… 319
降低固定成本，不要让固定资产侵吞利润…… 323
争取实现零库存，减少无形耗费…… 328
以市场为导向，有效控制生产成本…… 331

第十八章

团队管理课：团队建设就像"揉面团"，如何分配"利益与人情"

首先一定要"锁住"自己的核心团队…… 334
俞敏洪的糖纸理论：学会分享…… 337
优势互补，打造"西游团队"…… 340
帮助后进员工，把"短板"变成"长板"…… 343

树立共享目标，把个人的雄心融入团队的发展……………… 347
以全局观化解矛盾和分歧……………………………………… 350
让团队成员和谐共处…………………………………………… 352

第十九章
企业文化课：文化注入和思想改造，让内心沉淀企业基因

企业文化建设：拥有魂魄的企业才能所向无敌………………… 355
愿景帮助企业得到员工真正的忠诚……………………………… 358
建立企业文化，重在员工认同…………………………………… 361
精神聚众——用核心价值观统领一切…………………………… 362
文化赋予使命感，指引企业走向成功…………………………… 365
接受并形成习惯，让企业文化"落地"…………………………… 367
文化建设也需要时常更新………………………………………… 369

第二十章
危机管理课：繁荣时代不要忘了自己的"渴求"

21世纪，没有危机感是最大的危机 ……………………………… 372
向太平意识宣战——百度永远离破产只有30天 ………………… 375
创业艰难守业更难：企业帝国是如何陨落的…………………… 378
天下虽安，忘战必危：不要被暂时的辉煌蒙蔽眼睛…………… 380
找到"蚁穴"，注意危机前的隐性信号…………………………… 383
找出危机的源头，把危机消灭在萌芽状态……………………… 386
不可抗危机的应对机制——做些什么才能转危为安…………… 389

第二十一章
管理艺术课：难得糊涂，"在恰当的时候做最恰当的事"

不同人的不同管理方式——没有一成不变的管理模式……… 392
不要和下属走得太近，保持适当的距离……………………… 394
不要把拥有的权力当成领导力：树立起你的威望…………… 396
勇于担责，与员工一起分享荣耀………………………………… 400
放下自己的架子，让员工感受亲和力…………………………… 401
其身正，不令而从：成为优秀的带队者………………………… 404
错误面前，管理者该不该认错…………………………………… 407

第二十二章
自我管理课：我不进步，企业就不会进步

知人者智，自知者明：首先要认识自己………………………… 410
多与自己较劲，少在别人身上找问题…………………………… 413
你也可以成为自己的人力资源主管……………………………… 415
干出样子，形成榜样的力量……………………………………… 418
归零心态——放下才能得到……………………………………… 421
学习"咖啡豆"精神，干部是折腾出来的……………………… 423
化抱怨为抱负，为自己的未来而努力奋斗……………………… 425
点燃激情，让自己发光发热……………………………………… 428

第一章 目标管理课：

认定方向就不会改变，用目标凝聚力量

名企为什么这样红——始于伟大的目标

人是不能一天没有目标、没有梦想的，没有目标人生就会迷茫、失落，心理就会脆弱。一辈子的目标要定得高远，但每个阶段的目标就要现实一点儿，要永远比周围人做得好一点儿。

——俞敏洪
（毕业于北京大学英语系，现任新东方教育集团董事长）

无论是俞敏洪、李彦宏还是黄怒波等，他们具备"北大"毕业生们的一些共同特点：伟大的目标是他们奋进的不竭动力。

一个企业能走多远，能取得怎样的业绩和成就，完全取决于管理者的眼界有多远。在这个世界上有这样一个现象，那就是"没有目标的人在为有目标的人达成目标"。因为没有目标的人就好像没有罗盘的船只，不知道前进的方向；有明确、具体的目标的人，才能在目标的指引下到达人生的彼岸。

没有伟大的目标是无法把公司带向伟大的征程。北京大学林毅夫教授曾这样评价王永庆先生："王永庆董事长'一勤天下无难事'，事事要求'止于至善'等朴素又务实的经营智慧，历久弥新。他远大的眼光与独到的见解，以及创业70多年的宝贵经验，给了海峡两岸青年创业者明确的方向与启发。经历了时代变迁，更能显出钻石般的光芒！"王永庆的创业之路具有很多学习之处，他在向自己的目标奋进的过程中，常常提醒自己目标所在。

　　1931年，15岁的王永庆离开家乡，独自去嘉义，开始他人生的新旅程。那时嘉义是台湾的商业重镇，更是米谷的集散地。王永庆在亲戚的介绍下，很快就在一家米店找到一份勉强可以填饱肚子的工作。王永庆对这份每个月仅赚40元的工作倍加珍惜，每天都早出晚归，尽心尽力工作，深受老板的喜爱。

　　不过，颇有生意头脑的王永庆没有安于现状。他一边暗中观察老板经营米店的诀窍，一边省吃俭用筹措资金。一年之后，王永庆用借来的200元当本钱，在嘉义开了一家小米店，成了小老板，这是他人生最重要的转折点。

　　王永庆就这样一步步实现自己的人生目标，几年之后又开始经营木材，变成当地小有名气的木材商人。20世纪50年代初，台湾"工业局"推出了很多工业发展的投资项目，王永庆大胆地接了一个当时无人看好的项目——生产聚氯乙烯，成立台湾塑料工业股份有限公司，后来又把发展的触角伸向海外。

　　王永庆被誉为台湾的经营之神，他从小学徒到商界巨子，成就了华人世界的经典传奇。王永庆及台塑的成功，与他树立远大的理想和目标不能说无关系。

　　为自己和企业设定"伟大"的目标，这些目标也许看起来不切实际或不可能，但他们始终凝视着目标，发掘个人的潜力，朝着这个目标奋进。拿破仑说："'不可能'这个词，只在愚人的字典里找得到。"不要在未开始之前就给自己设定了障碍，"不可能"缘自我们自身思维所受到的限制，正因为如此，它才局限了我们对周围事物的认知，缩小了我们生活的半径，并进而限定了我们的目标。

　　管理者个人的成功往往意味着一个企业的成功。因此，就是要先设立一个"伟大"的目标。如果你的目标是小山包，你就永远也没有攀登喜马拉雅山的气场！只有目光远大的管理者才能够从全局出发，制定出"伟大"的目标，从而引领企业向更高远的方向发展。

　　一家家具厂的老板向员工谈起他的创业史。

　　刚开始创业的时候，他和普通的搬运工一样，每天扛着一块块木板到处跑。当他行走在城市的大街小巷，看到路上川流不息、熙熙攘攘的车流时，他对自己说："这里将来一定会有一辆车是属于我的。"当他看到道路旁边的摩天大楼，他会对自己说："这些房子里将来一定会有一栋是属于我的。"

　　曾经也有人问："你凭什么这么想，你拿什么证明？"他不予理睬，因为他有自己的目标和计划：他要拥有一家自己的家具厂。眼前他要做的是把木板扛回去，然后加工成沙发卖给顾客。

　　后来，他的生意越做越大，有了很大的工厂和数百名员工，有了车子和房子，在业内也有了一定的地位。

　　他说，人一定要有目标，并且相信自己的能力，通过坚持不懈的努力，一个个地实现它们，这就是成功。

第一章
⊙目标管理课：认定方向就不会改变，用目标凝聚力量

IBM的管理大师小托马斯·沃森说过，影响一个企业进步或退步的真正原因，不是技术，也不是跟不上消费者的偏好，也不是时尚的变化，它们可能是一部分原因，但不是决定性的因素。世界上任何一家经营多年的大企业，它们成功的真正秘诀也都不在于组织形式或者管理技巧多么成熟或者无人可及，而要归功于信念的力量以及信念对员工产生的巨大凝聚力。

没有伟大的目标，就没有前进的方向。没有起始点，就无从规划自己的航程。有了地图和指南针，你仍然会无可奈何地迷失方向，只有当你明确知道自己现在所处的位置时，地图和指南针才能发挥作用。心中有伟大目标的人，眼神坚定地朝着一个方向勇往直前，他们无论遇到多少艰难险阻，都能达到最终的目的地。

○ 目标的重要性

人与人之间的根本差别并不是天赋、机遇，而在于有无目标。成功是用目标的阶梯搭就的。

1.有目标
有目标的人会有坚定的方向，并为了实现目标而激发自己的能力，朝着目标坚定不移地走下去。

2.没有目标
没有目标的人在人生道路上会没有方向感，不知该何去何从，就算有一身才华，最终也一事无成。

人生蓝图的核心是"我一定要成功"，人生就是不断地从成功走向更加辉煌的成功。

成功学专家拿破仑·希尔认为："不甘平庸的人，必须要有一个明确的追求目标，才能调动起自己的智慧和精力。"一个目标能让人的心中燃起持久的热望，让深藏于心底的潜意识的力量爆发出来。它能长时间地调动你的创造热情，唤起你成功的信念。优秀的企业都有明确而伟大目标的指引，领导者制定的目标能激发员工的潜力，凝聚企业的力量，为共同实现目标而努力。

一个优秀目标的树立会使人的天赋得到充分发挥，使心中的所有激情与梦想喷薄而出，推动着自己马不停蹄地向成功迈进。而缺少目标的人大多数都只能漫无目的地四处游荡，浪费了上天赋予的才华，最终一无所成。

时常将"这个目标根本不可能""想都别想"这些话挂在嘴边的人，一遇到棘手的事情就把它们当成最好的遁词，实际上是画地为牢，自己将机会的大门关闭。稻盛和夫在总结自己迈向卓越的经验时，言简意赅地说，只要满怀希望，持续不断地努力，人生之路一定光明。当你烦闷时，当你对前途感觉困惑时，你只需要牢记自己的目标，并竭尽全力把你眼前的工作做好，坚持不懈地努力。这样做了，你前进的道路一定会展现在你面前。

你不妨问自己以下问题并写下来，与你的目标进行对比，以此来寻找差距。

我究竟有什么样的才干和天赋？

我的主要优势是什么？

我最明显的劣势是什么？

我曾有过的成功记录有哪些？

我所处的时代和环境对我有什么机遇？

我的知识和技能，是否跟得上时代的脚步？

达成这个目标都需要哪些专业知识？

我已经具备了哪些知识？

我还需要哪些其他方面的准备才能达到目标？

专注，用手中的枪去瞄准目标

百度上市的时候，很多人疑惑，百度凭什么打败众多的竞争对手。秘诀很简单，就是专注。这么多年来，百度只做了搜索这一件事情。

——李彦宏

（毕业于北京大学，百度公司创始人）

管理学中，有个著名的手表定律：当我们只有一块手表的时候，我们能很快确定时间，该干什么干什么；当我们有两块或更多手表的时候，我们会看看这块，又看看那块，时间上的不一致会让我们犹豫不决。拥有两块或更多手表并不能告诉我们更明确的时间，反而会让我们对时间的判断缺乏自信。这也告诉我们，设定两个或更多的平行的目标，只会让自己的企业和员工无所适从。

美国明尼苏达矿业制造公司（3M）的口号是："写出两个以上的目标就等于没有目标。"这句话的智慧不仅体现在公司经营中，也体现在企业管理中。没有目标的企业就像是一只无头苍蝇，只是停留在原地；而目标不明确甚至有多个目标的企业就像是一只被蒙了眼睛的苍蝇，完全失去了方向感，只会四处乱转。

一个成功的猎人，就要精于瞄准，瞄准猎物后再开枪，一击而中。通过对目标的选定与明确，保持对某个目标的专注，才能最终顺利达到目标。

老猎人有三个儿子，他带他们进山狩猎。一切准备工作做好之后，老猎人问三个儿子："你们现在能看到什么？"

老大回答道："我看到了我们手里的猎枪，我们三个人和森林里乱窜的野兔。"

父亲摇摇头说："不对。"接着又向老二提问。

老二回答："我看到了猎枪、野山鸡。"

父亲同样很失望，摇摇头说："不对。"

老三的回答只有一句话："我只看到了野兔。"

这时父亲点点头说："很好，你答对了。"

结果，一天下来，老三的收获最多。

唯有像这个最小的猎人一样找准目标、专注目标，从而坚定地扣动扳机，才能收获到更多。因此，对同一件事情，不能确定多种不同的目标；对于一个企业，不能设有几个不同的平行目标，否则，容易让企业陷入混乱之中，不仅管理的人混乱，下面执行的人也会没有头绪，不知道到底该怎么办。

诺基亚公司董事长奥利拉有一句名言：一个企业不可能在方方面面都行，必须学会专注。作为一个优秀的管理者，有明确的目标很关键，不能让精力分散在不同的点上，并让这个目标成为企业成员、团队成员共同奋斗的方向。大家有劲往一处使，做起事来会更容易、更快速，这样，才能把事办成。

李彦宏创立百度以来，始终坚持搜索业务。

当时从国外回国创业的李彦宏选择了搜索业务。其时电子商务已火遍美国IT界，乘着网络泡沫的列车，无数人拼了命地要挤上这辆网络快车，不惜放弃自己的专业。

但李彦宏没有放弃自己当初的目标。2001年，正值互联网产业的寒冬，百度"为他人做嫁衣"之路越走越窄，当时网络游戏、短信平台异军突起，不少人跟风赚了个盆满钵满，也有不少人鼓动李彦宏借此机会把百度带出困局。李彦宏却顶着无数人的怀疑与不解，始终坚持最初的选择，不随大流，不改方向，不断翻新、挖掘搜索领域。他相信，搜索领域的潜力还很大很大。

由于他的专注和坚持，百度终于走上了十年百倍的发展壮大之路。

伊格诺蒂乌斯·劳拉有一句名言："一次做好一件事情的人比同时涉猎多个领域的人要好得多。"有太多的目标，在太多的领域内都付出努力，我们就难免分散精力，最终一事无成。

多个目标让我们无法集中精力。"年轻人事业失败的一个根本原因，就是他们的精力太过分散，有太多的目标，以至于一无所成。"这是戴尔·卡耐基在分析了众多个人事业失败的案例后得出的结论。有些人在建筑业工作了2年，又转去金融业奋斗了3年，最后在零售业拼搏了4年，看上去他们付出的辛苦比谁都多，没有明确的目标注定他们一无所成。

管理者应该记住这一点，多个目标等于没有目标。当你有多个目标时，你不妨把多个目标简化为一个目标！

要让员工相信，实实在在的目标唾手可得

要先把最终目标搞清楚，再坚持不懈地为之努力。

——李彦宏

百度刚刚创建的时候，工作、生活条件非常简陋，作为只有几名员工、在业内没有任何名气和地位的初创公司，在各种条件都非常艰苦的创业初期，该如何构建团队，吸引人才？李彦宏所做的是给员工描绘美好的理想和远大的抱负，让员工相信在这个公司大有可为。只有胸怀远大理想、有执着的追求、乐于艰苦创业的人才能走到一起。

每个企业都有自己的目标，在不同的发展阶段，设定的目标也是不一样的。管理者首先要从明确企业的发展目标入手，不然极有可能会带领企业走入迷途。但是，脱离实际发展的目标容易让员工无感，唯有让员工相信企业的目标，才能最终发挥团队合力。

实实在在的目标，对员工而言就是实实在在的看得见的目标。人们都有这样的生活经验：给你一个看得见的靶子，你一步一个脚印去实现这些目标，你就会有成就感，就会更加信心百倍，向目标挺进。

1952年7月4日清晨，世界著名的游泳好手弗洛伦丝·查德威克从卡德林那岛游向加利福尼亚海滩。她的想法并非不切实际，她曾经横渡过英吉利海峡，如果这次她成功了，她会因此再创一项纪录。

这天的雾非常大，连护送的船只她都看不见。时间一小时一小时地过去，当

○ 如何制定切实可行的目标

没有目标，就没有动力。在我们每天的工作和生活当中，如何制定切实可行的目标，使我们过得更充实更有意义呢？

1.化整为零

把一个大的工作分解成若干个小的目标。对于一个大的工作来说，想要一下子完成可能压力比较大，但是分解成小目标，更容易完成。

2.目标要适合

每个人的能力不同，所以定的目标要与员工的能力相匹配。如果目标太难，会打消一部分人的积极性。但也不要太简单，否则就失去了挑战性。

3.完成目标要有奖励

想要激发员工的挑战性，就要不断激励员工，因此，在目标设置时要给完成目标的人一定的奖励。

她在冰冷的海水里泡了15个多小时后，远方仍旧是雾霭茫茫，查德威克感到难以坚持，她再也游不动了。艇上的人们劝她不要向失败低头，要她再坚持一下。浓雾使她难以看到海岸，她不知道自己的目标还有多远。最后，冷得发抖、浑身湿淋淋的查德威克被拉上了小艇。

在这次挑战失败之后，她总结说，如果当时她能看到陆地，她就一定能坚持游到终点。大雾阻止了她夺取最后的胜利。事实上，妨碍她成功的是一眼望不到边的大雾，她因此无法确定具体的目标。

两个月后，查德威克又一次挑战。这一次她没有放弃，终于一口气游到了美国西海岸。

目标要看得见、够得着，才能成为一个有效的目标，才会形成动力，帮助人们向着目标获得自己想要的结果。管理者应该得到这样的启示：千万不要让形形色色的雾迷住了员工的眼睛，要让你的员工相信你的目标。实实在在的目标才是唾手可得的，虚无缥缈的目标只会让员工打不起精神。

当代管理大师肯·布兰查德在其著作《一分钟经理》中指出："在相当多的企业里，员工其实并不知道经理或者企业对自己的期望，所以在工作时经常出现'职业偏好病'，即做了过多经理没有期望他们做的事，而在经理期望他们有成绩的领域里却没有建树。造成这样的情况，完全是由于经理没有为员工做好目标设定，或者没有把目标设定清晰地传递给员工。"

只有定下实实在在的目标，并制订相应的行动方案，在不断的实践过程中慢慢地接近目标，才能有助于员工理解企业的期望，并获取自身发展的动力，克服一切困难，最终取得成功。

作为一个管理者，让员工能够明确企业的目标，就能让员工最大限度地发挥他们的能力。很多时候，员工没有工作的动力，显得懒散无力，并不是他们不想努力，只是缺乏明确具体的目标，让他们没了奋斗的方向，不知从何处着手。

作为团队的管理者，必须经过客观的调研和科学的计算，才能为企业和员工制定务实的目标，让员工能看得见、摸得着，这样才能让他们感觉有奔头。具体说来，作为管理者，如何做到呢？以下3点可以借鉴：

1.将目标具体化

量化员工的奋斗目标，并指导员工如何去实施，让员工有信心、有目的地去完成目标。如果管理者能够帮员工明确其工作目标，并且能够有效地指导他去实现目标，那么，他一定会变成一个有动力并且持续为目标奋斗的人。

2.目标要合理化

每位员工有自己的工作能力，管理者要根据员工的自身特点，制定其最合理的工作目标，目标既不能太难、太远，也不能太容易实现，要具有挑战性。

3.目标要有激励性

最大限度地激发员工的积极性，可以根据员工完成目标的具体情况，给予员工适当的奖励和惩罚。当然，这种奖惩制度不要仅仅流于口头，可以以制度的形式正式化。比如规定完成任务后，要具体奖励多少金额。这样的奖励就会变得十分有刺激性和有价值，员工就会尽他最大的努力去完成自己的目标。

目标的恒一性——"二十年来坚持做同一件事情"

百度的创立源于我作为一个技术人员的梦想，这个梦想就是用技术来改变世界，来改变普通人的生活。经过6年的努力，百度已经变成了全球最大的中文搜索引擎，每天回应数亿次网民的检索需求。

——李彦宏

李彦宏曾表示，多年来坚持做一件事情，并且跟着公司不断成长，"最根本的原因，还是自己心目当中的一个理想，想把一件事情做成"。在追逐理想的过程中会发生各种各样的变化，这时是否还能坚持理想，是成功与否的关键。

美国哈佛大学对一批大学毕业生进行了关于人生目标的调查，结果如下：

27%的人，没有目标；60%的人，目标模糊；10%的人，有清晰而短期目标；3%的人，有清晰而长远的目标。

哈佛大学在25年后再次对这批学生进行了跟踪调查，结果是：

那3%的人几乎都成为社会各界的成功人士、行业领袖和社会精英，因为他们始终朝着一个长远的目标不断努力；10%的人，成为各个领域中的专业人士，大多生活在社会中上层，他们的短期目标不断实现；60%的人，他们过着安稳的生活，也有着稳定的工作，却没有什么特别的成绩；剩下27%的人，生活没有目标，并且还在抱怨他人，抱怨社会不给他们机会。

由此可见，是否有长远恒一的目标是决定一个人未来发展乃至最终成败的关键因素。那些成功的企业人士在事业的道路上深谙目标"恒一性"的益处。

1999年，马云回到杭州，以50万元创业，建立阿里巴巴网站。

这一时期，正值中国互联网最疯狂的时候，新浪、搜狐、8848风生水起，互联网被人们称为"烧钱"的行业。作为其中一员，马云和他的追随者们也被认为是一群疯子。但马云清楚自己的目标是什么，他要做的就是充满激情地向前走，永远地走下去。

2003年，阿里巴巴的股东孙正义召集了他投资的所有公司的经营者们开会，每个人有5分钟时间陈述自己公司的现状，马云是最后一个陈述者。他陈述结束后，孙正义做出了这样评价：马云是唯一一个3年前对他说什么，现在还是对他说什么的人。

2005年12月6日至16日，在中央电视台经济频道举办的2005中国经济年度人物评选创新论坛上，马云应邀在北京大学中国经济研究中心演讲。在这次演讲中，马云再次重申了阿里巴巴对专心致志地做好一件事的坚决态度。

他说，他不知道以后阿里巴巴什么样子，但是在未来的三年到五年，他仍然会围绕电子商务发展自己的公司，他觉得阿里巴巴绝对不能离开这个中心。十年的创业告诉他，阿里巴巴永远不能追求时尚，不能因为什么东西起来了就跟着做，不能做着这个想着别的。

马云正是坚持着多年来一直在做的一件事——电子商务，才获得了阿里巴巴今

○ 坚持目标

目标不要随便改动，否则就会失去目标原本该有的作用。因此，一旦确立目标，就应该坚持下去。

坚持下去，我们就能实现目标！

1. 坚持目标
只要坚持目标不动摇，就能让企业更好地朝着预定的方向走下去，企业的发展才更有前途。

这样下去我们什么时候才能到达目标啊？

这样不行啊，我们换一条路！

2. 不要经常改动目标
目标是企业前进的方向，如果随意改变，员工就会失去方向，从而出现混乱，企业也就失去了凝聚力，企业就会止步不前。

天的辉煌。

当目标最终确定后，企业的全体员工就会在工作中为实现这个目标而努力。如果管理者在目标确定之后还随意地更改，就会给公司发展带来极大的不利影响。正所谓"牵一发而动全身"，朝令夕改的目标会让企业失去前进的方向。

春秋时期，楚国有一位拥有高超射箭技术的人。楚王很羡慕他的本领，于是就请他教自己射箭。楚王兴致勃勃地练习了一阵子，渐渐能得心应手，于是就邀请他一起到野外去打猎。

随从将躲在芦苇丛里的野鸭子赶出来。野鸭子被惊扰，振翅飞出。楚王弯弓搭箭，正要射猎时，忽然从他的左边跳出了一只山羊。

楚王于是又将箭头对准了山羊，准备射它。在这个时候，右边突然又跳出一只梅花鹿，楚王把箭头对准了梅花鹿。

忽然大家一阵惊呼，原来从树梢上飞出来一只较为珍贵的苍鹰，振翅便往空中飞去。

正当楚王的注意力被苍鹰吸引，要将箭头瞄准苍鹰时，苍鹰却迅速地飞走了。楚王便只好又转过头去射梅花鹿，但是梅花鹿最终也逃走了。于是便只好再回头去找山羊，但山羊也早早地溜掉了，最后连那一群野鸭子都飞得无影无踪了。

楚王拿着弓箭比画了半天，结果什么也没有射着。

随意更改目标，会让你一事无成，瞄准了一个目标后，就要全力以赴，绝不能在过程中随意变更。管理也是如此，只有认真地细分市场，瞄准目标并锁定目标，并且加强部门或团队间的协调配合，全力推进企业宏伟目标的实现，才能最终将目标转化为现实。

确定目标后，就要坚持目标。这就告诫管理者在确定目标时，一定要考虑周全，确定了目标后切勿随意更改。这样才能保证企业员工都能履行各自的岗位职能，企业的发展才能按部就班，从而实现最终的目标。

否则，管理者随意更改发展目标，只会让团队失去方向感，只会使公司彻底缺乏向心力和凝聚力！

学会"走楼梯"，分步实现阶段性目标

任何一个大的目标都可以分成许多小的目标来实现，即使你不能一下子达到最高目标，你只要一步一步向前走，最终就能实现。

——俞敏洪

现实中不乏志向高远的人，他们中的不少人却沦为了空想家；现实中亦不乏具

有宏伟战略目标的企业，但能真正实现战略目标，在激烈的市场竞争中生存下来并成为行业领头羊的屈指可数。究其原因，往往不是因为没有设定目标，而是在追赶目标的过程中折戟沉沙。

那么，那些最终达成目标，取得成功的企业家是如何克服这个问题的呢？新东方教育集团的创办者俞敏洪认为，人可以通过不断地给自己创造成就感来避免倦怠，保持实现目标的动力，而拥有成就感最直接的方法就是设立阶段性目标。

俞敏洪说："有些人本身没有什么能力，上来就想赚大钱，一点基础都没有就想做大事业，那肯定是不行的，也不会成功的。"

出国留学失败后，俞敏洪以养家糊口为目标。"我当时的目标很简单，就是一天赚30块钱，因为我每天上一次课，一次课当时就是30块钱。但是当我达到了一天赚30块钱的目标后，我就开始想更高的目标，后来我就一天上两次课，一天赚60块钱。再后来，我看到别人办培训班，一天能赚600，我就想是不是我也试试，因为我的能力似乎不比别人差，于是我也开办了自己的培训班。这就是一天一天进步的精神，这就是蚂蚁搬泰山的精神。如果一开始就让我创办现在规模的新东方学校，那我会被吓死的。"

分阶段实现目标是一种踏实的精神，更是一种智慧。在人生的旅途中，如果我们稍微具有一点儿俞敏洪这样分阶段实现目标的智慧，把大目标分解成若干个小目标去分阶段实现，那么我们的一生中也许会减少许多遗憾和惋惜。

阶段化就是具体化，它使得一个看似遥不可及的目标有了一步步被实现的可能。现实中也许有无数个和俞敏洪一样怀揣着创业梦想的青年，但鲜有和他一样最终取得成功的人。他们中的许多也许有着比俞敏洪更出色的才能，或者遇到过更好的机遇，但最后他们都失败了。并不是幸运女神不够青睐他们，而是他们缺少把大的目标分阶段实现的能力。

为什么将目标阶段化对目标的实现如此重要呢？

将目标阶段化可以使人对梦想保持持续的热情。很多目标的实现过程是一场马拉松长跑而非百米冲刺，想要在终点取胜，仅仅在起点有满腔热情是不够的。暂时的冲动可能让你在比赛的初期占尽先机，但由于道路的漫长，冲动会消退，只凭三分钟热度是无法赢得比赛的。而把大的目标分解成阶段性目标，就如同把马拉松长跑分解成很多个百米赛跑，这样每一个百米终点的冲刺都能带给人完成目标的满足感、成就感。这种满足感会让你持续地保持兴奋，将暂时的冲动蜕变为耐力，将漫长的痛苦蜕变为享受与成长，让你对梦想保持持续的热情。

将目标阶段化可以让目标更为明确具体。成功学家拿破仑·希尔曾举过这样一个例子。

同样是做房地产生意，杰克计划向银行贷款大约1.2亿美元，而罗比则向银行贷款1.1939亿美元。

第一章
⊙目标管理课：认定方向就不会改变，用目标凝聚力量

最后，银行贷款给罗比，而拒绝了杰克的贷款请求。

在银行主任看来，罗比的预算具体且考虑很周到，说明罗比办事仔细认真，成功的希望较大。

罗比是怎样做到将预算计划得如此详细的呢？罗比介绍了一种将目标逐一击破

○ 分阶段实现目标

有些目标不能一蹴而就，尤其是一些比较困难、有挑战性的目标，这时就需要将目标进行划分，分阶段地实现目标。

"一口不能吃成大胖子""心急吃不了热豆腐"，这些谚语都告诉我们有些事情不是一下就能完成的。远大的目标也是一样，想要一步到位非常困难，完成不了反而打击了人们的积极性。

如果将一个大的目标分为多个小目标，一个一个去实现，各个击破，不但能使困难变小，还能因为一个阶段的成功而激发我们的干劲，提高我们的积极性。

因此，在我们的目标十分困难、不能短期内完成时，不妨试着将目标分为一个一个的小目标，再去逐一击破，一一实现。

的方法。利用这种方法，你可以对自己的工作进行规划：

假设你的工作计划为5年，让你的5年宏伟目标获得成功的秘诀是化整为零，每天做一点儿能做到的事。

（1）将你的目标分成5份。你把5年目标分成5份，变成5个一年目标，那你就可以确切地知道从现在到明年的此刻你必须完成的工作了。

（2）将每年的目标分成12份。祝贺你，你将进一步有了每月的目标了。如果要落实你的5年计划，你现在就更能清楚地了解从现在到下月的此时你应该完成什么了。

（3）将每月的目标分成4份。现在你可以知道下星期一早上必须着手做什么了。同时，唯有如此，你才会毫不迟疑地去做自己该做的事，然后，继续进行下一步。

（4）将每周的目标分成5~7份。用哪个数字划分，完全取决于你打算每周用几天从事这项工作。如果喜欢一周工作7天，则分成7份；如果认为5天不错，就分成5份。自动地选择哪一种全靠你自己。但是，不论做何种选择，结果都是一成不变的，你一定要问自己为了成功，我今天必须做什么。

可见，"分"是一种人生大智慧，它能帮助我们明确实现目标的道路。越大的目标越是难以实现，不仅因为它所需的努力和才智越多，更因为实现它的道路更加曲折，有时甚至让人难以辨认，迷失方向。阶段化目标是最好的解决方法，将大的目标阶段化可以使人对整个过程更加清晰，明确实施过程中的所需的环节，按部就班，步步为营，从而到达最终的目的地。

分阶段实现目标使人更具行动力，在工作中保持高效。外在的行动力源于内在的自信心，当我们对一个目标没有信心时，行动力疲软也就不足为奇。很多时候，由于目标过大我们的意识按照当前自己所处的位置去衡量和目标间的距离，得出"遥不可及"的结论。

通过将大目标阶段化，与阶段性目标间的距离就会缩短，我们对目标的实现信心满满，自然干劲十足，踏实完成小目标才能实现最终的大目标。

尽可能提前完成目标的最后期限

如果不给员工一个具体的完成期限，目标的引导作用会大打折扣。

——北大管理理念

北大的管理理念认为，如果一个目标没有了完成期限，那反而会成为一种阻碍。比如说，管理者只说明让员工完成30万元的销售额，却没给他一个明确的期限，是一个月、一个季度，还是更久呢？这样对员工而言，这样的目标根本不能称为目标。

管理者确定企业或部门的目标之后，如果没有完成期限，最终可能也不能起到预想中的结果。试想，当一个目标本可在三个月内完成时，他们却用了半年甚至更久，那并没能起到提高企业业绩、提振士气的作用。

联想集团在创办之初，柳传志就为联想达到的目标设定了时限。他说联想要做一个年销售额达到200万元的大公司，结果当年销售额达到了300万元。之后，柳传志再设定了一个阶段性的目标，用10年的时间达到4.5亿美元的销售额。

这个远景规划目标在很多人看来不太可能完成，但事实证明，柳传志是正确的。随着联想业务的扩张，到了1995年的时候，联想内部把2000年的目标修正为20亿美元，结果最终营业额达到了30亿美元。

管理者应该善于为目标设定"最后期限"。任何事情如果没有时间限定，就如同开了一张空头支票。只有懂得用时间给自己施加压力才能保证如期达到目标。

有些目标能够在短时间内完成，而有些则需要相当长的一段时间才能完成。总之，目标都需要有一定的期限，这样才能进行有效的考核。

给员工以一定的压力，他们尽最大的努力在规定的时间内完成目标，其结果往往就会实现目标并在一定程度上超过目标，给企业带来更大的效益，也提高了企业的竞争力。比如说要求员工在6月30日前完成上半年的工作目标，这样既能给员工一个时间上的标准，也能让员工感受更大的压力，最终达到甚至超过预定的目标。

一个优秀的管理者，最好制定自己每日的工作时间进度表，记下事情，定下期限。清人文嘉有首著名的《今日歌》："今日复今日，今日何其少，今日又不为，此事何时了？人生百年几今日，今日不为真可惜，若言姑待明朝至，明朝又有明朝事。"管理者要善于为目标设定最后期限，并且要让员工明白，一定要在最后的期限内完成。

设定最后期限让员工积极行动起来以按时完成各项工作，并且激发了自身的能动性。反之，没有时限的目标，会让人不自觉地拖延起来，让目标的实现之日变得遥遥无期。任何任务目标都必须受到时间的限制。只有善于给目标设定最后期限，懂得用时间给自己施加压力，才能出色高效地完成工作。

很多员工都有这样的经验：上级在星期一一大早就布置了工作任务，要求在星期五之前必须完成，同时强调最好尽快完成。可以想到的是，很多人从星期二到星期四几乎很难安下心来把任务完成并主动交上，总是在星期四晚上或星期五早上的时候才最终把任务赶完。如果上级布置工作任务时要求星期三之前交上来，即使不强调最好尽快完成，那么你也会在星期三之前把任务完成。

拖延从某种意义上来说是人的本性，当给员工规定完成目标的最后期限时，管理者应该带领员工尽量把最后期限定在前面。否则，过于宽松的最后期限在很多时候起不到提高我们工作效率的作用。

把工作目标和最后期限紧密地结合在一起，才能让管理的效率得以提升。不妨给自己和员工设定完成目标的合理的最后期限，让目标激励团队勇往直前。

艺术而又科学地设定目标，最好是使劲跳后就能触摸到

"跳一跳摘桃子"，就是强调目标应该是在力所能及的范围内再稍作努力就可以达到。

——北大管理理念

企业在管理者的带领下能够走多远，能取得何种业绩和成就，在某种程度上取决于管理者所设定的目标。目光远大的管理者从全局出发，制定出远大的目标，让员工能看得见、摸得着，激励员工勤奋努力，从而引领企业向更高远的方向发展。

如果将目标比作"桃子"，在将目标定得太高，连跳数次仍然摘不到"桃子"，员工会认为努力也是白费劲，最终丧失信心；目标太低，无须跳就能摘到"桃子"，就使人们失去了努力的动力，不利于发掘潜能。所以目标太高或太低都不利于激发员工的干劲。

如何把握制定目标的"度"呢？目标需要"跳一跳"才能"够得着"，所以，北大管理课认为，制定企业目标的时候，不能让目标过低、轻易便能实现。管理者一定要从企业长远的发展规划出发，使目标尽量高远，但不能远远超过企业可提供的条件或者员工的能力，超过可实现的范围。

让目标能够实现，并不意味着管理者在制定目标时一再降低对目标的要求，结果员工很轻松地就能完成，没有一点儿挑战性。比如说一天至少可以见5个客户，而你的要求是让他们只要见3个客户，这样的目标很容易就能够实现，根本不能激发他们对工作的热情。

让目标有一定的挑战性，是因为每个人都有惰性，太轻松地就能完成目标会让其更加没有压力。很多时候，我们都强调有压力才会有动力，一个没有挑战性的目标会让我们大大放松对自己的要求，更别说能激发我们的潜能了。

领导者在团队建设中的首要任务，就是为组织成员设定一个具体的、明晰的、有挑战性的目标。

一天，在百度公司的内部会议上，当时百度的竞价排名业务刚刚起步。李彦宏问大家，当年竞价排名的销售收入目标应该定多少。有人说50万，有人说100万，对于这些目标，李彦宏一直摇头。有一个人胆子最大，站起来说："那就定到200万，翻它几番！"此言一出，现场的人都一片唏嘘——从前一年的12万一下子增长到200

第一章
⊙ 目标管理课：认定方向就不会改变，用目标凝聚力量

万，这个目标太有挑战性了。

但是，对于这个数字，李彦宏还是摇头。随后，他告诉大家，2002年竞价排名的销售目标是600万！这个数字一出，几乎所有人都被震住了，竞价排名业务组的员工几乎都傻了——按照600万的目标，平均每天的收入得18000元，而当时每天的收入最多才2000块钱，要实现600万的目标，岂不是天方夜谭？

其实，李彦宏制定这个目标并非是天方夜谭，而是建立在科学分析的基础上。尽管除了李彦宏，其他的人都无法相信能够达到这样的目标，但在李彦宏的坚持

○ 合理设置目标

目标过大或者过小，都会打击一部分员工的积极性，因此，管理者一定要合理地设置目标。

这也太没挑战性了吧？

1. 目标过低

目标过低很容易实现，会让员工的能力得不到充分的发挥，从而让员工觉得自己的能力无用武之地，最后离开公司，让公司失去人才。

2. 目标过高

高的目标会激发员工的挑战性，但是如果目标太高，难以实现，就会让员工不断产生挫败感，从而打击积极性。

根本就不可能完成啊！

因此，作为一个优秀的管理者，在设置目标时，既要有一定的高度，又要让绝大部分人通过努力能够实现，这样的目标才有意义。

下，这个目标还是定下来了。结果，2002年12月，康佳、联想、可口可乐等国际知名企业都成了百度竞价排名的客户。当年，百度的竞价排名销售达到了580多万，基本实现了预定目标。

目标对员工如果要产生激发作用的话，那么对于员工来说，这个目标必须是可接受、能完成的，并且具备一定的挑战性，这样可以激发出其工作潜力。对一个目标完成者来说，如果目标超过其能力所及的范围，则该目标对其是没有激励作用的。

每个人都可以随意地设置一个目标，但是如果这个目标没有实现的可能，也就没有了意义。更为严重的是，它还会重挫员工在执行过程中的积极性与自信心。

作为管理者，在制定目标的时候，一定要郑重考虑目标的可行性。目标设置脱离了现实便成了荒诞，让执行人员无法接受。像这样的目标，超过了企业的现状和员工的实际能力，对员工起不到任何的激励作用。

高尔文是摩托罗拉公司的创始人，他所定的目标对员工来说往往具有挑战性。20世纪40年代末，摩托罗拉公司刚进入电视机市场时，高尔文就为电视机部门制定了一个富有挑战性的目标：在第一个销售年，需要卖出10万台电视机，还必须在保证利润率的前提下。

这个目标一经发布，公司就有人抱怨说："我们怎么可能一下子卖出那么多呢？那至少意味着我们在电视机这个行业的排名能升到前四，再看看我们现在的排名吧，最多能排第七。"

还有人在利润率上发牢骚说："售价还不到200美元，那成本得从现在的基础上下降多少啊，如果我们不能有效地降低成本，怎么盈利？"

不过，高尔文并没有降低他的目标，只是说："我们一定要卖出这个数量。在你们拿出这种价格、卖出这个数量，还有利润的报表给我看之前，我不想再看任何成本报表。我们一定要努力做到这一点。"

许多看似不可能的目标，完全是可以实现的。不到一年，摩托罗拉公司实现了原定的目标，并不断发展。

这也给我们一个启示，管理者在制定目标时，要适当地给员工一些压力，既不能让目标太高，脱离了实际，也不能让目标太低，远在员工的能力范围之下。要让他们觉得这个目标并不是那么容易实现，但只要自己努力去做，"跳一跳"，还是可以实现的，这样才能最有效激发员工的活力。

我们会发现，很多企业目标过低，反而会让员工感到不满意，一个不能充分发挥自己能力和挖掘自己潜力的企业更不值得他们留恋。当然企业目标过高，即使激发了员工的进取心，但达不到目标时，往往也会挫伤积极性。作为管理者，要让目标上一个高度，让员工需要跳起来才能触碰到它。

梦想的力量——成功往往"源于一个梦"

> 年轻人要有一点儿理想,甚至有一点儿幻想都不怕。只顾眼前,缺乏理想,就没有发展前途。
>
> ——任继愈
> (毕业于北京大学,曾任北京大学教授)

每个企业家都有梦想,但梦想和现实的确有距离。现实在此岸,梦想在彼岸。当一个梦想足够强大,会推动一个人的能动性、进步性、创造性去构建一座此岸到彼岸的桥梁,这桥梁就是化梦想为一步一个脚印的可以达成的理想,这些理想的积累会让我们不断地接近梦想。

新东方教育集团董事长俞敏洪就是这样一个拥有梦想的优秀企业家,他的成功也许最初源于自己的"梦"。

俞敏洪出生在一个普通的农民家庭,他当初的梦想就是考上大学,当上一名老师。但俞敏洪的考学梦却一波三折,三年高考两次落榜,所幸的是,终于在第三年考上了北京大学英语系。

"我是班里唯一从农村来的学生,在老家读高中时就不善言谈的我,来到北大更不善于与人交流了,结果从A班调到较差的C班。"在北大,他俨然成为被人冷落的后进生。

毕业时,看到同学和朋友相继出国,俞敏洪也张罗着出国。但是几乎没有几个大学能录取,只收到几所二流大学发来的录取通知书,出国梦在绝望中破灭。

在追求梦想的途中,他遭遇过很多挫折和坎坷,但内心的那团火焰没有泯灭。

一个人要取得成功就要心怀理想,并坚定心中的信念,为之坚持不懈地努力。在梦想的推动下,人就会被激励、被鞭策,处于一种昂扬、激奋的状态下去积极进取,向着美好的未来挺进。从某种意义上讲,没有伟大的梦想就不能成就一个伟大的企业。

沃尔玛帝国的创始人山姆·沃尔顿也为人们做出了榜样。这个商业帝国得益于他的梦想——他要为下层人们服务的梦想改变了这个世界。他当时的梦想很简单,就是希望帮助美国小镇和乡村居民过上跟大城市居民一样质量的生活。

在当时,人们都忙于在市里开店,因为在小乡村开店不能挣到钱。然而,基于这样的理想,沃尔玛把超市开在了乡村,他成功了。

如果没有这样伟大的初衷,他的企业就不会发展到今天的规模。但凡取得成功的人,都有一个伟大的梦想。只有伟大的梦想,才能激起无穷的力量,才能创造广阔的舞台。

百度公司创始人李彦宏在留学的时候,他就确定了自己伟大的梦想——要做一个让几亿人都能使用的东西,这个听起来遥不可及的梦想,现在已经成为现实。比尔·盖茨刚创业时的梦想是每个人都能拥有一台电脑,当时连他都很难拥有一台电脑,别说每个人了,但是正是有了这么伟大的梦想,才有了今日的比尔·盖茨和微软。

"梦想有多大,舞台就有多大。"生命是上天赋予我们的最宝贵的财富,我们必须以热忱的心来呵护这份礼物。而梦想就是生命旅途中永远的路标,无论遇到什么事情,都不要关闭生命的梦想之门。梦想是指引人们前行的灯塔,梦想越大,灯塔的光才会越明亮,走的路也才会更长远。

没有一颗心会因为追求梦想而受伤,当你真心想要某样东西时,整个宇宙都会联合起来帮你完成。很多成功的人之所以成功,往往源于自己当初的一个"梦",他会为自己的梦而不懈奋斗。

作为管理者,首先应把自己定义为一个梦想家。任何人所完成的工作,又是与他们的想象力、能力、毅力,与他们对理想的执着程度和他们所付出的努力密切相关的。不要让日常生活淹没了理想或使理想失去了亮色。如果梦想还没有化为现实,不要因为希望渺茫而放弃了理想,要为了理想不屈不挠,不断地为了实现梦想而努力。

罗马纳·巴纽埃洛斯是一位年轻的墨西哥姑娘,16岁就结婚了。在两年当中她生了两个儿子,但丈夫不久后离家出走,罗马纳只好独自支撑家庭。但是,她决心谋求一种令她自己及两个儿子感到体面和自豪的生活。

她在得克萨斯州的埃尔帕索安顿下来,并在一家洗衣店工作,一天仅赚1美元,但她从没忘记自己的梦想,即要在贫困的阴影中创建一种受人尊敬的生活。于是,口袋里只有7美元的她,带着两个儿子乘公共汽车来到洛杉矶寻求更好的发展。她开始做洗碗的工作,后来找到什么活就做什么,拼命攒钱直到存了400美元后,她买下一家拥有一台烙饼机及一台烙小玉米饼机的店。

不久,她经营的小玉米饼店铺成为全美最大的食品批发商,拥有员工三百多人。她和两个儿子经济上有了保障之后,这位勇敢的年轻妇女便将精力转移到提高她美籍墨西哥同胞的地位上。"我们需要自己的银行",她想。后来她便和许多朋友在东洛杉矶创建了"泛美国民银行"。这家银行主要是为美籍墨西哥人所居住的社区服务。

结果她真的梦想成真了。后来她的签名出现在无数的美国货币上,她由此成为美国第三十四任财政部长。

你能想象这一切吗?一名默默无闻的墨西哥移民却胸怀大志,后来竟成为世界上最大经济实体的财政部长。

正如设计某一建筑,我们要想完成某一伟业,在它成为现实之前,必须先在头脑中把它所需要的条件全部创造出来。一幢建筑物如果没有具体的建筑计划，是根本不可能建成的。在砖瓦运来之前，建筑师必须在头脑中描绘详尽的蓝图；必须先在构想中把它创造出来。生活中出现的任何事物，我们总是先在头脑中把它创造出来。这就是梦想所带来的神奇力量。

伟大的梦想可以引导着我们战胜一个又一个困难。企业家不仅要为自己和企业树立自己的奋斗理想，也应该帮助员工树立他们的理想。因为，一个人有了梦想，就不会害怕任何艰难险阻，在梦想面前，所有的困难都只是一个小小的考验而已。

第二章 战略管理课：
生存下去并且发展起来，"你的利润空间会很大"

定战略——确定何所为，何所不为

做企业首先要求管理者要有远大的目标，不要被短期诱惑，还要有梦。

——周其仁

（北京大学中国经济研究中心教授）

"管理之父"彼得·德鲁克的一句话说得很经典："每当你看到一个伟大的企业，必定有人做出过远大的决策。"这里，他讲的是战略的重要性。

如果企业在一种无序、无战略的状态下简单经营、粗放经营，这样的企业注定会失败。在现代管理中，"战略"一词演变为泛指统领性的、全局性的、左右胜败的谋略、方案和对策。企业战略可以理解成企业谋略，是对企业长期发展的计划和谋划。

制定战略的过程，就是确定何所为、何所不为，就是为企业未来发展进行选择和定位的过程。战略确定企业的所为与不为，战略代表着未来商业的重点，战略为根据企业自身资源结合外部环境而选择的一个可获得持续竞争优势的空间。

忽视战略，仅关注战术和执行，就会给企业带来灾难。战略很重要，企业的经营管理者对企业的发展思考一旦停止，企业就会走向下滑的方向。管理者的这种思考，不是好高骛远，不是个人兴趣，不是一时冲动，是在正确评估企业资源和条件，科学对待企业发展前景的基础上为企业发展所设计的安全航道。

第二章
⊙ 战略管理课：生存下去并且发展起来，"你的利润空间会很大"

2012年1月19日柯达公司最终申请了破产保护。

柯达是胶片成像时代的巨头，但20世纪90年代以来，发生了由胶片到数码成像的变革。数码时代的到来标志着人类社会的新变革，但对于固守的昔日胶片巨头们来说，这却是致命的打击。数码相机时代的到来瞬间淹没了整个影像王国，昔日胶片机的王朝已不复存在。

在这个严峻的时刻，各老牌胶片机企业纷纷转型，但柯达这个昔日胶片巨头却被昔日的辉煌冲昏了头脑，错失转型良机。

自2000年起，数码相机市场便呈现高速增长的态势，佳能、索尼、尼康、三星等数码企业纷纷崛起，其绝对的技术优势对传统胶片领域构成了致命的冲击。这一年，全球数码成像市场翻了将近两倍。

但以柯达领衔的全球彩色胶卷的需求由此开始渐入低潮，此后以每年10%的速度开始急速下滑。但此时柯达的决策者们对公司战略的转型仍显犹豫，仍将重心放在传统胶片上。随着时间的推移，当柯达发现自己已背负超过100亿美元的巨额债务时，再谈转战数码似乎为时已晚。

在2004年，柯达推出6款数码相机，但其数码相机业务利润率仅占总收入的1%，其82亿美元的传统业务（含胶卷）的收入则萎缩了17%。

柯达的另一个重要战略失误在于，它长期在低端消费市场游离。数据显示，单反数码相机和单电数码相机的关注度逐渐上升，高端数码相机正在一步步走进消费者的内心。这对于一直以低端战略为发展主线的柯达来说，无疑又是一个打击。

从昔日的辉煌骄子到最终破产，这与柯达在数码相机市场的战略失误脱不了干系。

"现在是战略制胜的时代"，很多企业家也在摩拳擦掌跃跃欲试，准备向更多的人传递自己的战略设想，重量级的柳传志、李东生等纷纷走到前台，参与各种论坛互动，众多中、小企业的广宣策略中也不断体现自身企业的目标等，不一而足。

成功的企业，必须确定自己何所为、何所不为，如同重拳出击一样，把自己主要的精力放到某种业务上。无论在企业的任何发展阶段，企业一定要清楚自己的发展重心。

不管企业实施何种形式的战略，其目的都是在确定企业的未来发展重点。企业经营者应该把发展重点放在具有竞争优势的业务上，稳定而具有相当竞争优势的主营业务，这是企业利润的主要源泉和生存基础。企业应该通过保持和扩大自己熟悉与擅长的主营业务，尽力扩大市场占有率以求规模经济效益，把增强企业的核心竞争力作为第一目标。

一个企业的成功往往是战略管理的成功。战略有问题，单纯靠改善内部运营效率，业绩改善的效果有限。企业战略管理要站得高，才能看得远——我们唯有忽视眼前的浮云，提前实现战略布局。

总有一条道路适合你，战略管理的制高点不在于抢夺，而在于选择。什么是定战略，其实就是对将来道路的定位，确定何所为、何所不为。一旦选择，是苦是甜都在后面等着。

红海或蓝海，依存于自身的定位

在配置效率的情况下，只要有自由就会有增长，我再用另外一个比喻配置效率，就是过去中国的企业家找到一个洞，钻进去，坐在那儿，你就是一个菩萨。而未来所有的洞都被人家填满了，你在人家那里戳一个洞，然后坐进去，看你能不能成为菩萨，所以之前是机遇大于挑战，而现在是挑战大于机遇。

——张维迎

（北大教授，著名经济学家）

张维迎提到的问题其实就是蓝海和红海的问题。管理者面临蓝海和红海，到底是要红海深耕，还是蓝海淘金？北大管理课分析很多企业失败的根源不在于技术或产品上，而是战略定位上。

很多企业的经营管理者认为，开拓蓝海市场是不错的选择，但事实上，天堂里也有苦难，蓝海里也有波澜，市场竞争的现实没有想象的那么好。蓝海战略强调价值创新，但创新本身的风险并不比不创新的价值小。

开拓蓝海市场，企业需要承担培育市场的任务，这需要极大的成本；即便如此，市场的培育具有极大的外部性，培育市场的企业未必能够享受到市场成熟的成果。创新太小，市场接受程度高，但又达不到摆脱红海竞争的目的。

对大多数企业来说，"蓝海战略"是一种奢侈品，蓝海战略有着很高的门槛。因此，也不是任何企业都可以向这个方向迈进。很多企业在现有的红海竞争中就已经难以招架，也就很难分出精力来进行价值创新，激烈的血战会逐渐让企业丧失实施蓝海战略的能力。企业如果在血性竞争中不能胜出，蓝海战略也救不了你，对缺乏"红海智慧"的企业来说，谈蓝海战略，无异于痴人说梦。

20世纪80年代，日本企业在世界上的名头很响亮，索尼、松下、丰田等企业成为世界级品牌。就在这个时候，美国以IBM为首的公司开始生产个人计算机及各种配件。美国公司首先找到日本企业，要求为美国代工。但只有NEC做了规模不大的投入。

此后，美国又在韩国和中国台湾寻找代工工厂，把辅助产品交给它们代工。结果，韩国的三星、LG得以迅速崛起；中国台湾新竹工业园也大规模地生产电脑配件，成为世界最大的代工基地。日本不少企业失去了这个发展机会，在笔记本市场奋起直追，最后在整个电脑硬件领域只有这块市场有一席之地。

20世纪90年代，美国开始了互联网的建设，日本企业觉得互联网只适合于军事应用，再次集体选择了放弃。在如今的互联网世界里，韩国和中国远远走在了日本的前面。

众所周知，日本曾经是全球领先的游戏产业大国。随着互联网的发展，网络游戏时代已经来临。但众多日本企业却坚守在以掌机、家用机为主的电子游戏市场。韩国近些年抓住机遇，在网游市场中独树一帜，中国网络游戏厂商们也凭借着多年来艰苦卓绝的努力获得了立足之地。

在互联网发展的浪潮中，日本企业的战略决策失误使得日本在全球的IT潮流中远远落后。与处在知识经济时代的美国相比，它已经落后了一个层次，因为日本企业丧失了蓝海战略的机遇。

有不少人认为，代表未来发展趋势的新兴领域，有着广阔的机会，是一座未被开发的金矿。有一大堆例子可以佐证这个判断，比如石油行业崛起成就了一批人，钢铁行业迅猛发展成就了一批人，IT行业崛起成就了一批人，房地产行业兴起又成就了一批人，新兴领域似乎从来就直接等同于蓝海。

事实上，无论是新行业还是老行业，如果投资规模和产能远远大于未来数年可预计的市场容量，整个行业都可以看成是一个红海。一个领域是否属于真正的蓝海，同样与该行业未来的成长性有很大关系，但更为关键的是投资和产能是否过剩。

蓝海战略的风险在于，只要某种趋势被大家都认识到，甚至成为社会共识，就很容易导致一哄而上，投资和产能过剩，竞争的惨烈程度和生存下来的难度，甚至远远超过原本普遍不被看好的领域，甚至超过红海竞争的程度。

蓝海战略听起来是美妙的，但要注意，蓝海战略只是给整个行业的企业指明了方向，对于某个具体的企业来说，是没有任何实际意义的，它只是在众多的企业压成本、抢渠道、打广告、拼价格……

红海有着极强的"感染性"，价格竞争的战火会蔓延到任何一个角落，自由竞争的市场上很难有一个能让某一家企业独享的市场机会，在这一点上，要充分估计竞争对手的智慧和能力。

提到蓝海战略的时候，实际上有一个假设前提，就是别人不会跟进或跟不上。但实际的情况不是这样的，蓝海不是某个人的蓝海，前方虽然海阔天空，但你却未必能够先人一步。企业千方百计地想减轻竞争的压力，但竞争会如影随形于企业，哪怕是在通向蓝海的路上。

值得注意的是，单独的蓝海战略是难以成功的，一个想要通过价值创新获得成功的企业，必须还要忍受一个事实，就是大量的模仿者和跟随者，没有足够的红海战略来对付这些跟随者，蓝海战略只是一个空壳，只会让企业背上沉重的负担而一无所获。

○ "梦"的幻想——蓝海战略

针对竞争战略理论的缺陷,韩国战略学家W.钱·金教授和美国战略学家勒妮·莫博涅教授2005年提出了蓝海战略理念。"蓝海"是相对"红海"而言的。

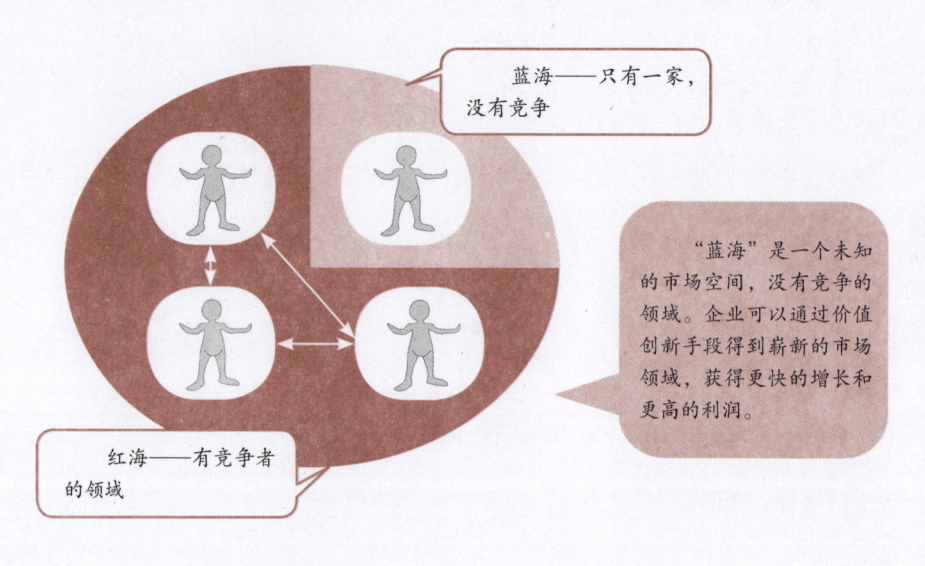

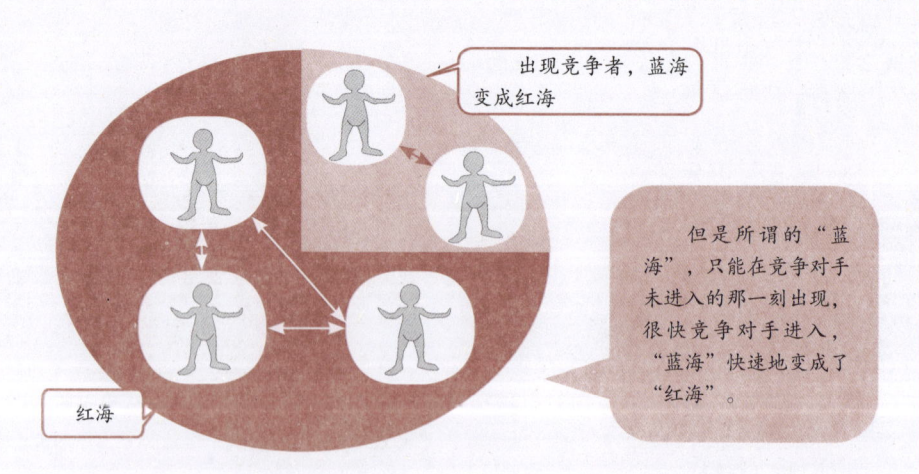

蓝海——只有一家,没有竞争

"蓝海"是一个未知的市场空间,没有竞争的领域。企业可以通过价值创新手段得到崭新的市场领域,获得更快的增长和更高的利润。

红海——有竞争者的领域

出现竞争者,蓝海变成红海

但是所谓的"蓝海",只能在竞争对手未进入的那一刻出现,很快竞争对手进入,"蓝海"快速地变成了"红海"。

红海

所以说,蓝海战略只能短期改善企业遇到的竞争状况,但并没有解决竞争战略理论的缺陷。如果用形象的比喻,蓝海战略就是一个"梦"的幻想!

红海战略抑或蓝海战略，谁比谁更高明？对管理者来说，恐怕还需要依存于企业自身的定位，但没必要把宝全押在所谓的蓝海战略上。

进入门槛相对较低，要做好低利润率的准备

如果商业模式进入的瓶颈比较低，进入的门槛相对较低，这就意味着此类项目的利润率不会很高。

——北大管理理念

对很多企业而言，行业的进入门槛较低，产品与别人没有太大的差别，成本方面不占优势，自己又起步较晚，如何在此基础上实现差异化。如何让客户识别和认同，是企业管理者必须面对的一个重要课题。

在进入门槛比较低的产业中，无论是产品，还是服务，要想从根本上做到差异化，都非常困难。作为企业的最高管理者，在进入门槛相对较低的行业，最为重要的不是抱怨，而是考虑在现有的框架和条件下，如何最大程度规避不利因素，对现有资源进行整合、变形和提炼，选择合适的发展战略，为自己争得一席之地。

在东北，"小土豆"连锁店的服务和菜品都颇受人们的喜爱。

1988年，24岁的刘新开了个小饭馆。饭馆开得不顺利，不到一年时间，不仅7000多元本钱全部赔了进去，而且还欠下不少债务。刘新并没有气馁，他亲自到市场上去采购新鲜蔬菜，亲自掌勺担当大厨。在长期采购的过程中，刘新发现小土豆作为东北地区的土特产，虽然块头比一般土豆小得多，可营养价值却比较高。

于是，为了开发"小土豆"这种"新"资源，刘新在烹制小土豆上刻苦钻研。随着"小土豆"手艺的日渐成熟，他每餐都要免费给消费者赠送一盘自家精心制作的开胃小菜——酱小土豆。许多消费者来他的小饭馆，就是专门为了吃酱小土豆。"小土豆"成了刘新饭馆的招牌菜。

因为很多人都喜欢吃刘新饭馆的小土豆，他的店名干脆就改成了"小土豆"酱菜馆。店名改为"小土豆"后，刘新又开始集中精力四处走访、大量收集民间的小土豆烹调技术，然后加以改进，在其中添加了多种药材、酱油，拌以五花肉、香菜等进行炖制。就这样，一道颇具东北特色的"小土豆"特色菜就应运而生了。

一招鲜，吃遍天。"小土豆"问世后，受到消费者的热烈欢迎。消费者常常要排队等候，才能吃到这简单实惠的风味酱菜和炖菜，很多人都成了这里的常客。

接下来刘新一鼓作气，专门投资几百万元，开辟了小土豆无公害生产基地，用精制酱料烹制特色小土豆，从而实现生产、加工、销售一条龙，从此，大量的"小土豆"连锁店出现在全国人民的视线中。

目前的中国市场环境相对以前有了很大改善，大大小小的项目已经遍地开花。如很多连锁旅店急速扩张，快速进入连锁旅店领域。如果这些急速扩张的旅店不能提供标准化且差异化的服务项目，如果不能迅速建立自己独立的商业模式，这些企业的赢利模式也不会持久。

北大管理学认为，进入门槛低的行业，动作一定要比别人快，企业应树立正确的客户价值观念。对壁垒少、瓶颈低的领域，管理者一定要尽早进入，尽管面对低利润率的可能，只要建立自己的核心优势，一样能使企业腾飞。

傻瓜才会去试图预测，规划是成功的保证

在创新之前，一定要拥有清晰的发展规划。

——俞敏洪

很多管理者不习惯做战略规划是因为有太多的不确定性，他们认为企业经营的内外部环境变化太快，在这样的前提下做战略规划也没有多大的意义，做战略规划如同是在预测。关于战略管理的研究层出不穷，自战略管理成为北大管理课堂的重要内容后，毫无疑问地指出，企业不做战略规划注定是短视的行为。

深受北大管理课堂推崇的管理学大师德鲁克认为，战略不是预测，他给出两个理由：其一，未来是不可预测的。每个人都可以看一看当前的报纸，就会发现报纸上所报道的任何一个事件都不是十年所能预测到的。战略规划之所以需要，正因为未来不能被预测。其二，预测是试图找出事物发展的最可能途径，或至少是找出一个概率范围。但是企业的发展往往是独特事件，它将不在预设的路径或概率范围之内。预测往往并不能带来作用。

所谓"预测"是以"概率"为基础，并不能适合战略规划的要求：战略规划在于将一个组织引向未来。战略规划的制定者要的是创新和改变我们的工作和生活方式，所谓"预测"对他们没有什么用处。

有些人会说："我们的行业发展日新月异，每天都得拼尽全力奔跑，哪有时间停下来做战略。"他们总认为路到桥头自然直，用不着战略，认为战略是那些未来比较明确、很官僚的大企业才会做的"无聊事"。而对成长型企业来说，有太多比战略更重要的事。事实果真如此吗？

彪马（PUMA）公司已成为全球最大的运动鞋、服饰及用品制造商之一。其实，它的发展并非一帆风顺，也遭遇过近乎倒闭的生存危机。是什么挽救了这个企业呢？是正确的发展战略。

为成功实施全球市场战略，彪马采用的指导思想是：从全球的视角来看待市

场开发。为真正落实这一战略意图，公司CEO首先要做出表率。彪马公司CEO和董事会主席约亨·蔡茨接受采访时说："作为全球企业的CEO，必须要有开放的头脑和良好的教育，需要利用一切机会去了解各国不同的风土人情，以更好地开阔视野，适应多元化的文化背景和完善自己的做法。这样，当机会来临时，你才可以抓住它。"

自1993年以来，彪马获得了长足发展，其中对品牌内涵、产品研发和渠道发展理念进行重新定位发挥了重要作用。在品牌方面，彪马将体育运动当作一种生活态度，始终贯彻"运动生活"理念，将运动、休闲和时尚元素融入品牌中，而且继承了很多传统元素，最终形成以传统、体育运动、科技创新和崭新设计为基础的品牌理念。

彪马现在已在全球40多个国家采用外包方式进行产品生产。目前，中国是彪马全球最大的生产基地，为使产品不失个性，"我们现在主要像教练，而不是运动员。给研发人员足够的创作空间，让他们在设计上有很多自由度，因为我们的宗旨是革新。但我们也要确保他们能够执行好，以达到我们的预期目标。不过，我们的产品是为那些乐意去做一些新尝试的消费群体设计的。"约亨·蔡茨说。

在渠道方面，彪马在全球80多个国家建立了庞大的销售网络，包括体育用品店、百货公司和专门店。现在，彪马加大在批发、零售领域的合作，建立子公司，并在全球采取兼并策略，以建立新的合资公司，发展新的合作伙伴。对不同类型和风格的产品，彪马采取不同的销售渠道，以确保自己可以进行多元化的产品拓展。

战略决策者所面临的问题不是他的组织明天应该做什么，而是"我们今天必须为明天来做些哪些准备"；问题不是未来将会发生什么，而是"我们如何运用所了解的信息在目前做出一个合理的决策"。这才是实施战略管理的真实意图。

"战略规划"绝不是求签占卜，放弃通过战略规划来对未来进行预测的幻想之后，企业管理者应该认真思考战略规划作为一种思想与企业经营技术之间的关系。

至少管理者要知道，战略规划应该基于什么样的期望值上，期望值是否合理，或是当预期的情况没有发生，或是不在预期的时间内发生时，什么时候该检验规划。因此，制定战略规划时，管理者不再单凭预感，而是理性的规划。

成长是第一战略，而不是利润最大战略

企业管理者不仅要有真才实学，有管理能力，而且也要具有战略性的长远眼光。

——俞敏洪

企业家们深谙创业期企业成长的重要性，他们不会为了短期的利润而损害长期的成长计划。

在拓展日本这个新市场初期，李彦宏没有把过多的心思放在如何赢利上。百度在中国刚刚开始做的时候，2001年，不但没有赚，而且还亏了。李彦宏当时说是亏得正常，亏得有道理，所以并不期待在日本短期内就能收获利润。

企业的目标是利润，但利润都是有陷阱的，尤其是短期利润的诱惑常常会使企业丧失了获得长期利润的源泉。对短期利润的追逐会使企业的有限资源越摊越薄，会造成在主业市场的影响力、管理者精力以及综合竞争力的衰减。

企业需要利润计划。但这个计划的主要任务是去获取一个"适度的利润"，而不是去追求毫无价值的"利润极大化"，因为任何时期，成长第一战略是管理者应该遵循的。如果目标利润制定过高，将会把企业带进冒进、疯狂的境地。

有数据表明，中国企业平均寿命为7年左右，民营企业平均寿命只有3年，中关村电子一条街5000家民营企业生存时间超过5年的不到9%。相当多的中小企业"出师未捷身先死"，而它们不是死于激烈搏杀的竞争对手手里，而是由于在发展初期没有打好生存基础就盲目发展，最终死于迅速扩张的路上。

有的企业在刚开始发展的时候，"五年规划""十年规划"都被设计好了，实际上在创业的初期不能够节约每一分钱，生存的问题还没有解决好，就盲目设计未来，准备进行企业的"大跃进"。

比如，一个年投资十几万的餐饮店，却想要达到"星级酒店水平"，这显然对它来说不合适；再如，一个10来个人的微型箱包生产企业，却有着去开拓欧美市场的远大战略，这看起来不理智；又或者一家年销售10几万元的初创企业，有人建议它"技术领先"，成立"单片机"研究开发部门，去申请ISO国际质量认证，而事实上这个公司目前连个专业技术人员都没有，这样的做法无异于自掘坟墓。

市场是讲究平衡的，当你开始为追求高额利润而进行规划时，事实上你已经失去捕捉未来商机的机会。企业的资源和条件是有限的，当所有资源都在为追求高额利润努力时，企业也就全部或者部分放弃了对未来发展的关注。

在企业发展的阶段，切勿把利润最大化当作战略目标，应当着眼于当下的生存状况，特别是在经营战略上，只要拥有合适的利润率，企业重点的思考方向应该是，公司如何能够取得自身独特的竞争优势和长久的发展？

对于正在走上坡路的企业来说，企业首要的目标是成长第一。如何以合适的价格将适合的产品送到目标客户手中是此时企业战略要考虑的中心议题。企业有限的资源都要围绕企业迅速发展这个目标来配置，配置的效率和效果决定企业未来的"生存质量"，此时，企业可以将一定的销售额和市场占有率作为衡量标准，将实现它们作为企业战略。

对企业的发展而言，利润无疑是重要的，但成长应该放到更加突出的位置。企业需要特别避免的就是制定不切实际的利润目标，一心想做一个市值几百亿的公司，一心想设计一个没有天花板的舞台，其结果只能是，"企而不立，跨而不行"。企业在分配资源时，含各项资源，包括人、财、物、信息、技术等资源，首先应用来确保企业发展的需要。

"稳胜求实，少用奇谋"，这是一代中兴名将曾国藩多年实战经验的总结。做企业也是如此，企业生存的根本是稳步发展，企业领导者要有长远策略，一步一步、一个阶段一个阶段地发展，一味追求利润，可能会掉进冒进的深渊。

没有必要一开始就把战线拉太长

衰败往往是内部发生了问题，比如该转型的时候没有成功转型，不该扩张的时候盲目扩张。

——周春生

（北大光华管理学院教授）

在很多管理者的思维当中，为分散经营风险，多元化战略常常会作为管理者的宠儿。我们虽然不能说多元化战略一无是处，但对很多企业而言，却不是一件好事，非常容易导致资金、资源、精力分散，所以没有必要一开始就把战线拉太长。

北大管理课认为，一个企业的精力是有限的，企业进行扩张性的战略，不仅要考虑资金实力的问题，更重要的是要想一下你的企业是否具有多元化扩张的管理体制。企业在进行多元化的产业扩展中，每一个产业都需要专业化的人才和技术来支持。没有一定的专业人才和技术积累，盲目地扩张必然要付出很大的代价。

在市场竞争激烈的今天，良好的战略规划，为企业的执行指明方向，有助于企业在市场竞争中取得优势。哲学家奥里欧斯有一句话："我们的生活是由我们的思想造成的"，思想上的超前，必然带来行动上的超前，个人发展如此，企业发展更是如此。

现在有些企业，自己的主业还没做好就急于向其他领域发展，没有钱也要借钱往里扔，结果统统被套牢。因为战线拉得太长，反倒陷入了企业发展的"陷阱"中。

北大管理理念并不反对多元化战略，但是实施多元化战略一方面应该考虑企业自身的优势，把眼光放得更长远一些。企业必须要考虑适合不适合走多元化，什么时候走最合适，往哪个方向发展最好；另一方面要考虑市场形势，在市场机会很多的时候，走多元化可以使企业短时期迅速发展，但是，当市场环境极其复杂时候，企业一定要慎重决策，避免因为打造成为某种商业帝国而使企业陷入多元化发展的泥潭。

对一个企业而言，资金缺乏、人手不足、资源有限，如果一开始就把战线拉长，实施多元化发展的战略，势必在各个领域都不会深耕。这也就是说，即使将所有的资源都集中在单一项目上，依旧存在很多欠缺，如果资源分摊到2～3个项目之上，又会是一种什么结果呢？那就是每个项目所能分享到的资源会更加短缺，每一个项目无论在规模上还是在特色上，都要远逊于自己的竞争对手，这样无疑人为加大了发展难度。换言之，与其盲目追求多元化，不如选准自己的目标，把鸡蛋放在一个篮子里。

○ 走多元化战略要注意的事项

企业如果想要走多元化发展道路，需要注意两件事：

经过管理高层决定我们下个季度的目标是……

一是做好内功，搭建完美的管理平台。只有好的管理才能让发展的方向不出现偏差。

二是紧抓核心业务不放，多元化道路上最能够成就的一般都是核心业务，如若遭遇失败，最先恢复元气的也必定是核心业务。

总之，小企业在选择多元化战略时一定要慎之又慎，千万不可盲目选择。

十几年前，王石发现万科利润的30%来源于房地产，在他看来，房地产这一块并非最大，但是它的发展速度最快。

王石认为，将来市场发展趋势是"专业化"。于是只专注于住宅，开始做减法。他当时的"减法"几乎囊括到万科所涉足的零售、广告、货运、服装，甚至还有家电、手表、影视等数十个行业。最终，万科成为行业内的龙头老大，其规模之大令其他企业难以抗衡。

世界一流效率提升大师博恩·崔西说："成功最重要的前提是知道自己究竟想要什么。成功的首要因素是制定一套明确、具体，而且可以衡量的目标和计划。"一个有理想的企业，或者说一个可持续发展的企业，它一定会结合企业的实际情况，制定合适的战略发展规划。

总之，盲目将战线拉长，也会造成发展的盲目化，对企业经营者而言，制定企业战略必须立足实际，将自己的主营业务做大做强之后再考虑多元化。

掌握趋势，确保战略的前瞻性

企业家和商人的区别是，企业家是预见未来、创造未来、改变未来，商人是赌未来，顺应未来，被未来改变。

——黄怒波

（毕业于北京大学，现任中坤集团董事长）

掌握趋势就是掌握未来，掌握发展的机会，当一种趋势的苗头初现时，能够把握这种趋势的，就是优秀的企业家。

伴随着全球化技术革命的发展和网络时代的到来，企业也不再仅仅是对市场需求的"快速反应"，在做好当下的同时，企业更需要关注未来的发展。企业领导更要有基于前瞻性的战略眼光，领先市场需求一小步，就是对企业贡献的一大步。毕业于北大的黄怒波、李彦宏等优秀企业家通过自己的实例证明了，企业战略必须建立在掌握趋势的基础上。

企业要想有更好的发展，就必然要看清潮流，超前思考，掌握发展趋势，确保自己战略的前瞻性。假如企业管理者对发展思路、目标都不明确，对发展趋势不敏感，不善于长远思考、规划未来，那么这样的企业就会从走弯路到走下坡路，又谈何发展呢？

"凡事预则立，不预则废。"这里的"预"就是提前掌握趋势，俗话说"抢先一步赢商机"，如果不善于谋划未来，只是鼠目寸光，关注当前，那么就会失去未来潜在的效益，企业的发展将会永远慢别人半拍。

在市场竞争激烈的今天，企业管理者必须具备超前的战略意识，具备博学善思的素质。要想走在市场变化的前面，就必须提前了解、研究客户和消费者的潜在需求，通过不断挖掘市场潜力，拓宽产品的市场份额来获得更大的赢利空间，这样才能战胜对手，在市场竞争中取得优势。

"二战"爆发后，美国一家规模不大的缝纫机工厂的生意受战争影响，销售情况一直不好。工厂主汤姆当然知道军火生意最挣钱，但是军火生意却与自己无缘。于是，他把目光转向未来市场，一番思索后他决定改行，改成什么？他的回答是："改成生产残疾人使用的小轮椅。"一番设备改造后，工厂生产的一批批轮椅问世了。

因为战争的缘故，很多在战争中受伤致残的人都纷纷购买轮椅。工厂生产的产品不但在美国本土热销，连许多外国人也来购买。但随着战争的推进，工厂的工人们也不禁发出疑惑："战争马上就要结束了，如果继续大量生产轮椅，还卖给谁？"

汤姆胸有成竹，他反问道："战争结束了，人们的想法是什么呢？一定是想要过上健康幸福的生活。而健康的体魄是人们追求的重点。因此，我们要准备生产健身器。"

不久，经一番改造后，生产轮椅的机械流水线被改造成了生产健身器的流水线。刚开始几年，工厂的销售情况并不好。这时老汤姆已经去世了，但他的儿子坚信父亲的超前思维，依旧继续生产健身器材。十几年的时间，健身器材开始大量走俏，不久就成为畅销货。由于他们在健身器材方面起步较早，且这种产品的需求量随着时间的推移越来越大，由此推动企业规模的不断扩大，保罗也跻身到了亿万富翁的行列。

超前意识是一种以将来可能出现的状况面对现实进行弹性调整的意识。它可以创造前景进行预测性思考，可以使我们调整现实事物的发展方向，从而帮助我们制订正确的计划和目标并实施正确的决策。那么，超前意识是怎样培养的呢？

一个成功的企业家，他绝不会轻易做出一项战略。在市场经济时代，能登高望远，对形势的发展有一定的预见性，在商业活动中才能占尽先机，获得的实惠便可以先人百步、千步。一个成功的企业家能始终带领企业奔跑，因为他看得到更高、更远的发展趋势，并为此制定合适的发展战略。

朱志平的商海历程以及他的财富积累过程的确是个传奇。因为他总是具有前瞻性，并且能在不同的领域里成为常胜将军。

朱志平出身草根，当他放弃了稳定的工作，毅然辞职投身商海、创立了他的第一家公司——华泰制衣时，他的全部资产只有400元人民币。其实，朱志平看似冲动的行为背后，有着深刻的思考：家家户户都离不开衣食住行，当时的服装行业市场需求量大、成本低，所以，只要能做出物美价廉的产品，放弃铁饭碗就不会是一次冒险。

事实证明，朱志平的分析没有错，宁波的销售市场很快被打开了，最初的短短三年内他资产增至上百万元。随后，朱志平放弃正在稳步发展的华泰制衣，以初学者的身份踏入股市。与很多人不同，朱志平一直相信成功不能靠侥幸。于是他不断地学习。天道酬勤，仅一年后他就成为杭州最早的股评家之一；十年间，他的财富增至几亿。但是，出乎所有人意料，在获得巨大成功时，朱志平再次抽身而退。

凭借令人吃惊的市场洞察力，在离开股市之前，朱志平就选择了楼市作为自己下一步的发展方向。2000年，朱志平成立了浙江同方投资集团有限公司，他坚持品牌开发、实力开发、信誉开发，致力为城市的发展、延续尽自己的一分力量。现在同方联合控股公司已经具有二级开发资质，成为一家以房地产开发为主，建筑材料销售、物业管理为辅的现代企业。

○ 抢占先机的优缺点

想要企业成功，企业的管理者就要站得更高，看得更远，了解市场发展趋势，并制定相应的发展战略。

我已经站稳脚跟了！

抢占先机。优秀的企业管理者要善于抢占先机，在别人没有出手时就进入市场，从而减少竞争者，在站稳脚跟之后再与后来的竞争者竞争，这时就有了竞争优势。

抢占先机的负面效应。先进入市场的人缺少借鉴的经验，因此对自身的能力是一个很大的考验，而且前期的试验需要投入大量资金，这是抢占先机的一个重要的负面效应。

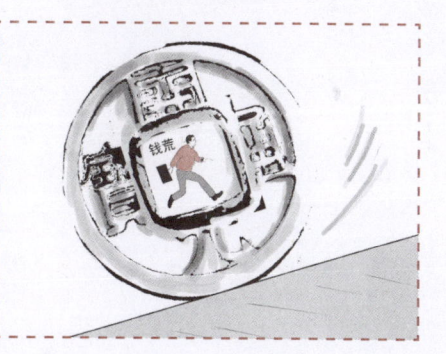

钱荒

2010年，朱志平因转战商场16年，连战连捷，使得人们佩服他把握经济浪潮的能力。在总结多年的发展历程和成功经验时，朱志平说："对于企业而言，最重要的并不是规模，而是抓住机遇的能力。"

正是基于领先市场一步的理念，每当朱志平看到一个行业的发展潜力时，就会尽全力抓住时机，他毫无疑问地成了时代的弄潮儿。

掌握趋势不同于追热点，掌握趋势意味着能跑在热点的前面。不少人总热衷于追逐热点，看现在干什么赚钱就去干什么，看哪里是热门区域就往哪里跑。可上天总喜欢捉弄人，明明看上去不错的机会，好不容易削尖脑袋挤了进去，可又因为刚刚起步竞争不过对手，有时候甚至挤都挤不进去。

其实，事物发展总是有比较清晰的发展脉络和趋势。在掌握趋势的基础上，提前占位和先期介入策略没有是非对错，但其实施的前提是要对发展趋势和时间节点有一个较为准确的把握。

如果管理者在准确把握发展趋势的基础上，能够在别人还未行动甚至是浑然未觉之时出手，就能提前占位、占尽先机，当别人发现热门之后再行进去，我们已经牢牢站稳脚跟，再难以同自己相抗衡。当然，提前占位的战略也会带来一些负面效应，那就是先期介入的几年内，需要承受没有赢利或者利润很少的痛苦，对资金实力和个人毅力都是很大的考验。

第三章 决策管理课：
学会做决策，但必须"摆脱具体事务的羁绊"

指挥上的"独裁"：必须要抓的大权

> 对于一个人来说，最重要的能力之一是做出判断、做出选择。如果大家研究过百度的成长过程，你会发现百度在很多时候，是做了正确的决策，或者说我们是选择了比较正确的路子走过来的。
>
> ——李彦宏

管理学大师西蒙认为管理就是决策，决策是管理者的主要职责。北大管理理念认为，管理者在某些方面可以授权，但在某些方面则不宜授权，比如决策权方面。李嘉诚就曾经这样给自己定位："我是杂牌军总司令，我拿机枪比不上机枪手，发射炮弹比不上炮手，但是总司令懂得指挥就行。"管理者就要做一个善于决策的"总指挥"。

一般而言，决策分为以下几种类型：

（1）个人决策和集体决策。个人决策是以个人决定的方式所做的决策，集体决策是管理集体所做的决策。在工作中，根据不同的情况，采取个人决策或集体决策的方式。尤其遇到日常一般性事项和问题，则通常由管理者自行决策，不必事事依靠集体决策，以免延误时机。

（2）单项决策和多项决策。单项决策是就单个事项或目标做出决策，其情况

（人、事、物）比较简单。多项决策是涉及多个事项或目标的决策，内容繁多而复杂，涉及多个方面。

（3）常规决策和特殊决策。常规决策是指管理者对经常、反复出现的事情做出决策，它具有一定的规律性，因此，可以利用例行的程序进行决策。而特殊决策则是非常规决策，指对偶然出现的事情做出决策。凡是过去没有出现过、涉及面广且新的事情和问题，没有可供决策遵循的程序，管理者必须有能力鉴别出这些特殊的事情和问题，及时做出科学、正确的决策，顺利处理这些问题。

对常规性决策，管理者可以沿用惯例。但是对非常规性决策，管理者需要充分发挥创造性和高超的决策技术。

对管理者而言，决策权是最重要的权力，必须牢牢把握。管理者可以将建议权赋予最了解事情的人，管理者要鼓励不同的人尽量多地给建议，把想法通过各种渠道汇集上来。在汇集信息的基础上，管理者拥有最后的决策权。

管理者虽然了解的信息可能没有其他人员直接，但掌握的信息量大，而且更全面。作为管理者，看问题的角度更专业，并且管理者是对全局负责的人，从这个角度来说，决策权作为管理者的"保留权力"，绝不能轻易下放给其他人。

百度这么多年来做出的决策几乎没有出现过重大的失误。从当年开始创业融资的时候怎么做，确定什么样的商业模式，遇到困难时是否转型做竞价排名，到2005年是上市还是把百度卖给别人，这些决策于百度而言是一个又一个的关键时刻。李彦宏对百度在重大问题上的决策能力很有信心，这也是多年决策积累的结果。

作为管理者，只要你的提议和决策是对的，并且自己拥有最终决策权，决策可以坚决地贯彻下去。

决策从来不是由多数人来做出的；多数人的意见虽然要听，但做出决策的，只能是管理者一人。当然，作为掌握决策大权的管理者，既要"厚德载物，以理服人"，也得做到"该出手时就出手"，当机立断，掌握大权。没有强势的姿态就做不成事情。

林肯作为一代优秀的美国总统，他上任后不久就将6个幕僚召集在一起开会，讨论其提出的一个重要法案。幕僚们的看法不统一，7个人激烈地争论起来。在最后决策的时候，6个幕僚一致反对林肯的意见，但林肯仍固执己见，他说："虽然只有我一个人赞成但我仍要宣布，这个法案通过了。"

很多人可能会被林肯的独断专行所迷惑，其实，林肯已经仔细地了解了其他6个人的看法并经过深思熟虑，认定自己的方案最为合理。

而其他6个人持反对意见，只是因为条件反射，有的人甚至在人云亦云，根本就没有认真考虑过这个方案。既然如此，林肯作为决策者，自然应该力排众议，坚持己见。

第三章
⊙决策管理课：学会做决策，但必须"摆脱具体事务的羁绊"

○ 管理者的决策原则

管理者在做出决策的时候要有原则，具体来说，决策的原则有以下几点：

"这么多方案，哪个更好呢？"

1.选择最好的方案

对于一件事情往往有很多种方案，管理者要善于从这些方案中选择最好的、最适合的方案。

2.兼顾全局

管理者看待问题不能只顾一个方面，而是应该顾全各个方面，统筹兼顾，在利害对比中做出取舍。

有利无害　　有利有害　　有害无利

"这四类要有所区别……"

3.区别对待

决策有不同的类型，管理者要根据不同的类型选择不同的决策方案，不能以偏概全。

39

而管理者在具体决策的过程中，必须依据一定的原则进行决策，主要包括如下：

（1）评优方案，追逐目标。管理者要从各种方案中选出实现目标最适合的方案，必须预先评估审查各方案的满意程度。要选定最能满足实现目标需要的那个方案，不可偏离目标。

（2）统筹兼顾，适当安排。管理者要从全局出发权衡方案的利弊得失，要考虑到有利无害、有利有害和有害无利三种情况，并具体分析三种情况中的利与害的对比、大小后做出取舍。在实施方案时，要有整体观念，做到局部利益与整体利益、长远利益相结合。

（3）不同类型，区别对待。按所处的条件不同，决策分竞争型、风险型、确定型和不确定型决策四种情况。管理者在决策过程中，需要依据不同的类型，区别对待。

需要注意的是，有决策必然会存在风险，就有可能会产生不良后果。管理者对决策可能出现的不良后果，除应采取预防措施来消除外，还必须准备一定的应急措施，以备万一问题发生时能消除或减少影响。发生的可能性小也不意味着不发生，因此做好决策的预防和应急措施还是非常有必要的。

以下23条简明扼要的提示，提供关于如何做决策的重要信息：

（1）做出决策之前必须小心审视每一个方案。

（2）如果发现以前的决策仍旧有效，可以好好利用。

（3）做长期决策时，同时将短期选择铭记在心。

（4）改变那些不再适用的决策。

（5）考虑每一个决策会产生的影响，可能会很大。

（6）尝试预测以及准备应付任何情势上的改变。

（7）问一下自己，你的决策可能会发生什么错误。

（8）做决策时，要考虑所有可能的结果。

（9）用理性的逻辑分析去平衡直觉式的预感。

（10）评估你的决策能力，并且努力改进。

（11）尽量避免充满意外因素的决策。

（12）可以沿用有效的前例，但若已失效，则应避免使用。

（13）以良好的决策挑战公司的文化。

（14）要让别人知道你善于提出有效的、具创意的且新意的想法。

（15）决策要结合智能与直觉。

（16）了解决策背后的权术。

（17）要衡量决策对所有部属的影响。
（18）不要将已指派的决策权紧抓不放。
（19）如果须驳回被委任者的决策，先应该给予充分的理由。
（20）信任他人的决策能力。
（21）永远不要在强大的时间压力下做决定。
（22）当决策失败时，要立即采取行动。
（23）不要拖延一个重要的决策，而应快速地下决定。

决策以长期理念为基础，即使牺牲短期财务也在所不惜

勇往向前，终会实现目标。做企业也是这样，放弃急功近利的心态，企业才会有长久的生命力。

——黄怒波

在北大管理理念中，一向不推崇急功近利。一个企业的经营决策不能仅仅看它现在的利润率表现，更需要看它未来的发展前景。如果企业暂时赚钱了，却不提升自己的竞争力，那么以后这家企业的钱是越来越难赚。所以，管理者要把精力放在持续赢利的方面。

持续赢利指企业既要能赢得利润，又要有发展后劲，赢利具有可持续性、长久性，而不是一时的偶然行为。"360杀毒"是国内免费杀毒软件的开创者，当初做出免费试用的决策，让如今的"奇虎360"成为互联网行业的新宠。

虽然奇虎360只能算是杀毒业的新兵，但在周鸿祎的领导下，360安全卫士以免费招式掀起了安全领域的风暴。做出免费的承诺，在当时是"冒天下之大不韪"，因为免费软件面临着一个问题：如何赢利？事实证明，"免费"的决策让360尝到了甜头。

顺应互联网的免费趋势，360安全卫士推行的赢利模式很简单：普遍性服务免费，增值服务收费。周鸿祎和他的团队认为，免费的软件能够吸引足够大的用户群。只有足够多的用户，才能为未来的赢利创造良好的基础。在软件价格低廉的情况下，即使有1%的360用户，每个月哪怕花费几块钱，付费也是庞大的市场。正是基于这样的认识，周鸿祎最终才做出了360免费的决策。

增值业务也体现在360安全浏览器上，上面集谷歌、百度、有道搜索框，每天有成千上万的人在使用，这些搜索框每天都在给360带来利益，同时360安全浏览器中投放的文字广告也会带来不少收入。

凭借着360安全卫士等免费软件，奇虎获得尽可能多的用户群，并通过提高软件

功能和丰富多样的产品种类来满足不同客户的需求。对于那些只有少数人需要的个性化服务，奇虎360将针对部分用户提供增值服务从而赢利。

如今，奇虎360已经拥有了庞大的消费群体，奇虎360正进入稳定发展中。

管理决策必须建立在持续赢利的基础上，持续赢利是对一个企业是否具有可持续发展能力的最有效的考量标准。一旦有了庞大的消费群体，收益就有了保证，这个赢利模式也就能持续。

经营决策考验管理者的智慧，每个企业都是一个复杂的个体，其所处的商业环境不同、客户定位不同、产品与服务的选择不同、拥有的资源不同，所以，如何决策最终实现可持续赢利的问题变得不简单。持续经营靠模式将唤醒经营者们对企业的命门——商业模式的重视、认知和思考，帮助更多经营者掌握识别、规划、评价、创新企业商业模式的知识和技能，以便为企业塑造成功的商业模式，将有助于创业者思考并解开企业持续赢利的奥秘。

决策确定后，要达到持续赢利并不容易，企业赢利是一个长期积累的过程。在刚开始的时候，肯定会存在很多困难，但是不要轻易放弃。所以决策之后的坚持很重要，因为坚持会让你的经验越来越丰富，行业越来越熟悉，客户越来越多，能力越来越强。

成功的商业经营决策要做到放眼未来，而不是追求短期的利润。所以企业要想持续赚钱，永远立于不败之地，就需要决策时以长期理念为基础。当你成为这个行业的专家，自然就成了市场的赢家。

决策目标要明确，行动就有针对性

决策目标不明确，选择就会发生偏移，甚至会出现南辕北辙的后果。

——北大管理理念

管理工作中，管理者会面临各种各样的决策选择。唯有决策目标明确了，行动就会有针对性。

在决策之前，管理者要回答下面这几个问题：这个决策要实现什么？要达到什么目标？这个决策的最低目标是什么？执行这个决策需要什么条件？

想清楚要达到什么结果，可以帮助我们果断地做出决策，钢铁大王安德鲁·卡内基给我们做了一个良好的示范。

钢铁大王安德鲁·卡内基年轻的时候，曾经在铁路公司做电报员。一天正好他值班，突然收到了一封紧急电报，原来在附近的铁路上，有一列装满货物的火车出轨了，要求上司通知所有要通过这条铁路的火车改变路线或者暂停运行，以免发生撞车事故。

因为是星期天，一连打了好几个电话，卡内基也找不到主管上司。眼看时间一分一秒地过去，而正有一列火车驶向出事地点。此时，卡内基做了一个大胆的决定，他冒充上司给所有要经过这里的列车司机发出命令，让他们立即改变轨道。按照当时铁路公司的规定，电报员擅自冒用上级名义发报，唯一的处分就是立即开除。卡内基十分清楚这项规定，于是在发完命令后，就写了一封辞职信，放到了上司的办公桌上。

第二天，卡内基没有去上班，却接到了上司的电话。来到上司的办公室后，这位向来以严厉著称的上司当着卡内基的面将他的辞职信撕碎，微笑着对他说："由于我要调到公司的其他部门工作，我们已经决定由你担任这里的负责人。不为其他任何原因，只是因为你在正确的时机做了一个正确的选择。"

卡内基清楚地知道自己必须达到什么结果，那就是必须要避免重大事故的发生。为此，他毫不犹豫地做出了决策，哪怕自己会因为这个选择而丢掉工作，他也不会对此有任何悔恨。

而很多人在选择面前犹豫、彷徨，正是因为自己对决策目标的不明确，一会儿想要这个目标，一会儿又想要那个。明确目标让我们避免了徘徊与游移不定，让管理者在决策过程中更加果断和更有针对性。

在管理过程中，很多决策是建立在没有明确目的的基础上，这样的决策只会造成管理的混乱。优秀的管理者一定会在决策时首先考虑如何才能达到预期的目标。

"二战"时，美国作为盟国的军火生产基地，向欧洲同盟国运送了大量的武器。为了尽可能多、尽可能快地运往西欧前线，便让商船加入了运载军火的行列。但是商船常常遭到德军的袭击，损失惨重。

为了让运送军火的商船突破德军飞机的封锁，免受德军飞机的攻击，美国海军指挥部决定在商船上安装高射炮。但是过了一段时间，却发现这些高射炮竟然没有击毁一架敌机。

在海军指挥部内部，有人对在商船上安装高射炮提出异议。针对这一问题，盟军海军运筹小组研究后发现，把在商船上安装高射炮这一决策的目标定为击毁敌机是不妥当的。这一决策的正确目标，应是尽量减少被击沉的商船数，从而保证军火供给。虽然安装在商船上的高射炮没有击毁一架敌机，但实践证明，它在减少商船损失，保证军火供给方面却是有效的。

基于这样的目标，美国海军指挥部最终否决了"不在商船上继续安装高射炮"的意见，继续在商船上安装高射炮。

明确的决策目标会给我们带来清晰的指引，正确的决策目标具有重要意义，而决策目标的不明确或失误有时会造成难以弥补的损失。

北大管理理念认为，决策目标要明确，这就要求决策目标应当有确定的内涵，切忌笼统，要求决策目标、概念必须清晰。具体到决策的过程，必须坚持的目标具备以下两个特征：

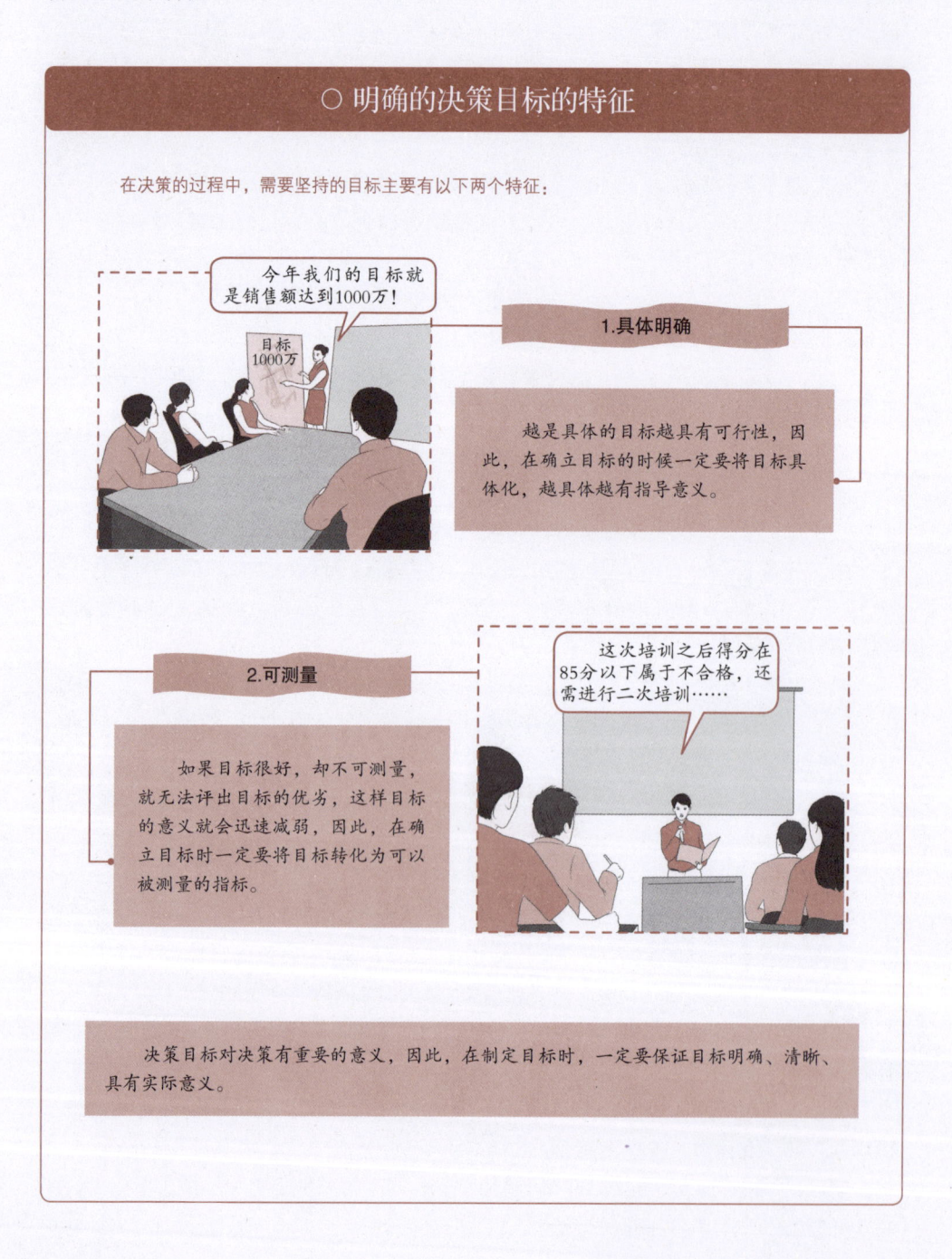

○ 明确的决策目标的特征

在决策的过程中，需要坚持的目标主要有以下两个特征：

今年我们的目标就是销售额达到1000万！

目标 1000万

1.具体明确

越是具体的目标越具有可行性，因此，在确立目标的时候一定要将目标具体化，越具体越有指导意义。

2.可测量

如果目标很好，却不可测量，就无法评出目标的优劣，这样目标的意义就会迅速减弱，因此，在确立目标时一定要将目标转化为可以被测量的指标。

这次培训之后得分在85分以下属于不合格，还需进行二次培训……

决策目标对决策有重要的意义，因此，在制定目标时，一定要保证目标明确、清晰、具有实际意义。

1.目标是具体而明确的

如"发展成为成功的企业"就不是具体明确的目标。可以把这个目标量化为：五年之内，发展要成为一个资产达10亿元、年销售额达到1000万元的公司。决策目标必须建立在明确具体的基础上。

2.目标是可测量的

要把目标转化为可以被量化、测量的指标。如："完成所有老员工关于'时间管理'的培训"就可以改为：完成对所有老员工关于"时间管理"的培训后，学员对课程的评分要在85分以上，低于85分就说明课程的效果不理想，没有达到目标。

没有充分的调查，就没有正确的决策

发现机会是企业家从事经营活动的出发点，企业家的组织职能和创新职能都是以发现机会为前提的。

——张维迎

（北京大学光华管理学院教授，著名经济学家）

北大管理理念认为，做任何决策前都应该进行科学的市场调查，充分了解信息。如果管理者不深入进行市场调查，而只是凭经验、凭感觉进行决策，在这种情况下所做的决策往往容易导致企业经营失败。

正所谓"没有调查就没有发言权"。在决策前，针对某一产品或服务的消费者，以及市场营运的各阶段进行调查，有目的、系统地搜集、记录、分析及整合相关资料，了解市场的现状及其发展趋势，为市场预测和营销决策提供客观的、正确的资料。

做好市场考察，才能有的放矢、正确决策，台湾鼎鑫集团就是这样发展起来的。

20世纪80年代，台湾商人魏应行开始在大陆投资，但由于缺乏对大陆市场的了解，投资的几个项目均没有获得成功。就在他意欲退回台湾时，事情发生了转机。

有一次，魏应行乘火车外出办事，因为不习惯吃火车上的盒饭，便带上了方便面。没想到当时在台湾非常普通的方便面，却引起了同车旅客极大的兴趣，魏应行马上将面分给了他们。他们吃着热腾腾的面，直夸好吃，既方便又实惠。这种情景无疑给了魏应行某方面的灵感。

这次小事件对魏应行有了不小的刺激，他既自责又庆幸。自责的是自己没有对大陆市场进行彻底的调研，没有抓准大陆市场的真正缺口和需要，只一味地从自己的想当然出发，白白地把精力和物力浪费在一些无关紧要的投资项目上。另一方面，他庆幸的是，自己在一些细节性的问题上细心，最终找到了在大陆开拓市场的希望，那就是在大陆投资方便面。

此后，魏应行派人对整个大陆市场做了细致的调查，从各个地区的人口到他们的饮食习惯，再到他们的饮食规律。建立在充分调研的基础上，他决定上马方便面项目，并将产品定名为"康师傅"。

功夫不负有心人，经过多年的发展，如今，康师傅已经成为中国方便面市场上的领导品牌。

凭借着对大陆市场的细致调研，魏应行在方便面上发现了商机，并最终决策上马方便面项目，可谓走在了同类竞争者的前头。企业的经营者除了要时时保持商业的敏感外，还要对市场进行充分调研，用一双慧眼和一个智慧的头脑，才能做出科学的决策。

有时依据市场调研做出的经营决策往往并未如预期，这个时候需要思考市场调研的方式方法是否科学。

十几年前，上海的一家企业决定上马新型电器橱具。其人员首先购买了50台家用微波炉和电磁炉，然后在一个机电展销会上进行试销。结果全部产品在3天内销售完毕。考虑到展销会的顾客缺乏代表性，于是他们又购买了100台各种款式的微波炉和电磁炉，决定在上海南东路的两个商店进行试销，并且提前3天在《解放日报》和《文汇报》上登了广告。结果半夜就有人排队待购。半天时间全都产品都销售出去了。

该企业的厂长让企业内的有关部门做一个市场调查。据该部门的负责人说，他们走访了近万户居民。据汇报上来的数据统计，有80%的居民有购买电磁炉和微波炉的要求。这说明老百姓对电磁炉和微波炉的需求量应该是很大的。如果扩大到附近江苏、浙江等省份，对微波炉和电磁炉需求量将是一个非常令人惊喜的数字。于是，他们下决心引进新型的生产线，立即上马进行生产。

可是，当生产线继续投产的时候，该厂的产品已经滞销，企业全面亏损。厂长亲自到已经访问过的居民家中核对调查情况。结果是：他们后来却都没有购买。问其原因，居民的回答各种各样。

最后，微波炉和电磁炉生产线只好停产。

这个案例中的企业，市场调查表面比较充分，实际上不够深入，调查应该设置相关的涉及购买动机、承受能力、使用习惯、目标消费群体的分类等，其市场调查和试销都只有从结果——"销售情况"来分析问题，太过于粗犷。对市场容量没有实际地调查，而只是凭借自己的想象来下结论，导致盲目扩大产量，产生滞销。

市场调查是做出正确决策的前奏，是制定决策的基础，可供参考的调查方法主要有两种：一是委托专门的市场调查公司，二是由自己一手操办。但总体来说，调查需要遵循以下步骤：

1.确定明确的市场调查目标

市场调查为管理者经营决策提供科学可靠的依据。这就要求管理者首先要明确："我为什么要做市场调查？我要了解哪些情况？我要解决哪些问题？"不少管理者由于目标模糊，对市场调查的设想显得杂乱无章。这就要求管理者必须对症下药，在进行正式的市场调查之前，要先通过网络、各类报刊、统计部门、行业协会公布的信息等方式，有效地收集整理相关的二手资料。这样就能够在明确目标的指导下，为市场调查做足准备工作，而在具体调查中，消费者也乐于配合，管理者的市场调查设想也显得井然有序。

2.设计具体的调查方案

管理者在制定明确的市场调查目标后，接下来的一个步骤就是为实现这一目标设计一个具体的方案。一个切实可行的市场调查方案一般包括以下几个方面的内容：

（1）调查要求与目的。这是每次市场调查最基本也是最为关键的问题。不管准备从事哪一种项目，都应该将需要了解的相关信息具体落实到方案上。

（2）调查对象。通常情况下，市场调查的对象一般为消费者、零售商、批发商。

（3）调查内容。管理者可以根据市场调查的目的来拟定明确的调查内容。调查内容要求条理清晰、简洁明了。避免主次不分，内容烦琐。

（4）调查样本。

（5）调查的地区范围。

（6）样本的抽取。

（7）资料的收集和整理方法。

企业在做决策前应该要做市场调查，科学的市场调查是决策成功的关键，不少企业因为一个错误的调查结果而导致错误的决策，最终导致全盘皆输。希望更多的管理者能够认识到市场调查对决策的重要性，认识到科学的市场调查是科学决策的好帮手，真正重视市场调查。

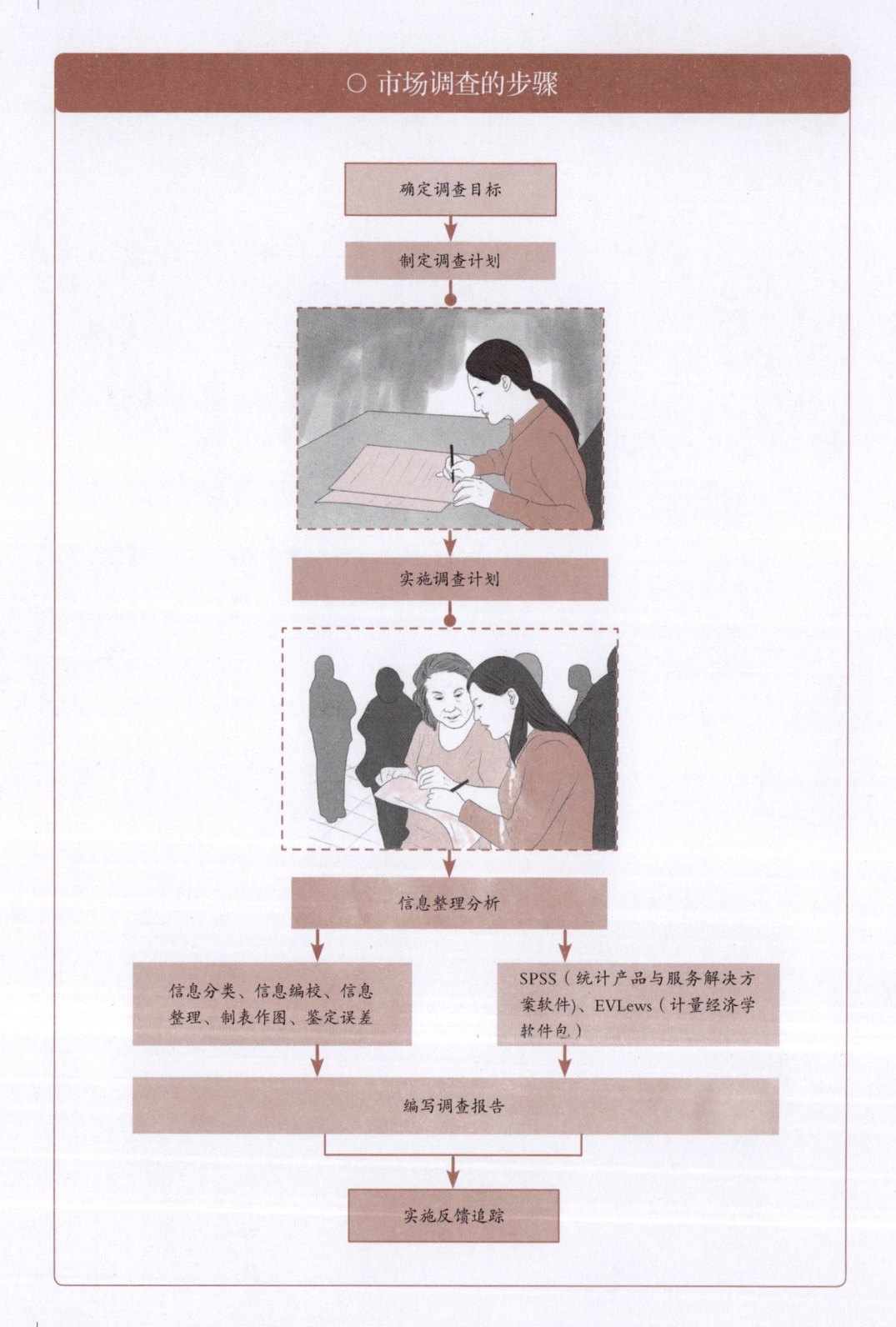

市场调查的步骤

确定调查目标

↓

制定调查计划

↓

实施调查计划

↓

信息整理分析

↓

- 信息分类、信息编校、信息整理、制表作图、鉴定误差
- SPSS（统计产品与服务解决方案软件）、EVLews（计量经济学软件包）

↓

编写调查报告

↓

实施反馈追踪

90%的信息加10%的直觉，就是成功的决策

> 对一个决策者来说，直觉犹如一把双刃剑，既有可能帮助他获得成功，也有可能导致失败。
>
> ——北大管理理念

作为一个管理者，每天都会遇到大量需要决策的事情。成功的决策者为自己敏锐的直觉感到自豪和欣慰，同时，也应对直觉保持清醒的认识，保持警惕。

美国的巴顿将军就是以他的快速决策而著称的。他的许多决策看似出于本能，出于直觉，而且都是闪电式的。人们都说这归功于他的第六感觉，甚至认为是因为他的第六感觉很少欺骗他。他所做的"闪电决策"几乎都是正确的，这对他在"二战"中指挥美国第三坦克部队在欧洲取得胜利起了关键性的作用。

巴顿将军"闪电决策"看似依靠直觉，实际上是他拥有精湛的专业知识和掌握丰富的信息的结果。

那些获得巨大成功的经营者，在制订方案或决策时，往往十分重视利用他们直觉的经营意识。但同时，他们也会对直觉进行谨慎的判断。

但有些管理者在进行决策时，常常过于相信自己的直觉，领导拍一下脑袋就定下来。其决策的依据不是客观的市场调查报告、科学的理论原则以及在此基础上对市场未来趋势所做出的正确预测，而是单凭感觉、直觉。因此，"我只相信自己的直觉"，成了许多决策者自我炫耀的口头禅。

不可否认，优秀决策者的直觉在速度和灵活性上是具有一定的优势，但是直觉决策有很大的局限性。因为直觉未必"百发百中"，不可能他所有的直觉判断都是正确的，很多曾经辉煌一时的企业家最后栽就栽在他的一个错误判断上。

史玉柱被誉为"著名的失败者"，他曾经凭直觉做出错误的决策，并一度成为中国第一"负翁"。

1994年初，巨人大厦开工典礼。史玉柱本想建成64层的高楼，但那天他做出了一个决策："64层也没与国内一些高楼拉开太大距离。"史玉柱一咬牙，脱口而出："巨人大厦要建72层。"史玉柱当年成了中国十大改革风云人物之一。

后来，巨人集团就吃亏在巨人大厦上，巨人大厦成为珠海最著名的烂尾楼，史玉柱本人从中国富豪排行榜第八一下子变为第一"负翁"，个人负债高达2.5亿元。在后来，史玉柱反思道："巨人没有及早进行股份化，直接的损失是最优秀的人才流失。更严重的后果是，在决策时没有人能制约我，以致形成家长制的绝对权威，导致我的一系列重大决策失误。"

虽然跌落谷底，史玉柱没有气馁，他凭借脑白金和黄金搭档东山再起，短短几年之内重新积聚上百亿元资金。自此之后，史玉柱反而越来越小心，除了保健品

业务，史玉柱个人只投资过三个项目：华夏银行、民生银行的股权和巨人网络。为此，史玉柱在公司内部建立了一个七人的决策委员会，投票决定投资项目，以期获得更科学的决策。

由此观之，完全的直觉决策并不可取。对于企业管理者而言，成功的决策必须首先掌握大量对决策有用的信息，从某种意义上说，决策者能否做到正确决策取决于他占有的信息量的多少。

孙子曰："故明君贤将以动而胜人，成功出于众者，先知也。"意思是说："明君和贤将之所以一出兵就能战胜敌人，功业超越众人，就在于能预先掌握敌情。"敌情就是信息，也就说，要想获得成功的决策，就需要有利于决策的信息。

1947年，美国贝尔实验室发明了晶体管。相对于电子管而言，晶体管具有体积小、耗电少等显著优点。

但是，当时这项技术并没有引起广泛注意。可是，盛田昭夫领导下的日本索尼公司却看到了晶体管的辉煌前景。此时的索尼公司还名不见经传，它太小了，只是一个做电饭锅的小公司。盛田昭夫认为，电子管和晶体管都是电子设备的基础元配件，晶体管的诞生，意味着一个电子应用全新领域的全面来临，从这个层面上讲，晶体管具有非常重要的战略价值。如果索尼能顺应形势，将快速成长为一家大公司。

于是，当时的索尼公司仅仅以2.5万美元"令人可笑"的价格，就从贝尔实验室购得了技术转让权。两年后，索尼公司率先推出了首批便携式半导体收音机，与市场上同功能的电子管收音机相比，重量不到1/5，成本不到1/3。三年后，索尼占领了美国低档收音机市场，五年后，索尼占领了全世界的收音机市场。

如此成功的决策，就在于盛田昭夫获得了两大利于决策的关键信息：一是消费者具有希望电子产品越来越轻、越来越省电的消费期望，如果能够推出质量轻、待电时间长的收音机，一定会大受欢迎；二是晶体管的研制成功，使消费者的期望具有满足的可能。

对管理者而言，正式的决策一般都有严格的论证程序，而且正式的决策大部分都属于战略性的决策，需要更加充分的信息和更科学的程序。但管理者遇到的很多问题是瞬间发生的，管理者在做决策时，通常脑子里没有严格的逻辑思考和推理，这个时候更多地需要依靠信息加直觉来判断。直觉决策有3种表现形式。

（1）便利直觉，即使用容易得到的信息做出决策。信息是决策的前提，管理者能否便利地获得需要的信息对决策有很大影响，这包括近期的信息、眼前的信息、下属提供的信息等。尽管这些信息未必真实反映了事物的本质，但是这些信息最可能被用来做决策。例如，在对下属进行评价时，管理者往往依据的是下属近期的表现。下属早期的表现如果没有出现太大问题，只要近期表现良好，管理者的评价一般也是良好。

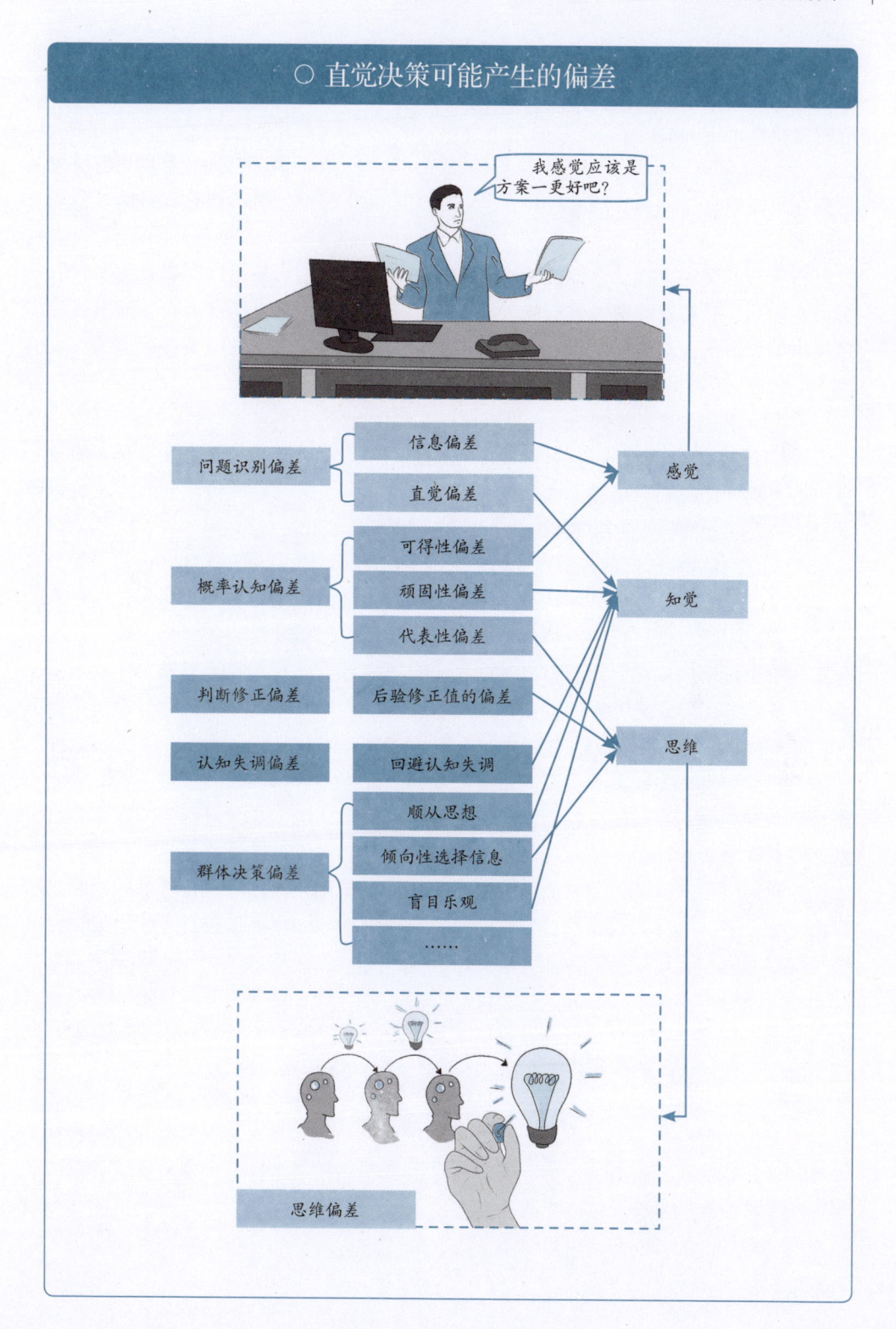

第三章
⊙决策管理课：学会做决策，但必须"摆脱具体事务的羁绊"

○ 直觉决策可能产生的偏差

我感觉应该是方案一更好吧？

问题识别偏差	信息偏差	感觉
	直觉偏差	

概率认知偏差	可得性偏差	知觉
	顽固性偏差	
	代表性偏差	

判断修正偏差	后验修正值的偏差	思维

认知失调偏差	回避认知失调

群体决策偏差	顺从思想
	倾向性选择信息
	盲目乐观
	……

思维偏差

51

（2）表象直觉，将某些事物发生的可能性与熟悉的事物相对照做出决策。也许某个事件的发生是偶然的，但人们的天性决定了我们很多时候把偶然的事情找到相应的参照物，从而做出相应的判断。

（3）认同强化，增加对原有决策的投入，从而强化原有的认同，尽管原有决策已存在负面信息。例如，现实中存在大量对失败的决策继续执行以致最终酿成危机的例子。

有人直觉灵敏准确，直觉决策成功率很高，而有的人反应迟钝，直觉决策屡屡失败。如同样是股票投资人，有的人凭直觉，屡屡得手，多有斩获；而有的人屡败屡战，损失惨重。这里面当然有运气的成分，但直觉决策能力的高低恐怕也是重要因素。

提高管理者直觉决策的能力，可以从以下几个方面入手：

（1）注意发挥自己的直觉。在每次决策之前，都要明了自己的真实感受，明了自己的直觉指向。面对决策问题，面对备选方案，要验证自己的直觉。当自己的直觉和多数人的意见吻合时再做出决策，其成功的概率就比较大了。

（2）注意验证自己的直觉。面对一个新情况时所产生的第一印象，往往是一个人的准确直觉。因此要处处注意第一印象。随着决策的深入，各种意见和方案可能会纷至沓来，面对众多可供选择的方案，一定要将自己当初的直觉作为重要的备选方案，给予足够的重视。而随着方案的实施，要验证自己当初直觉的准确性，不断提高自身直觉决策的成功率。

（3）将直觉决策和科学决策结合起来。直觉决策并非完全依赖个人灵感这种"非科学"信息，而包含着决策人自身的经验、知识和分析能力等"科学"信息。面对复杂的问题，直觉决策应该和科学决策结合起来，以"灵光一闪"的直觉为启发，依靠科学规范的决策程序，最终做出满意的决策。

直觉有时是准确的，但有时直觉也会出现问题。如果决策者缺乏冷静的判断，以偏概全，否认信息的价值和有效性，不遵循科学规律，单纯依赖自身的直觉，必然使得决策风险增大，失败也就在所难免。

兼听则明，引导员工积极参与决策

一个有活力与创造力的组织，一定会鼓励一线员工坚持自己的观点并敢于直接表达——即便这样可能有悖于某些上级或权威的观点。只有这样才能让每个人的专业性与责任感真正发挥出来，避免企业犯经验主义的错误。

——李彦宏

第三章
决策管理课：学会做决策，但必须"摆脱具体事务的羁绊"

通常情况下，管理者的决策过程往往是几个人参与的，员工在某项决策出台之前是毫不知情的。这样，就导致有些员工不理解决策的含义，由此造成很多员工不知道自己该做些什么，更谈不上是不是努力地去做了。北大管理理念鼓励管理者积极引导员工参与决策，为企业决策出谋划策。

古人云："兼听则明，偏听则暗。"管理者要主动听取下属的意见，这样才能全面客观地了解事物，做出正确的决策。

战国时期，秦王嬴政执掌大权后，下了一道逐客令：凡是从其他国家来秦国的人都不准居住在咸阳，在秦国做官任职的别国人，一律就地免职，3天之内离境。李斯是当时朝中的客卿，来自楚国，也在被逐之列。他认为秦始皇此举实在不可取，因此上书进言，详陈利弊。

他说，从前秦穆公实行开明政策，广纳天下贤才，从西边戎族请来了由余，从东边宛地请来了百里奚，让他们为秦的大业出谋划策；而当时秦国的重臣蹇叔来自宋国，邳豹和公孙枝则来自晋国。这些人都来自于异地，都为秦国的强大做出了巨大贡献，收复了20多个小国，而秦穆公并未因他们是异地人而拒之门外。

李斯认为，秦始皇的逐客令实在是不可取的，把各方贤能的人都赶出秦国就是为自己的敌国推荐人才，帮助他们扩张实力，而自己的实力却被削弱，这样不仅统一中国无望，就连保住秦国不亡也是一件难事。李斯之言使得秦始皇如醍醐灌顶，恍然大悟，急忙下令收回逐客令。正因为秦始皇听取了李斯的建议，不仅留住了原有的人才，而且吸引了其他国家的人才来投奔秦国。秦国的实力逐渐增强，10年之后，秦始皇终于完成统一大业。

对管理者而言，决策建立在丰富的信息基础上，需要对企业经营中的不同情况进行有效判断，但是任何决策者都不可能掌握全部的信息和资源，所以决策者必须重视别人的意见，尤其是员工的意见。

从管理角度来说，决策者全面听取各方意见，尤其是听取下属的反面意见，可以团结有不同意见的下属，也能赢得下属的尊重和信任，提高组织的凝聚力。

尽管某些意见不能被采纳，但至少可以作为决策的参考，即使是那些反对的意见，也可以提醒决策者需要规避决策中的风险。

20世纪80年代初，巴西有个小伙子叫里卡多·塞姆勒，大学毕业后就进入父亲的机械公司工作。

老塞姆勒希望儿子能接手自己的生意，可是企业每年的销售额却始终停留在几百万美元。塞姆勒上班后，他发现从中国和英国进口的茶叶开始在巴西流行，老塞姆勒觉得既然茶叶流行起来了，制茶机肯定会有市场，于是决定大批量生产制茶机。可是塞姆勒却说："父亲，我们能不能先征求一下员工的意见再生产？"

老塞姆勒不屑地说："员工们难道比我更会做生意吗？做生意就是讲究一个快字，哪有时间和他们商量，谁能抢得先机，谁就是胜利者！"这项决策最终由老塞姆勒拍板。

企业的制茶机生产线全面铺开，然而让老塞姆勒没有想到的是，半年过去了，这些机器却还压在仓库里。他们的投资遭遇了失败。

○ 共同决策

单枪匹马是做不好事情的。在团队合作日益被重视的今天，决策也应该让群体参与，融入大家的智慧。

1. 引导员工知识共享

知识共享实质上是形成组织内部记忆的过程，只有通过知识共享，才能互通有无，共同提高，从而做出科学的决策。

2. 与员工深度会谈

深度会谈进行得当，人人都是赢家，个人可以获得独自无法达到的见解。在会谈中，管理者要引导员工积极参与，畅所欲言。

没有人能仅靠自己就能获得成功，只有多向别人学习，多寻求别人的帮助，才能通过整合其他人的智力资源，增强自己的优势，让决策的思维更加开阔。

一天，塞姆勒在车间巡视时，听到两个员工的谈话。一个说："我们根本就不适合生产制茶机！"另一个说："气候条件注定巴西只适合种植咖啡和大豆，茶叶虽然在巴西流行起来了，但巴西本国却无法种植出优质的茶叶来，没人种植，当然就不会有人购买制茶机了！"

塞姆勒无意间听到的这个谈话，却给了他以启发。他认为，"智者千虑，必有一失"。所以，一家公司真正的CEO应该是每一位员工，只有尊重每一位员工的意见，才能做出更加明智的决策！

后来，父亲老塞姆勒把公司交给了只有23岁的塞姆勒。塞姆勒接管公司后，首先在办公室门口挂了一只意见箱，员工对公司有何建议，都可以放进意见箱。每一次做决策，塞姆勒都要开会讨论，而且还要把结果公布出来，让所有员工都参与，只有大家同意之后才能实施。

因为员工们能参与决策，使得员工们的工作积极性不断提高，不到5年的时间，公司的销售额已增长到1.6亿美元，成为巴西增长速度最快的公司之一！

这家公司就是巴西最大的货船及食品加工设备制造商"塞氏公司"。目前，里卡多·塞姆勒让员工参与决策的管理经验，已经被全球76家商学院作为教学课程进行推广和传授。

很多优秀的企业都积极鼓励员工参与企业的决策，因为一方面这能集中员工的智慧，另一方面也能激发员工参与企业管理的热情。

决策者要重视员工的意见，积极引导员工参与决策，使管理者处于决策的主动地位，以提高决策的效果。

当断不断，反受其乱：果断决策的重要性

经常会有人站出来反对我，因为在公司已经有一种根深蒂固的思想：我说的不一定是对的。于是有人敢于并且愿意表达自己的观点。我认为我的面子并不重要，在百度，你想说什么就说什么。当然，遇到意见不一致时我来拍板决定。

——李彦宏

"机会可遇而不可求"，这是任何人都明白的道理，但是身为管理者，是否也有这样的经历：面对机会总是犹豫不决，想着多考虑、多分析，为了下一个准确的判断，你迟迟下不了决定。好不容易做了决定之后，又时常更改……到最后，可能决定有了，可是执行的时机已过，浪费了很多宝贵的资源和精力。

有一只著名的驴子，它非常饿，到处找吃的，终于看到了在它前面的两堆草。它迅速地跑过去，却为难了，因为两堆草同样鲜嫩，它不知道应该先吃哪一堆。它

犹豫不决，在两堆草之间徘徊，一直在思考先吃哪一堆。因为不知道如何选择，最终这头驴子在两堆草前饿死了。

寓言故事用夸张的笔法生动再现了生活中的现象：身为管理者在面临决策时总是犹豫不决，在不断的犹豫中失去了宝贵的时间和生命。

兄弟二人前去打猎，在路上遇到了一只离群的大雁，于是两人同时拉弓搭箭，准备射雁。这时哥哥突然说道："把雁射下来后煮着吃。"弟弟表示反对，争辩说："家鹅煮着吃好，雁还是烤着吃好。"两个人争来争去，一直没有达成一致的意见。来了一个打柴的农夫，听完他们的争论后笑着说："这个很好办，一半拿来烤，一半拿来煮，就行了。"兄弟俩停止了争吵，再次拉弓搭箭，可是大雁早已经没影儿了。

兄弟二人在他们看到大雁时，如果及时射箭会得到雁，在他们争论结束之后，雁已经飞走了。

犹豫不决的人总是先想到失败的结果，他们不敢做决定，他们无法确定事情的结果，或好，或坏，或者有什么意外，他们害怕承担因此产生的后果，他们害怕明天就会为今天的决定而后悔，因为明天可能会发生更美好的事情。

《孙子兵法》中说道："兵贵胜，不贵久。""其用战也胜，久则钝兵挫锐。"意思是用兵打仗，贵在快速反应，而不宜旷日持久，旷日持久会使军队疲惫，锐气受挫。经营者如果能敏感地发现市场的潜在需求并果断决策，调整产品定位，则会更容易迎合市场需求，分享到市场带来的成果。

在这个快鱼吃慢鱼的经济时代中，经营者想得早一点儿，动得早一点儿，就可能率先抢占巨大的市场份额。

2001年2月，海尔全球经理人年会上，海尔美国贸易公司的总裁迈克提出建议，说尽管在美国冷柜的销量非常好，但有一个用户难题是传统的冷柜比较深，拿东西尤其是翻找下面的东西，非常不方便。他说能不能发明这样一个产品，从上面可以掀盖，下面能够有抽屉分隔，让用户不必探身取物。就在会议还在进行时，海尔集团的设计人员和制作人员便立即行动起来联手设计出新的产品，第一代样机就这样诞生了。

连迈克都感到震惊，他曾回忆起当时的情景："他们拍拍我的肩膀说给我个惊喜。他们把我带到一个小房间里。我看到一些盒子上蒙着帆布。他们让我闭上眼睛，他们掀开帆布。我睁眼一看，17个小时之前我的一个念头，已经变成一个产品，展现在我的眼前了。我简直难以相信，这是我所见过的最神速的反应。"在第二天，海尔全球经理人年会闭幕晚宴在青岛海尔国际培训中心举行。一件披着红色绸布的冷柜摆在了宴会厅中。在各国经理人疑惑的目光里，主持人揭开了绸布，当场宣布：这就是迈克要求的新式冷柜，它已被命名为"迈克冷柜"。而当天，这款迈克冷柜就被各国经销商订购一空。而正是这种对于市场需求的迅速反应为海尔集团赢得了经销商们的赞许，并最终占领了美国市场接近40%的份额。

　　管理者在变幻莫测的市场环境中，必须要做出自己敏锐的判断。

　　商业竞争已经跨过了"大鱼吃小鱼"的阶段，现在已经是"快鱼吃慢鱼"的时代了。而对于一个企业的经营者来说，对市场的迅速反应与果断决策是建立在一套完整的机制之上的。

　　管理者须抓住市场的动向，能够快速甄别出各种繁杂的信息，做出正确的决策，并能够立即行动起来。而一个经营者的市场快速反应能力其实是综合实力的一种体现，建立在一定的组织基础之上，又要求企业的产品研发、采购、生产、销售、信息处理各个部门合力配合。

　　因此，面对瞬息万变的市场，机会总是稍纵即逝，企业必须快速抢占市场的"空白点"，企业决策者应以敏锐的观察能力和判断能力审视整个市场，果断决策对企业经营者来说尤其重要。

第四章　人才招聘课：

用三分之一的时间找人，找最优秀的人，找最适合的人

选人就像赌博，选错人就会满盘皆输

选错人比人才空缺给企业带来更大的损失。

——张维迎

招聘企业需要的人才是管理者的重要工作和技能之一。"选人就像是在赌博，选错人就会满盘皆输。"很多优秀的企业管理者对这句话深有体会。因为对企业管理而言，人才不是培养出来的，而是"选"出来的。也就是说要么你从一开始就对了，要么从一开始就错了。

从千千万万的人中选聘合适的人，对管理者而言并不是一件轻松的事情。虽然每年的毕业生数以万计，劳动市场仍然是供大于求，但真正找到自己中意的人才恐怕要费一番周折。

企业经营的成败，归根到底取决于选择什么样的人为企业工作，在经营中可能会犯下的最严重的错误就是选错人。如果一开始就选错了人，不仅仅是工资的损失，而后继的损失是无法估量的。你可能会失去发展的基础，因为人才才是企业发展的最坚实基础。因此，很多管理专家深有感触地说："管理成功就是选对人。"

为团队招聘合适的人，这是公司发展的关键。当然，管理者也许会聘用一些与公司发展并不匹配的人进入自己的团队。当管理者犯下多次类似错误的时候，不妨反思一下自己是不是在如下几个步骤做得不到位。

1.做出招聘决定

管理者需要确定自己是否真的需要为某一职位进行招聘。一时的心血来潮或因人设岗等行为可能会造成对今后的负面影响。

2.工作的内容是什么

既然已经做出了招聘的决定，就需要清楚了解这项工作将涉及哪些方面。

3.寻找什么样的人

决定了需要招聘的职位和工作内容后，就需要决定合适的人选，他应该具备什

○ 正确的招人步骤

各个公司的规模不同、生产技术特点不同、招聘规模和应聘人数不同，因此，挑选人才的方式也就不同。但一般来说，可按以下步骤进行：

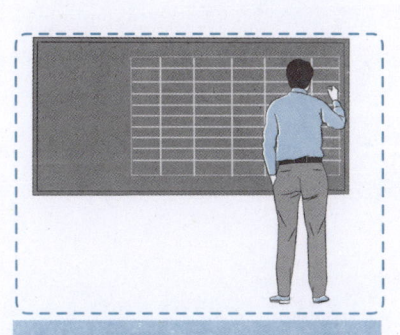

1.把收集到的有关应聘者的资料进行整理、汇总、归类，制成标准格式。

2.将应聘者的情况与工作说明书、工作规范及公司的要求进行比较，初步筛选，把全部应聘者分为三类：可能入选的；勉强合格的；明显不合格的。

> 这个应聘者不错，应该能入选。

3.对通过审查的应聘者进行笔试、面试及心理测试。然后依据考试检测的情况，综合考虑应聘者的其他条件，做出试用、录用决定。

么样的素质，以此达到人岗匹配。

4.吸引人员参加

吸引人才前来参加竞聘，管理者需要决定的是依靠公司内部力量进行招聘还是需要参加招聘会等形式，不管哪种都需要吸引足够的优秀人才前来，以此确定适当的人选名单。

5.笔试

这个步骤在有些选聘的过程中可以略去，但通过笔试考察应聘者的知识能力是十分有必要的。

6.面试

这个步骤是至关重要的，作为管理者，必须明确自己的选人标准，对应聘者进行全方位的考察，在相互交流中评估应聘者的个人能力，并判断是否与本企业相适应。如必要，可以现场拍板是否录用。

7.评估

在完成了整个招聘的过程后，有必要检查整个招聘的过程是否存在瑕疵，在招聘过程中的效率和公平是否得以最大化地体现，如果招聘的效果不理想，问题又出在哪儿。

为公司选聘到合适的人，可以极大程度地降低企业的运营成本和提升企业今后的发展空间。其实，只要招聘的各项工作做充分，"赌博"的胜算还是比较大的。

道不同不相为谋——选人的前提是价值观的统一

即使是非技术人员，如果进公司的时间早，或者刚毕业没多久就进入公司，他们会更加认同公司的理念，更加认同公司的文化，因而在这个平台上也能够如鱼得水；而进公司晚的，通常需要一个痛苦的转化过程，去学会如何变得更适应一个百度人，更适应一个百度人做事的方式。

——李彦宏

每年的校园招聘，身为百度老总的李彦宏，都必定会亲自到各大高校进行演讲，现场解答同学们的疑问。从母校北京大学到南京大学、华中科技大学、浙江大学，为了寻找合适的人才，李彦宏不惜花费时间和精力，事必躬亲。在招聘的过程中，百度也许会放弃一些优秀的人才，这是为什么呢？因为他们首先需要的是能够"认同"百度的人。

俗话说"道不同不相为谋"，"道"就是一个企业的文化与价值观。一个卓越的团队必须有共同的"道"。没有共同价值观的企业必定是松散而没有竞争力的，如同大海中失去航向的船只。企业价值观中包含的价值理想，这种永恒的追求信念赋予企业员工以神圣感和使命感，并鼓舞企业员工为崇高的信念而奋斗。

心理学研究认为，人对自己所认同的东西会产生极大的热情。管理学则进一步强调，人只有在为自己所认同的目标工作时，才能全身心地投入其间，并充分发挥其创造力。

每个企业都有自己的价值理念和行为准则，如果员工不能认同企业的价值理念，最终的结果只有两种：一是员工主动离开，二是被企业辞退。

如果缺乏认同，人们就根本不会自觉自愿地发挥自己的能力，终将碌碌无为，一事无成；一家企业如果没有员工的认同，只会自毁品牌，背离客户，终将倒闭；一个国家、一个民族缺乏成员的认同，这个国家、民族就会日薄西山，没有希望。

对企业来说，员工缺乏认同也就意味着企业缺乏了发展的源泉，员工的认同则是企业发展的动力。认同企业的愿景，员工就有了奋斗的方向；认同企业的文化，员工就具备了成长的软实力；认同企业的制度，员工则能在规范内自由发挥自己的能力……有了认同，员工才能甘心情愿地为企业的发展付出。

优秀的管理者会选择并且大胆任用那些"志同道合"的人才，因为这类人才是企业最需要的人才。对于领导者来说，要善于选用那些价值取向与公司价值观相符的人。

价值取向与自己公司价值观相符，这样能够使企业在内部建立起一个共同目标。如果企业雇用的人在价值观上与企业文化不相符，那他就会认为企业所从事的事业不值得，企业还怎么指望他把该做的事做好呢？

有一个名牌大学的应届毕业生到麦肯锡公司应聘。她的学历、知识积累和在前几轮面试中的表现都在其他应聘者之上，所以，她可算是一路过关斩将，冲到最后一关。

最后一关的题目是小组面试，这个女生把自己咄咄逼人的气势发挥得淋漓尽致，在她的抢先发言和毫无停歇的话语中，这个小组的其他成员几乎连说话的机会都没有。就在她认为自己在面试时表现很抢眼，被录取是十拿九稳的时候，得到的却是她落选的消息。她无法接受这个结果，于是打电话询问当时的主考官。

考官之一的麦肯锡公司人力资源经理告诉这个女生："你确实是个优秀的女生，也具有很强的个人能力，但是很明显，你没有认同我们公司一个很重要的价值主张——团队合作。"

在麦肯锡，有一个重要的价值主张，那就是公司的每一件事情都是以团队的方式来进行的，从一线的客户项目工作到公司的决策制定都是如此。如果你不能认同这种主张，那就不能确保你能始终与企业保持同一前进道路，招这样的人对公司的长远发展无益。

不仅仅是麦肯锡公司如此看重认同的重要性，很多公司在招聘的时候也有这样

○ 如何寻觅并留住企业发展的"同道者"

找到"同道者",企业发展才会更有前途。那么,找到"同道者"之后,该如何留住这些人才呢?

欢迎加入我们团队!

1.招聘把关

人才一般都是通过招聘环节进入企业的,所以招聘是寻找"同道者"的第一步,在招聘时就应该选择志同道合的人才。

2.培养认同感

企业可以定期进行员工培训,通过培训培养企业员工统一的价值观,将员工塑造为"同道者"。

你是新来的可能不知道,其实咱公司啊……

3.文化感染

企业文化对员工的影响作用是十分重要的,在文化氛围的感染下可以加速员工对企业价值观的认同。

一个原则：认同公司企业文化并且有能力的人会得到重用，不认同企业文化，即使能力出众的人公司也不会用。

起决定作用的因素往往并不是应聘者的专业水准，而是看他是否有与本企业相同或接近的价值观念。

周鸿祎就非常看重认同意识在企业员工中发挥的重要作用，每次新员工进公司时，他都会直截了当地对员工讲，"如果不认同公司的理念，还不如趁早离开"。员工对公司的认同感可以使员工对企业的目标、准则产生一种"使命感"和"自豪感"，潜意识里能激起员工的工作热情和向上的进取心。而对企业有"使命感"和"自豪感"的员工，不仅自己会为企业创造更高的经济效益，而且会因其自身的感染力而调动起身边同事的积极性。

如何才能寻觅到企业发展的"同道者"，并留住他们呢？管理者可考虑从以下3个方面入手：

1. 招聘环节

通过招聘，遴选"同道中人"。只有企业和员工的价值观"性相近""习相投"，才有相互融合的基础，进而也才更容易相互认同。价值观本质上是在各主体的成长过程中缓慢形成的，相对固化于各自的个性之中，正所谓"江山易改，本性难移"。好的招聘过程，一方面能够准确选择潜在的文化认同者，另一方面也能够很好地向这些潜在的文化认同者进行初步的价值观灌输与辐射。

2. 企业培训

通过培训，培养认同感。企业针对核心员工的培训，主要不是技术或技能方面的，而是价值观方面的。目的就是要系统地向员工灌输企业价值观的基础上，有针对性地培养他们对企业文化的认同感。

3. 文化氛围

通过老员工的言传身教及员工在工作过程中的耳濡目染，都有助于培养员工对企业价值观的认同。企业文化氛围愈浓厚，效果愈明显。

真正的人才值得"众里寻他千百度"，千方百计邀请对方

企业对人才的选择往往决定着这个企业能走多远，如果要做一个世界级的优秀企业，那就要力争在全世界范围内找到最优秀的人才。

——李彦宏

北大管理理念认为，企业的竞争突出表现为人才的竞争。目前，能否吸纳最优秀的人才为己所用，已经成为企业发展的关键因素。寻找最优秀的人才，是管理者

的主要任务之一。

所有的企业都在说"企业的竞争是人才的竞争",但很多管理者认为自己是需求方,不肯躬身去请那些真正的人才,以这样的态度也许永远也找不到那些最优秀的人才。

早在2000年10月,李彦宏就请当时的百度产品经理王湛通过邮件与一封求职信的主人"搜索引擎9328"沟通。这封求职信当时出现在互联网上,内容如下:

男,26岁,上海籍,同济大学五年制,览群书,多游历。1997年7月起在一家国营单位筹备进口生产项目;1999年4月起在一家代理公司销售进口化工原料兼报关跟单;2000年1月起在一家垂直网络公司做分析、资料采编;2000年7月起,去一家网络公司应聘搜索引擎产品经理,却被派去做数据库的策划。9月起,任数据中心经理。长期想踏入搜索引擎领域,欲投无门,心下甚急,故有此文。

李彦宏邀请他加入百度论坛的邮件组,给百度论坛的架设以及百度搜索赠言献策。"搜索引擎9238"很快便被任命为百度的产品经理。每次李彦宏等人回国,总要帮"搜索引擎9238"捎几本关于搜索引擎的书。这个人,就是百度前产品副总裁俞军。

通过类似的方式,李彦宏找到了一批百度的创始员工,为百度日后的腾飞奠定了基础。

如何获得人才,或许有些人认为要靠运气或缘分。但事实证明,人才是要去寻求的。必须有求才若渴的心,人才才会源源而至。

当代管理大师杰克·韦尔奇对他的全球高级经理说:"你们的工作就是每天把全世界各地最优秀的人才招揽过来。这就是你们的工作,每天吸引全球最优秀的人才……你必须招揽世界最优秀的成员,因为你们有最好的声誉去吸引他们,你们也有办法,还有股票期权。我们有种种的方法可以招揽最佳人才。如果你们只是随便找几个人来工作,就应该感到耻辱。不管种族或性别,只挑选最好的人才是领导者的职责所在。"

倘若认为自己家大业大,所有的人才都会慕名而来,这是不切实际的。管理者要主动寻找那些尚未被人发现的优秀人才,然后力求为己所用。

美国纽约的第七街是美国时装工业的中心。在美国近5000家竞争激烈的大服装公司中,一家名叫约南露珍的服装公司业绩辉煌,董事长大卫·斯瓦兹由此而得"时装大王"的美誉。

斯瓦兹19岁时,用自己积蓄的3000美元与人合伙办了一家小服装厂。但服装厂的生意总不见起色。斯瓦兹认为要想成功,就要创出自己的牌子,要标新立异。因此,他急切地想寻找一名出色的设计师助自己一臂之力。

一天,斯瓦兹到一家零服装售店推销成衣。30来岁的店老板看了一眼他的衣服说:"我敢打赌,你的公司没有设计师。"这一句话更让斯瓦兹意识到公司没有设计师的危机。

老板从店里请出一位身穿蓝色新装的少妇，并说："她这件衣服比你们的怎么样？"

"好看多了！"斯瓦兹脱口赞道。

"这是我特地为我太太设计的。"老板骄傲地说，并且不屑地撇了撇嘴角，"虽然我只开这么个小店，但也没把你们这些大老板放在眼里，你们有几个懂得设计？连一点儿美的概念都没有！"

对这种近乎侮辱的话，斯瓦兹毫不在意，他笑容可掬地问："你为何不找一家大公司一展所长呢？"

没想到那位小老板发起火来："我就是饿死，也不再去给别人当伙计了！我曾给三家公司做过设计师，明明是他们不懂，偏偏说我固执。我灰心透了。他们什么也不懂！"

通过观察，斯瓦兹认定这个人才能很高，便请他做公司的设计师，但被他断然拒绝了。斯瓦兹并没有就此放弃，而是以"三顾茅庐"的精神几次三番地登门拜访，诚心相邀，终于把他感动了，他答应出任斯瓦兹的设计师。

在这位设计师的帮助下，约南露珍服装公司的业务扶摇直上，在美国时装业占尽风光，在不到十年的时间内，就成为令同行瞩目的大公司。

斯瓦兹的成功充分说明了人才对于公司发展的决定性作用。斯瓦兹的做法也提醒企业管理者，一旦发现了优秀人才，就要"咬定青山不放松"，不得人才誓不罢休，要有礼贤下士的精神，使人才为己所用，为企业的兴旺发达不断注入新鲜血液。

松下幸之助有句名言："出产品之前出人才。"优秀的人才能给企业带来源源不断的生命力，只要人才不缺失，再大的困难也能扛过去。

很多管理者都在抱怨，找到自己所需要的人才正在变得越来越困难。作为企业的管理者，应深刻地意识到人才对企业未来的重要性，想方设法邀请最优秀的人加盟到企业中。

乔布斯是一个优秀的管理者，他花了很多时间去请优秀的人加入他的团队。

20世纪80年代初，为了研发第一代麦金塔电脑，乔布斯亲手打造了苹果公司的第一支"A级小组"，该小组的所有成员都是乔布斯亲自招聘来的。为了成功说服布鲁斯·霍恩加盟，乔布斯不但花费了两天时间向布鲁斯介绍苹果公司，还为他提供了1.5万美元的签约津贴。

当时非常优秀的程序设计员布鲁斯在某周五晚上接到了乔布斯邀请加盟苹果的电话。

"很抱歉，我已经接受了其他公司的工作。"布鲁斯回答道。

"别管它！明早你来我们公司，我们有很多东西要给你看。就在早上9点，你一定要来！"

当时，布鲁斯确实已经接受了另一家公司的聘请，但是他还是决定去一趟苹果公司看一下。

○ 优秀人才的必备条件

要想为公司选聘到真正需要的人才，需要考虑以下几个因素：

这技术只有你才有！

1.具备优秀的工作能力

人才的学历并不重要，重要的是有一技之长，能够独立开展工作，有创新精神，爱岗敬业，脚踏实地地工作。

2.具备良好的心理素质

社会的竞争是激烈且残酷的，而这势必给每一个员工造成强大的压力。这就需要员工具备良好的心理素质。

这份报告你这么快就完成了？

3.具有积极的工作态度

积极的工作态度，往往能为本人带来工作激情和动力，进而提高工作效率。这是公司在日常经营管理时应该考虑的因素。

第二天，乔布斯召集了麦金塔电脑小组的每个人，将各种不同设计的绘图以及市场营销计划展示在布鲁斯眼前。布鲁斯彻彻底底被征服了——因为，这些计划让他非常感兴趣，他从中看到了自己梦寐以求的未来。

很快，布鲁斯就打电话给之前他想去的那家公司，说他改变主意了。

乔布斯十分重视优秀人才，他说："保持我所在的团队的一流水平，是我工作的一部分。为团队招募A级人才，是我应该做出的贡献。好的设计师要比糟糕的设计师好上100倍甚至200倍。在编写程序方面，优秀程序员与普通程序员之间也有着天壤之别。"

曹操在《求贤令》中也说道："唯才是举，吾得而用之。"意思说，只要是有才能的人就应得到举荐，"我"要得到并任用这样的人。管理者一旦发现优秀的人才，千万不要轻易放手，一定设法让他加入到自己的团队中。

通过面试识人，让你招到精英

选聘人才是管理者的重要工作，识人的水平高低，往往直接决定其工作成效的好坏。

——北大管理理念

"知人者智，自知者明。"这句古训高度概括了识人的重要性。对于管理者而言，管理工作的起点本质上是人而非事，因为任何管理活动，最终都会归结到人身上。

对于管理者而言，用人的前提是识人，必须练就慧眼识人的本领。

李鸿章推荐三个人去见曾国藩，碰巧曾国藩出去散步，这三人在门口等候。

曾国藩回来的时候，一眼就看到门口有三个人，但他并未动声色。李鸿章问老师对此三人的评价，曾国藩回答道："左侧之人可用，但只可小用；右侧之人万万不可用；中间之人可用，且可大用。"他继续解释说："左侧这个人，我看他一眼，他也看我一眼，我再看他一眼，他就把眼皮顺了下来，不敢再与我对眼神了。这说明他心地比较善良，但是气魄不够大，所以可用，但只可小用。右侧这个人，在我看他的时候，他不敢看我，当我不看他的时候，他又偷偷地看我，很明显这个人心术不正，所以万万不可用。然而，中间这个人，我看他一眼，他也看我一眼，我上上下下扫他一眼，他又堂堂正正地打量了我一番。说明此人心胸坦荡，气魄宽广，可用，而且可以大用。"此时，李鸿章幡然领悟。

中间这个人就是被李鸿章重用并成为台湾第一任巡抚的刘铭传。

曾国藩没有通过应聘者的衣着、学识来鉴别来人是否人才，而是通过应聘者面对突发状况的反应就一眼看穿了应聘者的内在素质。

应该说，集体面试然后选聘人才是一个有效的方法。几个面试人员，一般包括与职位相关的几个管理者，首先向应聘者提出一系列自己认为重要的问题，然后再结合学历、工作经验、谈吐和感觉形成各人的判断，最后汇总意见加以讨论，确定最终入选者。通过这种方法识人，就是一种有效的面试方法。

可以说，面试是人才招聘过程中极其重要的一环，优秀的企业通过面试，就能为企业选择最优秀的人才。

在一次招聘会上，北京某外企人事经理说，他们本想招一个有丰富工作经验的资深会计人员，结果却破例招了一位刚毕业的女大学生，让他们改变主意的起因只是一个小小的细节：这个学生当场拿出了两块钱。

人事经理说，当时，女大学生因为没有工作经验，在面试一关即遭到了拒绝，但她并没有气馁，一再坚持。她对主考官说："请再给我一次机会，让我参加完笔试。"主考官拗不过她，就答应了她的请求。结果，她通过了笔试，由人事经理亲自复试。

人事经理对她颇有好感，因她的笔试成绩最好，不过，女大学生的话让经理有些失望。她说自己没工作过，唯一的经验是在学校掌管过学生会财务。找一个没有工作经验的人做财务会计不是他们的预期，经理决定收兵："今天就到这里，如有消息我会打电话通知你。"女孩从座位上站起来，向经理点点头，从口袋里掏出两块钱双手递给经理："不管是否被录取，请都给我打个电话。"

经理从未见过这种情况，问："你怎么知道我不给没有录用的人打电话？""您刚才说有消息就打，那言下之意就是没录取就不打了。"

经理对这个女孩产生了浓厚的兴趣，问："如果你没被录取，我打电话，你想知道些什么呢？""请告诉我，在什么地方我不能达到你们的要求，在哪方面不够好，我好改进。""那两块钱……"女孩微笑道："给没有被录用的人打电话不属于公司的正常开支，所以应该由我付电话费，请您一定打。"经理笑了，说："请你把两块钱收回，我不会打电话了，我现在就通知你：你被录用了。"

有人问："仅凭两块钱就招了一个没有经验的人，是不是太感情用事了？"经理说："不是。这些面试细节反映了她作为财务人员具有良好的素质和人品，人品和素质有时比资历和经验更为重要。第一，她一开始便被拒绝，但却一再争取，说明她有坚毅的品格。财务是十分繁杂的工作，没有足够的耐心和毅力是不可能做好的；第二，她能坦言自己没有工作经验，显示了一种诚信，这对搞财务工作尤为重要；第三，即使不被录取，也希望能得到别人的评价，说明她有反省力，她可以不把每项工作都做得很完美，我们接受失误，却不能接受员工自满不前；第四，女孩自掏电话费，反映出她公私分明的良好品德，这更是财务工作不可或缺的。"

在招聘的过程中如果识人不慧，糟糕的结果是什么？把本来合适的应聘者放走了。那比这个更糟糕的结果是什么？是把不合适的求职者选进了公司。我们综合了知名企业的种种，给出以下几种非传统面试，供企业管理者们参考。

1. 不考即考

没有言明或没有任何迹象表明是在考试，但考试早已开始。

"大家都别走啊，等会儿我们一起吃个饭，增进一下了解。"小林和其他4位考生一起参加了某协会秘书岗位的求职面试。正当所有人准备离开时，招聘者忽然发出了饭局邀请。

饭局开始，大家依次入座。菜不错，单位领导很热情，5位学生望着偌大的包厢，有些不知所措，只有一位叫小林的面试学生，举止都较为得体。

饭后，招聘单位负责人告诉5名应聘者，刚才设下的饭局，也是面试的一部分，惊讶很快写在每个人的脸上。招聘负责人表示，小林被录取了。

该单位一名金姓女负责人说，其实第一轮面试，了解五位考生大致情况后，发现他们的水平不相上下。当时恰好临近晚饭时间，于是有了通过饭局进一步考察考生的想法。没想到这样的方法，找到了需要的人。

2. 即兴发言

管理者给应试者一个题目，并在发言之前向应试者提供有关的背景材料，让应试者稍做准备后按题目要求进行发言。

即兴发言的主题可以随机设定，可以是公司面临产品销售的暂时困难时，向全体员工做一次动员，要求大家齐心协力共渡难关；可以是就新产品的推出，做一次新闻发布会上的发言；也可以是在新年职工联欢会上发表祝词等。

通过即兴发言，可以测试应试者的快速反应能力、理解能力、思维的逻辑性及发散性、语言表达能力以及风度举止等。

3. 现场分析

给予应试者有关某一问题的相关资料，要求他对这一问题做出全面分析。应试者可以通过向考官提一些问题，从而获得更多的信息。现场分析能有效考核应试者的综合能力水平。

4. 编组讨论

将应试者编成一个或几个不同的小组，每组的人数大致相等，面试者要求应聘者讨论某些有争议的问题或实际经营中存在的某种困难，最后将讨论形成的一致意见，以书面形式汇报讨论结果。

考官坐在一边，观察整个讨论过程，倾听讨论发言，然后根据每一个应试者的表现，重点从以下几个方面进行考核：领导能力、主动性、说服能力、口头表达能力、抵抗压力的能力等。

5.随意聊天

虽然聊天也是一问一答,但在轻松的氛围中聊到的内容更宽、更广,也更能让应聘者展现更真实的自我,管理者从中得到最全面的判断。

随便聊天测试,最大的特点就是看上去很随和,应试者几乎感觉不到是在面试,而像是在话家常。这种方式的最大优点是从面试过程中更多地了解应聘者的真实情况。

○ 利于选择人才的两种面试方式

如何在面试中识别出自己需要的人才?下面介绍两种面试的方式:

……对于这种现象你有什么看法呢?

1.分析资料

现场给应聘者一些资料让其进行分析,这样可以考察应聘者现场反应能力和真实的个人知识水平。

2.与应聘者聊天

聊天可以让人放松心情,从而更加真实地表现自己,这样的考察比一问一答的模式更加全面。

这两种面试方式虽然不是传统的面试方式,但是在这样看似随和的面试中可以更多地了解应聘者。

在赛马中相马，选择人才比培养人才更重要

企业对人才的甄别就是一个赛马的过程，千里马都是在比赛中表现出来的。

——北大管理理念

不单纯用"相马制"，因为，企业的管理者不会总能看准人才，看走眼的时候也非常多；管理者的精力有限，不可能给特别多的人才表现的机会。在相对标准录用的方法下，管理者招聘到的员工需要在实际工作中采取赛马制，让千里马脱颖而出。

"赛马机制"帮助企业找到最合适的人才。任何竞赛的背后，都是对参赛者实力的考察，也是参赛选手实力的证明。唯有实力高人一等，才能拿到冠军。

相传，尧帝为部落联盟的首领时，要求各部落首领推举继承人，大家推荐了舜。舜出身民间，为了考察舜，尧把自己的两个女儿嫁给舜，以观察他怎样治家；又叫几个儿子和舜一起生活，以观察他怎样待人接物，最后又让舜管理国家事务。这样考验了舜三年后，尧十分满意。尧死后，传位于舜。舜励精图治，全国呈现出一派欣欣向荣的景象。

舜老后，用同样的方法推举禹，经过治水考验，禹成为继承人。

尧、舜帝考察人才的方式，都是在赛马中相马，在实践中考察人才的方式。因此，经考察后选择出来的继承者，的确个个都德才兼备，将天下治理得井井有条、欣欣向荣。

真正的实力派选手从来都不惧怕比赛，唯有比赛，才能表现出自己的实力。但是，有能力却不去做，就相当于能力没有发挥，其结果无异于没有能力。在企业中选用人才同样如此，人才的判定不仅仅看一个人有没有能力去做某件事，还要看是否情愿去做。人才的选拔是动态的比较过程，而非静态的衡量过程。

在赛马的过程中相马，实践才是检验人才的最重要标准。所以，在挑选人才的时候，不应该仅仅是赛马，能力测试是一个赛马的过程，而心态检验是相马的过程，在赛马中相马，才会选择最适合的人才。千里马不仅是"赛"出来的，还是"相"出来的。

但现实中有些"伯乐"因受知识、经历、素质的局限，选中的非但不是"千里马"，反而是"病马""劣质马"！由此，海尔集团提出了"相马不如赛马"，即选拔人才不能仅靠印象、感觉去"相马"，要像"赛马"一样让员工在实际的岗位上、工作中竞争，最终脱颖而出的才是人才。

海尔的用人理念是"人人是人才，赛马不相马"，你能够翻多大跟头，就给你搭建多大的舞台。海尔的人力资源开发从一开始就严格遵循这一理念，人力资源

开发中心不是去研究培养谁、提拔谁,而是研究发挥人员潜能的政策和机制。在海尔,各类招聘方式的运用为"赛马"提供了一个舞台。

对于校园、网络招聘和招聘会等形式,在海尔都有不同程度的运用。对于应届毕业生,比较多的方式是校园招聘和网络招聘,对于中高级人才,会采用特色招聘和其他形式的招聘。具体采用哪一种,要根据实际情况来确定。

当员工被海尔录取后,并不是就万事大吉了。对于刚入厂的新员工来说,工作不是给他分配的,而是要竞争的。新员工报到后会有半年的培训,培训合格后,全部岗位竞争上岗。集团将组织一次大型的内部招聘会,新员工可以根据半年来自己对企业的了解和对自己的了解,结合自己的职业生涯设计,选择合适的岗位报名应聘。此举对集团内的各个事业部和新员工都起到了很好的促进作用。对各个事业部来说,他们会创造更好的竞争氛围,以吸引优秀的人才,对新员工来说,需要更好地完成培训和实习,为竞争适合自己的岗位增加砝码,同时也有了更多选择的空间。

在海尔,每周都会有一次内部人才流动招聘会,综合业绩排序前30%的员工都可以竞争报名,应聘相应的岗位。正如海尔的理念所说的,"拆掉企业内部的墙,把企业经营成一条快速流动的河"。

在海尔内部的平等竞争,有能力的新人很快就能实现自我价值,人才也能很快就被"赛"出来。

在张瑞敏看来,"赛马"比"相马"在用人机制上有着无法比拟的优势,并保证人才辈出。由此可知,企业最可信赖的人才选拔方式,就是在实践中观察、发现和培养。

当然,在赛马中相马,这种方式需要漫长、持续、稳定、艰苦的努力,但是因为它依赖的是一贯的业绩和可靠的行为,所以是最值得信赖的。

因此,在招聘中准确识人,并在实践中考察人,两种方式并举,既要"相马"又要"赛马",才能得到最合适的人才。

伯乐相马:寻找有潜力的员工

如果一个老师能够把教学内容、激情、励志与幽默完美地结合在一起,那他就能够成为新东方的品牌老师,成为新东方的骄傲。

——俞敏洪

管理者要做一个知人识人的伯乐,就要学习伯乐"识马"的能力。

春秋时期的孙阳对马的研究非常出色,人们便称他为伯乐。

一次,伯乐受楚王的委托,购买能日行千里的骏马。伯乐跑了好多地方,没发现中意的良马。一天，伯乐从齐国返回，在路上看到一匹马拉着盐车，很吃力地在陡坡上行进。马累得呼呼喘气，每迈一步都十分艰难。伯乐对马向来亲近，不由走到跟前。马见伯乐走近，突然昂起头来瞪大眼睛，大声嘶鸣，好像要对伯乐倾诉什么。伯乐立即从声音中判断出，这是一匹难得的骏马。

伯乐对驾车的人说："这匹马在疆场上驰骋，任何马都比不过它，但用来拉车，它却不如普通的马。你还是把它卖给我吧。"

驾车的人认为这匹马实在太普通，拉车没气力，吃得又多，还骨瘦如柴，毫不犹豫地同意卖给伯乐。伯乐牵走了这匹马，来见楚王，拍拍马的脖颈说："我给你找到了好主人。"这匹马抬起前蹄把地面震得咯咯作响，引颈长嘶，声音洪亮，如大钟石磐，直上云霄。楚王听到马嘶声，走出宫外，但看到马瘦得不成样子，有点儿不高兴。

伯乐说："这确实是匹千里马，不过拉了一段车，又喂养不精心，所以看起来很瘦。只要精心喂养，不出半个月，一定会恢复体力。"

楚王一听，有点儿将信将疑，不久之后，马变得精壮神骏。楚王跨马扬鞭，但觉两耳生风，片刻之间已跑出百里之外。

"伯乐相马"的故事经久流传，就是"千里马常有，而伯乐不常有"，不少人才都发出这样的慨叹。

作为"伯乐"，要具备"相马"的技能，需要从无名之辈中发现贤才，从石头堆里寻到珍宝，善于发现那些有发展潜力的人。

不少优秀的企业都深谙此道，成为优秀的"伯乐"。凤凰卫视的选人原则就是"有眼识得金镶玉"，这里的"金镶玉"就是未遇伯乐的千里马。凤凰卫视的管理者正是靠着敏锐的眼光，发现了不少具有潜力、潜质、潜能的人才。

因为在众人中挑选那些有潜力的员工是一项非常艰巨的任务，管理者要想跳出用人识才的误区，较快地识别和应聘者的潜能，应当注意以下几点：

1.听其言

有发展潜力的人大多是没有被发现的人才。他们在公开场合说话的机会极少，所说之言，绝大多数是在自由场合下直抒胸臆的肺腑之言，是不带"颜色"的本质之言，因而就更能真实地反映和表达真实的思想感情。

2.观其行

从一个人的行为能看出他是一个什么样的人。例如，一个讲究吃喝打扮的人，所追求的是口舌之福和衣着之丽；一个善于请客送礼的人，所追求的是吃小亏占大便宜，等等。任何一个人，一旦进入了自己希望进入的角色，就会为了保住角色而多多少少地带点儿"装扮相"。只有那些处在一般人中的人才，既无失去角色的担心，又不刻意寻觅表现自己的机会，所以，一切言行都比较质朴自然。领导者若能在一个人才毫无装扮的情况下透视出其"真迹"，而且这种"真迹"又包含和表现出某种可贵之处，那么大胆启用这个人才，十有八九是可靠的。

3.析其能

有潜能的人虽然未曾被人发现，他可能处于成长发展阶段，有的甚至处在成才的初始时期，但既是人才，就必然具有人才的先天素质。或有初生牛犊不怕虎的胆

○ 多维度识别人才

现代企业选拔人才所运用的各种工具模型都离不开一个共性，那就是从多个维度来衡量一个人的才能与素质。以下是识别人才的维度结构及内容。

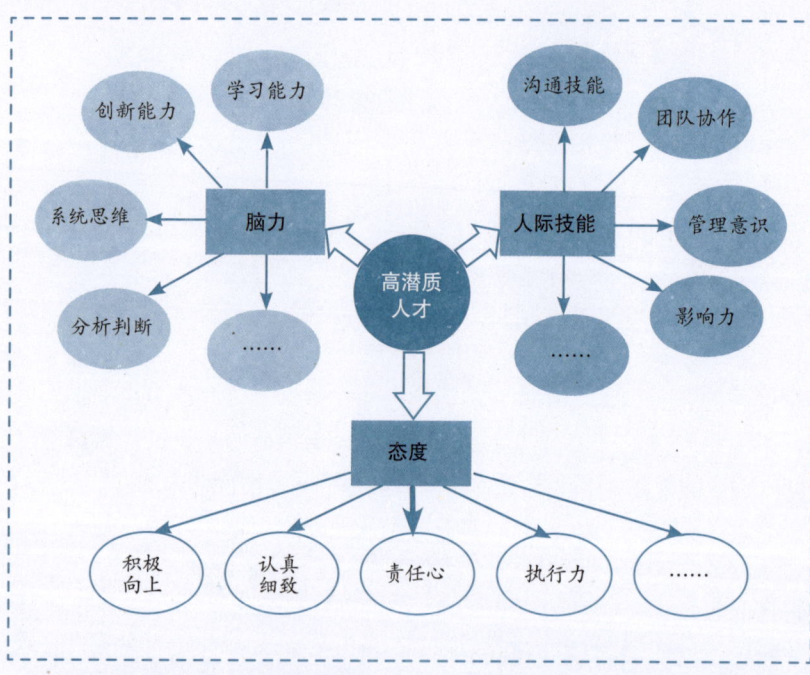

高潜质人才
- 脑力：创新能力、学习能力、系统思维、分析判断、……
- 人际技能：沟通技能、团队协作、管理意识、影响力、……
- 态度：积极向上、认真细致、责任心、执行力、……

通过素质测评，考核候选人行业和专业知识、职业操守以及职业敏感度等。

74

略,或有出淤泥而不染的可贵品格,或有"三年不鸣,一鸣惊人"之举,或有"雏凤清于老凤声"的过人之处。一位善识人才的"伯乐",正是要在"千里马"无处施展腿脚之时识别出它与一般马匹的不同。

4.闻其誉

善识人才者,应时刻保持清醒的头脑,有自己的独立见解,不受表面现象所左右。对于已成名的人才,不应当跟在吹捧赞扬声的后面唱赞歌,而应多听一听反对意见;对于未成名的潜力人才所受到的赞誉,则应留心在意。这是因为,人大多有"马太效应"心理,人云亦云者居多。大家说好,说好的人越发多起来;大家说坏,说坏的人也会随波逐流。当人才处在潜伏阶段,"马太效应"对其毫不相干。再者,别人对其吹捧没有好处可得。所以,其称赞是发自内心的,是心口一致的。管理者如果听到大家都对某一名应聘者进行赞扬时,一定要引起注意。

学历与能力:天平该向哪边倾斜

在新东方,很多只有高中学历的人成功地站在了GRE的讲台上。

——俞敏洪

哈佛大学教授迈克尔·斯宾塞获得2001年度的诺贝尔经济学奖,当斯宾塞在哈佛大学读博士的时候,他观察到一个很有意思的现象。

很多MBA的学生在进哈佛之前很普通,但经过几年哈佛的教育再出去,就能比教授多挣几倍甚至几十倍的钱。这使人禁不住要问为什么,哈佛的教育难道真有这么厉害吗?

斯宾塞研究的结果是:学历具有相当重要的作用。一般来说,企业管理者都会认为,名牌大学也可能出现次品,但这样的概率相对来说要低得多。而且,一个名牌大学的建立,是其多年有效信息、费用累计的结果,没有人愿意轻易地毁掉自己的信誉,所以,学历往往成为招聘人才的一个基本判断标准。由此也会做出一个基本判断:学历更高的下属能力也更强。

北大管理课的理念是,学历并不代表能力,只是重要的参考。很多成功人士的经历也表明,学历不一定是唯一衡量的手段,他们学历并不高,但能力很强。古今中外的很多优秀的人才,他们并没有高学历,但却做出了杰出的贡献。瓦特,原是一个仪表修理工,发明、改良了蒸汽机而开辟了"蒸汽动力时代";法拉第,是一家书籍装订厂的订书匠,创立了电磁理论而开辟了"电气时代";莫兹利原是一个铁匠,发明了车床而开辟了用机器生产机器的"机械文明"时代;富尔顿,年轻时是一家珠宝商店的学徒,发明了蒸汽轮船;爱迪生是列车上的一个报童,一生有

1000多项发明。

西门子中国有限公司人力资源经理说:"我经常对身边的人形象地比喻,如果解决知识的问题,需要两三个月;解决经验的问题,就需要两三年;而解决能力的问题,则需要二三十年。能力不行,再有知识也没有用。况且当今社会知识更新非常快,如果不具备学习能力,你有再多的知识也会很快落伍的。"

如果管理者只重视学历,把学历作为招聘人才的主要标准,那给部门、对企业的发展带来的危害是极大的。这种错误的选人、用人观,会把一些真正需要的有能力的人才拒之门外,看起来他们是在选才,实则是在拒才。

李彦宏也说:"百度是一家讲究实际的公司,它不看你的学历,不看你的背景,不看你的年龄,主要还是看你的能力,如果你能够胜任这份工作的话,不管你是刚毕业的学生,还是已经有很好的社会地位的人,我们都是一视同仁的。"

在选人、用人时,优秀的管理者不仅注重学历,更加注重对对方能力的考核。

○ 能力与学历哪个重要

把学历看作选拔人才标准,会给企业的发展带来不利影响,甚至会阻碍企业的发展。

学历并不是一个人能力的全部体现,"闻道有先后,术业有专攻",如果仅仅把学历看作选拔人才的标准,会造成真正的人才流失。

每个人的能力都不相同,而学历却有统一的标准,因此很多人的能力并不能完全体现,所以,在选拔人才时,应该更加注重个人的能力,而不是学历。

所以,在选择人才时应该多方面考察人才,正确分析人才的个人能力,淡化学历的重要性。

在日本，有一本《学历无用》的畅销书，这是索尼公司的创始人盛田昭夫在总结自己的管理经验时所写的书。书中明确提出要把索尼的人事档案全部烧毁，以便在公司里杜绝学历上的任何歧视。在索尼公司1.7万名雇员中，科技人员有3500多人，但是有相当部分的人并不是"科班出身"。在工作中，大家不论学历高低，只比能力大小，从而使得技术和质量位列"世界第一"的新产品不断问世，且畅销世界。

为什么盛田昭夫说学历无用呢？他解释说："学历，与其说是一种客观评价的标准，倒不如说是一种偷懒的手段，所谓学历标准只不过是管理者避免花力气评价员工的一种借口而已。"

日本欧姆龙公司在招聘人才时，会将所有应聘者的毕业学校以及其他身份标识隐去，其目的是避免对人才的成见和偏见。

学历只是对一个人学习情况的一个总结，而能力才是真正能让人出类拔萃的东西。作为一个管理者，不以学历作为唯一的参考标准，甄别应聘者的真实能力，大胆任用能力高的人，才能真正为企业招到最优秀的人才。

很多管理者在招聘时，还倾向于学历，把本科以上学历作为门槛。考虑到人才招聘的成本，设定一定的门槛无可厚非，但也在无形中挡住了一部分真正优秀的人才。有些管理者将人才与名校的硕士、博士画上了等号，而没有真正关注从业者本身的能力与素质。事实上，即便是名校的硕士、博士，其应用能力也未必会得到企业的认可。

有一位企业家说："有用即是人才！"很多民营公司没有遵从"唯学历论"，其认为，人才的学历重要，但更重要的是有一技之长，能够独立开展工作，有创新精神，爱岗敬业，脚踏实地地工作。不管他的学历有多低，职称有多低，只要他能够为企业创造价值，这样的人就是人才。

娃哈哈集团董事长宗庆后说得好："有用的人为我所用，有用的人各施其用，那企业就活了。"也正是这句话成为娃哈哈集团的用人标准。宗庆后的"娃哈哈集团"是最先在全国推行"只看本事，不看学历"的用人标准的公司之一。的确，作为一个明智的决策者，作为一个精干的领导者，应该做到"唯才是用"。

对于每一个企业而言，招聘人才的唯一目的就是"为我所用，能给企业创造价值"。如果招聘的人不能为企业带来利润，即使学历再高、知识再渊博、经验再丰富，招聘也是不成功的。

然而，目前企业识别人才，主要还是看简历、学历和面试情况，甚至有的企业这样做："对研究生敞开门，对本科生开扇门，对专科生关着门，对高中生怎么敲也不开门。"学历已经成为管理者招聘人才的首要标准，但很多工作的能力是学历是无法反映的，这就要求管理者在招聘人才的时候具体问题具体分析，舍弃"唯学历论"，找到真正的人才。

第五章　用人管理课：
每个人都拥有智慧，关键是怎样激发和运用

没有最好的人才，只有最适合的人才

> 他们有时候也会感觉我在和稀泥，明明觉得那个人不行，却还在那个位置上待着。实际上，我觉得我还没有给他找到更适合他的位置。
>
> ——俞敏洪

老子的《道德经》有云："水不凝不滞，能静能动，能急能缓，能柔能刚，能显能潜。"管理者应该像水一样，通达调变，因人制宜，知人善任，充分发挥每个人的潜力。老子在用人上还有一个比较经典的观点是"常善救人，故无弃人"，意思就是看人既看短处，更要看到长处，要扬长避短，充分发挥其优势，做到人尽其才，这才是用人上的"大仁""大爱"。世上没有无用之才，只有因所处的位置不合适而埋没才能的现象。

没有最好的人才，只有最合适的人才。精明的企业管理者对待人才要做的就是将合适的人才放在合适的位置，达到人事相宜。

很多管理者认同"没有平庸的人，只有平庸的管理"。传统的管理把人看成一个模子，仅仅依照工作的制度安排人的位置，结果许多讷于言辞的员工被安排去外联，许多善于表达的员工被安排做机械性工作……作为一名优秀的管理者应该知人善任，让自己的下属去做他们适合的事情，这样才能实现用人之长。

有的员工谨慎小心，有的员工讲究速度，有的员工非常善于处理人际关系，有

的爱表现，有的好宁静……总之，员工的类型有很多，管理者需要做到的就是人尽其才，人尽其用。作为管理者，要懂得把适合的人才安排在适合的岗位上，做到资源的优化配置。

企业唯有通过不同岗位人才的配合，才能最终实现企业的良好发展。但如果优秀的人才没有用好，企业的运营也会出问题。

为扩大规模，某企业高薪招聘了20多位出色的人才，优越的工作环境、高薪的挑战等都让这些人跃跃欲试。然而，不到半年的时间里，看似强大的团队却问题连连，团队的工作效率较之规模扩大前明显降低……

这样的情况在不少企业都能见到。人才具有相应的能力，但并不表示管理者就能充分用好这个人才。作为管理者，要能够认清不同下属之间的差异，找到他们之间不同的特点与优势，这样才能在安排任务时做到合理，让他们在最适合的位置做最适合的事。

一个人只有处在最能发挥其才能的岗位上，才有可能干得好，把自己的能力全部发挥出来，为企业做出最大的贡献。关于这个道理，庄子讲得很明白。

庄子认为，弯曲的大树，虽然也很高大，但却疙里疙瘩，不符合绳墨取直的要求，它的树枝弯弯扭扭，不适应圆规和角尺取材的需要。因此，它虽然生长在道路旁，可木匠连看也不看。难道这样的树，真的大而无用吗？庄子的回答是否定的。他说，如今你有这么大一棵树，不要担忧它没有什么用处，而是悠然自得地徘徊于树旁，悠游自在地躺卧于树下……

由此可见，树的疙疙瘩瘩并不是无用的原因，只是安排的位置不适合。一棵树不符合绳墨取直的要求，不能做梁、做椽，却可以供人欣赏、乘凉等。一个企业，将人才安排到恰当的岗位，不但有利于稳定人员结构，更能够挖掘人才的潜能。

在这个世界上，每个人的能力和每个地方的需要都是不同的。不同的工作需要不同能力的人，而不同的工作环境也可以培养不同能力的人。

作为管理者，一旦对员工的才能、兴趣了然于胸，下一步要做的是针对某项特定的工作选择适合的人来做，或者为特定的员工安排适当的工作，做到"人得其位，位得其人"，追求人与事的适应。

福布斯集团的老板马孔·福布斯是一个十分善于用人的管理者。在福布斯集团工作，只要有才干，就能够被安排在合适的岗位上，让其大显身手。福布斯集团也正是因为用人有方而发展壮大的，有许多事例都说明了这一点。

大卫·梅克是一个才华出众的人，但他的管理风格让很多人无法接受。他对人冷漠，从来不留情面，而且非常严厉。比如，在下属们忙着组稿时，他总会传话说："在这期杂志出版之前，你们中有一个人将被解雇。"听到这话，大家都很紧张。

有一次，有一个员工实在紧张得受不了，就去问大卫·梅克："大卫，你要解雇的人是不是我？"没想到大卫·梅克竟说："我本来还没有考虑谁将被解雇，既然你找上门来，那就是你了。"就这样，那名员工被解雇了。

然而，马孔·福布斯恰好看重大卫·梅克的才华和严厉，他将大卫·梅克放在总编辑的位置上。大卫·梅克在任总编辑期间，最大的贡献是树立了《福布斯》"报道真实"的美誉。而在那之前，《福布斯》曾多次被指责报道不真实。

为了保证报道的真实性，大卫·梅克专门让一批助理去核实材料。这些助理必须找出报道中的问题，否则就将被解雇，而且真的有三名助理因为没有找到记者报道中的问题而被他解雇。《福布斯》在20世纪60年代，就能够与《商业周刊》《财富》齐名，报道真实正是其最大的竞争优势。

适合的人才，用在适合的岗位上，能够实现所在岗位利益最大化。根据下属的不同类型，可以安排不同的工作内容，以达到人尽其才、物尽其用。一般而言，下属主要分为以下4种类型：

1.能力超群的人

这类员工经验丰富，能力卓越，管理者可以尽管放手让他们完成工作。同时，因为这种人具有很强的能力，他们往往自视较高，甚至自负。管理者应给予他们充分发挥的余地和空间，让他们感到被重视，能够实现自我价值。

管理者要求这类下属从事的工作任务应该是与他们的才能相适的，要具有挑战性，有较大的决策权和相应的责任。例如组织一次展销会、拟订一个大型的公关宣传活动计划等，这些任务对上将型下属有较大吸引力。

对这类下属，要给予他们充分的信任，切忌干涉他们的工作。

2.能力较强的人

这类员工是指有一定经验，能力较强，有一定的决策力，但需要不时地支持和鼓励的下属。

管理者启用这类员工，需不时检查他们的工作进度，但顾及他们较强的敏感心理，检查应不露痕迹地进行。可以给他们具有一定的挑战性，需要一定的经验方能出色完成的工作。这类工作对热衷于承担更大责任的下属来说，是再适合不过的了。

3.有积极性的人

这类下属缺乏经验，需要向有经验的前辈学习该怎么做，他们常常是刚入公司的年轻人，他们在公司中是不可缺少的一部分。管理者切不可忽视这批人的存在，因为他们中间必将出现一批优秀人才，支撑起公司的明天。管理者要做的正是发掘这批人，给他们机会，锻炼和选拔他们。

4.有一技之长的人

这类下属让管理者有点儿头疼，因为他们的工作能力算不上优秀，但是在工作

○ 让合适的人做合适的事

不同的人适合不同的工作，最好的不一定是最合适的。让合适的人去做合适的事情，只有这样才能大大提高组织的效率，同时也使每个员工都能绽放出自身绚丽的光彩。

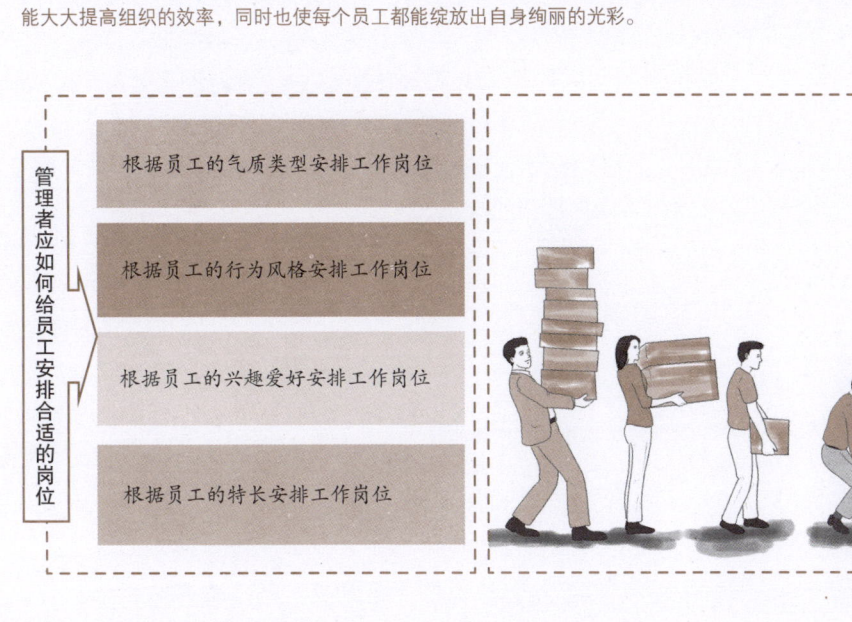

管理者应如何给员工安排合适的岗位：
- 根据员工的气质类型安排工作岗位
- 根据员工的行为风格安排工作岗位
- 根据员工的兴趣爱好安排工作岗位
- 根据员工的特长安排工作岗位

能力之外却往往有一技之长。其实，这样的员工对于企业也是财富。高明的管理者能通过有效的管理让这类下属充分展现自己的特殊才能。正如孟尝君收留鸡鸣狗盗之徒，颇得企业管理的精髓。

用人无须求全责备，永远找不到没有缺点的人

每个人必然是不完美的，但每个人都有自己的优点，关键在于管理者如何运用。

——北大管理理念

北大管理课认为，"金无足赤，人无完人"，世界上没有十全十美的人。作为管理者，用人切忌求全责备，管理者用人应该看其主流，不能因有点儿短处而不见其长处。

当管理者面对全公司的人，如果发出"怎么这些人尽是缺点"这样的感叹，那

证明这个管理者的管理是失败的。因为他仅仅看到了人的缺点，殊不知世界上任何人都是有缺点的。

管理者如果在处世、用人方面过于求全责备，就会显得不通情理。一个令下属乐意追随的领导往往都有容人之量，俗话说："宰相肚里能行船。"如果秋毫毕见，就让人觉得难以相处，愿意跟随、共事的人会越来越少，最终难成大事。

古今中外，大凡有见识、有能力，成就一番事业的人，往往有着与众不同的个性和特点。他们不仅优点突出，而且缺点也明显。

美国南北战争之始，林肯总统以为凭借北方在人力、物力、财力上的绝对优势，加之战争的正义性，短期内即可平定南方奴隶主军队的叛乱。于是，林肯总统先后任命了三四位德高望重的谦谦君子做北军的高级将领，但事与愿违，这些将领在战争中却很平庸，很快便被李将军统率的南方军队一一击溃。

预想不到的败局，引起林肯总统的深思。他认真分析了对方的将领，从贾克森起，几乎没有一个不是有大小缺点的人，但他们却具有善于带兵、用兵，勇敢机智、剽悍勇猛等长处，而这些长处正是战争需要的素质。反观自己的将领，忠厚、谦和、处世谨慎，这些作为做人的品格是不错的，但在充满血腥的严酷战争中，却不足取。从这种分析出发，林肯力排众议，毅然起用格兰特将军为总司令。

命令下达之后，众皆哗然，人们都说格兰特好酒贪杯，难当此大任。对此，林肯笑道："如果我知道他喜欢喝什么酒，我倒应该送他几桶，让大家共享。"林肯知道北军将领中只有格兰特是能运筹帷幄的帅才，要用他的长处，就要容忍他的缺点，这是严酷的战争，不是教堂里的说教。因而当有人激烈反对时，林肯却坚定地说："我只要格兰特。"后来的事实证明，对格兰特的任命，成为美国南北战争的转折点，在格兰特的统帅下，北方军队节节取胜，终于平定了南方的叛乱。

对林肯总统用人原则的前后变化，美国著名的管理学家杜拉克在《有效的管理者》中有一段精彩的评述，他说："倘要所用的人没有短处，其结果至多只是一个平平凡凡的组织者。所谓'样样皆是'，必然一无是处。才干越高的人，其缺点往往越明显。有高峰始有低谷，谁也不可能是十项全能。""一位领导者仅能见人短处而不能用人之所长，从而刻意挑其短而非着眼于展其长，则这样的领导者本身就是一位弱者。"

综观我国历史上那些深得人心的领导者，哪个不是深抱宽容之心，广有纳天下之度？曹操用人不拘品行，唐太宗用人只注意大节，他们都把用人的这一原则发挥得淋漓尽致。因此，领导者要想赢得下属的追随和效忠，就应当有容人之量，正视下属的缺点，不要用"完美"的观点要求所有人。这样有助于相互取长补短，更好地发挥下属的长处。

在企业中，一个工程师在开发新产品上也许会卓有成就，但他并不一定适合当一名推销员；反之，一个成功的推销员在产品促销上可能会很有一套，但他对于如何开发新产品却一筹莫展。科学地对待人的短处和长处，并且让他们能为己所用，这才是优秀管理者应该做的事。

一位管理者若只见人短处，而不能用人之所长，刻意挑其短而非着眼于展其长，这样的管理者本身就是一位弱者。唐代大文学家韩愈说过，古代的资能之人，要求自己严格而全面，对待别人则宽容而简约。对己严格而全面，所以才不怠懈懒散；对别人宽容而简约，所以别人乐于为善、乐于进取……现在的人却不这样，他对待别人总是说，某人虽有某方面的能力，但为人不足称道；某人虽长于干什么事，但也没有什么价值。抓住人家的一个缺点，就不管他有几个优点；追究他的过去，不考虑他的现在。提心吊胆，生怕别人得到了好名声，这岂不是对人太苛刻了吗？

管理者一定要树立这样的观念，你需要的不是没有缺点的人，而是具有优点的人，如果善加利用，你会发现每个人都是人才。

其实，每个人都有不足之处，但是每个人也都有自己的优点。管理者在用人时必须坚持扬长避短的原则。用人，贵在善于发展、发挥人才之长，在人才选拔上切不可斤斤计较人才的短处，而忽视了挖掘并有效地使用其长处。

用人之长，避人之短：知人善任的领导是最聪明的

其实刘邦并不怎么会打仗，通过人才的使用和配备，具有融合人才的领导才能。身边的几个朋友有这样的特质，他们不一定懂行、不一定很能干，但却能通过科学配置发挥手下人才的最大优势。

——俞敏洪

一位优秀的企业领导，假如把每个下属所擅长的方面有机地组织起来，就会给企业的发展带来整体效应。因此，高明的领导者应趋利避害，用人之长，避人之短。如此一来，则人人可用，企业兴旺，无往而不利。

三国时的魏国成为最强盛的国家，曹操知人善任，使得当时曹操身边的人才会聚，奠定了魏国的基础。

215年7月，曹操西征张鲁，东吴孙权见有机可乘，便率军攻打合肥。当时镇守合肥的是张辽、李典、乐进等三员大将。这三个人无论是在资历、能力、地位、职务都是旗鼓相当，不相上下。

也正因为如此，三个人互不服气，谁也不愿意成为被统帅的人。面对孙权的大

军，三人在是战是守，以及谁为主将、谁为副将的问题上一直不能取得一致意见。曹操经过深思熟虑，依据三人的特点，做了如下安排："若孙权至者，张、李将军出战，乐将军守城。"一开始，三人对于曹操的安排都有意见，但最后迫于曹操的军令，不得不以大局为重，各负其责，协调一致，最终大败孙权。

正所谓"知人者智"，曹操能让三人扬长避短，互相配合，可见曹操善于用人之一斑。他最终能够雄霸天下，和他对人才的运用也是分不开的。

在常人眼中，短就是短，而在有见识的管理者看来，短也是长，即所谓："尺有所短，寸有所长。"在成功的管理者眼里，人才通常都会具有很多特点，要用人之长、避人之短，关键在于你如何去运用他。

美克德公司是一家经营唱片和音响的日本企业，在"二战"前名声显赫。由于战争影响，这家拥有一流人才的公司，却迟迟不能开展重建工作。最后，由松下电器公司接管。为了使它从战败的挫折中复兴起来，松下幸之助非常慎重地思考经理的人选。最后，他决定把这个重担托付给野村吉三郎。

野村在"二战"期间曾担任过海军上将，退役后转任外务大臣。虽然他在企业经营方面没有经验，但他的长处就是善于用人。这个人事决策使许多人大感意外，他们认为野村对企业的经营完全是外行，对唱片、音响更是一窍不通，让一个门外汉主持美克德的工作，简直是无稽之谈。但松下看好野村会用人的优点，坚持自己的看法。事实上，野村主持美克德业务时，的确对这个行业非常不熟悉。

有一天，在干部会议上，有人提议要和美空云雀签约出唱片，野村却问："美空云雀是谁？"美空云雀是日本排行第一的红歌星，拥有众多的歌迷，可以说是当时家喻户晓的人物，像这样有名的艺人，身为唱片音响连锁企业经理的野村居然不知道，这让很多人觉得不可思议，也成了外界讥讽他的材料，甚至有人说："一个唱片公司的经理居然不认识美空云雀——那他一生中能认识几个人呢？"

然而，一个人优秀与否，既要靠才能也要靠合理的运用。野村对唱片业不太了解，却非常善于用人，所以松下让他去做唱片公司的经理而不是去推销唱片的人，这正是松下用人的高明之处。事实也证明他的这个用人策略是完全正确的，正是这位不认识美空云雀的经理，使美克德迅速地从战争的废墟中建立起来。

松下这种用人之长、避人之短的人事决策，充分体现了其独具慧眼的识人之术。知人善任是企业管理的核心，是企业管理者的重要工作和共同责任。

管理者要注重发挥人才的长处和优势，合理地使用、培育人才和留住人才，形成有利于人才发展的环境和文化。

但需要提醒管理者注意的是，你所需要的不一定是最优秀的人，但一定是最适合这个岗位的。人才的使用要根据岗位而来，因为，只有最合适的才是最好的。

如何识别人才的胜任能力

传统的识才方式往往只重视人的知识结构、专业能力、经验、身高、形象等"硬能力",而忽视了人深层次的价值观、工作驱动力等内在的"软因素"是否与企业文化相一致。胜任能力就是通过对"冰山"以下部分的认知选取高绩效人才,同时运用于人力资源各个模块。

人才应具备的素质

- 健康的人格
- 较高的创造性
- 主动精神
- 广博的知识

唯才是举，避免任人唯亲

避免任人唯亲，努力做到唯才是举、知人善任，使各类人才各得其所、各展所长。

——俞敏洪

北大管理课强调，任人唯贤是用人的根本。无数事实表明，任人唯亲、拉帮结伙、互相串通、以权谋私，是导致事业失败的重要原因。

管理者在选拔、任用下属时，以才能作为第一考量标准，当用人唯亲让位于任人唯贤时，一定会让自己的企业生机勃勃。作为管理者，如果在选人、用人时只是看对方与自己的亲疏关系，这必然会让其他人感到不满，对团队、对企业而言都是百害而无一利。

任人唯贤说起来容易，但做起来难。还是有不少人任人唯亲，就是不考虑才能如何，仅仅选取那些与自己感情好、关系密切的人。其表现形式有：

（1）"以我画线"：谁赞同我、拥护我、吹捧我，就提拔谁；

（2）"唯派是亲"：企业内与自己相亲近的人，不管是否有德有才，都优先加以考虑；

（3）"关系至上"：今天你提拔我，明天我提拔你，不以真才实学为基础，而是以关系为基础。

杜绝"唯亲是用"的道路显得尤其漫长。作为企业的管理者，必须以身作则，人事任用时决不可以徇私。不可以依据个人好恶决定任用与否，而要以"能否胜任"为准则。这是一个基本条件。不能说"这个人能干是能干，却令人讨厌"，或者"他虽然没什么本事，却是我欣赏的类型，就让他来干吧"。管理者唯有坚持不徇私的态度，才能获得员工的接受、协助。

很多管理者对唯才是举也有着自己的看法，新希望集团的董事长刘永好认为："企业是我刘家的，但我们的事业却是全社会的。因此，在我的公司里不用亲人用外人，我给每一个外来员工以生存和发展的空间，让他们能捕捉到希望。"

管理者必须有得力的人才辅佐。要得到人心，就必须有广阔的胸怀，承认他人的长处，得到他人的帮助。李嘉诚善于用人，唯才是举，让他们成为自己的亲信或挚友。

20世纪80年代中期，李嘉诚的长实（长江实业）集团的管理层基本上实现了新老交替，各部门负责人大多是30~40岁的少壮派。其中最引人注目的要数霍建宁。此人擅长理财，负责长实全系的财务策划。他处世较为低调，认为自己不是冲锋陷

○ 任人唯亲的表现形式

任人唯亲是指用人不问人的德才，只选跟自己关系亲密的人。主要变现为：

1.选择追捧自己的

以别人是否赞同自己、拥戴自己为标准，尤其喜欢对自己拍马屁的人。

（哈哈，这个组长的空缺就你顶上去吧！）

2.选择与自己沾亲带故的

不管对方是否具有相应的能力，只要与自己有亲戚关系或者有交情的人，就不加考虑地任用。

（放心吧，你是我表弟，我一定提拔你！）

3."官官相护"

讲究人情，各个管理者之间互相提拔，而不讲究能力。

（上次我升经理多亏你帮忙，这次我一定先提拔你！）

阵的干将，而是专业管理人士。李嘉诚很赏识他的才学，长实的重大投资安排、股票发行、银行贷款、债券兑换等，都是由霍建宁亲自策划或参与决策。这些项目动辄涉及数十亿资金，亏与盈都取决于最终决策。从李嘉诚对他如此器重和信任来看，可知盈多亏少。霍建宁本人的收入也很可观。1985年李嘉诚委任他为长实董事，两年后又提升他为董事副总经理。此时，霍建宁才35岁。

　　同样出色的还有一位女将洪小莲。她全面负责楼宇销售时，还不到40岁。在长实上市之初，洪小莲就作为李嘉诚的秘书随其左右，后来又出任长实董事。在地产界，在中环各公司，只要提起洪小莲，可谓无人不知无人不晓，她被业界称为"洪姑娘"。长江总部虽不到200人，却是个超级商业帝国。每年为它工作与服务的人，数以万计。资产市值在高峰期达2000多亿港元，业务往来跨越大半个地球。日常的大小事务，千头万绪，都要到洪小莲这里汇总。她的工作作风颇似李嘉诚，不但勤奋，还是个彻底的务实派。就连面试一名员工、会议所需的饮料、外国客户下榻的酒店房间等琐事，她都亲自过问。

　　李嘉诚不拘一格重用年轻人，让年轻人成了他的商业帝国的中流砥柱。有人说，他身边有300员虎将，其中100人是外国人，200人是年富力强的中国香港人。

　　李嘉诚唯才是举，同时也"举贤不避亲"，这种用人理念值得其他管理者们学习。

　　如何才能做到任人唯贤？作为管理者，关键在于无私，无私是选贤才的前提。对这点，中国古代的先哲孔子看得十分清楚。他说："君子对天下之人，应不分亲疏，无论厚薄，只亲近仁义之人。"这就是说，在人才问题上，应该不计较个人恩怨、得失，而只考虑国家的利益、民众的利益。其实质，就是在选才上无私，对能力强于自己、贤于自己的人，要加以举荐，或使他来代替自己，或使他居于自己之上。对企业管理者而言，在选才上无私，就是要抛弃个人成见，客观地对他人做出评价；即使对其并不喜欢，也决不以私害公、以私误公，而应毅然选拔。

　　但是，在进入21世纪的今天，有些人还在大量任用亲朋好友或其子女，封妻荫子。聪明的中国古代哲人说过："一人得道，鸡犬升天。"尽管一些企业的管理者也反对裙带关系，可是选拔人才就不自觉地搞亲亲疏疏，其中原因是他们总凭个人的私欲、私情来举贤选才，这就偏离了公正客观的选才标准，发展下去，势必会出现小人得势、贤才失势的局面。

　　一个优秀的管理者，应该唯才是举，这样才会吸引更多的优秀人才，与你一道干大事、成大业。

凡是真正必不可少的人物，肯定不会让他走

人才是一种资源，这种资源能否长期为管理者所用，是一个很重要的、值得管理者深思的问题。

——俞敏洪

任何团队，都存在真正必不可少的人物，作为团队的顶梁柱型员工，是企业的核心人才，管理者必须尤其看重他们。

在产品、技术、渠道等要素趋于同质化的市场环境里，人才成为企业构造差异化竞争力的关键因素，而创造了企业80%效益的核心人才，更是成为企业竞争力的灵魂。甚至可以说，企业之间的竞争，归根结底取决于企业是否拥有、用好和留住核心人才。因此，加强对核心人才的管理，提高核心人才的忠诚度，成为管理者的重要任务。

西门子全球人事副总裁高斯说："西门子企业能将几十万员工凝聚在一起，靠的是两大法宝：一是金钱，二是人力资源管理。"企业中真正必不可少的人才，他们为企业创造的效益远远高于普通员工，根据按劳分配原则，他们的所得也应远远高于社会平均薪酬。因此，核心人才的薪酬应随行就市，确保其薪酬与其创造的价值相应，甚至不能低于意欲挖角的竞争对手的出价。支付具有绝对竞争力的薪酬，是留住核心人才的第一招数。

除了以高薪来留住核心人才这个方法之外，对企业而言，为核心人才提供必要的培训也是必需的。对于核心人才来说，要维持、拓展自己的工作业绩，保持长久的竞争力，必须不间断地"充电"。给予核心人才持续不断的充电机会，可以培育他们的忠诚度，同时也为核心人才跳槽设置了较高的机会成本，更为企业的可持续发展奠定基础。

给予核心人才一定的经费、人员、资源的支配权，让他们参与企业决策，为他们搭建一个宽广的平台，有助于提升他们的忠诚度和工作热情。

企业管理要提高亲和力，在布置任务时，切忌生硬地下命令；人力资源部做好协调沟通工作，建立良好的人际关系，通过谈心等方式将管理的触角延伸到员工的生活领域。避免核心人才之间的过度竞争。适度竞争很有必要，但要控制好竞争的度，防止核心人才间的内耗，出现"一山不容二虎"的局面；倡导核心人才之间的尊敬、团结与协作。

亲密无间的交流与沟通对于企业提高核心人才的忠诚度具有重要意义。沟通能对核心人才起到激励作用，管理层通过对核心人才的工作及时做出反馈，可以引导其积极行为，起到强化激励的作用。通过交流与沟通向员工传递企业的远大战略和

宏伟目标，有利于增强核心人才的主人翁意识，促使核心人才畅所欲言，提出工作意见，并努力工作，不断创造新的业绩，促进企业的改革与发展。

留住最优秀的人才，防止人员"跳槽"，这是当今每一位管理者都面临的头痛问题。你应该未雨绸缪，早做防范，绝不可轻易让优秀人才从自己手中流走。

1.量才而用留人才

如果优秀人才不辞而别另谋高就，公司上下事先却无人觉察或知道并没人报告，实际上这是公司经营管理不善的反应。对此应早有发现，并尽量使其回心转意。

一个员工工作量的多少并不能说明他对公司的满意程度如何。经常有人仅靠自己的能力和遵守公司的管理制度就能圆满或超额完成自己的定额，但内心里他并不真正喜爱这份工作。一位负责销售工作的部门主管，工作成绩在公司连年都超定额，收汇、利润都很可观，是公司的骨干。但他却对制作电视广告情有独钟，希望有朝一日成为电视制作部门的主管。从公司的角度出发，他留在销售部门是最理想不过，但他却一心想去电视部门。此时如果有合适的广播电视公司，他一定会义无反顾地离开销售工作去做电视制作人。

这种情况下，可以让他同时兼做两项工作，如果他确实才华横溢，兼做两项工作都很出色，不仅满足他对兴趣的追求，又为公司留住了人才，不会因人才流走而担心销售额下降了。

2.宽以容才

有些人走的原因很简单："与领导不和！"与领导不和的原因是很多的。人们常常认为，责任在领导，如果他能在发生冲突时，显出自己的宽宏大量，不与下属斤斤计较，那么许多问题是可以解决的。

一名管理者对其下属应宽容体谅，而员工则应随时把自己情绪上的波动、工作中的合理要求及时告诉领导。当领导的要真正了解员工的内心世界，相互经常地进行沟通、思想交流是保持上传下达、减少隔阂的有效办法。

3.谨慎破格升职

破格升职，在为公司招揽人才的同时，往往也带来一些不必要的麻烦。

当你的公司招聘到一位能力强、有开拓创新精神的年轻人，并且舆论公认此人日后必然会成某经理的接班人时，你必须认真思考：给他什么样的职位，如何提拔他更好？

如果在他的任用问题上稍有疏忽，处置不当，将会给公司带来不必要的麻烦。要么这位能者会因位置不好而另谋高就；或者会使那些资历比他高、工作时间比他长、职位较低甚至较高的人为此而抱怨公司一碗水未端平，厚此薄彼。用人的事，不是小事，不可轻视。

4.注重早期培养

假如一位胸怀抱负的能人在公司里仍做低级员工的工作，其才干并没有得到充分肯定，那么，他要求离职另求发展是很正常的。

刚刚离开学校到公司工作的大学生、研究生，若不对他们加强管理、注重早期培养、压担子的话，在两三年内他们最容易"跳槽"。他们年轻有为，前程远大，正是公司的希望所在，并且已熟悉了公司业务，如果让他们流失，公司将再去培养新手。对这些，不少公司并没有引起高度重视。

对此，应把新来的员工看作是公司的一笔长期投资，精心地培养他们。安排

○ 不强制留人的原因

很多企业的领导为了留住人才而强制留人，但是这样产生的结果并不好，反而带来不利影响。

赶紧收起来，这是我们公司的内部资料！

强制留人留住的只是身而留不住心，人虽然留下了，但是心思已经不在企业了，很可能会让企业的信息外泄，造成损失。

被迫留下的人不管出于什么原因，难免会产生怨言，这对其身边的同事会造成不利影响。

你都抱怨了一上午了！

这都是什么乱七八糟的？连企划都做不好，让人怎么做下面的工作！

因此，如果员工一心想走，不如就此放手，可以挽留，但不强留，也不诋毁，给员工留下一个好的印象。

公司有能力的主管或员工指导他们，让他们承担一些力所能及或是超过其能力的工作。这一切就如一个长期项目，并不期待马上得到回报或收回投资。只要他们在公司工作的时间愈长，公司得到的回报将愈大。

5.适时加薪

波音公司的专家们对450多名跳槽者的调查表明，其中有40名为增加工资与管理者进行了谈判，27名因被加薪而留下来继续为公司效力。

事实表明，适时加薪，能使大多数员工看到前途与希望。从另一个角度说，一些老员工本身就是公司的一笔巨大的无形资产，与所加薪资比较，聪明的管理者会倾向于选择什么呢？这当然是不言而喻的了。

6.不强制留人

企业管理强制留人，留得住下属的人，但却留不住下属的心。强制留人，不但对下属不利，对自己也不利，实际上是愚蠢的双输行为。

强扭的瓜不甜，留人留不住心，人才潜能发挥不出来，只能产生副作用：一是个人不好好干，甚至吃里爬外，把单位技术资料外传；二是搅乱人心，影响其他人。

有些企业，对要调离者降职、调换工作，企图"杀一儆百"，最后发展到意气用事，企业为不放人而不放人，个人为调走而调走。其实这正好南辕北辙，要调走者后路已无，一心要走，舆论也会日渐同情他。如果员工对公司都做出过贡献，现在和公司闹僵被贬，大家心理上会感到为公司干了半辈子最后竟落到如此下场而寒心，害怕自己有一天因为调走或什么事得罪了领导，和他一样下场。这实际上也挫伤了留下者的积极性，损害了企业形象。

如果我们在放人的同时，还开一个小范围的欢送会，肯定过去的成绩，给予实事求是的评价，表明忍痛割爱的心情，这样的好聚好散是有战略眼光的做法。留下者看到企业爱才，处理问题实事求是，充满了温馨和人情味，不是人走茶凉，调离者感恩戴德，无形中企业树立了良好的形象。

关键位置上敢用外来管理者

优秀的管理者除了开发利用好自身的人力资源外，还要善于利用外部的人力资源，借助他人的力量，善于让他人为自己的企业创造财富。

——北大管理理念

北大管理课认同企业管理要适当任用外来管理者，以此激励企业内部的氛围。不少企业家深谙这个道理，他们敢于在关键位置提拔重用外来管理者，企业也因此获得发展。

不过，人才的引进是为了促进企业更好的发展，"空降兵"的加盟并不意味着企业管理者就可以高枕无忧。外来管理者能否适应水土，能否为企业带来新的发展，才是企业管理者需要注意的关键所在。

在一家有一百人左右的公司里，近半数的员工都是跟着老板打江山过来的，彼此很信任。本来公司里气氛融洽，年轻人又多，办公环境很轻松，下班后大小聚会也是常有的事。但是，随着新任主管张素的到来，公司的气氛悄悄起了变化，大家工作时正襟危坐，说话时谨小慎微，下班后行色匆匆，就怕被新主管抓住工作上的把柄。

张素是公司老板从对手那儿挖过来的"空降兵"，她对于出现这种情况感到很委屈："我来之前，公司的管理确实太松散了，人浮于事，效率不高，老板既然重金请我来，我觉得就应该发挥自己的作用，把能办的事情办好。"基于这样的思考，她决定从自己部门的工作入手，整顿办公室纪律，严肃工作程序和流程。

又到月底，员工开始去财务报销一些日常的办公费用。上一任主管往往不看这些花花绿绿的发票，立即就在报销单上签字。张素却非常认真，逐条逐笔详细审核。从中她发现了很多问题：有总款额核算不对的，有发票种类和事由不符的，有非公务开支不应报销的。她的这种做法，效果明显，一个月下来，办公开支减少了数万元，老板甚为满意。但公司上下对她意见很大。

没过多久，那些利益受损的老员工开始集中向张素开火。"没能力""搞派系""自以为是"，他们对张素的这些负面评价越来越多。甚至在部门经理会议上，有人公然指责财务部门不支持工作。向老板打小报告的人越来越多，本来对张素还很信任的老板逐渐对她不满起来。在张素来到这个公司的两个月之后，老板为了维护公司的和平氛围，只好将张素解雇。

这种情况也时有发生，企业的管理者一定要看到任用外来管理者所遇到的阻力。企业的老员工可能会制造麻烦来抵制外来管理者，而外来管理者又想尽快树立起威信，通常都会拿老员工"开刀"。同时，引入"空降兵"的企业管理体系会遭遇变动，这是在所难免的。

"空降兵"要想运作好，势必要不按套路出牌，由此产生了"空降兵"和老员工的职业行为、职业方式上存在的沟通困难和天然文化冲突。企业的老员工和"外来管理者"的磨合是一次痛苦而漫长的过程，企业管理者要妥善处理好两者的关系，既要让"空降兵"才华得以表现，又不过分伤害到原来的老员工，这的确需要一定的艺术。

显然，管理者不能因噎废食，关键位置上敢用外来管理者，还是值得提倡的。

曾有一段时间，世界著名的东芝电器公司由于经营方针的错误，使整个企业走进了一个前所未有的低谷之中，若不尽快地处理，或者处理得不好，东芝电器公司就会在世界市场上消失。

在这个生死攸关之际，东芝电器的高层经营者愁眉深锁，挖空心思地想着该如

正确对待外来管理者

想要让"外人"的智慧为己所用就要做到以下几点：

……对于这个问题，你们有什么想法吗？

1.吸取他人的经验

使用"外人"并不一定要让这个人为自己所用，用这个人的经验和智慧也是使用"外人"的一种方法。

2.学会尊重

每个人都有自尊心，有真正智慧的人更是如此。所以，企业的管理者在面对人才时应该多一些尊重。

您是这方面的专家，您看有什么好的办法吗？

独立空间

管理者　　　员工

3.给人才自主发挥的空间

既然选择了人才，就要做到"用人不疑"，给他们独立发挥的空间和一定的权限，不要对其进行限制。

何挽救公司。最后，他们想到了一个极为优秀的人才，也许只有此人才有可能挽救公司的命运，他就是日本石川岛造船厂总经理士光敏夫。十几年前的石川岛造船厂也和今日的东芝电器一样陷入危境，全靠士光敏夫一手将它从危境之中拉了出来，并领着公司走向了国际舞台。

经过努力，士光敏夫这个外来管理者进了这家危机重重的公司。士光敏夫上任后的第一件事就是，重新唤起低落已久的东芝员工的士气。他鼓励员工们：东芝电器公司人才济济，公司的体制也非常良好，只要大家团结一心，一定可以让东芝电器重现光芒。在士光敏夫不断的激励下，员工们的斗志再次燃起，充满干劲。接着，士光敏夫又提出实施毛遂自荐和公开招聘制，想办法让员工们能够完全地将自己的潜力发挥出来。

在士光敏夫不断的鼓舞下，东芝电器出现了前所未有的高昂士气。在公司员工共同的努力下，东芝电器公司站稳了脚步，并再次走向了国际舞台。

要恰到好处地利用外部人力资源，就要做到以下几点：

1. 发挥智囊团的作用

智囊团原则上使你得以把他人的经验、训练和知识当作是自己的力量一样加以运用。如果你能有效地应用智囊团，则无论你自己的教育程度或才智如何，几乎都能克服所有的障碍。

没有人不需要任何帮助就能成功。毕竟个人的力量是有限的，所有伟大的人物都必须依靠他人的帮助，才有发展和茁壮成长的可能。

2. 尊重贤士

管理者不可能处处高明，只有借用外部人员的高明之处，才能真正用人不疑。因此，领导者切忌刚愎自用、自以为是，而应该虚怀若谷、恭以待人。

3. 任其自主

管理者不应以任何形式把自己的主观意志强加给所任用的人，而应积极地为他们创造一个独立进行工作的环境，对外来管理者予以充分的授权。你必须尊重他们工作的独立性，不干涉他们的工作，让他们通过研究得出自己认为是科学的结论。

抛弃等级成见，尝试让B级人干A级事

让低职者高就，目的是压担子促成长。

——北大管理理念

所谓的A级人就是非常优秀的人，那么所谓B级人就是指那些具有丰富的知识、充沛的精力和强烈的进取心，但因工作时间较短而缺少经验的年轻人。

一般来说，B级人在经验上稍差一点儿，但他们受过良好的教育，知识面广，接

受能力强,更重要的是,他们有着年轻人独有的资本———做事热情有冲劲,积极向上,有信心。

我们的传统做法是量才使用、人事相宜,什么等级的人就安排做什么等级的事。让B级人做A级事,既使员工感到有轻微的压力,又不至于感到压力过大,有利于激发工作热情。

现在不少企业还守着森严的等级制度,导致用人失策。所以说,要做一个明智的管理者,在用人时就必须注重人才真正的能力,而不被等级观念限制。

明智的领导者应该认识到,任何限制员工发挥才能的等级成见,都是有百害而无一利的,应该坚决摈弃。因为等级成见,会使企业缺乏纵向交流,压抑员工才能的充分发挥。

一家老字号的食品公司,经历发展后形成了严格的等级制度,却因为管理混乱最终走向了下坡路。

这家公司成立之初,企业管理层用人唯贤,那个时候,下属们有什么意见与想法,都可以直接找经理交流。公司用人也没有固定的等级制度,很可能昨天才进公司的人,因为确有卓越的能力,明天就成了部门主管。

但是,随着公司的不断发展壮大,人事方面越来越"规范",并形成了一定的模式,越级提升、交流为许多主管、经理禁止,这就是一种等级成见,而这种成见使公司最终走上了一条不归路———各部门缺乏纵向交流,使"论资排辈"蔚然成风,刚加入公司的青年才俊,因为看不到希望而离去,而留下的一些"老人"也无法打破企业多年的壁垒,最终导致了该公司的破产。

一旦一个企业形成了等级成见,就会使手下员工失去工作热情,打击员工的创造力。如果管理者硬是要将每个人限制在"等级"的圈子中,所谓的A级人干A级事,B级人干B级事,每个人都不会得到进步,当然,企业也不会得到进步。

放手让B级人干A级事,不但能激发B级人的上进心,发挥他们的潜在能力,而且降低了企业的管理成本。放手使用B级人,能调动他们的积极性,充分发挥他们的聪明才智,为企业创造更大的效益,而且能促使B级人更快地成长为A级人,以解决企业内部人才断层的现象,同时节省了培养人才的大笔费用。

如何促使自己的员工成为顶级人才,制定适度偏高的工作目标,"让B级人做A级事","逼"出员工潜力,无疑是非常有效的一招。试想,如果员工在工作位置上,工作要求和工作能力恰好吻合,有时还绰绰有余,员工工作起来游刃有余,自然就会产生非常满足或沾沾自喜的心理,这在无形中会无情地扼杀员工追求更高目标的意志,使员工变得平庸、安分守己。而"让B级人做A级事",则会使员工始终处于一种不断进取,努力达到工作要求的动态工作中,在工作的同时也不断地提升自己。

第六章 授权管理课：
"从细节中超脱出来"，不去和别人抢权

充分授权：管理者的带队伍诀窍

做企业最重要的是拿得起，更能够放得下。

——俞敏洪

"现代社会许多大小公司的老板、部门主管早已被信息、电讯、文件、会议压得透不过气来。几乎任何一项请求报告都需要他们亲自审阅，予以批示，签字画押。他们为此经常被搞得头昏眼花，根本无法对公司的重大决策做出思考，在董事会议上也很可能是最无精打采的一类人。"这是著名的管理大师史蒂芬·柯维的观点。他认为，做不到合理授权是现代多数经理工作效能低下的主要原因。

杰克·韦尔奇也认为，高度的集权式管理只会让公司的运行减慢，他提倡的是简单式效率型管理。一名优秀的管理者是不会因为过分授权而动摇自己的位置，相反，他会通过授权使自己的工作趋向于完美。

因此，能够制订合理的授权计划，掌握正确的授权方法，是管理者的必修课之一。管理者必须懂得充分授权的诀窍：

1.制订合理的授权计划

授权对于管理者而言，必须对此形成完整的计划。这种计划可能不是文字的，但一定要在脑海中形成清晰的框架。盲目的授权，或者未经仔细斟酌的授权将带来混乱。

制订授权计划，核心在于弄清楚授权要做的事情有哪些，这些事情的程序、步骤是怎样的，在每个过程中有哪些要点、预测到可能出现怎样的情况。

一个完整的授权计划应包含下面几点基本内容：

（1）授权任务是什么，这项任务涉及的特性和范围怎样。

（2）授权需要达成的结果是什么。

（3）用来评价工作执行的方法是什么。

（4）任务完成的时间要求。

（5）工作执行所需要的相应权力有哪些。

当授权成为一项经常性的工作的时候，我们就应设计一定的管理表格，也就是授权计划单。它能帮助管理者形成完整清楚的授权计划。

具体来说，一份完整的授权计划单主要包括以下几项基本内容：

（1）任务细节：任务的职责范围、完成任务的关键点、特殊目的、时间要求等。

（2）人员详细资料：能力、兴趣和主动性水平、时间可能性、与以往培训和经历有关的内容等。

（3）培训要求：性质、方法、时间、成本。

（4）权力需求：完成工作所需的对人、财、物、信息等组织资源调用的权限。

（5）反馈方式：反馈的方法、频率等。

（6）管理者本人的职责：职责是什么，实现手段是什么。

需要注意的是，授权计划从一开始即要求受权下属的参与。应允许下属参与授权的决定，在授权计划形成之后，应在更大范围内公布授权计划，并根据授权计划向下属进行反馈和提问。这样做的好处是，其一，帮助管理者整理自己的思想，在确有必要时，修改授权计划。其二，使下属充分理解授权的精髓，在最大限度内得到下属的认同，激发其积极性。同时，又能在组织中起到宣传引导作用，形成授权的心理期待。

2.掌握正确的授权方法

不同的授权方法会产生不同的效果。一名优秀的管理者应当掌握正确的授权方法。授权的方法按照不同的维度可分为不同的种类，但最主要的是充分授权、不充分授权、弹性授权。

充分授权是指管理者在向其下属分派职责的同时，并不明确赋予下属这样或那样的具体权力，而是让下属在管理者权力许可的范围之内，自由、充分地发挥其主观能动性，自己拟定履行职责的行动方案。这种授权的方式虽然没有具体授权，但在事实上几乎等于将管理者自己的权力——针对特定的工作和任务的——部分下放给其下属。充分授权的最显著优点在于能使下属在履行职责的过程中实现自身价值，获得较大的满足，最大可能地调动下属的主观能动性和创造性。对于授权管理者而言则

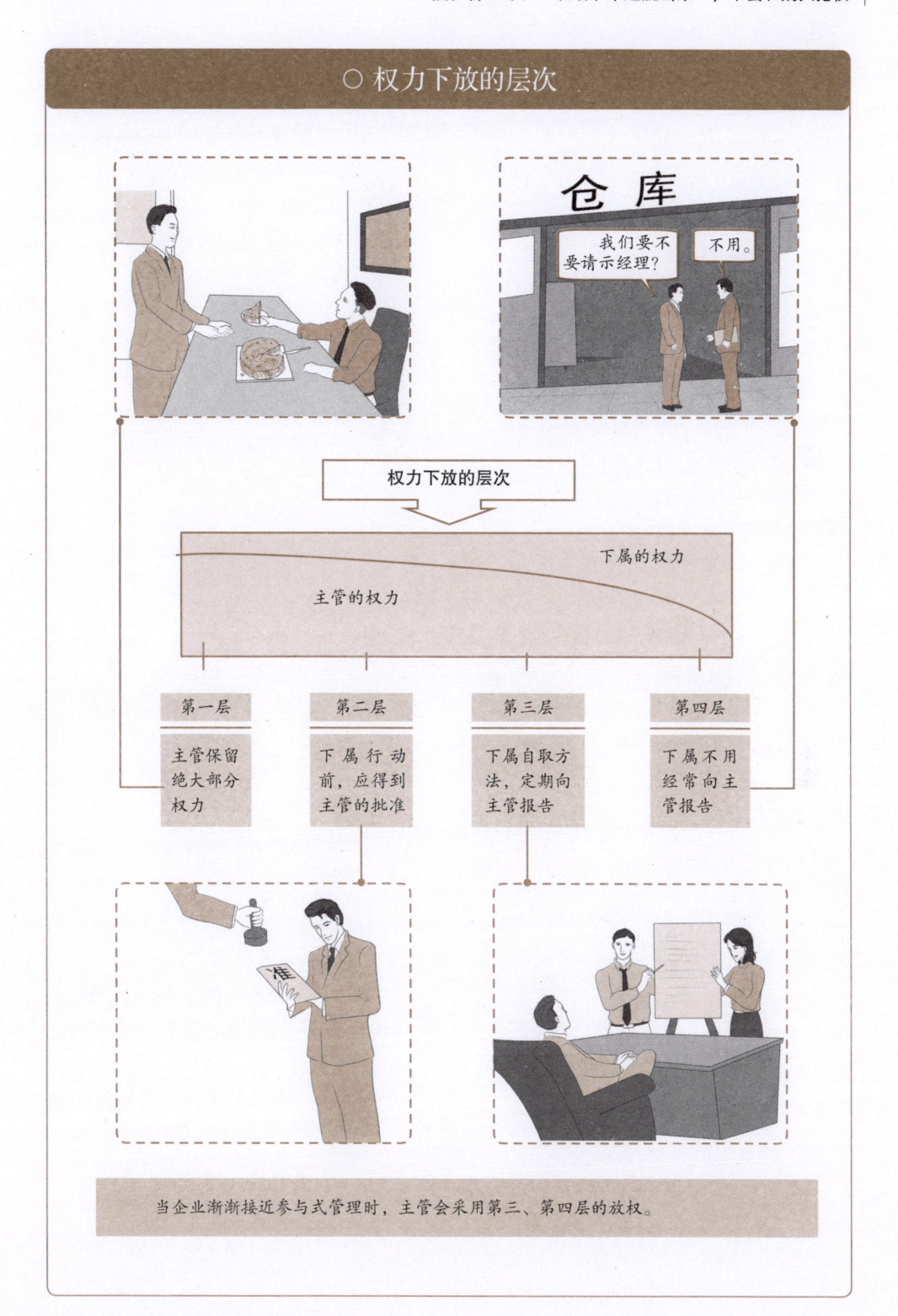

第六章
⊙授权管理课："从细节中超脱出来"，不去和别人抢权

○ 权力下放的层次

仓库

我们要不要请示经理？ 不用。

权力下放的层次

主管的权力 → 下属的权力

第一层	第二层	第三层	第四层
主管保留绝大部分权力	下属行动前，应得到主管的批准	下属自取方法，定期向主管报告	下属不用经常向主管报告

当企业渐渐接近参与式管理时，主管会采用第三、第四层的放权。

99

大大减少了许多不必要的工作量。充分授权是授权中的"高难度特技动作",一般只在特定情况下使用,基本要求授权对象是具有很高素质和责任心的下属。

不充分授权是指管理者对其下属分派职责的同时,赋予其部分权限。根据所授下属权限的程度大小,不充分授权又可以分为几种具体情况。

(1)让下属了解情况后,由领导者做出最后的决策。

(2)让下属提出详细的行动方案,由领导者最后选择。

(3)让下属提出详细的行动计划,由领导者审批。

(4)让下属采取行动前及时报告领导者。

(5)让下属采取行动后,将行动的后果报告领导者。

不充分授权是现实中最普遍存在的授权形式。灵活是它的特点,可因人而异、因事制宜,采取不同的具体方式。但它同时要求上级和下级、管理者和下属之间必须事先明确所采取的具体授权形式。

弹性授权是综合充分授权和不充分授权两种形式混合而成的一种授权方式。制约授权是指管理者将职责和权力同时委托和分派给不同的几个下属,以形成下属之间相互制约地履行其职责的关系。

3.授权是一个连续的流程

授权由计划走向操作化的方案,关键在于把握这一流程中的关节点,授权的全部奥妙正在于这些关节点之中。一个高效授权的管理者,他的全部授权技能体现在对这些关节点的把握之中。

(1)做好授权准备:扫除授权障碍,明确授权意识,创造授权气氛,制订授权计划。确认任务:有目标地授权,针对特定任务授权,任务本身需要整理规范和明确。

(2)选择合适的受权者:根据下属的潜能、心态、人格挑选合适的人完成特定的事。

(3)授权的发布:授权计划的最后商定,宣告授权启动,明确任务及权限,制定考核标准。

(4)进入工作:管理者放手让受权者完成工作,对一般性的工作不作干涉。

(5)控制进展:管理者要保证工作以一定的速度进行,应当给下属适当压力,让其感受到责任,保证工作按计划完成。

(6)约束授权者:注意下属行为是否有偏离计划的倾向,防止授权的负面作用,及时反馈信息,保证授权沿预定轨道前行。

(7)检收工作,兑现奖罚:评价工作完成的情况,按预定绩效标准兑现奖励或惩罚,总结授权,形成典范,全面提升管理水平。

总之,对于管理者来说,懂得充分授权,赋予团队以活力和不断合作进取的动力,管理的效果才会可望而可及。

越聪明的管理者，越懂得"弱治"

"授权"会比"命令"更重要也更有效率。

——俞敏洪

有些管理者忙得好像上紧了发条的陀螺，从开会、交际应酬到企业的各项工作，恨不得一天有48个小时可以利用。

但是优秀的管理者们深深懂得，一个真正能够获得持续发展的组织，必须依靠群体的力量，而非单靠某个人的强势。这就需要管理者懂得授权，将自己的权力合理分授给下属，新东方总裁俞敏洪深谙授权的重要作用。

身为新东方集团的执行总裁，陈向东在新东方被认为执行力非常强大。

俞敏洪作为新东方的创立者，如今已经渐渐淡出对公司的直接管理，他直接说："原来新东方管理干部都是我管的，现在都是陈向东管的，这个变化还不够大吗？"在俞敏洪看来，原来陈向东只管某一方面的工作，现在他都是全面抓工作的。也就是说，在执行层面的工作如今都是陈向东在抓，这是第二个变化。第三个变化就是主动性上的变化。比如说抓某一部分工作的时候，此前的陈向东有可能受制于新东方各方面的结构，但如果转为抓全面的工作，他调配资源的能力就发挥出来了。

新东方如今正稳步实现"去俞敏洪化"，俞敏洪更多地充当精神领袖的角色。

希望集团的刘永行在接受记者时曾说过这样一段话："企业做大了，必须转变凡事亲力亲为的观念。要让职业经理人来做，强调分工合作。我原来一人管十几个企业，整天忙得不得了。后来自己明白了，是权力太集中，所以痛下决心，大胆放权。"

管理者必须学会适当地弱化自己，培养起一批值得信赖的下属，进行有效授权，尽量做到"弱治"，才能使整个团队充满活力，使组织获得持续发展的动力。

孔子的学生子贱有一次奉命担任某地方的官吏。他到任以后，经常弹琴自娱，不问政事。可是，他所管辖的地方却被治理得井井有条，民兴业旺。这使那位卸任的官吏百思不得其解，因为他每天勤勤恳恳，从早忙到晚，也没有把那个地方治理好。于是他请教子贱："为什么你逍遥自在、不问政事，却能把这个地方治理得这么好？"

子贱回答说："你只靠自己的力量去治理，所以十分辛苦；而我却是借助下属的力量来完成任务。"

将所有的权力集于一身，表面上看是领导者的强大，实际上是无能的体现。不少管理者一方面声称要给员工授权，另一方面却紧紧地握住手中的权力。概括起来，不少管理者不愿授权，主要是因为存在以下障碍：

1. 怀疑下属的能力

许多管理者不信任下属的能力，觉得与其授权，还不如亲自解决。担心他们做不好，最后还要让自己来收拾残局，甚至造成恶劣的影响。但是，每个人的能力都是在工作实践中锻炼出来的，没有哪个人的能力是与生俱来的，包括管理者本人。如果总是怀疑下属的能力，不交由下属去做，下属将永远也得不到成长。

2. 习惯于传统的命令式执行

不少员工具有较高的知识水平，可能在工作经验等其他方面有所欠缺。如果要发挥员工的能力，管理者就要摒弃传统的命令式的管理方法，让员工充分地参与进来，通过协作式的管理，加强与员工的平等沟通，调动员工的积极性。

3. 不愿培养下属

有些管理者认为，管理员工是自己的工作，但培养员工并不是自己职责范围之内的事，所以没有必要在这方面殚精竭虑。如果管理者不培养员工，员工就不可能获得成长，管理者所带的团队将永远停留在原有的水平上。

4. 拒绝分享权力

有些人对权力的掌控欲非常强烈，不愿与下属分享权力。这些管理者喜欢紧紧地控制着下属，认为只有这样才能树立自己的权威。

5. 害怕承担风险

授权是有风险的，管理者把某项工作授权给员工去完成时，如果做不好，第一责任人是管理者。有些管理者觉得自己没有义务去承担这种风险，因此不愿意去授权。

6. 乐于事必躬亲

有些管理者就是喜欢亲力亲为，自己是一个工作狂，愿意揽更多的活，永远不会闲下来。

不善于授权的管理者还会给出许许多多各式各样的理由来证明他们的不授权是正确的，是唯一可能的选项。同时，结果也往往是这样：他们总是匆匆忙忙，总是埋身于事务性的工作，总是抱怨而又总是出漏洞，他们的下属总是缺乏动力，缺乏责任心，总是懒洋洋的，企业总不能以他们的期望运转，效率总是可望而不可即……

但是种种原因实际上都是借口，这些理由都是难以成立的，我们再来看这样一些分析：

（1）担心下属做错事的管理者，内心里真正担心的不是下属做错事本身，而是怕被下属做错事所连累。这一类管理者一方面对下属缺乏信心；另一方面又不愿意为下属受过，所以有如唱独角戏那样凡事皆亲自操办。固然下属难免做错事，但若管理者能给予适当的训练与培养，做错事的可能性必然减少。授权既然是一种在职训练，管理者就不能因怕下属做错事而不予训练，反而更应提供充分的训练机会以避免下属做错事。

（2）不可否认，有些管理者因担心下属锋芒太露，或"声威震主"而不愿授

第六章
⊙ 授权管理课："从细节中超脱出来"，不去和别人抢权

◇ 不肯授权的原因 ◇

很多管理者总是喜欢紧抓着权力不肯授权，那么这些管理者不肯授权的原因有哪些呢？

1. 喜欢将权力握在自己手中

还是这样才放心！

有的领导感觉权力在自己手中才放心，觉得有成就感，因此，不愿将权力分散出去。

2. 害怕授权风险

给了他们万一他们做错了怎么办？还是我拿着吧！

授权给下属，一旦下属做不好，自己就成为第一负责人，因此，有的领导不愿意替员工承担风险，从而拒绝授权。

3. 喜欢亲力亲为

企划部那边出了问题，陈组长让我过来问问您该怎么办……

这里马上就完成了，我一会儿过去看看！

有的管理者喜欢工作，不愿意空闲下来，因此事必躬亲，也就不愿意放权了。

103

权。但是从另一角度看，下属良好的工作表现可以反映管理者的知人善任与领导有方，所以管理者功不可没。

（3）只有领导力薄弱的管理者在授权之后才会丧失控制。在授权的时候，倘若管理者划定明确的授权范围，注意权责的相称，并建立追踪制度，就不会担心失去控制。

（4）基于惯性或惰性，许多管理者往往不愿将得心应手的工作授权下属去履行。另外，有许多管理者基于"自己做比费唇舌去指导下属做更省事"的理由而拒绝授权。这两类管理者的共同缺陷即是将他们有限的时间与精力浪费在他们本来可以不必理会的工作上，而使需要经由他们处理的事务无法获得应有的重视。任何一位管理者管辖的工作，大体上均可分为5种层次：

①管理者必须亲自履行的工作。
②管理者必须亲自履行，但可借助下属帮忙的工作。
③管理者可以履行，但下属若有机会亦可代行的工作。
④必须由下属履行，但在紧急关头可获得管理者协助的工作。
⑤必须由下属做的工作。在正常情况下，管理者对第三层次以下的工作应授权下属去履行。

（5）"找不到适当的下属授权"常被一些管理者当作不愿授权的借口。

任何下属都具有某种程度的可塑性，因此均可授权予以塑造。就算真的找不到一位可以授权的下属，仍是管理者的过失，因为倘若员工的招聘、培训与考核工作做得不差，又岂会有"蜀中无大将"之理？

可见，授权并非不能，而是管理者愿不愿意的问题。

权责一致，授权也要讲究策略

当管理者授权给下属的时候，不能只是强调他们在工作时无须事事请示，有自己的自主决策权，也要把相应的责任授予他们。

——北大管理理念

北大管理课认为，权力与责任是对等的，没有人只会享受权利，不负责任；也没有人只负责任，而不享受应有的权力。管理者授权给下属时都要让他们清楚自己的责任，这样才能让他们在行使相应的权力时，能够考虑得更全面，朝着更加有利的方向前进。

有些人当他们成功地接过领导手中的"指挥棒"的时候，会误以为自己只是接过了执行的权力，而没能认识到权力后面的责任，尤其是领导没有明示的时候，他

○ 需要授权的情况

并不是所有的管理者都需要授权给下属，不过如果出现下列情况，就应该考虑授权：

1.时间不足时

管理者每天需要处理的事情非常多，因此，时间就显得十分紧张，如果感觉时间不够用了，就应该考虑授权。

2.下属有意见时

很多管理者喜欢手握大权，下属事事都要请示，从而引起下属的不满，这时就应该考虑授权给下属。

> 你们都得听我的！

3.成立新部门时

公司不断发展，成立了新的部门或者分公司，这时管理者就要授权给下属，让他们充分发挥。

> 到了新部门我就有权了！

们更有可能"胡作非为",给团队或企业造成极大的损失。

授权是要讲策略的。从责、权的关联度上看,授权有两种形式:授权授责与授权留责。前者是指授权同时授责,权责一致;后者则不同,授权不授责,如果被授权者处理不当,发生的决策责任仍然由授权者承担。

当管理者把权力授予员工时,应该让员工知道,他拥有的不仅仅是权力,还有与权力相匹配的责任。授权的同时,强调权责一致,不仅能够避免因为权责不一致而出现的滥用职权的情况,还可以培养员工勇于承担责任的能力。

某书店店长为了激发员工的工作激情,决定在书店内部推行"授权管理",将管理权限下移。他规定:"各部门都可以在各自的职责范围内处理部门业务,只要是有利于书店业务发展的,不需要请示便可以自行决定。"这个店长原以为自己授权后可以轻松下来,不用再事必躬亲,然而让他始料未及的是,"授权令"一下达,反而给书店的管理工作带来了很大麻烦。表现最为突出的是,很多部门不是专心致力于书店业务的发展,而是相继制定起保护各自利益的"游戏规则"来。

比方说,书店的采购部为了不受监督不再执行以前的"采购请示"制度,根本不征询销售部的意见就直接决定采购的类别和数量,最后造成了大量图书滞销,销售部门意见很大;而销售部门在制订图书促销计划的时候,也不再会同别的部门一起协商,为促进业绩,其频繁促销,甚至独断专行地降低图书折扣。虽然销售业绩扩大了,但书店的利润却下滑很多。

从这个例子我们看出,在书店适宜推行"授权授责",即使被授权者有责任、压力,这样才能增强使用权力的责任感,避免出现滥用权力的现象。

在授权过程中应注意以下几个问题:

(1)明确目标责任是授权的前提,没有目标责任的授权是无原则的授权,这样的授权无济于管理效益的提高和目标的实现。

(2)授权不是下放领导者的所有权力。授权的适度应掌握在能及时掌握全面信息、控制局面的前提下,通过授权发挥各级的积极性。重大方针政策的监督检查权、决策权,例外事项的决策权不应下放;否则,授权就成了放弃领导。

(3)授权的同时必须要明确指挥关系,建立信息反馈制度,规定下级应汇报的内容、汇报的时间及汇报形式等。

(4)下级在行使权力中出现失误时,不应一味地责备下级。授权是把职权委让给下级,它意味着容许员工犯一些错误,但是应该把全部责任留给自己。领导者要善于耐心指导,坚持激励的原则,热心地帮助下级。

管理者要把握合适的时机,选择一个适当的时机,这个时机的选择对于授权的效果可能会有显著的影响。这种时机既可能是一些特殊的事件,也可能是一些司空见惯的现象再次出现。把握这种时机,导入授权,能让下属切实感到授权之必要,或避免授权进入过程的生硬。

实际上，有效的授权常在下列情形出现时授权。

（1）管理者需要进行计划和研究而总觉得时间不够。

（2）管理者办公时间几乎全部在处理例行公事时。

（3）管理者正在工作，频繁被下属的请示所打扰。

（4）下属因工作闲散而绩效低下。

（5）下属因不敢决策，而使公司错过赚钱或提高公众形象的良机。

（6）管理者因独揽大权而引起上下级关系不和睦。

（7）公司发生紧急情况而管理者不能分身处理时。

（8）公司业务扩展，成立新的部门、分公司或兼并其他公司时。

（9）公司人员发生较大流动，由更年轻有活力的中层管理者主持各部门、团队工作时。

（10）公司走出困境，要改变以往的决策机制以适应灵活多变的环境时。

向下属分权，让看准的人挑担子

多数情况下，直接向我汇报的人，他们每天在哪儿我根本就不知道。他们一天到晚忙各自的事情，有事情来找我，没有事情就各干各的。这样有好处，我放权、信任，他们做事激情很高。

——李彦宏

有很多管理者的工作十分繁忙，可以说："两眼一睁，忙到熄灯。"一年365天，整天忙得四脚朝天，恨不得将自己分成几块。但这种事必躬亲的管理思路太落后了，出路在于分身术：管好该管的事，放下不该管的事。而授权就是管理者走向成功的分身术。

随着公司规模的壮大，各项事务只会越来越多，即使是能力很强的管理者，也不能独揽一切。作为管理者应该树立这样的一种观念：管理者的职能不仅是做事，还在于成事！因此，管理者必须要学会向员工授权。

北大管理课认为，授权的好处有很多：管理者可以从琐碎的事务中解脱出来，可以激发员工的工作热情和干劲；可以增长员工的能力和才干；可以发挥员工的专长，弥补管理者自身才能的不足。其实，人们都知道授权的好处，但是有的授权起到了好效果，有的授权却导致了混乱，这是为什么呢？一个关键的问题在于授权者的态度。

正确的授权应该包括以下4个方面的内容：

（1）要看重员工的长处。任何人都有长处和短处，如果管理者能够着眼于员工的长处，那么他就可以对员工放心大胆地予以任用。如果只看到员工的短处，那么他就有可能由于担心员工的工作而加倍操心。这样，员工的工作积极性必然会降低。作为班组的领导者，不妨在授权的时候让员工真切感受到对他的信任感。

（2）不仅交工作，还要授权力。领导者将工作目标确定以后，需要交付员工去执行，此时必须将相应的权力授给员工。一般来说，将工作委托给员工去干，这一

○ 了解受权人的方法

想要授权给下属，就要看准受权人，让能力出众的人来挑这个担子，那么，如何了解受权人呢？

1. 与下属沟通

在与下属的沟通过程中，了解其职业目标、执行能力等，当然，在沟通中要尊重对方的隐私。

2. 与以前的上司讨论

以前的上司对自己的下属的工作能力一定有过了解，因此，如果拿不定主意，可以找以前的上司来了解情况。

3. 回顾个人档案

对于公司的员工，企业一般都会保存一份员工的档案，档案上会详细记载员工的资料，通过这份资料，管理者也可以了解自己的下属。

点是不难办到的，因为这等于减少自己的麻烦；将权力授给员工，就不那么简单，因为这意味着自己手中权力的削弱。身为管理者，应该把权力愉快地授给承担相应工作的员工。当然，所授的权力也不是没有边际的。

（3）不要交代琐碎的事情，只要把工作目标讲明白就可以。作为一个领导者，对待员工最忌讳的就是"婆婆嘴"。既然已经授权给下属去做，就不应该为下属指东指西，使下属无所适从。否则，下属的自主性不易发挥，责任感也随之减弱。

老王是进厂几十年的老师傅了，具有丰富的工作经验，他已经带出了一批徒弟。由于年龄偏大再加上文化水平不高，几年前就不再担任班长。现任班长小杨是前不久调到这个班的。小杨是大学毕业生，技术上是业务尖子。

有一天，来了一批加工任务，他把老王叫来："老王，交给你一个任务，这批零件加工要求非常严格。"于是反复地向老王介绍加工的各种参数。老王有点儿心不在焉地听着，因为他干这种工作已经几十年了，完全了如指掌。最后小杨不放心地问了一句："听明白了吗？"老王笑了笑："咱文化低，听不懂，麻烦你再请其他高人吧！"小杨一下子愣在那里，因为他再也找不到更合适的人了。

（4）对员工不应放任自流，要给予适当的指导。身为领导者，千万不要以为授权之后就万事大吉了。尽管将权力授予给员工，但责任仍在自己。作为一个领导者，将权力授出之后，还应该对员工进行必要的监督和指导。若是员工走偏了方向，就应该帮助修正；若是员工遇到了难以克服的困难，就应该给予指导和帮助。

不事事包揽，不一竿子捅到底，不越级、不错位、不揽权，管好自己的人，办好自己该办的事，这样的领导才会轻松而游刃有余。

此外，管理者在授权过程中，应该注意到以下几个问题：

（1）"因事择人，视能择权"，一切以被授权者才能的大小和水平的高低为依据。

（2）对被授权者进行严密的考察，力求将权力和责任授权给最合适的人。

（3）必须向被授权者明确所授权的事项、目标和权责范围。

（4）所委托的工作，应当力求是被授权者感兴趣、乐于完成的工作，双方应建立相互依赖的关系。所授的工作量以不超过被授权者的能力和体力所能承受的负荷为限度，适当留有余地。

（5）不可将不属于自己权力范围内的事授给员工，否则势必造成机构混乱等严重后果。

（6）尽量支持被授权者的工作，被授权者能够解决的问题，授权者不要再作决定或指令。

（7）凡涉及有关全局问题的，如决定组织的目标、方向和组织决策等，一般不可轻易授权。

总的来说，管理者把目标、职务、权力和责任四位一体地分派给合适的员工，充分信任他们，放手让他们工作，这就是授权的要领。

问员工要业绩，不要具体方案

> 评定一个人是否称职或是否应该被提拔的最佳方法只有一个，就是先给他一个平台、一份责任，看他能不能拿出实实在在的工作成果来证明自己。
>
> ——李彦宏

对员工的工作大包大揽，看起来像是对员工关怀备至的好领导，但这并不一定能获得员工的认同和赞赏。

有一位极其认真负责的管理者，每项工作都指示得极其具体详细，连布置会议室放几把椅子、标写多大的字、找谁写、用什么纸这样的小事都要亲自指示。开始部下尚能接受，时间一长大家就受不了了，觉得他像个喋喋不休的老太太，管得太宽、太严。

实际工作中，只需向员工下达工作目标就可以，不必布置细节。比方说，让员工推销一批商品，只需告诉他销售份额和经济合同法的一些知识，不用具体到去哪家商店、如何攀谈；安排部下编制一套管理软件，只需说明要求，不用告诉他使用哪种语言、如何编。管理到一定程度就可以，过度的管理反而适得其反。

作为企业的管理者，主要职责并不是如何去管住你的员工，让他们的所有行动都在你的掌控之下，而是要授予他们充分的自主权，只向他们索要结果，中间的过程可以不过多干预。

一日，东京某涉外饭店的豪华餐厅里，有一位从美国来的外宾对送上来的牛排不太满意，他认为这个牛排熟得太透。于是，他叫来服务生。服务生用极其谦恭的态度认真倾听他的抱怨，之后，对他说："请您稍微等一下，符合您口味的牛排马上就能上来。"说完，服务生立即拿走牛排，继而吩咐厨房按照客人的口味另烤一块送来。

看上去，这是一件很不起眼的事情。但是，在这个事情的背后，是这家饭店正在力推的组织变革——授权管理。饭店的老板认为，服务生是直接面向客人的，应该给服务生更大的权限来服务于客人。于是，我们就看到这个场景：服务生无须请示任何人，能够自主地为客人解决问题。这样，整个饭店的运行效率就会因此而大大提高。

善于授权的管理者能够创造一种"愉悦气氛"，使员工在此"气氛"中自愿从事富有挑战性的工作，给企业创造一个和谐共事、创新共进的局面。

每个人都有一套自己处理问题的方法，如果凡事都按照管理者的要求去做，就会让员工失去自主性，往往也得不到预想中的结果。对于管理者而言，结果才是最重要的，至于过程只要员工的行为在规定的范围之内，就该最大限度地授权于他们、信任他们。这也是员工内心所期望的。

在京城，海底捞以其优质的服务赢得了顾客的青睐，而海底捞的管理模式也备受推崇。

第六章
○ 授权管理课："从细节中超脱出来"，不去和别人抢权

1994年，还是四川拖拉机厂电焊工的张勇在家乡简阳支起了4张桌子，利用业余时间卖起了麻辣烫。20多年过去了，如今的海底捞已经成为著名品牌，张勇成了6000多名员工的董事长。

在张勇的认知中，人是海底捞的生意基石。客人的需求五花八门，单是用流程和制度培训出来的服务员最多能达到及格的水平。让雇员严格遵守制度和流程，等

○ 过度管理不利于员工成长

过犹不及，一个优秀的管理者不会对员工过度管理，而是给员工一定的自由发挥的空间。

降低员工的积极性

管理者什么都管，让员工事事请示，反而让员工失去思考的能力，从而降低对工作的热情和积极性。

降低员工的工作能力

事事都安排好会让员工少走很多弯路，更容易成功，但是也减少了员工锻炼自己的机会，缺少锻炼，能力就得不到提高。

所以，作为一名优秀的管理者，应该学会放手让员工自主成长，这样才能让员工更加优秀。

于只雇了他们的双手。张勇愿意放权，在海底捞，店员拥有相应的权力。

200万元以下的财务权都交给了各级经理，而海底捞的服务员都有免单权。不论什么原因，只要员工认为有必要，都可以给客人免费送一些菜，甚至免掉一餐的费用。

聪明的管理者能让员工的大脑为他工作，当员工不仅仅是机械地执行上级的命令，他就是一个管理者了。

其实不仅仅是海底捞，许多企业都在为授权、放权做努力，这样做只是为了能让员工获得更大的发展空间，更好地发掘他们的潜能，给企业带来更大的效益。如Google公司就允许工程师在20%的时间里从事自己喜欢的项目或技术工作，这一措施一经推出，就收到了令人意想不到的效果。因为有了20%可以自由支配的时间，那些工程师便可以在这段时间里来实施自己的一些创意，或者与其他同事一起完成某个有着出色创意的产品模型，如果这个创意的确能够吸引人，就有可能成为Google推向世界的下一个产品或服务。

聪明的管理者只向员工要业绩，不要具体的工作方案，这是因为：

1.过度管理不利于部属发挥积极性

解决问题的途径可以有100种，主管的方法不一定是最好的，或许员工有一套好方案，但主管早已安排好了一切，也只能照办。员工失去了参与和挖掘潜能的机会，必定挫伤积极性，慢慢就会养成不动脑子、一切依赖领导的"阿斗"作风，失去想象力、创造力和积极性。

2.过度管理不利于锻炼员工的工作能力

很多主管不信任部属的能力，担心员工办砸了事，左叮咛、右嘱咐。一般来说，主管的水平、工作能力要比部属高，指令也科学、合理。你过细的指令或许会使部属少走许多弯路，可部属体验不到通向捷径路上的荆棘坎坷，就得不到锻炼和提高。

领导的任务就应当是统领全局，抓紧大事，而不应将精力耗在细枝末节之上。海尔集团的总裁张瑞敏的做法就很值得我们借鉴。张瑞敏喜欢授权管理，习惯只出思路，具体细化则由下面的人去做。海尔各部均独立运作，集团只管各部一把手。集团先任命一把手，由一把手提名组建领导班子后，集团再任命副职和部委委员。一切配备完毕后，只有资金调配、质量论证、项目投资、技术改造这些大事由集团统一规划，其余各部由各部自管。

合理的授权是让领导做领导最该做的事，下属做下属最该做的事。正如韩非子所说"下君尽己之力，中君尽人之力，上君尽人之智"。一个优秀的管理者若想成为"上君"就一定要做好授权管理，不必事必躬亲，布置细节。

企业不可能只靠管理者的努力就能获得良好的发展，一个优秀的员工，不会在"命令"中能持续优秀。一个能够给员工充足自主权的管理者，不仅能让自己从琐碎的日常工作中解脱出来，把时间用在一些更重要的地方，同时也能促进员工的成长。

大权紧握，小权分散：注意集权和分权的结合点

> 作为管理者，并不意味着他什么都得管，而是大权独揽，小权分散。
>
> ——北大管理理念

权力是一把双刃剑，有的企业管理者喜欢集权，将大大小小的权力都掌握在自己的手里，不恰当的集权只会对企业造成严重的伤害。

有一家主要从事食品加工的乡镇企业，老板张总事必躬亲，对员工信任度不高。每当营销员将要出征时，他就会再三叮嘱："你们遇事一定多汇报；否则，出了问题，后果自负！"因而，在外省打拼的营销员们一个个小心翼翼，生怕办错事，把结果算到自己头上。因此，张总经常接到这样的长途电话："张总，一天30元的旅店没找到呀！租一间一天35元的旅店可以吗？""张总，这边的客户表示需要我们表示一下，那我们是不是可以买几条烟送去呀！"无论事情大小，他们一律请示回报，只要未经老板认可，他们绝对不会主动做主。

最终，一些有能力的营销员感到手脚被牢牢束缚着，有劲儿使不出，只好选择离开，另谋高就。留下来的营销员只会请示，工作起来没有丝毫主动性，领导不安排的事情一概不做，一年到头业绩平平。而张总也整日手机响个不停，忙得脚打后脑勺，上百万元广告费像打水漂一样毫无效果，好端端的一个企业处于濒危边缘。

集权可以便于管理，并且让自己对企业的发展了然于胸，但是，高度的集权会导致对下属才能的束手束脚，最终企业变成了只是管理者个人的企业，企业的发展可想而知。

不少在创业期间取得较好发展的优秀企业，也可能因为过分分权，导致企业的发展不尽如人意。

一家颇具影响的民营企业，它所生产的高压锅因质量好而广获好评。这家企业的老板喜欢分权式管理，他让每个营销员承包一个省级市场，公司与其签订承包协议，产品以出厂价下浮25%提供给营销员，营销员必须要保证在一年内完成一定量的销售任务。至于营销员如何销售，公司一概不管。老板的这一招的确极大地调动了营销员的积极性。大家各出奇招，短短几年，企业就在创造了上千万的销售业绩的同时，也造就了许多百万富翁。但是好景不长，市场竞争越来越激烈，富裕起来的营销员已经没有了当初的斗志，公司业绩陷入低谷。公司老板有心自己接管渠道，但是发现难度很大——渠道已经被他们牢牢地把控在手中。更让老板没有想到的是，有的营销员竟然"监守自盗"，在销售公司正品的同时，自己私设黑工厂，制造假冒伪劣产品，将其投入市场鱼目混珠，大发其横财。就这样，一家前景广阔的企业断送在这些营销员手中。

授权的必要性

在目标管理中，授权的必要性具体表现如下：

我一定要做好这份工作！

1. 授权是调动部属积极性的需要

目标管理对人的激励，是通过激发人员的动机，将下属的行为引向目标来实现的。目标是激发这种动机的诱因，而权力是条件。

这件事情我们应该……

2. 授权是提高部属能力的途径

在运用权限自主地决定问题和控制中，将促使下属对全盘工作进行总体规划，改变靠上级指令行事的局面，有利于能力发挥并不断提高。

市场变化这么大，看来我要改变策略了……

3. 授权是增强应变能力的条件

现代管理环境情况多变，要求管理组织系统要有很强的应变能力，这就需要各级管理者手中要有自主权。

在企业管理中，"一统就死、一放就乱"是非常容易发生的现象。分权可以有效地分散权力，使权力不会过于集中，而且更有利于民主化，但是不便于管理，会有很多漏洞。

由此可见，集权与分权是一种科学，更是一种艺术，正所谓"运用之妙，存乎一心"，集权与分权处于适宜的范围内，才能服务于业务的发展，才能创造价值。

杜邦公司能在美国经济发展中占据举足轻重的地位，做到了大权独揽，小权分散。

19世纪，杜邦公司实施的是单人决策式管理，领导者对公司实行强权控制，事无巨细亲自过问，为此还累死了两位副董事长和一位财务委员会议议长，使公司一度陷入危机，差点转卖给杜邦家族以外的人经营。

到了19世纪末20世纪初，杜邦公司决定抛弃单人决策式管理，实行集团经营模式，建立执行委员会。由于采取了新的措施，公司再度兴旺。但此时，杜邦公司依然属于高度集权式管理。

第二次世界大战之后，杜邦步入多元化经营阶段，但由于高度集权式管理的局限，多元化经营使集团遭到严重亏损。经过分析，杜邦实行了组织创新，由集团式经营向多分部体制转变，总部下设分部，分部下设各职能部门，这一时期，集权已开始向分权转变。

20世纪60年代初，杜邦又面临一系列困难，危机重重。1962年，被称为"危机时代领跑者"的科普兰担任公司第十一任总经理。但是1967年底，科普兰把总经理一职让给了非杜邦家族成员的马可，这在杜邦历史上是史无前例的，财务委员会议议长也由他人担任，科普兰只担任董事长一职，从而形成了"三驾马车式"的组织体制。他说："三驾马车式体制，是今后经营世界性大规模企业不得不采取的安全措施。"事实证明，科普兰的革新是非常成功的。

大权独揽，领导者容易偏执和独裁，使公司陷入困境；将小权分散下放，善于分配工作，并进行有效的指导和控制，使下属有相当的自主权、自决权和行动权，是比较安全保险的管理模式。

领导者进行工作指派与授权后，对下属所履行的工作的成效仍然要负全部责任。也就是说，当下属没有做好指派的工作时，领导者将要承担其后果，因为前者的缺陷将被视同后者的缺陷。另一方面，为确保指派的工作顺利完成，领导者在授权的时候必须为授予权力的下属订下完成工作的责任。下属若无法圆满地完成任务，则授予权力的领导者将追究其责。

当企业规模发展到一定阶段，集权还是分权必然成为企业管理中一个复杂而艰难的问题。处理集权与分权的关系，既要防止"失控"，又不能"统死"。

集权与分权的结合点如何把握，对管理者而言的确是个考验。要达到这一目标，可遵循这样一条原则：战略上的集权和战术上的分权。在现实的企业管理中，关于集权与分权的发展趋势是：最大限度地放权，实行扁平化管理。其主要依据有

115

以下几条：

（1）随着社会生产力的发展，世界产品市场正逐步由卖方市场向买方市场转移，市场需求向多样化、个性化方向发展，市场划分越来越细，企业对市场变化做出反应的时间要求越来越短，市场机会稍纵即逝；同时，企业做出正确决策所需的信息量越来越多而详细，必然要求充分发挥底层组织的主动性和创造性，充分利用其自主权来适应他们所面对的不断变化的情况。

（2）如果决策集中在最高层组织，则传递有关决策的信息的成本会越来越大，所需时间会越来越长，不利于企业对市场需求变动快速做出反应。

（3）即使高层领导的经验丰富，判断力极强，但如果决策职能过分集中，则会造成其负担过重，陷入具体事务而不能脱身，也就没有时间做出更重要的决策。

第七章 创新管理课：
复制北大精神，鼓励不断揣摩市场需要的创新

企业管理最大的敌人就是"不懂创新"

很多人谈创新，认为就是做别人没有做过的事情，但大部分创新，都是在前人成就的基础上更先一步。如果有人登上珠穆朗玛峰的时候能够带上一个梯子，站在梯子上他就达到了别人从来没有达到的高度；如果说珠峰是前人的成就，那梯子就是个人的创新，通过创新达到新的高度。

——俞敏洪

北京大学光华管理学院教授、著名经济学家张维迎教授指出："创新作为企业家的一种基本职能，并非是企业家的一种个人癖好，而是由其所处的社会经济环境决定的。企业家作为一个阶层是商品经济特有的产儿。商品经济本质上是经济变动的一种形式或方式，是鼓励、刺激、强迫人们创新的一种制度。"

当今时代是一个迅速发展的时代，也是一个崇尚创新的时代，可以说创新已经是企业管理的重要关键词。不积极创新，那企业必将走入经营的死胡同，在激烈的市场竞争中会被淘汰。

在企业管理中，管理者的思维模式决定了管理模式，因此，一个企业的管理方式能否跟得上时代的发展，关键在于其管理者是否具有创新的管理精神。作为一个管理者，要善于创新、敢于创新，有一双善于发现、善于观察的眼睛，从一些细微的、容易被人忽视的地方发现可以有所作为之处，这样才能不断激发自身的创造性

思维，为企业的发展提供帮助。

日本松下公司的标语牌写有这样一段话：

"如果你有智慧，请你贡献智慧；

如果你没有智慧，请你贡献汗水；

如果你两样都不贡献，请你离开公司。"

事实上，优秀的管理者与平庸的管理者之间的本质区别，就是能否拥有创新的勇气和动力，能否引导员工发挥创新的能力和激情。

面对各种各样的问题，如果你只是唉声叹气、怨天尤人，自然找不到解决问题的正确方法。只要将你的心锁打开，勇敢地去面对问题，开动脑筋，积极创新也许你会收获得更多。

在企业管理中，我们会发现，在同一个生产线，同一个时段里，同一台设备，生产同样的产品，让不同的人来做，产量和质量就不一样。这除了个人反应能力等先天条件外，关键就在于有的人用大脑在工作，积极创新，他会去考虑如何用有效的方法在最短的时间内获得更多、更好的成果，而有的人仅用双手劳动，没有融入创新的智慧。

有这样一个故事：

安妮和露西受雇于一家粥店，两个人的主要工作是做好餐饮服务。可不久安妮就受到餐厅经理的青睐，工作没有多久就被提升为领班。观察安妮与露西，她们俩人都积极勤奋，工作认真负责，她们之间到底有什么区别呢？

细心的人会发现，安妮与露西每天接待的顾客相差不多，然而，晚上结算的时候，安妮总是比露西多赢利百十来元钱，天天如此。

玄机究竟在什么地方呢？餐厅经理经过观察，给出了答案：每当顾客点粥时，露西总是问顾客："加不加鸡蛋？"客人说加，于是露西就给客人加了一个鸡蛋。每进来一个人，露西都要问一句："加不加鸡蛋？"有说加的，也有说不加的，几乎各占一半。

安妮是怎么做的呢？当顾客点粥时，她总是问道："加一个鸡蛋还是加两个鸡蛋？"客人笑着说："加一个。"再进来一个顾客，她又问一句："加一个鸡蛋还是加两个鸡蛋？"爱吃鸡蛋的说加两个，不爱吃的就说加一个，也有要求不加的，但是很少。尽管鸡蛋的利润很微薄，但一天下来，安妮的业绩当然要比露西的好一些。

因为在工作时多动脑筋、勤于思考、善用大脑工作的员工肯定比仅用四肢工作的员工更有工作效率，肯定更受企业欢迎。

乔布斯认为一个团队里最大的敌人就是"笨蛋"，苹果是一家充满活力的公司，他的员工个个精神饱满、精明强干，他无法忍受一个"笨蛋"影响公司生机勃勃的面貌。一旦他发现这样的不合格者，就会立即开除他。

第七章
⊙创新管理课：复制北大精神，鼓励不断揣摩市场需要的创新

○ 创造力的来源

创造力，是人类特有的一种综合性本领。创造力是指产生新思想，发现和创造新事物的能力。创造力的来源有以下几个方面：

1. 创新精神

想要有创造力，就必须具有创新精神和创新思维，遇到问题时举一反三，这样才能进行创造。

2. 知识、经验与技能

创新并不是靠凭空想象，而是在一定的知识和经验的基础上才能进行创造。

3. 勤奋工作

勤奋的人更具有创造力，而且在工作中往往能发现创造的契机。

119

在企业管理中，管理者会遇到各种各样的员工，他们来自五湖四海，能力、性格等方面也是千差万别，在受到管理者欢迎的员工中，又可分成3类：

（1）机械型员工。有一做一，完全按领导的具体指示一步步做事。管理这样的员工有一定的好处，就是执行力比较强，但需要管理者将工作步骤像写程序一样布置给他，否则他什么也不能完成。

（2）智能型员工。这类的员工可以将自己的专业知识、专业技能主动地应用于工作，甚至可以为领导提供某些专业方面的合理性建议，就像领导的智囊团。

（3）智慧型员工。这样的员工能够系统化地思考问题，将各方面的知识和道理融会贯通起来，应用于工作，他们用自己的智慧工作，这样的员工才是最受管理者欢迎的员工。

在美国高露洁牙膏公司，老总问道："有什么方法可以增加牙膏的销量？"

有人提议："多做广告！"老总皱着眉头。

"多送小礼品。"老总摇摇头。

"不如降价吧，或者买一送一。"

"都是亏本买卖。"老总烦躁地摆摆手。

"把牙膏口的直径增大1毫米。"角落里响起一个声音。

老总眼前一亮——"就是它了！"

牙膏口直径增大，意味着使用者在不知不觉中多消耗了牙膏，销量就被带动起来了。在平常的工作岗位上，能否主动运用你的脑子去想办法解决，是一个员工是否有智慧的表现。

管理者应该鼓励员工的各种创新思维，让员工总是带着智慧去工作，让他们分析工作的具体情况，引导他们该怎么做，鼓励他们在工作中融入创新思维。

不要抱怨创新难，不换脑袋就换人

在这个充满变化的时代，要使社会财富的创造主体——企业基业长青，就要求我们的企业家、管理者把握创新本领，不断超越自己。

——张维迎

在这个急速变化的社会里，不可能存在一成不变的优势。只有不断地创新，才能够让自己的优势适应时代的发展，在不断的变革中创造新的优势，促进企业的可持续发展，才能不断地获得利润。企业的发展离不开创新，能够创新的企业才有未来。

美国人伊查克·爱迪斯在他写的一本名为《企业生命周期》的书中，把企业的生命周期分为10个阶段，即孕育期、婴儿期、学步期、青春期、壮年期、稳定期、贵族期、官僚化早期、官僚期、死亡期。爱迪斯准确生动地概括了企业生命不同阶段的特征，并提出了相应的对策，指出了企业生命周期的基本规律，以及企业生存过程中基本发展与制约的关系。

根据企业生命周期的理论，壮年期是企业生命周期曲线中最为理想的点，在这一点上企业的自控力和灵活性达到了平衡。然而，壮年期的存续时间可以延长，企业应该通过自己正确的决策和不断地创新变革，保持持续增长的势头。因为一旦失去创新的劲头，就会丧失活力，停止增长，走向官僚化和衰退。所以我们说，创新是企业生命力常青的永恒法则。

企业只有在变革、创新中才能成长，也只有创新才能保证企业不断强大。我们经常听到员工这样自我安慰："没有功劳也有苦劳。"不主动创新的人，是管理者首先应该淘汰的对象。

在我们的传统管理理念中，评价一个人的好坏常常用是否"任劳任怨"、"刻苦努力"来做标准，"苦劳意识"过于强烈，而很少去过问这个人为单位创造了怎样的价值，能否把一个好的结果带给单位。"苦劳意识"的泛滥和"功劳意识"的缺乏，使得员工在工作中缺乏活力。

秋天的一个早晨，N.C电子公司的董事长詹姆士·拉尔走在他的厂区里，经过一个正在清扫树叶的保洁员身旁。保洁员拿着一把长长的扫把，费力地扫着。而那把扫把实在太旧了，齿间稀疏，漏掉了许多的叶子。

詹姆士停下来问："先生，你的工具太不好用了吧，为什么不换一把？"

"我的操作间里只有这一把。"保洁员头也不抬地继续干着他的活。"你为什么不去仓库里找找呢？"

"没有，仓库离我的操作间实在太远了。"保洁员用手擦拭了一下发边的汗水，才发现和自己说话的竟是董事长，不禁有些不知所措。"哦，詹姆士先生，我不知道是您，我这就去仓库找找。"

看着保洁员离去的背影，詹姆士十分生气："这是在做工作吗？真不能理解！"

苦劳固然使人感动，但只有具备"功劳意识"，主动换脑袋创造价值的人，才会有更好的发展！

身为企业的管理者，不能感情用事，衡量一切的标准都应以企业的利益为主。作为企业，在变化的市场环境中，只有踏实肯干是不够的，思想古板必将使市场停滞不前，这样的员工最终只会被淘汰出局。用宏碁集团董事长施振荣的话来说，就是"不换脑袋就换人"。

所谓换脑袋，就是随着外界环境的变化而不断转变自己的思维方式，换掉习以为常的工作模式，在工作中积极思索、锐意创新、善于谋划、长于变通，不断在方法上、技术上和效率上寻求新的突破和创造更大的业绩。

要有创新意识

创新能力是一个民族进步的灵魂，是一个人成功的必备条件，那么，一个人如何才能具有创新能力，提高自己的创新能力呢？

1.不满足于现状

不满足于现状才会有所追求，有所创新，才能让自己的事业更上一层楼，在强烈的成功欲望下就会有积极的创新动力了。

2.有危机意识

生于忧患，死于安乐，人处在困境中才会激发自己奋斗的力量，时刻保持忧患意识，正所谓，人无远虑，必有近忧。

3.不相信权威

要想有创新能力，就不能什么都相信别人的，经验也不是完全正确的，尤其是一些过去的经验更是要多思考是否能跟上时代的发展和现状。

某家钟表厂，有一名工作非常卖力的工人，他的主要任务就是在生产线上给手表装配零件。这件简单的工作他一干就是10年，所以操作非常熟练，很少出差错，几乎每年的优秀员工奖都是他。

可是后来，企业新上了一套完全由电脑操作的自动化生产线，许多工作都改由机器来完成，结果他失去了工作。他本来文化水平就不高，在这10年中又没有掌握其他技术，对于电脑更是一窍不通，一下子，他从优秀员工变成了下岗人员。

在他离开工厂的时候，厂长先是对他多年的工作态度赞扬了一番，然后诚恳地对他说："其实引进新设备的计划我在几年前就告诉你们了，目的就是想让你们有个思想准备，去学习一下新技术和新设备的操作方法。你看和你干同样工作的小胡不仅自学了电脑，还对新设备的说明书进行了研究，现在他已经是车间主任了。我并不是没有给你准备的时间和机会，但你都放弃了。"

时代前进的步伐是不会停止的，新设备、新技术、新方法会不断引入我们的工作中。管理者要时刻都把目光盯向那些掌握新技能，能为公司提高竞争力的员工，如果员工缺乏"换脑"思想，就请将他淘汰出局。

一个能够崇尚创新的企业，可以在瞬息万变的市场上开拓全新的领域，永远立于强者之林；一个能够为自己不断换脑的员工，能够开启自己的智慧推动企业的发展，自己也会成为企业发展的最终受益者。

创新型员工——提升企业竞争力的关键

成功之道，唯有勇于创新，不断变通才能够赢。

——俞敏洪

我们常常听到员工这样的抱怨：

"这份工作太难了，根本就做不好嘛。"

"这么难，让我无从下手，可怎么做啊？"

他们认为找不到方法来解决问题，自然工作是做不好的。这些只是推脱之词，只有主动去找方法才会有办法。

我们说，没有做不好的工作，只有不会创新的员工。只要拥有创新的思路，工作中再大的障碍也会被突破。

金星金笔厂在解放前是我国规模最大的金笔厂，它的产品"金星牌"金笔质量也属上乘。

但是，在该厂初创之时，一般人都以"舶来品"作为时髦。国产金笔名不见经传，想打开销路很不容易。

当时上海永安等四大公司均有外国金笔出售，金星金笔厂要打开产品销路，首先就要进入四大公司，特别是永安公司。

因为永安公司一向标榜其经营宗旨是"环球百货"，并以选货严格、服务周到在消费者中享有盛誉，营业额也居四大公司之冠。国产商品都以进入永安为荣，仿佛一登"永安"龙门，商品就成了"精品"。

金星金笔厂创始人周子柏为了在永安柜台上占一席之地，精心策划，煞费苦心。

他动员所有的亲戚朋友，时不时去永安公司问：

"有没有金星金笔？"

"金星金笔还没有上柜呀？"

这一招，果然见效。

永安公司开始接受少量的金星金笔进行试销。

在试销期间，周子柏又自掏腰包，拜托亲朋好友去把样笔买走，以这种销售假象来引起永安公司的注意。

由于"金星"金笔的质量过硬，逐渐地就有了真正的购买者。

在这种情况下，永安公司也乐于进货了。

"金星"金笔能够走俏，全靠周子柏善出奇谋，先把水搅浑，再乘浑水"销笔"。

周子柏运用了一个巧妙的方法，让永安公司"主动"为金星笔开辟一席之地。他也向大家证明了，再难的市场都是可以开拓的，只要你有一个创新的头脑。

美国有一家公司专门经销煤油及煤油炉。创立伊始，大量刊登广告，极力宣扬煤油炉的诸多好处，但收获甚微，其产品几乎无人问津，货物大量积压，公司濒临绝境。有一天，老板突然灵机一动，招来手下员工，让他们登门向住户无偿赠送煤油炉。员工们大感不解，还以为老板愁疯了呢，看着老板那诡秘的神情，只得依令而行。

住户们得到无偿赠送的煤油炉，真是大喜过望，岂有拒收之理？知道消息的另外一些人也竞相给公司打电话，索要煤油炉，不久公司的煤油炉就赠送一空。

当时炉具还没有现代化，什么煤气、电饭锅、微波炉都没有，人们生火做饭只能用木柴和煤。这时，煤油炉的优越性明显地显现出来了，家庭主妇们简直一天也离不开它了。很快她们便发现煤油烧完了，只能自己到市场上去买。当时煤油价格并不低，但已离不开煤油炉的人们也只得掏腰包了。再后来，煤油炉也渐渐用旧了，于是只好买新的。如此循环往复，这家公司的煤油和煤油炉便畅销不衰了。

我们常常看到这样的情况：面对同一件工作，有的人无从下手，而有的人却可以做得很好，其关键差别就在于能不能用创新的眼光去看待问题，用创新的思维去思考问题，并积极地寻找解决问题的方法。如果这些能力都具备了，还有什么工作做不好呢？

北大尊崇具有创新精神的人，企业家主动寻找具创新意识的员工是企业不变的期待。因为，在所有的管理者眼中，最优秀之人永远都是那些善于创新的人。下面

○ 创新型员工应具备的特征

创新型员工，是指那些具有较强的创造意识与开拓能力的员工。其特点主要表现为以下几个方面。

1.远见卓越的大局观

具有未来导向的思维方式，对最新的形势、信息能够及时掌握和消化，并且具有丰富的想象力。

又失败了！

没关系，从头再来！

2.良好的心理素质

创新并不是一件简单的事情，因此应该具有坚强的意志、乐观的性格，并且要自信。

3.优秀的品质

要有进取精神，有一定的使命感和事业心，最重要的是一定要有勤奋好学的品质。

的例子有力地证明了这一点。

日本松户市原市长松本清,他不但扮演政治角色,还是一个头脑灵活的生意人。

他以开创"马上办服务中心"而名噪一时。他还拥有许多家连锁的药局。他将药局的名字称为"创意药局"。顾名思义,他的经营手法是具有独创性的。

松本曾将当时售价200元的膏药,以80元卖出。由于80元的价格实在太便宜了,所以"创意药局"连日生意兴隆,门庭若市。由于他以赔血本的方式销售膏药,所以虽然这种膏药的销售量越来越大,其赤字也越来越高。但是,整个药局的经营却出现了前所未有的盈余。因为,前往购买膏药的人,几乎都会顺便买些其他药品。这些药品当然是有利可图的。靠着其他药品的利益,不但弥补了膏药的亏损,同时也使"创意药局"的生意做得有声有色。

松本清也让我们看到了"创新"所产生的作用和能量。善于用创新的思路和方法去解决工作中的问题和困难是一个人制胜的根本,更是一个企业保持旺盛竞争力的保障。企业永远呼唤主动寻找方法、挑战困难的员工,这样的人才是企业最宝贵的财富。

从成功的角度来讲,两点之间的最短距离并不一定是条直线,而可能是一条障碍最小的曲线。要找到这条曲线,需要一个时时寻找方法去处理事情和面对困难的大脑。优秀的员工必然善于创新,对于他们来说,再大的困难都会用创新的手法彻底解决。

学会借力——左脑和右脑的配合

"借"是一种高超的创新智慧的谋略,学会借力,可以以少胜多,以弱胜强、以小博大;学会借力,可以获得优势或转危为安、转弱为强。

经济学中有个"智猪博弈"的模型:

猪圈里有一头大猪,一头小猪。猪圈的一边有个踏板,每踩一下踏板,在远离踏板的猪圈另一边,会有一定量的食物掉下。两只猪要想获得食物,就必须先去踩下踏板。

不过,因为踏板和食物存在一定的距离。如果有一头猪去踩踏板,另一头猪就有机会抢先吃到落下的食物。如果小猪去踩动踏板,大猪会在食物掉下来后迅速将其吃完,小猪一点儿食物都得不到;如果是大猪去踩动踏板,小猪的食量和进食速度有限,大猪完全可以在小猪吃完食物之前跑过来争吃剩下的食物。在这样一种场景中,两头猪应该各自采取怎样的策略呢?

小猪怎么做呢?对小猪而言,不管大猪踩不踩踏板,自己不去踩踏板总是最好的选择。而大猪呢?它知道小猪是不会去踩踏板的,与其两者一起饿肚子,自己去踩踏板总还能获得食物。于是，主动去踩踏板成了大猪的唯一选择。这就出现了，同样聪明的两头猪，小猪借助于大猪的力量，吃到免费的食物。

学会借力，才有可能事半功倍，毕竟一个人的力量是有限的。善"借"之人往往会开动自己的脑筋，借助一切可用的资源，以最小的成本达成自己的目的。

有个要出卖骏马的人，接连三天待在集市上，没有人理睬。这人就去见相马的专家伯乐，说："我有匹好马要卖掉它，接连三天待在集市上，没有人来过问。希望你帮帮忙去看看我的马，绕着我的马转几个圈儿，离开时再回头去看它一眼，我愿将一天的报酬奉送给您。"

伯乐接受了这个请求，就去绕着马儿转几圈，看了一看，离开时再回过头去看了一眼。这匹马的价钱立刻涨了十倍。

骏马在马市上一连三天也没有能够显现出价值来，因为市场上的马匹太多了，好比一颗珍珠埋在了一堆玻璃球中而不能看出其价值一样。而卖马人巧妙地借用伯乐善于相马的名声，为自己的马卖了一个好价钱，也是他善于借力打力的结果。

在工作中，可能会遇到各种条件的限制，但思路绝不能被钳制住。在现代社会，我们都要善于借用他人的力量，善于借力打力，就会收获更大的成功。

世界船王丹尼尔·洛维格购买第一艘货轮时，因为没有东西可抵押而被银行拒绝。情急之下，他找到一家信誉好的石油公司，设法跟这家公司签订了租赁合同，将自己准备购买的货轮租借给石油公司，将租借费用来偿还银行的贷款本息。银行看好这家石油公司，就把钱贷给了洛维格。于是洛维格有了第一艘货轮。接着，他又用同样的方法，买下了第二艘、第三艘、第四艘……最终成为美国实业界的巨头。

洛维格的发家奥秘，其实就是借力打力的功效。有些人做生意，两耳不闻窗外事，往往生意失败而不知其因。"只拉车，不看路"被视为蛮干，路子不对，干得越多，结果可能越糟。无论是工作还是创业，也是这样，不注意分析身边的有利形势或机会，就有可能给你带来风险。

但是，能很好地运用借力打力的人少之又少，许多人总是浪费资源、耗费精力而毫无所获。敢于借别人的力来弥补自己的不足，这是一种胆识、一种智慧。竞争中各个参与者各展身手，如果能够成功借力打力，一定能够收到意想不到的效果。

当大多数的商人都懂得巧妙借势的道理之后，那些更聪明的人，不仅借顺势，更懂得借逆势。

一个妇女一纸诉状将丈夫告到法院，理由是丈夫有"外遇"。法官问第三者是谁，这妇女居然说是足球！法官觉得没法控告足球，便劝该妇女控告生产足球的厂家。

这起无厘头的控告引起了广大媒体的关注，大家都以为该厂家会对这起官司不予理睬，可出乎意料的是，该足球厂不但欣然应诉，居然还赔偿给这位妇女孤独费10万英镑。当时，一直关注该场官司的媒体争相报道这桩奇案。

表面上看，是足球厂败诉，又赔了钱，实际上这次官司为足球厂做了一次绝妙的广告。这一事件之后，该厂名扬四方，其产品也供不应求。足球厂的老板是聪明的，他知道如何借势扬名，这种隐蔽的炒作方式更容易让消费者接受。

这个足球厂的老板不愧是一个高手，表面上是"败"，其实是"大赢"，搭"奇案"的"便车"以达到宣传本企业的目的。如果这家足球厂是一家弱势品牌，那这桩案件的轰动效应足以让它全国皆知；如果这家足球厂是一家强势品牌，那会很好地巩固自己的品牌优势，有什么广告会比妇人状告足球是老公"小蜜"的宣传更为强劲呢？

实际上，即使是不利因素也有可能成为一种助力，善于在逆势中寻找有利于自己的支撑点，必定能为自己开创新的天地。

盲目不可取，重大决策性创新要慎之又慎

创新重在务实，不能盲目，要从企业的长远出发，适合企业发展的要求。

——北大管理理念

北大崇尚创新精神，但是反对盲目创新，反对不切实际的创新。对一个企业而言，管理者的创新决策在很大程度上影响着一个企业的未来发展趋势。作为一个管理者，创新是一件值得提倡与鼓励的事情，但要着眼于企业的发展目标，立足于实际，多在自己擅长的领域而不能轻易涉足一个完全陌生的领域。

网易创始人丁磊说："我认为很多企业的创新带有一定的盲目性，包括我们公司做产品，有些工程想出来的创新的点子带有一些盲目性，完全是为了创新而创新。我觉得创新应该是每家企业都有的一个本分，这家企业自身的一个DNA就是创新。一个企业的创新，我觉得应该是在满足消费者的基础上进行不断地改良和改进，应该是在继承前人的基础上进行提高的一个活动。"

有不少公司在关于决策性创新方面吃过亏，但是仍然不能给管理者们以警醒。企业需要创新，不然就会原地踏步，但在对待重大决策性的产品方面，必须要慎之又慎。世界饮料巨头可口可乐，在新产品开发方面曾经也产生过困惑。

1985年，可口可乐宣布将以一种味道更甜的新配方取代具有99年历史的"神秘配方"，这一决定轰动了全美国。

然而，新可口可乐上市，在饮料市场上引起了轩然大波。来自老顾客的抗议电报和信件像雪片一样飞往可口可乐总部。亚特兰大总部的接线员每天要记录1500个电话，几乎都是要求恢复老可口可乐配方的。

修改还是恢复原配方的论战成为报纸的头条新闻和电视新闻报道的中心话题。包装商声称，如果这种不利的宣传继续下去，可口可乐无论以何种名称出现，都会

面临失去市场份额的危险。

可口可乐咬着牙坚持了3个月后,不得不再次宣布公司将恢复原配方,命名为经典可口可乐,新可口可乐也将继续销售。在重新问世之后6个月,经典可口可乐又成为占全国第一位的软性饮料,以将近3∶1的优势超过了新可口可乐。

尽管可口可乐公司迅速挽回了因修改配方的失误所造成的损失,但在不到一年的时间内,可口可乐连续推出四种新产品:3种含咖啡因型可乐和节食可口可乐。再加上经典可口可乐、新可口可乐等,共有8种不同口味的新产品,同时出现在市场

○ 盲目创新的原因

为了响应创新的号召,很多人盲目开始创新,盲目创新的原因是什么呢?

这样一定不错,马上就开始创新!

1.缺少调查
创新并不是毫无根据的想象,而是应该在事前进行详细的调查,这样才能创造出新的东西。

2.盲目自信
有信心是进行创新的一个重要条件,但是自信应该建立在对自身能力正确评估的基础上,而高估自己的能力就是盲目自信了。

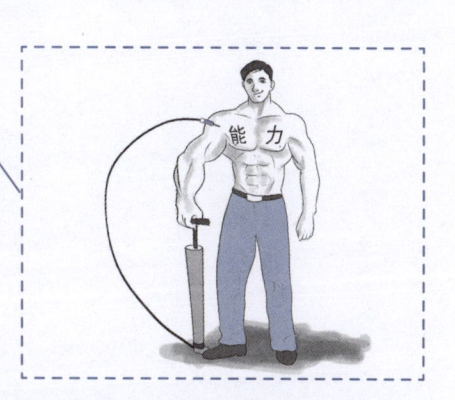

所以说,在创新的过程中不要说风就是雨,而是应该认真思考,拿出可行的方案之后再进行创新。

上。消费者几乎被弄晕了头，就连可口可乐的一些老顾客对它也不耐烦。

有这样一段对话，颇耐人寻味：

"给我一杯可口可乐。"

"您要经典可口可乐、新可口可乐、樱桃可口可乐，还是要健怡可口可乐？"

"请给我来杯健怡可口可乐。"

"您要普通健怡可口可乐还是要不含咖啡因的健怡可口可乐？"

"管他呢！给我来杯七喜。"

……

可口可乐公司受传统的影响太大了，以至于在维护传统与走出传统面前徘徊不定，连续出现失误，传统的市场被蚕食。尽管如今可口可乐仍然占据优势，但已经不是昔日独霸可乐界的局面了。

如果可口可乐公司对调查数据能做出科学的分析，就不会在起始做出更换配方的决策，即使公司战略有打算推出"新可乐"，也完全可以在一开始就实行两种可乐并行销售的策略，从而也不会发生消费群的不满与抵制，也就避免了这场风波。

对于很多的管理者而言，盲目创新的原因不外乎两点：一是没有经过认真的调查和估算，只是在脑子里把一个概念性的东西组织了一下，自己认为可行就行动了；二是盲目地自信，把自己的能力无限放大，结果在遇到实际问题时往往以失败而告终。

所以，在面对重大决策性创新时，管理者应该慎重，切不可在没有考虑各方面的情况下就盲目创新。

走出思维的栅栏，甩掉"金科玉律"的束缚

在微软之前，这个世界没有软件产业，是比尔·盖茨把软件和硬件分离开来，创立了软件这个全新的产业。显然，这一产业的创新核心是全新商业模式的创立，而非仅仅技术创新使然。

——张维迎

现在有一句顺口溜：脑袋空空口袋空空，脑袋转转口袋满满。要想取得发展，就要勇于开拓、不断创新，为自身发展闯出更广阔的新天地。

这就要求管理者走出思维的栅栏，对别人的经验不能生搬硬套，不然只会损兵折将，一事无成。其实，这样的事例屡见不鲜。比如，遇到有好的项目，当看到别

人通过某种方式挣钱了，很多人马上就一拥而上，争相模仿，但结果证明，经验并不总是带来好的结果。

习以为常、耳熟能详、理所当然的事物充斥着我们的生活，使我们逐渐失去了对事物的热情和新鲜感。经验成了我们判断事物的"金科玉律"，存在即为合理。随着知识的积累、阅历的增加，经验日益丰富，这些"金科玉律"使我们变得越来越循规蹈矩，越来越老成持重，阻碍我们成就高效能的道路。要摆脱这种现象，我们就必须打破被人们追捧的所谓"金科玉律"。

戴高乐说："眼睛所到之处，是成功到达的地方，唯有伟大的人才能成就伟大的事，他们之所以伟大，是因为决心要做出伟大的事。"只有看到别人看不见的事物的人，才能做到别人做不到的事情。

一个铁块的最佳用途是什么？

第一个人是个技艺不纯熟的铁匠。在他的眼中，这个铁块的最佳用途莫过于把它制成马掌，他为此竟还自鸣得意。他认为这个粗铁块不值得花太多的时间和精力去加工它。他强健的肌肉和三脚猫的功夫已经把这块铁的价值从1美元提高到10美元了。对此他已经很满意。

后来，来了一个磨刀匠，他对这块粗铁看得更深些，他研究过很多煅冶的工序，他有工具，有压磨抛光的轮子，有烧制的炉子。于是，他把铁熔化掉，碳化成钢，然后经过煅冶，把它们加热到白热状态，然后投入到冷水中以增强韧度，最后他细致耐心地进行压磨抛光。当所有这些都完成之后，奇迹出现了，他竟然制成了价值2000美元的刀片。

另一个工匠看了磨刀匠的出色成果，并不以为然。与前两个工匠相比，这个匠人的技艺更精湛，他能更深入地看到这块铁的分子——不再囿于马掌和刀片——他用显微镜般精确的双眼把生铁变成了最精致的绣花针。他已使磨刀匠的产品的价值翻了数倍，他认为他已经榨尽了这块铁的价值。当然，制作肉眼看不见的针头需要有比制造刀片更精细的工序和更高超的技艺。

但是，这时又来了一个技艺更高超的工匠，他对马掌、刀片、绣花针不屑一顾，他用这块铁做成了精细的钟表发条。别的工匠只能看到价值仅几千美元的刀片或绣花针，他那双犀利的眼睛却看到了价值10万美元的产品。

然而，故事还没有结束！又一个更出色的工匠出现了。他说，这块生铁还没有物尽其用，他可以让这块铁造出更有价值的东西。在他的眼里，即使钟表发条也算不上上乘之作。他知道用这种生铁可以制成一种弹性物质，而一般粗通冶金学的人是无能为力的。他知道，如果煅铁时再细心些，它就不会再坚硬锋利，而会变成一种特殊的金属，富含许多新的品质。

于是，他采用了许多精加工和细致煅冶的工序，成功地把他的产品变成了几乎看不见的精细的游丝线圈。一番艰苦的劳作之后，他梦想成真，把仅值1美元的铁块变成了价值100万美元的产品,同样重量的黄金的价格都比不上它。

但是,铁块的价值还没有完全被发掘,还有一个工人,他的工艺水平已是登峰造极。他拿来一块钢,精雕细刻之下所呈现出的东西使钟表发条和游丝线圈都黯然失色。待他的工作完成之后,你见到了牙医常用来勾出最细微牙神经的精致钩状物。1磅这种柔细的带钩钢丝,如果能收集到的话,要比黄金贵几百倍。

从几美元到比黄金贵几百倍,这个差距可以归结为创造力的体现,或者说这中间的差价,就是思维的价值、创造力的价值。

一个人能在思维上创新,能想他人之不敢想,为他人之不敢为,就能发现他人视而不见的商机,创造出他人所没有的东西,可谓"观念一新,万两黄金"。

由此,我们不难看出,思路对我们的工作和生活有多么重要。思路决定出路,只有好的思路,对的思路,才能将出路铺向成功之路、理想之路。

每个人都会有"自身携带的栅栏",若能及时地从中走出来,实在是一种可贵的警悟。独一无二的创造态度,绝不自损自贬的自爱意识,在学习、生活中勇于独立思考,在职业生活中精于自主创新,是能够从自我囚禁的"栅栏"里走出来的鲜明标志。

创造力自囚的"栅栏"的形成,通常有其内在的原因,即由于思维的知觉性障碍、判断力障碍以及常规思维的惯性障碍所导致的不知变通。知觉是接受信息的通道,知觉的领域狭窄,通道自然受阻,创造力也就无从激发。只有保持通道的顺畅,才能使信息流丰盈、多样,使新信息、新知识的获得成为可能;才可能使得信息检索能力得到锻炼,不断增长其敏锐的接收能力、详略适度的筛选能力和信息精化的提炼能力,这是形成创新心态的重要前提。判断性障碍大多产生于心理偏见和观念偏离。要使判断恢复客观,首先需要矫正心理视觉,使之采取开放的态度,注意事物自身的特性而不囿于固有的见解或观念。这在新事物迅猛增值、新知识快速增加的当今时代,尤其值得重视。常规思维的惯性,又可称为"思维定式",这是一种人人皆有的思维状态。当它在支配常态生活时,似乎还有某种"习惯成自然"的便利,所以不能说它的作用全不好,但是,当面对创新的事物时,如若仍受其约束,就会影响创造力的发挥。

可见,要从自囚的"栅栏"走出来,还创造力以自由,首先就要还思维状态以自由,突破常规思维。在此基础上,对日常生活保持开放的、积极的心态,对创新世界的人与事,持平视、平等的姿态,对创造活动持成败皆为收获、过程才最重要的态度,这样,我们将有望形成十分有利于创新生涯的心理品质,并使得有可能产生的形形色色的内在消极因素及时地得以克服。

传统的想法会冻结人的心灵,阻碍进一步变通的能力,干扰你的创造力。以下是对抗传统性思考的方法:

(1)乐于接受各种创意。要摒弃"不可行""办不到""没有用""那很愚

○ 创造力和创造性思维

1.创造力特征及其来源

创造力是指产生新思想，发现和创造新事物的能力。它是成功地完成某种创造活动所必需的品质。

创造力特征：
- 变通性
- 流畅性
- 独特性

2.创造性思维及其形式

创造性思维，是一种具有开创意义的思维活动，即开拓人类认识新领域、开创人类认识新成果的思维活动。

创新性思维特征：
- 思维的求实性
- 思维的批判性
- 思维的连贯性
- 思维的灵活性
- 思维的跨越性
- 思维的综合性

蠢"等思想渣滓。

有一位非常杰出的推销员说:"我并不想把自己装得精明干练,但我却是这个行业中最好的一块海绵。我尽我所能地去吸取所有良好的创意。"

(2)有实验精神。废除固定的例行事务,去尝试新餐馆、新书籍、新戏院以及新朋友,或是采取跟以前不同的上班路线,或过一个与往年不同的假期,或在这个周末做一件与以前不同的事情,等等。

如果从事销售工作,就试着培养对生产、会计、财务等的兴趣。这样会扩展你的能力,为以后担当更重要的责任做准备。

(3)主动前进,而不是被动后退。成功的人喜欢问:"怎样才能做得更好?"

想一想,如果公司的经理们总想:"今年我们的产品产量已达极限,进一步发展是不可能的。因此,所有工程技术的实验以及设计活动都将永久性地停止。"用这种不思进取的态度进行管理,即便再强大的公司也会衰落。

优秀的管理者就像成功的企业一样,他总是带着问题而生存。"我怎么才能改进我的表现呢?我如何做得更好?"做任何事情总有改进的余地,认识到这一点后,他总在探索一条更好的道路。

(4)打破传统思维,建立理性的思维,敢于幻想。

现在,让我们换一个角度来看,假设正如你自己所言,缺乏创造力,但因为每一个人都具有想象力,而想象力正是创造力的源泉。因此,试着将梦境中所见尽量描绘出来,就是一种想象力的运作;发明一样东西或创造一样东西,也都是在发挥想象力。想象力丰富的人,好奇心会比别人强十倍。

一个缺乏好奇心的人,如果想成为一位出色的实业家,那是相当困难的。好奇心强烈的人,不但对于吸收新知识抱有高度的热忱,并且经常搜寻处理事物的新方法。因此,如果没有了好奇心,就不可能花心思研究新事物,只是遵循前人的步伐原地踏步而已,更不用说会有惊人的成就了。

鼓励创新,找到企业创新的动力机制

改革开放的大政方针给我们的企业提供了参与全球竞争的"入场券",但是能否屹立于世界企业之林,还要看我们的企业能否通过技术、商务等创新打造出核心竞争力。

——张维迎

对企业而言,创新更多意义上是指技术与管理方面的创新。创新的目的是为了给企业谋取更大的利益,它不是时装秀,不是赶时髦,专挑别人尚未涉足的;也

第七章
○创新管理课：复制北大精神，鼓励不断揣摩市场需要的创新

不是疯狂跟风，看到别人、别的企业在某一领域有所成就，也想在那一领域分一杯羹，结果投入重金去搞研发，也难以取得预想中的成绩。

创新作为企业的一项基本功能，是企业管理的一个根本特征。当代管理大师彼得·德鲁克说，创新和企业家精神是人类进入"开拓进取型经济"阶段后的"正常的、稳定的和连续不断的需要"。

北大管理理念认为，创新是企业生命的本质，是企业不断成长的保证。在技术更新不断加快的今天，只有创新的企业才能不断分取更多的市场份额。于是，就出现了创新的企业日新日强、守旧的企业逐渐衰退的局面。

英特尔公司总裁葛洛夫有一句话："当一个企业发展到一定规模后，就会面临一个战略转折点。"就是说当一个企业的人力、资金达到一定规模的时候，就不能沿袭过去的老路子，就必须改变自己的管理方式和管理制度，并积极对产品、服务、制度等进行创新。否则就难以驾驭和掌控企业，更不用说继续经营了。

任何企业的发展，都要依靠一定的机制来运行，企业的创新也需要一定的动力机制的支撑。一个企业如果锐意改革，就要求它的管理者一定要摸索出企业的改革动力所在，然后才能顺藤摸瓜，找到一条创新之路，谋得长久的发展。

张瑞敏曾经说，企业不断高速发展，风险非常大，好比行驶在高速公路上的汽车，稍微遇到一点儿屏障就会翻车。而要想不翻车，唯一的选择就是要不断创新。创新就是要不断战胜自己，也就是确定目标，不断打破现有平衡，再建立一个新的不平衡：在新的不平衡的基础上，再建一个新的平衡。

张瑞敏是一个"创新论"的积极支持者和维护者，海尔也是一个培养创新人才、鼓励员工创新的企业。在海尔自己创造的"海尔词典"中，有一个"斜坡球体定律"，讲的是：

企业好比斜坡上的球体，向下滑落是它的本性；要想使它往上移动，需要两个作用力——一个是止动力，保证它不向下滑，这好比企业的基础工作；一个是拉动力，促使它往上移动，这好比企业的创新能力。这两种力缺一不可。止动力是企业发展的必要条件，不能保证企业在市场竞争当中一定会获胜；创新是企业发展的充分条件，有了止动力再加上创新，就会在市场上获胜。

在海尔，创新的理念已经深入每一个海尔人的头脑中，使得他们在工作中积极地进行创造性思考，主动为企业解决发展中遇到的各种各样的问题。

有一次，出口到澳大利亚的洗衣机，由于客户的特殊要求，生产工艺变得极其复杂，出现了不少问题。全班人员主动利用下班后的时间进行研究，人多方法多，把一项项复杂的程序分解简化，最后彻底解决了瓶颈问题。

空调事业部在安装空调外机外壳时发现，所用螺丝的螺纹个数对固定的牢固程度起着决定作用。一般国际标准要求是10~12个，但空调事业部的人想，如果把标准提高到14个，不就超出国际标准了吗？但螺纹数提高，螺钉的内应力就会提高，

要解决这个问题,就必须更换螺钉材料并做特殊的热处理。内机车间的几个班组长一商量,大家分头行动,很快有了结果。这种看似很小的改革,使海尔空调不论在什么恶劣的环境下,都能做到外壳绝不松动。

这些仅仅是海尔良好的创新氛围的几个例子,但就是这样一种创新的意识,一点点创新的行动,渗透到每一个海尔人的头脑和行为中,才铸就了海尔今日的辉煌。

海尔在创业的时候,没有任何资源:要钱,因为不是国有企业,没有银行贷款给你;要人才,因为它是个集体企业,在计划经济的情况下,不可能有大学生分配过来,大学生都是先分到国家的科研机构、军工企业、国有企业。也就是说,海尔人力的资源和资金的资源都没有。但是海尔就是靠创新,从无到有、从弱到强逐步发展起来的。

海尔的可贵之处在于,它树立了创新无止境的观念,强调创新的空间存在于每个地方、每个人、每件事上。张瑞敏曾以"创新无止境"为题,写下这样的文字:

1984年,海尔砸掉76台不合格的冰箱,以树立员工的质量意识;今天在德国,消费者购买海尔冰箱可以获得政府颁发的节能补贴。

1999年4月30日,我们在美国南卡罗来纳州打下了第一根桩;到现在,美国造的海尔冰箱正在向着美国本土化的名牌迈进。

昨天,我们还在为新世纪的到来而憧憬;今天,当我们站在新世纪的门口,想象中的画面已经变成看得见摸得着的存在。

太阳每天都是新的,新经济下没有旧经济,只有守旧者。面对充满挑战和希望的明天,我们只有不断创新,挑战满足感,才能超越自我。我们因创新精神赢得世界的瞩目,我们仍须用不断的创新来赢得新世纪的辉煌。

只有企业所有员工都按照同一个方向——即企业发展的方向出谋划策、开拓创新,我们的企业才能做大做强。

第八章 制度管理课：

谁说了算——慢慢形成"规矩说了算"

管理难题：法治还是人治

严格的制度是企业赖以生存的基础。

——李彦宏

在百度食堂，迟来的李彦宏依然要站在一边等座位；没有人会主动站起来让座，更没有人点头哈腰。百度员工彼此是平等的，规则是必须尊重的。

很多企业管理者总搞不清一个问题：人治好，还是法治好？很多管理者基本上都是讲法治，可是回到实践层面基本上还是人治。

比较华人企业与大型跨国公司，我们会发现，华人企业是领袖中心型企业，跨国公司是制度中心型企业。华人的企业大都是企业家比企业有名，如企业家李嘉诚，但外国公司往往是企业比企业家更知名，如可口可乐。这是"重人不重制度，人治大于法治"在企业文化中的一个反映。

人治的问题并不在于任何领导者都可能犯错误，而在于人治无法作为一个长期治理的手段，无法保证制度、政策的稳定性和可预期性，在于领导人是否真的或总是具有那么多的智慧和贤德。尤其在现代的高度分工的社会中。

关于用制度管理比人治更具合理性，从以下的这个案例中或许能得到启发。

18世纪，英国政府为了开发新占领的殖民地——澳大利亚，决定将已经判刑的囚犯运往澳大利亚。从英国运送到澳大利亚的船运工作由私人船主承包，政府支付长途运输费用。据英国历史学家查理·巴特森写的《犯人船》记载，1790～1792年间，私人船主运送犯人到澳大利亚的26艘船共4082人，死亡498人，死亡率很高。其中有一艘名为"海神"号的船，424个犯人死了158个人。英国政府不仅经济上损失巨大，而且在道义上受到社会的强烈谴责。

对此，英国政府实施一种新制度以解决问题。政府不再按上船时运送的囚犯人数支付船主费用，而是按下船时实际到达澳大利亚的囚犯人数付费。新制度立竿见影，据《犯人船》记载，1793年，3艘新制度下的船到达澳大利亚后，422名罪犯只有1人死于途中。此后，英国政府对这些制度继续改进，如果罪犯健康良好还给船主发奖金。这样，罪犯的死亡率下降到1%左右。

合理的制度具有重大作用。"没有规矩，不成方圆"，制度在维护经济秩序方面起着重要作用。

首先，制度可以避免人们在生活、交往过程中的不可预见行为。所谓不可预见行为，指某个人在某件事结束以后，不清楚下一步将会发生什么。有了制度以后，下一步该干什么已经清清楚楚。

其次，制度能规避机会主义行为。那些不遵守规则的人，因为制度的不健全，专门钻空子牟取暴利，这就是典型的机会主义行为。

企业界有句名言："制度大于总经理。"一套规章制度只要出台，就应既能给人以警示作用，又能使犯规者得到应有的惩戒。如果不讲"法制"只讲"人治"，规章制度的权威性就会受到质疑和贬低。在执行规章制度方面必须从严，这样才能体现规章制度的严肃性，又能使他人引以为戒。

良好的企业制度才能够保证企业的持续发展。不少企业管理者把企业的发展寄托于一个"有本事""有魅力"的企业领袖身上，以为是人在其中起着决定性的作用，但是事实上起作用的是企业制度。

改革开放以来，国内涌现了一批知名企业和企业家，企业家或因杰出的才能、非凡的人格魅力，或因"时势造英雄"而成为企业的绝对主宰和精神领袖，并且企业还乐于渲染个人权威、塑造个人英雄。"一人身系天下安危"，这种脆弱的人治直接影响企业长远、稳定的后续发展。

管理学家罗宾斯指出，当组织开始制度化后，它就有了自己的生命力，独立于组织建立者和任何组织成员之外。它具有稳定性和连续性，不会因为领导的更换而发生变化。

对一个企业组织来说，有一个个人魅力强的领导是好事，但要把这种好事延续下去却较难。一位企业的管理者曾说："为什么我们第一代企业领导人一旦退休，或者突然发生意外的时候，这个企业就垮了？原因就在这里，它没有制度化。

第八章
⊙制度管理课：谁说了算——慢慢形成"规矩说了算"

因而，只有为企业建立了一种制度的企业家才能算是成功的企业家。比如说美国，一提就提到"开国之父"华盛顿，他制定了美国宪法和民主的选举制度。他的伟大在这里，而不在于他是开国总统。实际上对企业来说，成功与否关键在制度。就是我不在，公司还能很好地发展下去，这才是最大的成功。所以在我在世的时候，还健康的时候，我就要疏离它。我是创始人，如果我现在还离不开，反而有问题，所以，像我去登山应该完全是作为管理学上面的一个正面的例子来进行肯定。"

不管是谁当领导，都能将公司经营好，这才是持久的管理。怎样才能做到呢？这就需要制定相应的制度，按照相应的制度办事。

台塑集团创办人王永庆，他学历不高，但他深知企业制度的重要性。从建立台塑到带领台塑走上商业巅峰，他一步一个脚印地建立和完善着企业的制度。如今，台塑集团已经成为世界闻名的大型企业。令人称奇的是，在屡次经济波动中，台塑都没有受到多大影响，一直保持着稳健的增长。作为一个巨大的实业帝国，能够在经济波动乃至经济危机中逆流而上，完善的制度功不可没。

王永庆认为，只要制度完善，可以杜绝很多弊端。在王永庆的推进下，台塑建立了完善的制度，涉及企业运营的方方面面，使得台塑人可以做到"人尽其用""人尽其心"。这种制度也保障了在外界环境发生变化的时候，企业仍然能够在既定的轨道上稳健运行。

一个组织的长生不老绝不仅仅依赖于其英雄人物的"超凡卓识"，应在更大程度上依赖于制度体系。没有永远成功的管理者，只有用制度才可以永远地固定下来，并加以传承。

法治的企业可以靠一套制度来纠正个人的错误，即使最高领导人做出了错误的决策，也有一套纠错机制。这样，企业的决策者可以退出，但企业可以依靠制度而长青。任何人都是企业机器上的一个零件，零件坏了可以换，但整部机器仍在正常运行。有很多企业正是靠制度获得了新生。

20世纪80年代起步的康柏公司，在CEO罗德·凯宁的领导下取得了优秀的业绩。他们高质量的手提电脑与高速、大容量的微电脑曾风靡一时。公司成立5年后销售额突破10亿美元。但到了80年代末，电脑开始普及之后，凯宁固执地坚持高质量、高价格，反对低价、大批量普及的潮流。这时，董事会决策制度发挥作用，撤掉了顽固不化的凯宁，康柏又走向新生。

一个人无论多伟大也不可能不犯错误，人治企业无法消除个人错误引起的恶果，而法治企业有消除这种错误的机制。

当企业形成完整的制度体系后，不仅是企业领导，一般员工的工作也有了延续性。当某员工离开某岗位时，接管其岗位的后来者能够迅速地遵循现有的制度展开工作，继续推动工作向前发展。这就是跨国公司职员可以频繁流动或较长时间休假，但公司照样能有效运转的奥秘。

管理者必须重视企业法治的作用，唯有规范的制度，才能最终解决人治情况下的延续性缺失问题。

○ 制度对于企业的重要性

一个成熟的企业都会有自己的一套完整的制度，只有这样企业才能长久发展下去，可见制度对于企业的重要性。

> 这也不知道该怎么做啊……

一个企业，假如缺乏明确的规章、制度和流程，那么工作中就很容易产生混乱，有令不行、有章不循。

如果企业制度严明，员工会按照制度的要求进行工作，会在制度允许的范围内努力促进企业效益和个人利益最大化。

> 这个按规定应该是你接手，我就放在你这里吧。

因此，即使是小公司，也应该建立健全自己的制度，让企业早点步入正轨。

建章立制，坚决做到"对事不对人"

"对事不对人"的精髓在于注重成果、尊重规则。

——北大管理理念

不少管理者都会遇到这样的两难问题："我有一名下属，他是骨干员工，但他明显做错了工作，我想批评他，但他受不了不干了怎么办？但如果不进行批评，以后他或其他的同事犯同样的错误怎么办？我怎么解决这个两难问题？"

解决难题最好的办法，就是为你的企业建章立制，处理同类问题"对事不对人"。

"对事不对人"要求管理者把有限的精力聚焦在事情和结果上，不谈论当事人的能力与个性。由此，企业需要两方面的支撑：其一是企业要建立完善和健全的制度和标准体系；其二是管理者能根据制度与标准，客观评价员工的工作成果。

某公司的管理制度比较松懈，公司开会时常常有人迟到。这一天公司又开管理会，前面有两位与会者迟到了，经理没有吭声，后来第三个迟到的人来了，经理实在忍不住了，把他训了一通。第三个迟到的人后来了解到他并不是唯一迟到的人，对经理很不满意，觉得经理对他有偏见并找他当面说理。经理说"我是对事不对人"，但这位员工说："为什么你只批评我，而对前面迟到的两个人都没有责骂呢？"

这位经理犯的错误是没有一个统一的标准，只批评了最后一个迟到的人，确实没有做到一视同仁。这种批评者认为自己对事不对人，但被批评者认为别人就是和他过不去的现象非常普遍，原因就是当事人没有统一按标准，或者公司没有统一的标准。比如，如果公司规定"凡迟到者一律罚款10元"，然后按制度执行，谁都不会否认这个标准的"对事不对人"。

对于制度层面上的管理工作应该一视同仁，比如考勤制度，规定所有员工8点半上班，管你财务部还是人事部的人都不例外，但是对于市场部可能有不能一刀切，我们也知道外勤人员有时出差，可能半夜才到家，你就不能强求第二天准时上班，这就要有一定的弹性，但是这属于特殊管理，而不是双重标准，双重标准是指针对通过一个问题采用不同标准，就比如两个业务员都是出差，到深夜2点才回家，第二天都是10点才到公司报道，你不能一个不算迟到一个算迟到，这就是标准不一了。

因此，一个企业组织不应该出台两个相互矛盾的制度标准，也不应该在制定制度后采用不同的实施标准。管理制度的最重要的目的之一是体现公平性，按制度办事，就是要做到"对事不对人"。

我们不妨来看看李彦宏是怎样"对事不对人"的。

时值2002年，百度正处于快速发展中。当时，负责人阿D几乎天天都盯着百度服务器，因为每天承受的访问压力已经接近服务器的极限，如果访问人数再增加，就会导致百度独立网站的服务不稳定，严重影响到用户的搜索体验。恰恰这个时候，销售部门新谈成了一个门户网站，希望马上使用百度的搜索引擎服务。

阿D虽然知道这个服务不应该上，因为新服务很可能成为压垮百度服务器的"最后一根稻草"。但最后因为种种原因，阿D没能坚持到底，新服务还是上线了。结果，连续两天，百度网站的服务稳定性很差，用户在提出搜索请求时经常得不到正常的搜索结果，新服务不得不紧急下线。

阿D惴惴不安了好几天，已经做好了挨批评的准备，他明白，以李彦宏的个性是容不得这么大的纰漏的。李彦宏确实对这件事很在意，但是在例会上，他并没有对任何人发脾气，而是平静但认真地对阿D说："你的职责就是保证百度的服务可依赖，所以这次事故你有很大的责任，要好好反思。"但他接着说，"现在最关键的是怎么解决这个问题，赶紧讨论一下。"阿D说出了自己准备好的解决方案，李彦宏很认真地听着，时而点点头，他觉得这个想法考虑得很全面，然后很投入地和他一起讨论起其中的细节来。

李彦宏谈完事情后，邀请阿D周末一起参加娱乐活动，阿D心头原本重重的乌云渐渐散去。他完全能感觉到只是这件事情没有做好，李彦宏对他本人并没有成见。

优秀的企业管理者懂得利用企业制度的重要性，他们依据企业的制度，不会将过错都归到某个员工身上，他们处理问题完全能做到"对事不对人"，而员工也能理解并支持管理者的这种做法。

管理制度一定是对事不对人，即一视同仁，要"制度面前人人平等"。

按制度办事：不要动不动就"例外"

制度一旦制定，任何人都要严格执行，没有例外。

——北大管理理念

汉代有一位名叫丙吉的宰相。有一次他外出巡视，路人打架发生伤亡，有人拦轿喊冤。丙吉问明缘由后却绕道而行。后来看见一头牛在路边不断地喘气，他却立即停下来，刨根究底，仔细询问。随从的人觉得很奇怪，问为什么人命关天的事情他不理会，却如此关心牛的喘气。

丙吉说：打架斗殴，由地方官吏负责，我不能越权处理。天尚未热，而牛喘气异常，就可能发生了牛瘟或是其他的有关民生疾苦的问题，这些事情地方官吏一般又往往不太注意，因此我要查问清楚。

第八章
⊙ 制度管理课：谁说了算——慢慢形成"规矩说了算"

这则故事有很多令人深思的地方。打架伤亡事件由专门的律法来管理，因为这些例行事件的处理大都制度化、流程化，并由专门的机构负责处理。相反，"牛喘气"作为一种偶发性例外事件，缺乏制度化、程序化的解决方式，就容易被忽视而造成严重的后果。

丙吉这种放手流程内和例行性事件、专注流程外和例外事件的管理思想，对企业的管理者有着很深的启示。

北大管理理念认为，制度是企业管理的基础和保证。因此，制度一旦制定下来就必须严格遵守，否则企业就会成为一盘散沙，危及企业的生存。

1946年，日本战败后，松下公司面临极大困境。为了渡过难关，松下幸之助定下严格的考勤制度，要求全体员工不迟到、不请假。

然而不久，松下本人迟到了10分钟。本来，松下上下班都是由公司的汽车接送的，当天，他早早赶往车站等车，可是左等右等，却不见车来。看看时间差不多了，他只好乘上电车，刚上电车，就看到公司的车来了，便又从电车下来换乘汽车。由于耽误了时间，到达时整整迟到了10分钟！原来是司机班的主管督促不力，司机又睡过了头，所以晚接了松下10分钟。

按照制度，迟到要受批评、处罚的，松下认为必须严厉处理此事。

首先，以不忠于职守的理由，给司机以减薪的处分。接着，其直接主管、间接主管，也因监督不力受到处分，为此共处理了8个人。

此外，松下认为对此事负最后责任的，还是作为最高领导的社长——他自己，于是他对自己实行了最重的处罚，退还了全月的薪金。

仅仅迟到了10分钟，就处理了这么多人，连自己也不饶过，此事深刻地教育了松下公司的全体员工，在日本企业界也引起了很大震动。

企业管理中，必须做到有制度可依，同时做到有制度必依。制度的制定不是给人看，而是让人遵守的。一旦制定，组织中的任何成员都必须受到这个制度的约束，这样才能发挥制度的作用。

言教再多也不如身教有效。若想让员工遵守制度，前提是管理者首先要管好自己，为员工们树立一个良好的榜样。行为有时比语言更重要，领导的力量往往不是由语言，而是由行为动作体现出来的，管理者的表率作用尤为重要。

制度不仅仅让员工的行为有了底线规范，更让管理变得简单、公正。因此，管理者要做好制度的建立者，更要做好制度的守护者与执行者，这样才能确保制度的执行对企业经营起到持续的正面作用。

制度多是一些硬性规定，一旦遇到特殊的情况，就无法处理了。但是，很多企业有很多例外，甚至管理者本身也常犯"例外"性的错误。只要指定了制度，任何人都应该在按制度办事。

143

曹操带兵打仗的时候，看到麦田里的麦子长势很好，于是下令：大家注意，不要踩到麦苗，哪一个人踩踏麦苗，斩！刚刚讲完，他的马就踩倒一大片麦苗。

怎么办？当时曹操就拿起刀来，所有的人都跪下求情："千万不可以。"曹操坚持认为，自己发布的命令，一定要遵照。大家又赶紧求情："绝对不行！绝对不行！"那么怎么办呢，于是曹操"割发代首"。

身为管理者，在执行制度的同时，注意自己的行为举止，自己不要搞"例外"，否则将在下属面前失去威信，这将给自身的管理工作增加难度。

管理者在制定及执行制度的过程中要遵守3个原则：

○ 制度没有例外

制度制定后，一旦有例外，就很容易让制度形同虚设，失去应有的约束力与规范力。

1.管理者不要搞例外

身为管理者要以身作则，如果管理者不能遵守制度，那么下面的员工必然会心生不快，从而仿照管理者违反制度规定。

2.人人都要遵守制度

企业管理中，必须做到有制度可依，同时要做到有制度必依。制度一旦制定，组织中的任何成员，都必须受到这个制度的约束。

（1）要保证制度的严肃性和连续性。朝令夕改会使制度失去效力，流于形式，因此，一个好的企业制度要保证不因企业管理者的改变而改变，不因管理者与被管理者关系的亲疏而改变。

（2）制度要随客观环境的变化而不断改进、修订和完善。制度不可能一成不变、一劳永逸，而必须与时俱进。

（3）所有制度必须依据人的本性，便于执行。企业的制度要尽可能少，制度越少，员工重视的程度就越高。制度要简单易懂，要对每一条款都进行解释，以免造成误解，要尽可能让员工参与制度的制定。

制度的基础：建立适合企业的组织架构

组织架构是企业赖以存在的骨架，是其他制度制定的基础，也是命令得以传达的渠道。

——北大管理理念

任何企业的建立，首先面临的是组织架构问题。建立一个完整的组织架构本身即为一种管理程序，在任何有效的管理制度中，是绝对不可或缺的一环。

从19世纪的工业文明开始，德国的马克斯·韦伯的传统官僚式组织方式成为组织架构的传统方式，聚焦于组织内部的制度与流程架构。随着产品与服务的日益丰富，市场作为与组织同时并存的要素，逐步被更多的组织所关注。美国奥利弗·威廉姆森基于交易成本的管理理论，使得组织的创新将更多的精力放在产品革新和服务优化方面。而20世纪80年代组织文化的兴起，让更多的企业开始专注于通过组织内部成员的能力培养来持续提升组织的绩效，因此，那时的组织创新焦点是通过员工成长和能力素质提升，获取组织创新的原动力。随后信息革命的历史车轮，将组织带入一个变化与革新的新时代，组织面临的内外部环境不再是可预测的稳定格局。

组织架构一般有以下几种形式：

1.直线型组织制度

直线型组织制度是最早、最简单的一种组织制度形式。这种组织制度把职务按垂直系统直线排列，各级管理者对所属下级拥有直接的一切职权，组织中每一个人只能向一个直接上级报告，即"一个人，一个头儿"。它的优点是：各级领导对下属单位是唯一的行政负责人，保证了统一的领导和指挥，各职能部门对下一级组织在业务上负有指导的权力和责任，这样能充分发挥各职能部门的积极作用，让其直接参与管理、参与领导。但这种权力分配方式也有不足，如各职能部门在某一下级单位开展工作时发生的矛盾和冲突，就无法自己解决等。

2.职能型组织制度

职能型组织制度内部除了直线管理者外还相应设立一些组织机构，分担某些职能管理的业务。这些职能机构有权在自己的业务范围内，向下级下达命令和指示。下级直线管理者除了接受上级直线管理者的制度管理外，还必须接受上级各职能机构的制度管理。

3.直线参谋型组织制度

直线参谋型组织制度结合了以上两种结构形式的优点，设置了两套系统。一套是按命令统一原则组织的指挥系统；另一套是按专业化原则组织的制度管理职能系统。直线部门和人员在自己的职责范围内有决定权，对其所属下级的工作实行指挥和命令，并负全部责任，而职能部门和人员仅是直线管理者的参谋。只能对下级机构提供建议和业务指导，没有指挥和命令的权力。

4.直线职能参谋型组织制度

直线职能参谋型组织制度，结合了直线参谋组织制度和职能型组织制度的优点，在坚持直线指挥的前提下，充分发挥职能部门的作用，直线管理者在某些特殊任务上授予某些职能部门一定的权力，例如决策权、协调权、控制权等。

5.事业部制组织制度

事业部制组织制度在总公司制度管理下设立多个事业部，各事业部有各自独立的产品和市场，实行独立核算，在经营制度管理上拥有自主性和独立性。这种组织制度"集中决策，分散经营"，即总公司集中决策，事业部独立经营。

6.矩阵型组织制度

矩阵型组织制度把职能划分的部门和按产品（或项目，或服务等）划分部门结合起来组成一个矩阵，使同一员工既与职能部门保持制度管理与业务上的联系，又参加产品或项目小组的工作。为了完成一定的制度管理目标，每个小组都设负责人，在组织的最高领导直接管理下工作。

7.多维立体型组织制度

多维立体型组织制度是矩阵组织制度形式和事业部组织制度形式的综合发展。

其中按产品（项目或服务）划分的部门（事业部），是产品利润中心；按职能如市场研究、生产、技术、质量制度管理等划分的专业参谋机构，是职能的利润中心；按地区划分制度管理机构，是地区利润中心。

8.多种标准的综合应用

我们若深究每一个成功大型公司的整个团队系统，将可发现上述几种分组标准应用于不同层次的公司中，而中小型的公司，也可能使用两种或三种标准，所以若把公司团队形态硬是划分单纯的"直线型"或"职能型"，并不能表达完整的意义，至多只能说明某一层次或某一公司的背后标准而已。

减肥，实现扁平化

当管理层次减少而管理幅度增加时，金字塔状的组织形式就被"压缩"成扁平状的组织形式。

——北大管理理念

在传统管理模式之下，当组织规模扩大，而管理幅度又有其极限，管理层次就会逐步增加。那些大型跨国公司的员工人数可达几十万人，管理层次就更多了。

如何解决层级结构的组织形式在现代环境下面临的难题？北大管理理念认同，最有效的办法就是对组织进行减肥，实现管理幅度的扁平化。

管理幅度理论认为，一个管理者由于精力、知识、能力、经验的限制，所能管理的下属人数是有限的。随着下属人数的增加，可能存在的相互人际关系数将呈指数增加，信息量和管理难度也是如此，当下属人数增加到一定程度，就超越了管理者所能有效管理的范围。而且越往高层，一个管理者所能有效管理的下属越少。

通常，基层管理者能有效管理的下属不超过15~20人，中层管理者能有效管理的下属不超过10人，高层管理者能有效管理的下属不超过7人。

当企业规模扩大时，原来的有效办法是增加管理层次，而现在的有效办法是增加管理幅度。扁平化得以推行的原因，一是分权管理成为一种普遍趋势，二是企业快速适应市场变化的需要，三是现代信息技术的发展，特别是计算机管理信息系统的出现，使传统的管理幅度理论不再有效。

MCI电信公司原总裁麦高文每隔半年召集新聘的经理开会时会说："我知道你们当中有些人是从商学院毕业，而且已经开始在绘制组织机构一览表，还为各种工作程序撰写了指导手册。我一旦发现谁这么干，就立即把他解雇。"

其实，麦高文意在明确表达这样一种观点：每一位员工包括高级管理人员都不要为了工作而相互制造更多的工作。恰恰相反，他会鼓励每一个人对每一个工作岗位及每个管理层次提出质疑，看看它是不是真的需要被设立。比如，两个管理层次是否可以合并？每个职务的价值是否超过它的费用？这个职位的存在是否是在制造不需要的工作，而不是对生产有益？如果回答为"是"，那就合并或精简它。

麦高文认为，公司每增加一个管理层，实际上就是把处在最底层的人员与处在最高层的人员之间的交流又人为地隔开了一层，所以MCI公司力求避免这种情况。由于精简了管理层次，MCI公司上上下下沟通畅捷、有效，每个人都在努力地做最有价值的工作，因而整个公司变得富有生气和积极性，公司的效率大大提高。

其实，不仅仅是MCI公司，其他一些管理完善、极富效率的优秀公司也都曾为此努力过，它们的特点大都是人员精干、管理层次少。比如、埃默森公司、施伦伯格公司、达纳公司的年营业额都在3~6亿美元，而每个公司总部的员工都不超过

100人。这些公司都明白，只要安排得当，5个层次的管理当然要比15个层次的管理要好。

以产品销售渠道的扁平化为例，传统的销售渠道是多层次批发，渠道层次多、环节多、渠道长，渠道链上的经销商数目呈指数级数发散，这是一种典型的层级结构组织形式。但当前大多数优秀企业已经摒弃了这种渠道形式，而代之以扁平化的

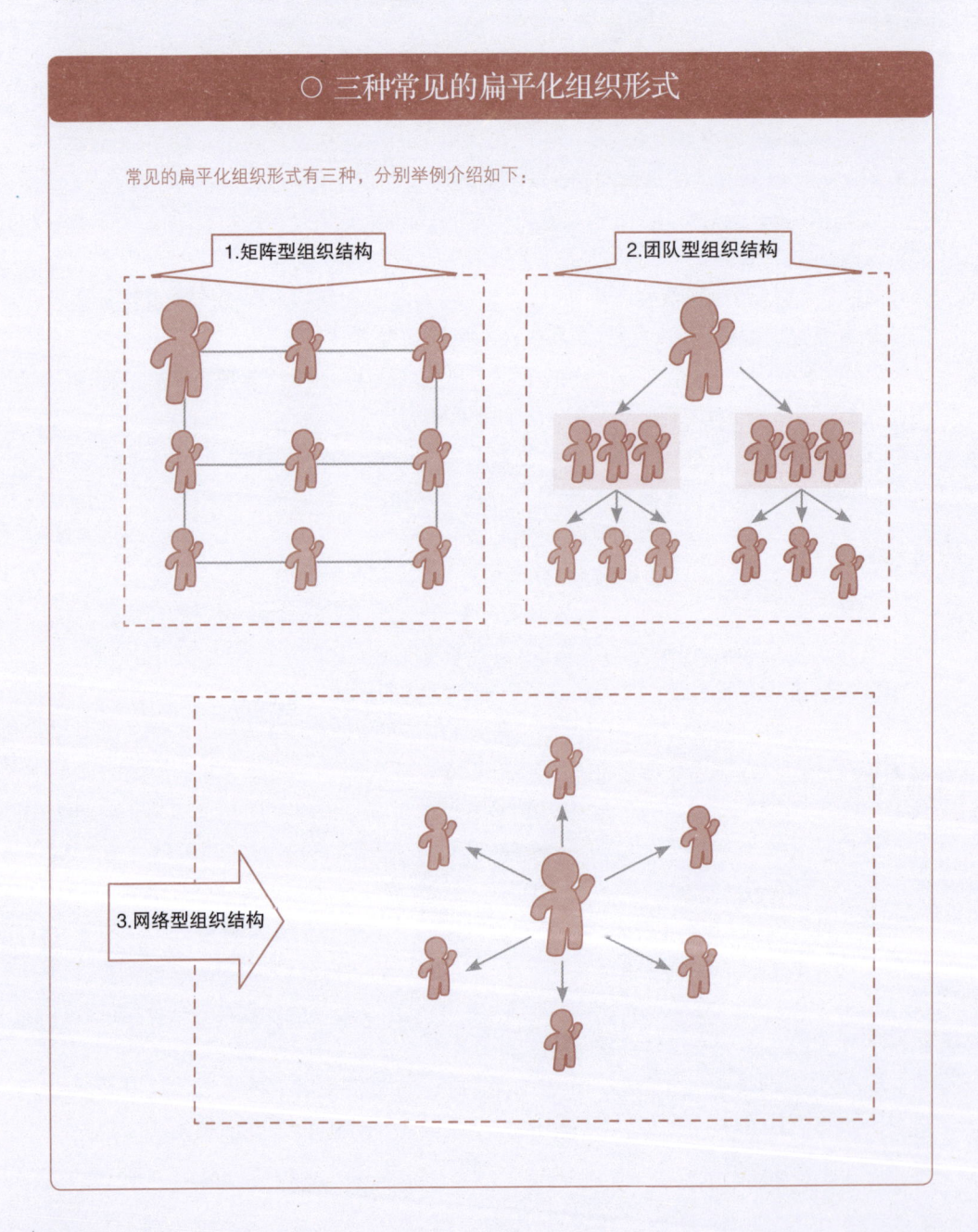

三种常见的扁平化组织形式

常见的扁平化组织形式有三种，分别举例介绍如下：

1. 矩阵型组织结构

2. 团队型组织结构

3. 网络型组织结构

渠道形式。

实施扁平化趋势表现在：渠道层级减少，渠道缩短，而渠道宽度大大增加。扁平化销售渠道最显著的特点，一是渠道直营化；二是渠道短宽化。

简化管理层次，鼓励人们减少不必要的工作，是优化管理的核心。管理层次减少表现为一种扁平化组织结构，这种结构具有更多的优越性，主要体现在以下4个方面：

1.决策效率的提高

管理层次越少，高层领导和管理人员指导与沟通相对紧密，工作视野比较宽广、直观，容易把握市场经营机会，使管理决策快速准确。

2.组织体制精简高效

减少管理层次必然要精简机构，特别是一些不适应市场要求、能被计算机简化或替代的部门与岗位。

3.节约管理费用

管理层次减少，人员精简，加上发挥计算机辅助与替代功能，实现办公无纸化、信息传输与处理网络化，可以大幅减少办公费及其他管理费用。

4.利于管理人才

组织层次减少，一般管理人员的业务权限和责任必然放大，可以调动下属的工作积极性、主动性和创造性，增强使命感和责任感；也有利于培养下属独立自主开展工作的能力，造就一大批管理人才。

制度不完善，滋生"潜规则"

如果企业的制度不完善，则会让企业滋生"潜规则"，让企业成为"潜规则"的温床。

——北大管理理念

企业在运行过程中，逐步形成自己独特的符合一定企业运行规律的行为模式，这就是企业制度。可以说，企业制度是企业行为模式的沉淀，是一种稳定化和合理化的秩序。制度具有重要的作用。

在制度面前，人人都应遵守。制度存在的意义，是使企业行为可以预期，比如过马路，我们要制定交通规则，车在左边，人在右边，如果没有这个规则，你走在大街上就没有安全感，车祸也会接踵而至，而有了制度，就可以正常运行。制度的另外一个重要意义，是对于企业长远利益的保障。

"潜规则"指的是明文规定的背后往往隐藏着一套不明说的规矩，一种可以称为内部章程的东西。"潜规则"之初主要是谈社会中存在的一些"陋规"，如鲁迅先生所说,"藏在皮袍下面的东西",是社会中一种看不见、摸不着,行之有效、但摆不上桌面的行为方式。

在很多企业中,"潜规则"大行其道,是由于制度、管理安排不合理等方面的原因,造成某项工作出现真空现象,使管理的有序反而变成无序,造成极大浪费。一般来说,主要有以下几种情况:

(1)有章不循造成的无序。有很多管理者把规章制度当成约束他人的守则,没有自律意识,不以身作则,不按制度进行管理考核,不仅影响了其他员工的积极性和创造性,还会降低整体工作效率和质量。

(2)业务流程的无序。这是由于通常考虑以本部门为中心,而较少以工作为中心,不是部门支持流程,而是要求流程围绕部门转,从而导致流程的混乱,工作无法顺利完成。

(3)协调不力造成的无序。职责不清,处于部门间的断层。部门之间的工作缺乏协作精神和交流意识,彼此都在观望,认为应该由别的部门负责,结果工作没人管,原来的小问题也被拖成了大问题。

(4)业务能力低下造成的无序。比如出现部门和人员变更时,工作交接不力,协作不到位,因能力不够而导致工作混乱无序,人为地增加了从"无序"恢复到"有序"的时间。

北大管理课认为,制度的不完善,使潜规则的存在变得合理。任何一个企业中,制度都不可能完全正确和完善,当制度不能发挥有效作用的时候,潜规则就会凸现,起到实际的调节作用;而企业发展是一个动态的过程,不可能用一种规则去应付,纵使是制度,也是在变化之中。可以说,规则总是落后于企业的发展,在新的规则还没有建立的时候,潜规则就闪亮登场。

没有规矩,不成方圆。法律和规则是社会运行的基石,也是企业赢利的根本,规章制度松懈,执行力度不够,是一个问题的两个方面。这都直接破坏了企业的正常运行,助长了员工偷工减料、懒散松懈的工作作风。因此,每一个企业的管理者,尤其是一线的执行者,都应该着力培养自己的规则意识和法制意识。须知,良好的规章制度和执行到底的作风是企业发展和赢利的基本保证。

企业制度必须与时俱进,确保制度的切实可行

　　企业与企业环境总是会随着时间的推移而不断发展变化,企业制度也需要适应这个变化,才能发挥作用。

——北大管理理念

第八章
制度管理课：谁说了算——慢慢形成"规矩说了算"

人们总是习惯于用现成的、熟悉的方法去解决形形色色、层出不穷的问题，这样一来就很容易形成思维定式，禁锢人的思想。但在实际生活当中，情况瞬息万变，新问题不断出现，我们不可能用一个固定的模式去应付所有的问题。

管理者必须时刻注意企业的规章制度，发现不切实际或不合情理的要及时纠正。好的规章制度，必然是不断修改、不断完善的。

规章制度制定的目的是对一些暧昧不明的事项定出一个明确的标准。因此，它的时间性很强，同时也是为适应时代的大环境而定出来的，因而绝不是千古不变的定律，当时代、环境发生了变化，规章制度本身也必然要随之变化。

有的企业各种规章制度倒是不少，但就是"面孔"老了些，有的竟是十几年前制定的，仔细看看内容，显然已经时过境迁，没有什么针对性了。应该根据实际情况制定相应的规章制度，以确保良好的秩序和预期的效果。因此，根据变化了的情况进行积极的调整、变动和完善，使企业的制度不再"刻舟求剑"。

制度要顺应变化，这要求管理者在企业管理上要具有灵活性。以下的一则故事在20世纪60年代的美国企业界流传很广。

有一个不擅指挥、无能的中尉获得了一项最高荣誉。原因就是来自一条规则，这条规则说，如部队中有任何官兵在军事演习中获得了最高成绩，则中尉便可获得最高荣誉。

这项规则在当初制定时，肯定是出于某种特殊的原因。但过上一段日子再执行起来，自然就显得有点儿迂腐，因此才会产生无能长官接受褒奖的情形。

不难看出，这则故事对于那些墨守成规的管理者有一定的借鉴作用。总而言之，一套完善的规章制度是一个管理者管理人才、使用人才的法宝。

一个有经验的管理者应善于用制度管理他的下属。但也应尽量避免把制度僵化，或过于迷信制度。

设定制度的动因是为了目标的实现，这才是第一位的，而具体的规定则要让位于这一原则，否则就违背了制度的初衷。要想有效确保目标的实现，就需要对不合适的制度进行调整，使管理的灵活性与制度的刚性完美地结合起来。

然而，不少行业，其规定都有需要改进完善之处。无论制定什么样的规章制度，事前都要详细了解实际形态、整理分析各类问题，而后制定规则，这样才有意义。若徒具冠冕堂皇的条文，而与现实情形背道而驰，则无异于一纸空文。

企业规章制度的建立、制定是随着生产的发展、企业的进步不断改变的，而不应该是一成不变的。在过去的生产规模、生产条件下，某项规章制度可能是很完善的，但由于要适应新的形势及新的生产经营方式，许多旧的规则可能会因此而出现各种各样的漏洞，变得不合时宜，这就要求领导者要及早废止，另谋改善，加以合理性的补充或是重新建立新的符合时宜的规章制度。千万不要故步自封，否则，此项规章将会随着时日的变迁而脱离现实，最终影响企业的发展。

○ 什么是切实可行的制度

对公司而言，什么样的制度才是好的制度？它应该具有什么特征？

1.利益相关性

谁也不能破坏！

制度

当员工能够认识到制度是在保护自己的利益时，他们会积极地维护制度，并愿意接受制度的约束。

2.权威性

只要犯了错，我们谁也躲不了！

处罚

必须坚持在制度面前人人平等的原则，不允许有任何特殊与例外——违反者必须接受制度的惩罚。

3.具体性

按规定我们的任务即是前台接待工作……

好的制度对员工在什么岗位上要做什么都规定得很清楚，能够使员工趋利避害，保证企业正常有序地发展。

死守是制度的坟墓。只有活的规章制度才有意义。再好的规章制度也是从出台的那一天就开始在老化，因为一个组织和它的成员是随着时间的推移而不断发展变化的，规章制度只有适应这个变化，才能发挥好作用。

规章制度具有时间性与时代性。规章制度也是适应时代、环境而定出来的，因此它绝非千古不变的定律。当社会发展变化、环境变迁以后，以往的规章制度必然也会失去其合理性。因此，如何使企业的规定切合实际的需要，这是管理者最重要的一项工作。

制定规章制度一定要灵活，随时间、环境的变化而变化，不可一成不变，尤其是具体的执行制度，如果用几百年前的方法去管理现在的企业，那企业只会走向灭亡。

因此，管理者必须时刻注意组织的规章制度，发现不切实际或不合情理的要及时纠正。管理者必须时时检查企业订立的各项规章制度，是否有不合情理或不切实际之处，一旦发现问题，就应拿出魄力来加以改革。

但是，需要说明一点，企业制度要与时俱进，并不意味着"朝令夕改"，规章制度不可改得太勤，这样只会让员工对企业的管理失去信心，让企业管理失去了标准。

第九章　人性管理课：

管理是以他人为中心的包容，不是以个体为中心的自私

不要存心去管人，不要忽略人的情绪

对于一个企业，人性化的、细致入微的服务是品牌必不可少的品格。

——俞敏洪

北大是包容的，也是仁和的，所以，它的管理理念中处处体现了这些特点。北大管理课非常重视人本管理的重要性，强调管理者应该重视对下属的感情投资，任何时候都不要存心去管人，任何时候都不能忽视人的情绪。

薪资丰厚，员工却有很多抱怨，即使离开了公司，还在不停地数落公司和管理者的"罪状"；薪资水平不丰厚，但员工队伍稳定，对公司满意度很高，员工即使离开了公司，也会经常联系管理者。这两种局面形成的主要原因之一，就是管理者是否重视情感管理，是否进行了感情投资。

法国企业界有句名言："爱你的员工吧，他会百倍地爱你的团队。"管理者与员工处于天然的"对立"关系，优秀的企业家悟出了"爱员工，团队才会被员工所爱"的道理，因而采取软管理办法，从而创造了"和谐团队"。

关注人的情绪，关心员工的心理，这在著名的"霍桑试验"中就已经表明，员工的工作绩效很大程度上与人文关怀有关。在企业内部建立"关怀"文化，有助于使员工的情绪保持在较为理想的水平上面，提高工作效率，从而提高工作业绩。

中国人的感情取向与文化传统，决定了感情因素在团队管理中的重要位置。作

为一名管理者,要想让下属理解、尊重并支持自己,就必须学会关心、爱护他们,对员工进行感情投资。让下属与自己的心贴得更近,才能使他们更加拥戴和支持自己的工作,才能使他们对工作尽心尽力,才能最终利于管理。

日本麦当劳的社长藤田田在所著畅销书《我是最会赚钱的人物》中,将他的所有投资分类研究回报率,发现情感管理所获得的回报率最高。

藤田田对员工非常关心,他每年支付巨资给医院,作为保留病床的基金,当职工或家属生病、发生意外时,便可立刻住院接受治疗,避免了在多次转院途中因来不及施救而丧命的事情发生。有人问藤田田,如果他的员工几年不生病,那这笔钱岂不是白花了,藤田田回答:"只要能让职工安心工作,对麦当劳来说就不吃亏。"藤田田还有一项创举,就是把从业人员的生日定为个人的公休日,让每位职工在自己生日当天和家人一同庆祝。藤田田的信条是:为职工多花一点儿钱进行感情投资,绝对值得。感情投资花费不多,但换来员工的积极性产生的巨大创造力,是任何一项投资都无法比拟的。

不少管理者重视企业的家庭氛围,为员工搞福利,为员工过生日,当员工结婚、晋升、生子、乔迁、获奖之际,如果受到领导的特别祝贺,想必员工一定对企业会忠心耿耿。

管理者能在许多看似细小的事情上关怀成员,这种关心表现在员工的工作上、相互交往上,也表现在生活上,比如在生病时的嘘寒问暖,为员工组织定期的体检、在员工逆境时的鼓励等。

作为一个管理者,要想让下属理解、尊重、信任并支持你,首先你应懂得怎样理解、信任、关心和爱护员工。任何时候,管理者都不要高高在上地对员工进行管理,对员工多一些情感管理,那么企业中将会出现亲切、和谐、融洽的气氛,内耗就会减少,凝聚力和向心力就会大大增强。

要注重感情投资,重视情感管理,管理者需要做到哪些呢?

1.帮助员工解决生活需要

按照马斯诺的需要层次理论,任何人的最基本需要是生存需要和安全需要。管理者关心员工,应该首先从这方面入手,如果一个人整天为生活而发愁,你想让他专心做好工作是很困难的。

而身为管理者,如果在能力所及的范围内多为下属解决生活问题,他就会感到你的体贴,愿意长期为你付出更多的劳动。因此,为下属做好安定的生活保障,这是赢得下属尊敬与喜爱的有效方式。

2.让员工感受温暖

在平常工作中,领导要让下属尽量感受到管理者的关心和爱护。想要做到这一点,领导就必须了解每个下属的名字、家庭状况,适时给予他们问候,让他们感受到关心和重视。管理者可以在特殊时间给下属带来不一样的关怀,例如借助下属的生日、工作周年纪念日、调动、升迁以及其他重要的事情，你可以说几句赞美的话，让下属感受到你的关怀。

当然，人性管理应该是一种自觉的、一贯的行为，不要只做表面文章，不能摆花架子。这样才能让下属感受到你的真诚，才能赢得他们的信赖。"路遥知马力，

○ 处处关心员工

作为企业的管理者，要处处关心员工，要帮员工所需，解员工所难。

我看你最近心情不好，遇到什么难题了吗？

关心员工的情绪
多关心员工的情绪，如果发现员工情绪不稳定，要及时与员工沟通，帮助员工排解。

我代表咱公司来看望你……

帮助员工解决困难
包括工作上的困难和生活中的困难，如果员工有需要，管理者应该主动关心，并及时给予员工帮助。

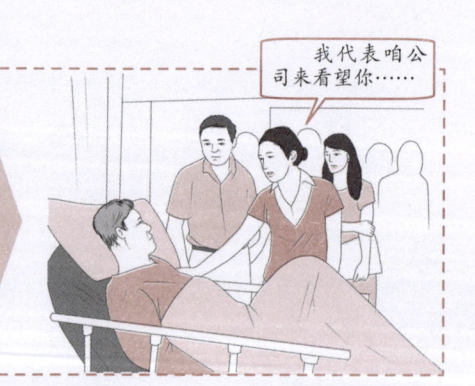

管理者的管理应该"以人为本"，也就是以员工为本，时刻关注并关心员工的工作和生活，让员工切实体会到企业带来的温暖。

日久见人心"，作为管理者，如果能长期与下属平等相待，以诚相见，感情相通，必定能吸引和留住那些最优秀的员工，并激发他们努力工作。

"Y"优于"X"，管理必须弘扬的"善"

要将"以人为本"作为管理理念执行终生。

——俞敏洪

在管理学界，有个著名的"XY理论"，这是基于不同的人性假设而形成的管理理论。北大管理理念不认同X理论，不认同基于X理论的管理方式，推崇Y理论和基于Y理论的管理方式。

"X理论"人性假设的具体内容如下：人生而好逸恶劳，他们尽可能地逃避工作；大多数人都没有什么雄心壮志，也不喜欢负什么责任，宁可让别人领导；大多数人天生以自我为中心，对组织的需要漠不关心；人习惯于保守，反对改革，排斥变化；大多数人不怎么聪明，很容易上当受骗，随时被煽动者当作挑拨是非的对象，做出一些不适宜的行为；人大致分为两类，多数人符合上述假设，少数人能克制自己，这类少数人应当负起管理的责任。

与此相对应的具体的管理方式是：管理者应以利润为出发点来考虑对人、财、物诸生产要素的运用；管理者对员工的工作要加以指导、控制并纠正其不适当的行为，使之符合组织的需要；管理者把人视为物，把金钱当作人们工作的最主要的激励手段；严格管理制度和法规，运用领导的权威和严密的控制保证目标的实现；采取"胡萝卜加大棒"的管理方法。基于这一观点，企业所采取的是严格的管理制度，管理者认为"鞭子抽得越响，管理效率就越高"。

可以试想，在"X理论"指引下的企业管理模式，将员工与企业、员工与工作摆在了对立面，员工对企业不会产生归属感，员工对工作不会产生使命感，员工只会在抱怨声中蹉跎度日。

麦格雷戈提出了崭新的人性假设理论，即"Y理论"。"Y理论"对人性的另一面的发现，体现了人本主义的思想。

"Y理论"的主要内容是：人并非生性好逸恶劳，要求工作是人的本能；一般人在适当的鼓励下，不但能接受而且能主动承担责任，逃避责任并非人的天性，而是经验的结果；在自己承诺和参与决定的目标和工作中，一般人能够进行自我指挥和自我控制，对其控制、惩罚并不能有效实现组织目标；大多数人在解决组织的困难问题时，都能发挥较高的想象力、聪明才智和创造性；在现代工业生活的条件下，一般人的智慧潜能只是部分地得到了发挥。

在"Y理论"的人性假设下，管理者的重要任务是创造使人得以发挥才能的工作环境，管理者不是指挥者或监督者，而是起辅助的作用，从旁给职工以支持；对于人的激励，主要是给予来自工作本身的内在激励，让他担当具有挑战性的工作，担负更多的责任；在管理制度上给予员工更多的自主权，实行自我控制，让员工参与管理和决策，并共同分享权力。其核心在于下属的自我管理，管理者对下属充分信任、充分激发组织成员的积极性，采取参与式管理。

现代企业管理者多信奉"Y理论"，因为这是以尊重和信任员工为准则，弥补了现代管理人文精神的缺失。

企业管理者不再将员工当成不成熟、缺乏责任感、爱捣蛋的"坏孩子"来看待，而是将员工当"成人"对待。在这种理论中，员工实现了从"工具人"到"社会人"的转变。员工不再是单纯的"打工者"，而是企业的"主人翁"。员工不再拖延和懈怠、缺乏主动、不懂创新、落实不力，这些管理顽疾等在"人性本善"的假设下，找到了很好的解决途径。

世界上许多大公司也都是Y理论的坚定支持者，它们相信人是愿意负责、具有创造性和进取心的，每一位员工应当受到尊重和值得信任。这些公司据此制定了大量的人才招聘、培训、选拔和激励制度和方案，结果在实践中获得了巨大的成功。

在企业管理中，如果管理者善待员工，调动每个员工的积极性，那么员工也会积极主动地参与到工作中去，自动自发地做好自己的事，并配合其他员工的工作。

为企业之道——先存员工

肯为下属着想的人，能得到丰厚的回报。

——俞敏洪

《贞观政要》中有这样的记载：

贞观初，太宗谓侍臣曰："为君之道，必须先存百姓，若损百姓以奉其身，犹割股以啖腹，腹饱而身毙。若安天下，必须先正其身，未有身正而影曲，上治而下乱者。朕每思伤其身者不在外物，皆由嗜欲以成其祸。若耽嗜滋味，玩悦声色，所欲既多，所损亦大，既妨政事，又扰生民。且复出一非理之言，万姓为之解体，怨讟既作，离叛亦兴。朕每思此，不敢纵逸。"

"先存百姓"的思想反映了唐太宗与君臣们心里装着百姓，关心百姓的疾苦，重视百姓的利益。治国之道在"先存百姓"，为企业之道，在"先存员工"。如果损害员工的利益，以积累个人财富，财富积累起来了，也就是众叛亲离的时候。现代管理者更应该明白"先存员工"的道理，把员工的利益放在第一位。

第九章
⊙ 人性管理课：管理是以他人为中心的包容，不是以个体为中心的自私

一般而言，公司员工总是对管理者感恩戴德，认为是企业给了他们饭碗。但李嘉诚却不这么看，他指出，是员工养活了公司。

20世纪70年代后期，李嘉诚的长江实业仍在生产塑胶花。此时，塑胶花早过了黄金时代，利润很小。长江地产业当时的盈利已十分可观，就算塑胶花有微薄小利，对长江实业来说，也是可有可无，但它却仍在维持小额的塑胶花生产。

熟悉内情的人知道，李嘉诚"不外是顾念着老员工，给他们一点生计"。而公司职员也说："长江大厦租出后，塑胶花厂停工了。不过，老员工亦获得安排在大

○ "先存员工"

所谓"先存员工"实际上就是把员工的利益放在第一位。

> 给你一点算是奖金吧。

> 太抠门，我还是跳槽吧！

如果企业不把员工的利益放在第一位，反而损害员工的利益，势必留不住员工的心，从而给企业带来负面影响。

员工工作是为了自己的利益，如果自身利益被损害，员工就会失去工作的热情，从而效率低下。

> 公司总是为我们着想，我们加班把这个计划写出来！

159

厦里干管理事宜。对老员工，他是很念旧的。"

有人提起李嘉诚善待老员工的事，说："怪不得老员工都对你感恩戴德。"李嘉诚回答说："一家企业就像一个家庭，他们是企业的功臣，理应得到这样的待遇。现在他们老了，作为晚一辈，就该负起照顾他们的义务。"

当有人说："李先生精神难能可贵，不少老板待员工老了就一脚踢开，你却不同。这批员工，过去靠你的厂养活，现在厂没有了，你仍把他们养起来。"这时，李嘉诚急忙解释道："千万不能这么说，老板养活员工，是旧式老板的观点。应该是员工养活老板、养活公司。"

商人皆为利来，只要赚钱。商人不是慈善家，工厂没有效益，关闭是无可厚非的。都说商场是无情的，李嘉诚却化无情为有情，他也因此赢得了这批老员工的敬重。

被评为"最佳雇主"的公司，事实上你会惊讶地发现，最佳雇主几乎都是市场表现非常优秀的企业。它们并不是企业有了钱才去体恤员工，而是因为把员工放在第一位才成就了企业。

美国钢铁大王安德鲁·卡内基这样说："杰出的企业正是要提供给员工这样的一个环境，把所有的忧虑都留给公司，而把所有的精力都留给客户。"员工才是公司最重要的客户，缺乏对员工的信任或者支持，他们失去的将是对组织的信任和工作的快乐，这种不信任和不快乐，百分百地将传递给公司的无数个客户，最终导致的是绩效的低下。

为企业之道，"先存员工"。北大管理理念认为，如果损害员工的利益，不以员工的利益为先，势必会影响企业的管理效果。以员工的利益为重，为员工着想，就一定能留住这些员工，最终激发他们的工作热忱。

"仁爱"是赢得人心的有效方法

管理者都应该熟知孔子的"仁爱"哲学，并且巧妙地将"仁爱"思想运用到管理中，使得整个管理充满人性，这是赢得人心的关键。

——王选

（毕业于北京大学，生前任北京大学教授）

如果一个人要创办企业，需要一定的资源，比如资金、人员、场地、技术，等等。这些属于硬件的范畴，离开硬件是无从创办企业的。但是仅有硬件还是不够的，还需要企业文化、企业愿景、规章制度、仁爱之心等软件。

第九章
⊙人性管理课：管理是以他人为中心的包容，不是以个体为中心的自私

北大管理理念看重"仁爱"在管理中的重要性。"仁爱"即对人宽容慈爱，爱护、同情的感情。用在管理中是指管理者对员工给予尊重、激励、同情以及悉心爱护的一种情感投入方式，它是"赢得"下属的最为有效的方法之一。

孔子非常推崇"仁爱"，《论语》中对"仁"的论述也非常多。孔子认为"仁"是完美人格标准的基础，一个人即使非常有才能，但是人格中没有"仁"的存在，也无法成就大事，或者空守着财富与权势，却可能众叛亲离，成为孤家寡人。孔子所说的"仁爱"，对企业管理同样重要。

优秀企业的管理能取得实效，都不是用金钱激励出来的，而是靠管理者的"仁爱"之心激发出来的。

当管理者心存仁爱之心的时候，就会不自觉地积极地创造条件让员工的心理需求得到满足，这时候，员工的思想认识也会得到升华，愿意以实际行动为团队增砖添瓦。管理者都应该培养起自己的"仁爱"之心。

"海底捞"为什么成功？其中的一个奥秘恐怕就是在企业管理中的"仁爱"的体现。

在海底捞，新员工到店后享受非凡的"礼遇"。因为店里从店长到每一个普通员工，都是在"接待"新员工，并且是"隆重接待"。

在经历培训后，新员工分配到各店，首先由店长亲自接待。店长会告诉新员工一些重要的注意事项，然后带新员工吃饭，店长做自我介绍，然后列举若干榜样，激励新员工好好干。店长之后，大堂经理、后堂经理，以及实习店长、实习经理会轮流接待新员工。他们都留下自己的手机号码，让新员工有困难跟他们说。新员工进入到这样的环境中，任何人都会感受到企业的浓浓暖意。

给予新员工优待，新员工提前下班，单独吃饭。新员工的下班时间要比正常下班早一两个小时。接待经理会亲自通知新员工下班，并且亲自搬桌子、凳子，亲自摆碗筷，亲自给新员工打饭。新员工的这种待遇大概会持续4~5天至一周。因此，接待新员工并给予优待是店长及经理们的常规工作。

在海底捞，每个师父都会拉着徒弟的手坐到自己身边，大家都会报以热烈的掌声。店长也会很郑重地告诉师父们，要在业务和生活上关心徒弟，徒弟的发展就是他们的发展，徒弟没有进步就是他们的失职。

然后，对新员工有跟踪调查。调查的对象是新员工，但内容却是针对其他人。比如店长有没有在第一时间接待，经理们有没有安排好生活，领班有没有讲解店里的情况，师父有没有认真带其。还有吃得习惯不习惯，住得舒不舒服之类。

新员工在新来的几天里，全方位感受到企业的温暖环境。而一个月以后就习惯了，就融入这个团体了。

"仁爱"思想是企业管理者必须具有的基本道德素质，是实现企业宗旨的有效价值选择。

从企业管理的角度来说，一个管理者必须具备一颗仁爱之心，才能在所有的管理过程中，体现出对每个人的平等、公正和尊重。

在许多时候，一个管理者如果严格按制度办事，那么很容易被部下误解为"冷血"，管理者需要在坚持制度的前提下，对下属多一些"仁爱"之心。

对于企业管理者来说，最大的仁爱是要在规章制度和管理方式上体现对所有职工的仁爱之心，不能制定缺乏人道和缺乏公正的规章制度，也不能采取缺乏人道和缺乏公正的管理方式，这才是真正体现一个管理者或一个企业的仁爱之心的根本之道。

北大管理理念认为，让管理者既能拥有一颗仁爱之心，又能充分维护企业规章制度的严肃性，是考验每个管理者的一道难题，也是检验管理者水平高低的一个重要标准。优秀的管理者往往能处理好这个难题，在坚持制度化管理的同时还能让员工感受他的仁爱之心。

带人要带心，把下属的心暖热

你只要将人心抓住了，就什么都有了。在新东方这样的团队里，任何技术都不起作用，从员工到学生，重要的是抓住人心。

——俞敏洪

风和太阳比试威力，看谁能把行人身上的大衣脱掉。北风先出场：冷风凛冽、寒冷刺骨，结果行人将大衣裹得紧紧的。北风并没有脱掉行人的大衣。太阳后出场：风和日丽、温暖和煦，行人感觉阵阵暖意，继而脱掉大衣。很显然，太阳获得了胜利。

这则寓言形象地说明了一个道理：温暖胜于严寒。管理者在管理过程中应该懂得尊重和关心下属，以下属为本，多点儿人情味，使下属员工真正感受到领导所给予的温暖，从而去掉包袱，激发工作的积极性。

随着企业规章制度越来越健全，许多管理者总认为自己和下属成员之间的距离越来越远，所谓的激励措施更是无从谈起。俗话说："浇树要浇根，带人要带心。"对于管理者来说，把下属的心暖热，适当的情感管理无疑是一剂激励的良方。

每个员工都有自己的尊严，他们都希望别人看得起自己。管理者对下属的关心，对下属投注的感情，尤其是对下属的关心与照顾，可以照顾到他们的尊严，甚至让他们感激涕零。

例如，团队中的一位年轻人找到了一位伴侣，不久要喜结连理，难道管理者不冷不热的只管催促着他干活？

优秀的管理者大都知道感情投资的奥妙，不失时机地进行一些感情投资，会起到非常好的激励效果。韩非子在讲到驭臣之术时,主要偏重于赏罚两方面,但有时感情投资更能打动人。

管理者对于下属,不仅仅是工作上的领导,要想把工作做好,要想使团队的工作上一个新台阶,管理者必须对下属的关心和关爱落到实处。特别是下属遇到什么特殊的困难,如意外事故、家庭问题、重大疾病、婚丧大事等,管理者在这种时候,对员工无论是物质上还是精神上的关心都可谓雪中送炭。这时候,下属会对领导产生一种刻骨铭心的感激之情。

管理者可以采取措施来激发员工对企业的感情,在企业内部培养一种团队式的友情与和谐的氛围,形成员工同舟共济、苦乐相依的感情链,以此激励员工的工作热情。具体而言,管理者必须从以下几个方面做出努力:

○ 以人为本从关怀员工开始

全球竞争时代,企业想要生存,就必须运用所有员工的智慧、创造力。要让员工发光发热,就必须关爱员工,尊重员工。

优秀的员工和企业的关怀是一种契约关系,忠诚和感恩不是谁对谁单方面的义务,而是需要双方共同营造的一种氛围。

要树立企业品牌,在各具特色的管理实践中,无论制度如何创新,关爱员工、尊重员工的主旋律是始终不应改变的。

1. 树立关心员工的意识

人是最富感情的动物，每个人都需要得到别人的尊重、信任和关心。作为团队的成员，当然希望得到别人尤其是团队领导者的重视、信任和关心。如果管理者能够给员工一份关怀，员工便会以双倍的努力来报效组织。假若管理者只将员工当作劳动力看待，在管理过程中不能体现人文关怀，那么员工必定会丧失工作热情。

2. 把员工当作朋友来交往

作为企业的管理者，不但自己要具有良好的业务技术素质，还要有良好的思想素质和工作作风，在工作、生活和学习当中要和同事们平等相处。如果总觉得自己在其他员工面前高人一等，员工是不会喜欢这样的管理者的。所以管理者要以朋友心，善待团队里的每一名员工，真正成为团队成员们的知心朋友。比如个别员工责任心不强，工作上出了小差错，管理者既不姑息迁就，也不乱加指责，使他切身体会到管理者是在真心实意地在关心、帮助、爱护他。

3. 将"情"放到管理中

作为企业的管理者，要处处关心员工，要帮员工所需，解员工所难。员工如果在工作、生活和学习当中出现了思想上不稳定的情绪，决不能对下属动辄训斥辱骂，甚至大发脾气。特别要关心员工的切身利益，决不能靠哥们义气、靠私人感情去管理团队。只有把"情"字放到团队管理当中，才能有效激发员工的工作热情。

管理者如果能从情感上给员工一些温馨和感召，使得在这个团队中工作的人，在情感的驱动下自觉地工作，团队当然会高速运转。

尊重员工的尊严，让其安心工作、体现价值

任何工作都没有未来，未来掌握在负责工作的人手中。要尊重人才，不要伤害他的自尊心。

——李彦宏

杰克·韦尔奇结合几十年的管理经验认为，尊重别人是企业管理者的基本素质。要想成为一名出色的管理者，要学会用人，必须从尊重人才开始。

每一个人都有自己的尊严，即使是在工作场所中被视为无用的人，也有他自己的想法与自尊心。他或许看似低能，却在某一方面潜藏着特长；也许他一无所长，但他却也因此比别人更勤奋努力。因此，管理者且不可因为下属工作能力或为人处世上有一些毛病就对之持嫌弃的态度，一个值得下属尊敬和爱戴的领导者应当时刻把下属的尊严放在心头。

俞敏洪认为，刚入职场的年轻人应该关注的是你跟的老板是不是公平、重视人才。

"你再努力,创造再多的成就,还是不被公平对待,还是得不到承认,就只有一个办法,就是炒老板的鱿鱼。"

随着时代的发展,企业管理愈加重视"人性管理"。弹性工作、远程工作、在家上班和灵活工作组等尊重人性的工作方式逐渐流行,合作关系、伙伴关系、平行关系、平等关系、对话式工作关系、奖励措施等尊重人性的管理哲学受到重视。1994年,美国利用现代通讯方式上班的人数达到880万,许多优秀企业特别是高技术企业建立了平等的合作伙伴关系。人性化管理使企业员工的创造性得到解放,积极性得到最大限度的发挥。

尊重下属是人性化管理的必然需求,当员工感受到被尊重,他们才会真正感到被重视、被激励,做事情也才会真正地用心用力。

在尊重员工方面,3M公司的许多做法值得学习。在这家全球知名的跨国企业内部,通行着一条非常著名的原则:不必询问、不必告知,充分尊重员工的隐私。这个原则就是天条,任何管理者都必须遵守。管理者鼓励员工做他们想做的事,而不要求详细了解员工的工作细节。正是缘于这种宽松的管理方式,3M公司员工的创新得到了极大可能的自由发挥。

在3M公司,技术人员可以花15%的时间在他自己选择的项目上。他们甚至会尝试那些没被主管认可的想法。曾经有一位叫理查德·德鲁的年轻员工,他在试验一个项目时,被3M公司前CEO威廉·麦耐特看到,威廉·麦耐特认为这个项目既浪费时间又浪费金钱,出于对工作的负责,他出言建议理查德停止下来。但理查德完全没有理会威廉的意见,甚至还对他干涉自己的工作向别的领导表达不满。正是由于理查德的坚持,他为3M公司带来了一项突破性的产品。这个产品为3M公司带来了巨大的经济利益。

尊重员工是刻在骨子里的而非口头上的,领导者必须明白,下属的自尊心是应该受到保护的。不伤害下属的自尊心,不仅是尊重人格,而且对搞好企业大有好处。调查研究表明,凡是自尊心很强的人,不论在什么岗位上,都会尽自己的努力而不甘落后于人。人有了自尊心,才会求上进,有上进心才会努力工作。

如果去问一位企业经营者:"进下属的房间是否需要敲门?"有许多经营者都会不以为然地说:"整个企业都是我的,还需要敲什么门呢?"能否让下属感受到自己受到尊重,往往取决于点点滴滴的小事。

伤别人自尊心是管理的大忌,以下两点应当引起管理者的注意。

1.不揭人疮疤

一般说来,人们并不喜欢揭人疮疤。生来就喜欢揭人疮疤的人是少数。但在情绪不好的时候,甚至在暴怒的时候,可就很难说了。尤其是领导者,因为人事材料在握,怒从心头起时,就难免出口不逊,说些诸如"你不要以为过去的事情就没人知道了"之类的话。

领导者要杜绝揭人疮疤的行为,除了要知晓利害,学会自我控制外,还须养成及时处理问题的习惯。不要把事情搁置起来,每个问题都适时地解决了,有了结论,以后也就不要再旧事重提,再翻老账。

2.让人丢脸是领导者的最大禁忌

让人丢脸这种行为,不仅对事情没有任何的帮助,反而使受辱的一方不能心服口服,甚至会憎恨在心。要做到不使下属的工作热忱消失,让人丢脸可以说是领导者的最大禁忌。

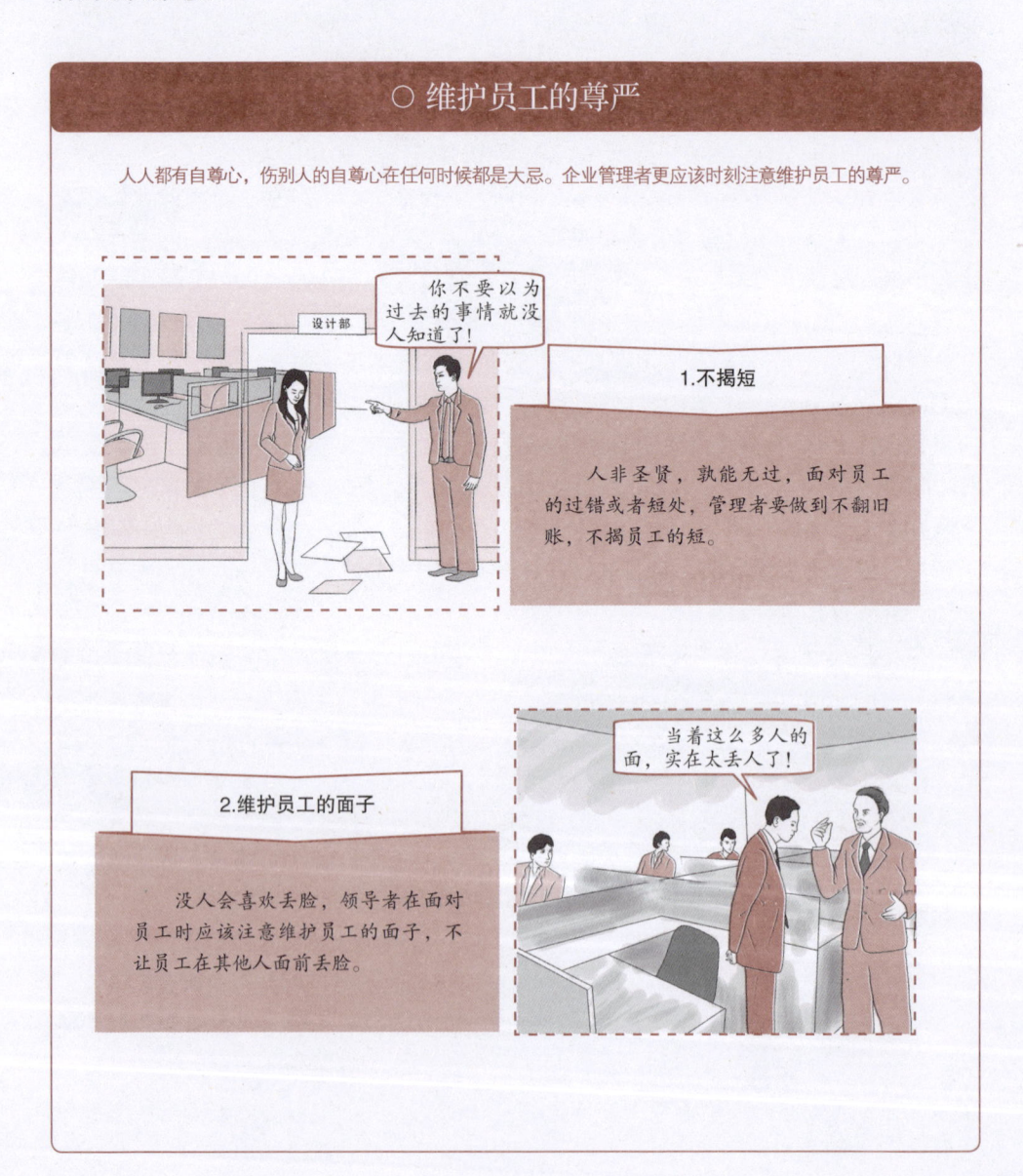

○ 维护员工的尊严

人人都有自尊心,伤别人的自尊心在任何时候都是大忌。企业管理者更应该时刻注意维护员工的尊严。

1.不揭短

人非圣贤,孰能无过,面对员工的过错或者短处,管理者要做到不翻旧账,不揭员工的短。

（设计部）
你不要以为过去的事情就没人知道了!

2.维护员工的面子

没人会喜欢丢脸,领导者在面对员工时应该注意维护员工的面子,不让员工在其他人面前丢脸。

当着这么多人的面,实在太丢人了!

第九章
⊙人性管理课：管理是以他人为中心的包容，不是以个体为中心的自私

关注员工心理，帮助他们对抗挫折

> 人性化管理要求管理者关注企业内员工的心理健康状况，尽可能地采取各种有效措施避免员工挫折感的产生，并及时发现和帮助受挫的员工。
> ——北大管理理念

现代企业员工面临的压力无所不在，包括竞争压力、文化冲突、家庭压力等，面对诸多方面的压力，员工很容易遭受挫折。受挫折的员工往往会表现出消极的心理状态和行为，表现为企业的缺勤率、离职率、事故率增加，员工满意度、归属感下降，团队凝聚力、向心力逐步丧失，管理成本增加等。

有针对性地开展各项工作，从而促使员工能够保持积极、乐观的心理状态和良好的精神面貌，调动员工的工作积极性和主动性，增强员工的归属感，最终促使企业与员工共同发展，这是管理者的重要职责。

造成员工产生挫折感的原因可以是外部的，也可以是内部的。例如员工本想出色地完成上司交办的任务，但缺乏相应的技能，而无法完成。再比如当人们完成工作时，却未得到预期的奖赏，或所得奖赏比预期的要少等。无论是哪种情况，员工都会对工作产生挫折。

某公司董事长有一次看报看得太入迷以致忘了时间，为了不迟到，他在公路上超速驾驶，结果被警察开了罚单，最后还是误了时间。这位老董愤怒之极，回到办公室时，心头的怨气仍然无处发泄，他将销售经理叫到办公室训斥一番。销售经理挨训之后，气急败坏地走出董事长的办公室，将秘书叫到自己的办公室并对他挑剔一番。秘书无缘无故被人挑剔，自然是一肚子气，就故意找接线员的茬。接线员无可奈何垂头丧气地回到家，对着自己的儿子大发雷霆。儿子莫名其妙地被父亲痛斥之后，满肚子的怨气无处可发，便将自己家里的猫狠狠地踢了一脚。

踢猫效应告诉我们：一个人如果遇到挫折或不顺心的事，就必须要将心中的怨气发泄。在团队管理中，管理者要重视员工们的怨气，了解员工产生怨气的原因，提供员工发泄怨气的途径，从而尽快消除员工的工作挫折感，以实现团队工作效率的提升。

当员工遭遇挫折后，若能采取积极的心理自我防卫形式，加倍努力，再作尝试，通常会有利于工作的开展。但是，若员工遭遇挫折后，采取消极的心理防卫形式，轻者将有碍于员工个人的身心健康，降低其工作效率；重者可能轻生或者不断地攻击他人，在组织内制造紧张气氛，影响整个组织的效率。因此，作为与员工直接接触的管理者，应采取必要措施，对员工进行挫折管理。一般而言，挫折管理应包含以下几个方面的内容：

（1）应及时了解并排除造成挫折的根源。管理人员对员工的情绪应有敏锐的观

察，应把员工的种种异常行为，如抱怨、发牢骚、吵架等看作是存在问题的征兆，及时了解情况，找出根由，予以解决，防患于未然。

　　发现员工的挫折以后，应帮助员工积极寻找产生挫折的原因。把个体成功或失败的行为归因于何种因素，对以后工作的积极性有着重要的影响。把成功归于内部因素，如努力、能力强等因素，能够使人感到自豪和满意；若把失败归因于内部因素，则使人感到内疚和无助；而把失败归于外部因素，则使人感到气愤和充满敌意；把失败归于稳定因素，如任务难和能力差，以后会降低在工作中的积极性；相

○ 帮助受挫员工走出困境

很多人在遭遇挫折之后，备受打击，从而产生消极的情绪。如果员工遭受了挫折，应该如何帮助他们走出困境呢？

今天我们培训的内容是……

1. 提供学习机会
员工想要发展就要不断进步，而员工本身的条件和能力有限，就需要企业为员工提供学习的机会，提高抵御挫折的能力。

2. 转移注意力
感受到员工的消极情绪之后，可以给员工其他工作转移员工的注意力，让新的工作占据员工心思，从而淡化挫折带来的消极影响。

我得赶紧把这个计划写出来！

反，若把失败归于不稳定的因素，则可能会提高以后的工作积极性。

管理者对员工工作的失败，应尽量引导他们将其归于内部的不稳定因素（如努力不够），而不宜归于内在的稳定因素。同时，归因时应尽量淡化外部因素（如运气不好），以免引起员工的不满和找借口，这对管理是不利的。

（2）管理者对受挫折的员工应宽容相待，并适当采取心理疏导、精神宣泄法或改变环境等方法，降低员工的挫折感。

人的行为总是从一定的动机出发，经过努力达到一定的目标。如果在实现目标的过程中，碰到了困难，遇到了障碍就会产生挫折，继而挫折会产生各种各样的行为，表现在心理上、生理上会有所反应。所以，员工的动机受阻是导致挫折产生的根本原因。因此，管理者可以通过心理疏导，对于员工不合时宜的、在当前的条件下无法满足的需求、动机进行引导，使员工自觉地调整不适当的目标，这样可以有效地避免员工挫折感的产生。

可以考虑采用"精神宣泄疗法"。这是一种心理治疗的方法，主要是创造一种环境，让受挫者被压抑的情感自由地表达出来。人在遭受挫折以后，其心理会失去平衡，常常以紧张的情绪反应代替理智行为。这时，只有让紧张的情绪发泄出来，才能恢复理智状态，达到心理平衡。从这个意义上讲，管理者应该积极倾听职工的抱怨、牢骚，让他们有气发泄出来、有话说出来，待不满的情绪发泄出来以后，员工才会心平气和。

（3）要帮助受挫员工成长。员工遭遇挫折后，自我实现的需要得不到满足，因而也就得不到有效的激励，工作积极性就得不到提高。解决此类问题的最好办法就是创造出良好的学习条件，帮助员工发展，或者采取相应的措施对其进行补偿。这样既可以使员工从挫折的阴影中尽快走出来，还能够让他尽快树立新的奋斗目标，转移其关注焦点，将能量转移到有建设性的工作之中，这无论对员工还是对企业来说，都是最希望看到的结果。

第十章　激励管理课：

滋润员工心灵，"在让利中学会分享"

保健因素和激励因素：激励的重要作用

> 人是最复杂的，管人也是最难的。人是千差万别的，每个人是不同的，有的人更看重钱，有的人会看重未来的发展，有的人追求满意。
>
> ——李玲
> （北京大学教授）

哈佛大学教授詹姆士曾在一篇研究报告中指出，实行计时工资的员工仅发挥20%~30%的能力。而如果给予充分激励时，员工的能力可发挥至80%~90%，是前者的3~4倍。由此可见，适时激励所产生的绩效是巨大的。管理者必须懂得运用激励理论，增强激励效果。

美国行为科学家赫茨伯格提出激励保健因素理论，也称为双因素理论。该理论认为，引起人们工作动机的因素主要有两个：一是保健因素，二是激励因素。只有激励因素才能够给人们带来满意感，而保健因素只能消除人们的不满，但不会带来满意感。

具体来说，保健因素是指造成员工不满的因素。保健因素不能得到满足，则易使员工产生不满情绪、消极怠工，甚至引起罢工等对抗行为；但在保健因素得到一定程度改善以后，再进行其他方面的改善往往很难使员工感到满意，因此也就难以再由此激发员工的工作积极性。公司的政策、行政管理、监督、工作条件、薪水、地位等因素的改善，能解除员工的不满情绪，故这种因素称为保健因素。

激励因素是指能造成员工感到满意的因素。激励因素的改善能够极大地激发员工工作的热情，提高劳动生产效率。使员工感到非常满意的因素，主要是工作富有成就感，工作本身带有挑战性，工作的成绩能够得到社会的认可，以及职务上的责任感和职业上能够得到发展和成长，等等。这些因素的满足，能够极大地激发员工的热情，对于员工的行为动机具有积极的促进作用，它常常是一个管理者调动员工积极性、提高劳动生产效率的好办法。

很多管理者认为自己手中的权力有限，特别是在物质奖励方面，管理者一般都没有最终的决定权。他们往往认为自己很难对员工实施激励，其实，在有限可利用资源的前提下，管理者能够利用双因素中的激励因素对成员进行适当激励，也能有效提升团队士气。

合理运用激励对于管理者来说并不是简单的事。管理者在制定和实施激励时，应该注意以下的原则，才能提高激励的效果。

（1）肯定员工及其工作的价值。管理者首先应肯定员工及其工作的价值。重视员工，发现员工的能力，使员工得以充分发挥才能，对员工来说本身就是一种有效的激励。

（2）激励要因人而异。由于不同员工的需求不同，相同的激励措施起到的激励效果也不尽相同。即便是同一位员工，在不同的时间或环境下，也会有不同的需求。在制定和实施激励措施时，管理者要调查清楚每个员工真正需要什么，然后利用自己手中的权力制定相应的激励措施。

为了激励员工更好地完成工作目标，某企业发布了一项奖励措施：年终工作业绩靠前的200位员工，将奖励一次到黄山旅游的机会。这项措施对参加旅游的A、B、C三人身上产生了不同的效果。

A从来没有去过黄山，并且一直很想去黄山旅游，听到这项措施后非常高兴。公司的奖励措施令他大为振奋，并下定决心要在今后的工作中加倍努力。

B虽然以前去过黄山，不过已经是很多年前了。此次听到自己可以去黄山去旅游时，心里还是非常高兴。在工作上，他表现得比以前更尽力一些了。

C是一个年轻的员工，去年刚结婚，并且选择度蜜月的地点就是安徽的"两山一湖"。他听到今年再去黄山旅游时，他并不兴奋。当然，在工作上，他还是和以往一样按部就班。

（3）信赖员工。通常被信赖的员工都会心甘情愿地为信任他们的上司赴汤蹈火。作为管理者，要在行动、言辞上处处表现出自己信赖员工的诚意。

（4）奖惩适度。奖励和惩罚会直接影响激励效果。奖励过重容易使员工产生骄傲和满足的情绪；奖励过轻会让员工产生不被重视的感觉，起不到激励的效果。惩罚过重会让员工感到不公，甚至会失去对企业的认同，产生怠工或破坏的情绪；惩罚过轻会让员工轻视错误的严重性，从而可能还会犯同样的错误。

（5）公平对待每个员工。公平性是团队管理中的一个重要原则，任何不公的待遇都会影响员工的工作效率，影响激励效果。取得同等成绩的员工，一定要获得同等层次的奖励。如果做不到这一点，管理者宁可不奖励。

（6）精神激励与物质激励相结合。赞美、表扬、精神上的支持和鼓舞是激发员工斗志必不可少的"催化剂"，如能和奖金、红利等物质上的奖励环环相扣，就更能激发员工的工作热情。

（7）管理学家米切尔·拉伯夫经过多年研究，发现一些管理者常常奖励不合理的工作行为。他根据这些常犯的错误，总结出应奖励和避免奖励的10个方面的工作行为：

○ 激励员工要讲究适度原则

激励员工是为了让员工更加努力、认真地工作，但是在激励员工时管理人员要讲究适度的原则。

> 领导说了，我的企划好，要给我发一大笔奖金呢！

1.奖励不宜过重
如果企业对员工的奖励超过了一定的限度，容易引起员工的骄傲情绪，反而不利于员工以后的进步。

2.奖励也不宜过轻
员工做出重大贡献后，如果企业给出的奖励太轻，会让员工产生抵触情绪，感觉自己不被重视，不利于以后的工作。

> 我用一周时间写出来的报告，两句话就打发我了？

> 你这报告写得还不错，我看你也挺用心的。

因此，在激励员工时，管理者一定要把握好度，让表现好的员工得到正向激励，从而为企业不断创造价值。

①奖励彻底解决问题，而不是只图眼前利益的行动。
②奖励承担风险而不是回避风险的行为。
③奖励善用创造力而不是愚蠢的盲从行为。
④奖励果断的行动而不是光说不练的行为。
⑤奖励多动脑筋而不是一味蛮干。
⑥奖励使事情简化而不是使事情不必要地复杂化。
⑦奖励沉默而有效率的人，而不是喋喋不休者。
⑧奖励有质量的工作，而不是匆忙草率地工作。
⑨奖励忠诚者而不是跳槽者。
⑩奖励团结合作而不是互相对抗。

有激励才有动力，建立企业的激励机制

新东方聚集了各种各样的人才，有的是高学历的"海龟"，有的是不走寻常路的"牛人"和"怪人"。在这种情况下，我在尊重他们的同时，还需要激励他们。

——俞敏洪

在百度成立初期，李彦宏心里就有一个非常坚定的信念，那就要为员工建立一个国际水平的平等期权机制，保证每一个员工都能在公司的发展过程当中，持续地与百度分享成功、分享财富。每一位员工要获得期权，都必须通过非常严格的指标审核，并且每年都会为员工追加一点份额以作为激励。

他说："一个机制，必然对所有的人都是平等的。这个机制应该是，当时告诉你什么，3年以后不变，5年以后不变，10年20年之后还是不变，这样你才能获得信誉。这样当我在跟员工承诺的时候，即使有更加优秀的人加入公司，这个承诺也还是有信誉的。"

什么是激励机制呢？一种制度把个人利益与组织整体利益统一起来，让个人在实现自身利益的同时也实现了组织的整体利益，这样的制度就是激励机制。

企业员工的懒惰或勤奋不是天生的，很大程度上是后天养成的。大锅饭制度可以把勤劳者变为懒人，而有效率的激励制度也可以把懒人变为勤劳者。

在合理的制度之下，恶的人性也会产生好的行为；在不合理的制度之下，善的人性也会产生坏的行为。激励机制就是利用人性，激励现象存在于人们的任何决策和行为之中。就个人而言，根据行为科学理论，只有尚未满足的需要才有激励作用，已经满足的需要只能提供满意感。需要本身并不能产生激励，对满足需要的期望才真正具有激励作用。当我们因为一个小小的成就而尝到甜头，受到激励时，我

们会做出相对比较大的成就。激励会使我们在追求成功的道路上产生良性循环，而幸福感就在循环中不知不觉产生了。

一个老年人喜欢安静，他选择住在环境优美的市郊，但有一群孩子每天都到这里来玩，很吵闹。老人很厌烦这些小孩们，不希望自己在如此吵闹的环境中生活，但是如果直接撵他们走，恐怕也达不到他所预期的目标。于是他对孩子们说：你们来陪我，我很高兴，以后我每天给你们一人5块钱，孩子们都很高兴。几天后，老人说，以后给不了这么多了，每人只能给1块钱，孩子们不太高兴，但也勉强接受了。又过了几天，老人说，以后每天只能给1毛钱了。这次孩子们不干了，他们很气愤：

○ 常见的激励形式

科学有效的激励对于调动员工积极性、发掘员工潜能、提高员工素质等方面具有突出的作用。企业可以选择以下方法对员工进行激励：

物质激励

物质激励是最为直接有效的激励方式，而收入分配机制是否科学合理则是决定物质激励成效的关键。

目标激励

这是通过制订科学的发展目标，激励员工为之奋斗，最终达成目标，满足自我实现需要的一种激励方式。

"这么少的钱,以后再也不来了!"

当老人对小孩们的激励逐渐减少时,小孩们都认为自己的利益受到损害,不愿意再陪老人玩了。在这些小孩看来,过来玩是因为有金钱的激励,当激励减少时,他们当然愤愤不平。老人就是成功运用反激励达到了自己的目的。

而在工作过程中,在能力一定的情况下,激励水平的高低将决定其工作成绩的大小。激励具有一种导向性的作用。

老约翰家有只特别聪明的牧羊犬,有一天,牧羊犬叼回一只野兔,约翰大大地表扬了它,给了它一条兔腿作为奖赏。牧羊犬吃着兔腿,尾巴得意地摇了起来。第二天,牧羊犬又叼着一只野兔回来了。约翰非常高兴,心想:"我的牧羊犬真是太了不起了!"于是就又给了它一只野兔腿作为奖赏。

但是,奇怪的事情发生了,等晚上羊群回来的时候,约翰数来数去,发现少了一只羊。他心里非常纳闷,想:"牧羊犬聪明伶俐,怎么会守不住这几只羊呢?"于是第二天早上他就跟踪了牧羊犬。到了牧场,约翰大吃一惊,他发现牧羊犬压根就不守羊群了,而是直奔森林里去抓野兔。因为没有牧羊犬的看守,狼轻而易举地就叼走了几只羊。约翰火冒三丈,当天晚上就把牧羊犬赶出了家门。

牧羊犬捉野兔,获得了奖励,这使得牧羊犬意识到,捉野兔似乎比守羊更有利可图,于是它自然就不会全心全意地守羊了。但是老约翰奖励的是牧羊犬在守羊的同时还能给自己捉到野味的功劳。如果约翰在奖励牧羊犬时,让它明白它的主要责任是守羊而不是捉野兔,只有羊守好了它才会有奖赏,那它肯定就不会三心二意、舍本逐末了。

很多领导者经常会犯事例中那样的错误。他们本来想鼓励员工做正确的事,但却无意间纵容了错误的行为,忽视甚至惩罚了正确的行为。

有的孩子画了一幅画,父母看见以后很高兴,大大表扬了他,但是却没有告诉他表扬他的原因是因为画的颜色很丰富。那么,孩子不明其中原因,以后就可能会不停地画画,只重数量不重质量,希望再次得到父母的表扬。

在企业里,管理者就好像员工的家长,他要对员工的行为负责。对员工的激励应该像写文章一样,中心思想要明确,激励员工向正确的方向前进。

综合运用多种激励方法是有效提高激励水平的一大法宝。激励机制是否产生了影响,取决于激励方法是否能满足个人的需要。

主要的激励方式包括如下几种:

(1)物质激励。通过满足个人利益的需求来激发人们的积极性与创造性。只对成绩突出者予以奖赏,如果见者有份,既助长了落后者的懒惰,又挫伤了优秀者的积极性,从而失去了激励意义。

(2)精神激励。通过满足个人的自尊、自我发展和自我实现的需要,在较高层次上调动个人的工作积极性。精神激励主要有目标激励、荣誉激励、感情激励、信任激励、尊重激励。

（3）任务激励。让个人肩负起与其才能相适应的重任，由社会提供个人获得成就和发展的机会，满足其事业心与成就感。

（4）数据激励。明显的数据对人产生明显的印象，激发强烈的干劲。数据激励，就是把各人的行为结果用数字对比的形式反映出来，以激励上进，鞭策后进。

（5）强化激励。对良好行为给予肯定，即正强化，使之能继续保持；对不良行为给予否定与惩罚，即负强化，使之能记住教训，不再犯同样的错误。

激励机制对个人的某种符合企业期望的行为具有反复强化、不断增强的作用，在这样的激励机制作用下，企业不断发展壮大，不断成长。

奖励真正解决问题的员工，而非只做表面文章的员工

世界上没有特别能够占便宜的事情。优秀的人才，就要给他足够的待遇。用30万元打发能够找到百万年薪工作的人才的想法是很不现实的。事实上，如果给100万元的年薪，他能够为企业创造200万元的价值，这是很值得的。

——李彦宏

在《韩非子》中就记载了南郭先生"滥竽充数"的故事。

齐宣王爱好音乐，喜欢听人吹竽。每次听乐师吹竽，必定要挑选300个乐师一起合奏给他听。南郭先生听说齐宣王爱听合奏，便到齐宣王那里去推荐自己。齐宣王很高兴，以优厚的待遇将他留下来。事实上，南郭先生根本就不会吹竽，每次合奏时，他都是装腔作势。后来齐宣王死了，他的儿子齐湣王继承了王位，但是齐湣王喜欢听乐师独奏。南郭先生听到这个消息，赶紧逃走了。

几千年来，人们一直把南郭先生当作以次充好、以外行充专家的典型，齐宣王实行的是一种平均主义大锅饭制度，激励越来越多的"南郭先生"进入到这个团队中。

北大管理理念认为，激励必须杜绝这种现象，奖励那些真正解决问题的员工，而非只做表面文章的员工。如何才能实现这种激励呢？汽车大王亨利·福特采用的效率工资制对我们会有所启示。

20世纪初的美国，企业最大的问题之一是工人怠工现象严重。尽管有工头在监工，而且处罚严重，一旦发现怠工马上开除。但工人多，工头少，工人怠工的手段千奇百怪，总是防不胜防。这时，福特发明了自动流水装配线。这种新生产工艺，无疑可以大大降低成本，提高效率。但如果工人仍然怠工，自动流水装配线不能正

常运行，提高效率也是不可能的事。福特绞尽脑汁想找出一种消除工人怠工的方法。监督是难以奏效的，为什么不换一个角度让工人自己不愿怠工呢？于是福特在1914年宣布，把福特汽车公司工人每天的工资由2.34美元提高到5美元。

2.34美元是当时汽车工人的市场工资，即由劳动市场上供求关系自发决定的工资水平。在这种工资水平时，企业可以雇用到自己需要的工人，工人可以找到工作。5美元高于市场工资，称为效率工资，意思是这种高工资能够带来更高的效率。

效率工资如何能带来高效率呢？

首先，这种工资能吸引最好的工人。在实行2.34美元的市场工资时，可以招到所需要的工人数量，但不能保证工人的质量。市场上汽车工人的素质并不一样，对工资的最低要求也不同。职业道德好、技术水平高、身体强壮的工人要求的最低工资要高一些，比如说，每天4美元；职业道德差、技术水平低、身体不强壮的工人要求的最低工资低，比如说每天2美元。当实行每天2.34美元的工资标准时，素质好的工人不来应聘，来的都是素质差的工人。但在实行每天5美元的工资标准时，素质好与不好的工人都会来应聘。只要用一个简单的测试，就可以把好工人留下。福特公司采用这种效率工资的确吸引了全国各地优秀的汽车工人来应聘。这样，整个工人的素质就大大提高了。

其次，实行效率工资时，工人自动消除了怠工。工人是否怠工同样取决于成本与收益。在每天2.34美元的工资时，尽管怠工被发现有被开除的风险，但开除并不怕，无非是换一家工厂，再找份同样工资水平的工作而已。开除对工人来说成本几乎为零，工作时休闲的收益大于成本，怠工自然是有市场。在这种情况下，工头再多，处罚再严也是没有作用的。当监督不能成为一种有用的威胁手段时，监督就没用了。但福特公司支付每天5美元的工资时，如果被这家公司开除，在其他企业就找不到工资如此之高的工作，这时怠工被开除的风险成本就增加了，理性的经济人当然就不会怠工，并积极工作以能保持这个金饭碗了。

最后，减少了工人的流动性。一般新进厂的工人需要一些必要的培训，以适应本企业的生产特点。培训是有成本的，工人流动性大，增加了培训成本，尤其是一些熟练工人的离去对企业的损失更大。但在市场经济中，工人有自由流动的权利。工人很可能由于各种原因而流动，例如家搬到了离企业远的地方，与工头或其他同事关系不和谐，或者仅仅是工资比较低。当实行效率工资时，工人的流动性相当大，反正各个企业工资一样多，在哪里工作，收入也没什么差别，工人考虑的是其他因素。但当实行效率工资时，流动会使自己失去获得高工资的机会，流动性就大大减少了。

成绩卓越的企业显然更善于奖励那些真正解决问题的员工，从而使他们在团队内部成为大家学习的榜样和目标。

"我们喜欢榜样的力量，因此会寻找一些榜样性质的领导者。"GE亚洲首席教育官说："他们的特点是：具有远见、鼓舞人的能力。这些才是（领导者）真正需要传承的，就是榜样精神。"

GE释放榜样优点的最为主要的方式就是奖励领先者。他们成功地采用了绩效测控的方法，在GE的年度考核当中，管理层会针对本年度业绩优秀，以及那些为其他员工做出榜样的员工进行二度考核，提问的问题多是针对个人素质提升和自我管理的，其中的三大经典问题几乎囊括了对于一个人才是否优秀、自信的全部定义：你的优势是什么？你的成就是什么？你还有哪些需要改进的地方？而在此之后，对于高层颇为满意的一批人，GE会毫不吝啬地对他们进行奖励，包括增加薪酬以及分配诱人的股票、期权。

对于优秀的员工而言，他们更为看重的奖励是去克劳顿管理学院进修的机会。从这个学院出来，就意味着在公司可能要承担更为重要的职责。美国《财富》周刊评价GE的企业大学（克劳顿管理学院）为"美国企业界的哈佛"。每年在克劳顿培训的高级管理层占GE总领导级别人数的10%，培训是针对管理者之中的高潜质人群所进行的。对于所有的员工而言，通往管理学院的道路只有一条：学习榜样，认真工作，业绩优良，从而实现超越榜样，成为团队里最为优秀的人，以此来敲开管理学院的大门。

与奖励领先者相辅相成的是，针对公司内部的平庸者，一定要采用刺激的手段。因为平庸的员工从来不会感觉有危机感。管理者应该想方设法为员工创造"危机"，让他们"动"起来。

而对企业中那些只做表面文章的人，他们是公司的累赘，他们用极其低下的工作效率拖住公司发展的步伐。奖励如果用在了这些人身上，只会打击优秀者的积极性。

一般来说，领导奖励时应侧重的是"拙诚"之人，用现在的话来说就是埋头苦干，多做实际工作，不做表面文章的人，那种只做表面文章的人，奖励千万不能用在他们身上。

给员工以挑战，就是对他最大的激励

这个技术不是摆在那儿看的花瓶，而是每天有好几亿的人可以使用的技术。也许毕业不到一年的人写的一个程序就能有上亿的人使用，或者是他改一个算法，就能够影响上千万元的收入。这样的成就感，我想对于每一个技术人员来说都是有吸引力的。

——李彦宏

○ 激励方式要因人而异

企业员工形形色色，但是都可以按工作能力与工作热情的标准，分为四个类型，即高热情高能力（A）、低热情高能力（B）、高热情低能力（C）、低热情低能力（D）。根据员工类型的不同，采取不同的激励方式，这样才能激发员工的干劲。

1.高热情高能力员工

给这些人才充分授权，赋予更多的责任。

2.低热情高能力员工

你这份报告做得不错，不过细节可以再清晰一点！

鼓励、鞭策，肯定其能力，同时对其提出要求。

3.高热情低能力员工

业务培训

充分利用员工的热情，及时对他们进行系统、有效的培训。

4.低热情低能力员工

首先激发其工作热情，改变其工作态度，再安排到合适的岗位上。必要时对其进行薪酬刺激。

物质激励很重要，但精神方面的激励同样不可或缺，尤其是巨大的成就感的激励作用不可忽视。李彦宏懂得利用这点。

在马斯洛的需要层次理论中，认为自我实现的需要是最高层次的需要。它主要是指个人的理想、抱负，发挥个人的能力要达到最大的程度，从而完成与自己能力相称的一切事情的需要。

不少人在工作中不是最看重金钱方面的激励，而是更加看重身上的担子。领导让他扛更重的担子，攻克更难的工作目标，反而会激发他们的工作热情，因为，这就是对他最大的激励。

有的领导常跟人诉苦："现在公司里的员工真让人费心，工作一点儿主动性都没有，你必须要不断地提醒他该做这个，不该做那个。一天到晚跑来跑去，真累死人了！"这个领导的遭遇实在令人同情，可这都怪下属吗？主要问题恐怕还出在领导的工作方法上。

假若在公司中开展一场工作竞赛，事先定好：工作成绩突出的前10名员工可以被评为模范人物。那么员工肯定会加班加点，争先恐后地去工作，根本不用别人监督。因为每个人都希望能进入模范员工的行列。

现在的人们渴望个人进步的心理并不比从前弱，但同时除了名誉上的奖励和称号外，他们希望通过自己付出汗水的工作能收到实实在在的利益，比如个人能力的提高、生活条件的改善，或是因此而产生的有利于社会的效益，等等。

所以，当你为下属讲明这次工作的重要意义、最后将获得的效益以及如果该项工作出现失误将会给整个公司带来损失，等等，让下属们感到自己所从事的是一项很有意义的工作，而且责任重大，这样他们自然会对工作产生兴趣，并会充满热情和干劲地投入进去。

每个人都有自尊心，也有被尊重的欲望。运用这种心理，可以充分调动下属的积极性，在竞争中展示自己的价值。

有个炼钢车间，任务总是完成得不好，厂长为了让工人更好地完成任务，便下到该车间与工人一起加班，有厂长在，工作效率自然比平时要高。临下班时，厂长问一当班的工人："我们今天炼了几炉？""6炉。"工人回答道。于是厂长要了支粉笔，在车间的地面上写了一个大大的"6"字。夜班工人接班后，见这个"6"字便问怎么回事，日班工人不无自豪地说："这是我们今天的工作成绩，是厂长替我们写的。"夜班工人听后非常不服气，憋足劲非要超过白班工人不可。第二天，白班工人接班时，见地上写了个大大的"7"字。白班工人也激起了比赛浪潮，到下班时，郑重地写下了一个特大的"10"字。炼钢车间的任务在工人自觉的竞争中顺利完成了。

利用自尊、好胜心理激发竞争意识，调动其积极性，比说教、劝解效果要好得多。无独有偶，一位美国老板采用一种激励办法，给予员工一种荣誉，从而发挥了员工的积极性。

美国一家纺织厂原来准备给工人买一些价格较高的新椅，放在工作台上休息。这本是件普普通通的福利设施，但老板一动脑筋，竟变成了激励机制。工厂规定：如果任何人超过了每小时的工作定额，则在一个月内赢得椅子。颁发椅子的方式也很特别，老板将椅子拿到办公室，请获奖的工人坐在椅子上，然后，在大家的掌声中，老板将他推回车间。这种"僧多粥少"的椅子，便成为工人竞争的目标，保住它和抢到它都是一种荣誉的象征。

摆一个擂台，让下属分别上台较量一番，谁赢了谁就得奖赏。为了获得奖赏，下属往往会使出很大的力气，以求击败对手，在上司面前逞能。

给员工以挑战，这是最有效的激励精神，在于"有本事就来拿"。拿到的人当然很高兴，拿不到的人也不应该怪别人，最好再充实自己，以便下一次顺利拿到。巧妙地构建一个让下属互相竞争的环境氛围或者平台，使他们自动自发地释放自己的工作潜能，你会发现，管理下属原来是那么轻松简单。

在公司中，如果能让每个下属都充满挑战是最好不过的，但这需要领导者的管理智慧。

摘到金苹果——保证优秀员工能顺利"晋级"

为员工提供晋升机会，可以促进员工提升个人素质和能力，充分调动全体员工的主动性和积极性，并在公司内部营造公平、公正、公开的竞争机制，但在提供晋升机会的同时，要注意规范公司员工的晋升、晋级工作流程。

——李彦宏

晋升机制是对企业管理者和员工的一种良好激励，实施得好，能形成良好激励氛围，提升个人和团队的业绩，留住企业的优秀员工。

晋升激励是企业领导将员工从低一级的职位提升到新的更高的职务，同时赋予与新职务一致的责、权、利的过程。晋升是一种重要的激励措施。企业职务晋升制度有两大功能，一是选拔、保留精英人才，二是提高员工的工作积极性。

将企业内部业绩突出和能力较高的员工加以晋升是一种十分常见的激励方式。这种方式提供的激励包括工资和地位的上升、待遇的改善、名誉的提高以及进一步晋升或外部选择机会的增加。晋升提供的激励是长期的，这样可以鼓励企业员工长期为企业效力。

人都有交往和受到尊重的需要，头衔往往有利于满足这种需要。因此，晋升体系要充分地应用这一工具。

F公司是一家生产电信产品的公司。在创业初期，依靠一批志同道合的朋友，大家不怕苦不怕累，从早到晚拼命干。公司发展迅速，几年之后，员工由原来的十几人发展到几百人，业务收入由原来的每月十来万发展到每月上千万。企业大了，人也多了，管理者明显感觉到，大家的工作积极性越来越低，也越来越计较。

管理者想，公司发展了，应该考虑提高员工的待遇，一方面是对老员工为公司辛勤工作的回报，另一方面是吸引高素质人才加盟公司的需要。为此，F公司重新制定了报酬制度，大幅度提高了员工的工资，并且对办公环境进行了重新装修。

高薪的效果立竿见影，F公司很快就聚集了一大批有才华有能力的人。所有的员工都很满意，大家的热情高涨，工作十分卖力，公司的精神面貌也焕然一新。但这种好势头不到两个月，大家又慢慢回复到懒洋洋、慢吞吞的状态。

F公司的高工资没有换来员工工作的高效率，公司领导陷入两难的困惑境地，既苦恼又彷徨不知所措。

很多企业把钱作为唯一的激励手段，在一些老板的意识里，花高价钱就能打动人才的心。实际上，我们也要注重人才的精神需求。当物质充足了，人才要求被尊重、独立决策的精神需求就增强了。头衔的改变就是最直接的精神奖励。

现代企业都很重视对员工的晋升，但实施得不好就会破坏团队气氛，影响员工工作情绪，并有可能产生破坏性工作。比如人才职位晋升后，却无法胜任新岗位，工作绩效下降了；或者人才职位晋升后，发现没有合适的人来顶替原来的岗位。这就说明了企业对人才晋升的机制没有做好，那么企业应如何设定有效的人才晋升机制呢？看看松下公司给我们的启示。

松下幸之助有句名言说：松下首先是制造人才的企业，然后才是制造电器。松下完备的晋升制度里尤其注重4点：

（1）资质审查。晋升者资质审查和接替岗位培养资质审查。确保晋升者有能力完成更高岗位的工作，同时也保障后来者有能力顶替上来。

（2）晋升培训。员工或管理者要想晋升，必须接受系统化的培训计划，只有通过培训考核合格才能上岗。

（3）晋升周期。除特殊情况外，一般管理者晋升，都必须岗位工作满一年后才可以晋升，同时晋升后考察期必须在1~3个月。

（4）责、权、利的统一。晋升到新岗位后，岗位职责不一样、权限不一样，报酬不一样，充分考虑对晋升者的激励。另外，职位的晋升也同薪酬做了有效的匹

○ 制定晋升规则的注意事项

企业经营者在制定晋升规则时要注意以下3点：

公平

对于员工的晋升要保证公平，管理者不能任人唯亲，而是给每一个员工同等的机会，从而激发员工的热情。

德才兼备

在选拔员工时不能只注重员工的能力，也要注重员工的素质和品格，让员工不仅能以才服人，也要以德服人。

特殊人才特殊对待

有的人非常有才，而所在岗位却一般，对于这样的人才管理者也应该相应地破格提拔，避免人才流失。

配，确保激励有效。

松下完整的人才晋升链条确保了人才晋升前后工作绩效的提升，让人才发挥最大潜能。

现代企业应建立晋升机制，引入适度竞争。如果企业工作效率低，可在短期提拔几位精英人才，让员工感觉到差距的存在，同时让他们产生危机感，如果落后就有可能失去工作。以此消除员工的惰性，激发企业内部活力。

最后，企业经营者在制定晋升规则时还要注意以下4点：

（1）"阶梯晋升"和"破格提拔"相结合。"阶梯晋升"是对大多数员工而言。这种晋升的方法可避免盲目性，准确度高，便于激励多数员工。但对非常之才、特殊之才则应破格提拔，使稀有的杰出人才不致流失。

（2）机会均等。人力资源经理要使员工有晋升之路，即对管理人员要实行公开招聘，公平竞争，唯才是举，不唯学历，不唯资历，只有这样才能真正激发员工的上进心。

（3）德才兼备，德和才二者不可偏废。企业不能打着"用能人"的旗号，重用和晋升一些才高德寡的员工，这样做势必会在员工中造成不良影响，从而打击员工的积极性。因此企业经营者对第一点提到的"破格提拔"要特别小心，破格提拔的一定是具有特殊才能的公司不可或缺的人才，他的德才要能服众。避免其他员工对晋升产生"暗箱操作"或者遭遇"潜规则"的误会。

（4）建立公司人才储备库。企业人力资源部门应定期统计分析公司各部门的人员结构，建立公司人才储备库。依据员工绩效考核结果和日常考察情况，筛选出各层级的核心、优秀、后备人才，对各专业、各层次的人才做到有计划开发，适当储备，合理流动，量才使用，并以此指导公司的培训、引才、留才的工作。

赏不逾时：把握激励的及时原则

激励越及时，越有利于将人们的激情推向高潮，使其创造力连续有效地发挥出来。

——北大管理理念

古人提倡"赏不逾时"，这就说明及时激励的核心是一个"快"字，激励只有及时才能使人们立刻意识到做好事的利益或做坏事的恶果，所以给人奖赏不能错过好的时机，"雪中送炭"和"雨后送伞"的效果是不一样的。

企业以追求效益最大化为目的，而员工业绩的最大化本身就是企业效益最大化的基础，因此管理者必须把握激励的及时原则，以使员工业绩最大化。

第十章
⊙激励管理课：滋润员工心灵，"在让利中学会分享"

在饭店工作的小马发现，每个到饭店就餐的人都对桌子上的瓜子非常感兴趣。不管是否喜欢吃，反正他们一坐下就开始抓起瓜子，一粒接一粒地嗑起来。即使中途出去接电话或者上厕所，回来还是很自然抓起瓜子嗑。

这到底是为什么呢？小马为了这个问题去请教心理学专家。心理学专家对此解释是：每嗑开一颗瓜子，人们马上就会享受到一粒香香的瓜子仁。这是对嗑瓜子的人即时的回报，在这种即时回报的激励下，人们不停地去嗑下一颗瓜子。另外，开始嗑瓜子后，不一会儿就有一堆瓜子皮产生，这会使人们产生比较明显的成就感。

这个案例对企业管理具有相当的警示作用。作为一名企业管理者，如果有办法能让他的员工像嗑瓜子一样愉快地完成工作，那么他无疑是成功的。管理者应该懂得，对于员工每一次完成任务都应该给予及时的激励。也就是说在员工完成任务以后，第一要激励，第二是要马上激励。

如果下属连续两次吃到坏瓜子（不为领导重视，或者不能获得奖励），那么，下属肯定不愿意再嗑瓜子了。如果你的某个下属这个月的任务完成得很好，那么你就应该按照制度当月兑现你给予他的奖金承诺，不要拖到下个月或者下下个月，更不能闭口不谈兑现奖金的事。否则员工的工作热情会因为出色的工作表现而没有得到上司的及时肯定或者奖励而衰退。

福克斯波罗是美国的一家专门生产高技术产品的公司，如一些精密仪器设备等。有一次，技术改造上碰到了一个难题。公司内很多人都束手无策，公司总裁也很苦恼。一天晚上，当总裁为此冥思苦想时，一位科学家闯进总裁办公室告诉他有了解决办法，接着详细地说给总裁听，总裁觉得很有道理，便想立即给予这位科学家奖励。

可是他在抽屉中翻找了好久，只找到一个香蕉，于是他只好把这个香蕉给了这位科学家。他说，这是他当时所能找到的唯一奖品了，科学家为此十分感动。因为这表示他所取得的成果得到了领导的认可。从此以后，该公司对攻克重大技术难题的技术人员，总是授予一只金制香蕉形别针。

总裁在没有别的东西做奖品的情况下，用一个香蕉作为奖品，这也是对员工的认可和激励。行为和肯定性激励的适时性表现为它的及时性。当事人的行为在适当的时候受到肯定后，有利于他继续重复所希望出现的行为。也让其他人看到领导是可信赖的，从而激起大家工作的热情，争相努力，以获得肯定性的奖赏。

北大管理理念认为，激励的作用往往是瞬间的，表扬要及时。一旦发现你的员工表现出色，要立即予以表扬，不要等到年末总结时再做，不要"秋后算账"，让员工能在被激励中更加鼓起干劲。

管理者要具有一双善于发现的眼睛，他们往往可以一周内就发现员工至少一项工作出色之处，并予以表扬。在这样经年累月的表扬下，员工的表现愈发出色，整个团队愈发体现出高绩。

　　有位国外名将认为，在战斗中表现突出的部队，应迅速给予表彰，奖励可以立即进行，向媒体宣布；随后再办理文书工作，不能因为各种报表的填写而造成时间上的延误，致使激励的效果减到最低，那种认为"有了成绩跑不了，年终算账晚不

○ 激励一定要及时

激励只有及时才能发挥其作用，否则就失去了意义，因此，管理者激励员工一定要及时。

设计完了？你这个设计非常有新意！

发现员工工作出色时，一定要及时表扬，通过这样的激励让员工保持工作热情，甚至激发员工更大的工作干劲。

做好了也没用，一点干劲都没有了！

如果员工表现出色之后没有得到激励，员工的积极性就会逐渐消退，从而缺少工作干劲。

所以，不要吝啬你的表扬，在员工干出成绩时及时送上激励，对员工和企业都有益处。

了"的想法和做法，只能使奖励本有的激励作用随着时机的延误而丧失，造成奖励走过场的结局。

海尔集团总裁张瑞敏曾经讲过一个开年终总结会的例子，他说："比如今天下午开会，那么中午的时候就一定要把奖金给大家发了，下午的会才会开得有效果。如果某个员工工作很出色，应该给其加薪或者予以奖励，结果拖了半年才真正兑现，虽然花了钱，也起不到应有的激励作用。"

激励标准适度就能使激励对象乐此不疲，反之，如果激励对象的行为太容易达到被奖励和被处罚的界限，那么，这套激励方法就会使激励对象失去兴趣，达不到激励的目的。所以，管理者切记：激励一定要及时，千万不能等到秋后算账。

不吝啬赞扬，最大限度地鼓舞士气

赞美是最有效的激励手段之一。

——北大管理理念

北大重视赞扬的力量。当管理者希望激励下属员工提高工作效率时，他需要做的事情很简单，就是：赞扬他。因为，赞扬是达到这一目的最行之有效的办法。人人都有得到别人承认、信任、重视和赏识的渴望，受人重视、被人赞扬的愿望，已成为人们内心最强有力的动力。

北大管理理念认为，赞扬的影响常常出乎意料的深远。其实很多人不仅仅是为了薪水而工作，他们更希望得到企业的重视。而对他们最有价值、最有力的赞美就是经常告诉他们："我为你感到骄傲。"

任何人都不喜欢处于被动地位。赞扬为何有如此功效？因为，赞扬一个人意味着尊敬。重视称赞，可最大限度地鼓舞人的士气和精神，提高他的被重视感和工作热情，释放一个人身上潜在的能量。有实验结果表明，当管理者公开赞扬下属时，他们的工作效率能提高90%，私下赞扬虽不及公开赞扬效果好，但工作效率仍可提高75%。

尽管如此，仍有不少管理者不了解如此显而易见的事。他们认为，使用赞扬会使人自高自大，认为过多的称赞会使下属变得随便和普通。所以，他们吝啬于他们的赞扬，宁愿使用命令和督促的口气催人办事，鞭策别人，认为这不但很有效果，自身还可以产生一种威严感。

其实，任何人都不会欣赏如此下命令的人。反之，如果管理者使用赞扬，特别是正面赞扬，夸他在某些方面比别人更出色或更能发挥作用时，他一定会充满信心，更加主动地做好事情。

　　心理学家威廉姆·杰尔士说："人性最深切的需求就是渴望别人的欣赏。"优秀的管理者要巧妙地运用赞美激励你的员工。管理者希望下属具有怎样的优点，就要怎样地赞美他。

　　赞美能够使员工树立自信、提高工作热情，并且可以进一步提高工作的效率。

○ 有效的表扬技巧

表扬可以有效激励员工，但是表扬也是存在一定技巧的，下面就介绍两种十分有效的小技巧：

这是你的企划？非常好，很有创意！

表扬要及时

表扬对方要在员工做出优秀成绩时及时进行，否则会让员工感到失望，从而消磨其积极性。

上次李总还对我说你的设计一直非常有新意，你很有才华！

通过第三人进行表扬

每个人都喜欢被表扬，而通过第三个人的口中得知，会让人感觉更真实，从而更有满足感。

作为管理者，对于这种不需要成本而效果明显的激励"武器"，为什么不经常使用呢？人的天性就喜欢听好话、受赞美。

每个人在得到来自他人的认可及赞美时，都会感到自尊心和荣誉感上的满足。而听到别人对自己的赞赏，并感到愉悦和鼓舞时，不免会对说话者产生亲切感，从而使彼此之间的心理距离缩短。人与人之间的融洽关系就是从这里开始的。

日本有关部门总结了日本战后迅速发展的原因，他们认为："日本国民的最大优点是，对外人不停地鞠躬，不停地说好话。善于发现他人的长处，善于赞美别人是日本迅速繁荣的一个重要原因。"

很多时候，如果没有赞美，我们便很少会主动为自己设太高的目标，而有了赞美、有了鼓励，为了不辜负别人的欣赏与肯定，我们更加严格要求自己、全力以赴地做好眼前的工作。由此可见，赞美也是一门艺术，管理者要理解员工的动机和需求，给予员工恰到好处的赞美是企业付酬最低，却能换回效果最佳的方式之一。

有管理者深感赞扬一个人很困难，他们抱怨没有在下属身上发现值得赞扬的"闪光点"。其实，每个员工都是一块闪亮的金子，只要管理者愿意睁大双眼，就能很容易地在每个人身上找到值得赞扬的地方。

有人说，赞扬本身就是一门艺术。的确如此，管理者赞扬员工并非一定要给予壮志凌云般的鼓励，但一定要注意表扬下属的技巧：

（1）表扬要具体，不要含糊其辞。表扬本来是激发热情的有效方法，但有时运用不当则会使下级反感。因此，管理者在谈话中表扬下属应斟酌词句，要明确具体。

（2）表扬应抓住时机。管理者与下级的谈话中能把握住有利时机去表扬对方，其效果可能是事半功倍，而失掉有利时机，其效果则可能是事倍功半。

（3）表扬要实事求是。对于管理者来说，要做到实事求是论功行善，首先必须把握公正这一原则。不管是谁，只要他出色地完成了一项工作甚至仅仅提供了一条有创意的思路，都应该受到表扬。

（4）表扬要放下"架子"。放下"架子"表扬下属可以用谦虚、真诚的姿态来表现，还可以把自己置于次要的位置、突出下属，表达自己对下属的赞扬之情。

（5）表扬要有实际行动。管理者对下属的长处和优点表示赏识和肯定，仅凭表扬的话是不够的，还要求关心和体贴下属，让人觉得他在充分地表达对人才的尊重。

（6）表扬可以借他人之口。借人之口表扬人，其中微妙的心理不仅让下属感到惊奇，更会令其陶醉在表扬的高超技术中。

（7）多表扬对方才华。每个人总是对自己的才华十分关注，多表扬他独特的才华，会产生激励的效果。

（8）赞美别人的前途和未来。赞美下属的前途和未来，应该结合下属具体的奋斗目标。不过这种赞扬不宜太具体，并且要加一定的附加条件，如"通过努力，你一定可以成为公司的明星员工"。

不过值得注意的是，管理者对下属的赞扬有一大忌，那就是切勿掉进"奉承"这一既虚假又无价值的陷阱里。诚恳地赞扬员工，会激发员工的超强战斗力。

第十一章　沟通管理课：

少说多听常点头，"下属的干劲是谈出来的"

与员工交流思想，这是你的主要工作

管理的本质就是沟通。

——北大管理理念

在现代企业管理中，贯穿其中的一条主线即为沟通，任何企业的日常管理工作都离不开有效沟通。

有效的沟通是企业高效管理和经营必不可少的管理手段与管理范畴，它渗透了管理的各个方面与各个层面、各个环节。著名组织管理学家巴纳德认为沟通是把一个组织中的成员联系在一起，以实现共同目标的手段。作为管理者，与员工交流思想，实现有效沟通，其重要性不言而喻。

要想成为一个优秀的管理者，一个深受下属爱戴的管理者，需要加强与下属的交流与沟通，倾听他们的真实想法，这样你才能知道他们的一些看法，及时发现问题，然后解决问题。

不过，有些人总喜欢把自己定位于高高在上的领导者，有时会觉得下属的理解能力差，结果拉大了自己与下属的距离，缺乏有效沟通，极大地激发了下属的不满情绪。

"苹果公司有2.5万名员工，大约有1万人在专卖店工作。而我的工作是与100位高层人员合作，这就是我的工作。他们并不都是副总裁，有些人只是关键的研究员。因此,当一个好点子出现的时候,我的工作之一就是让大家都看看这个点子,了解一下不同人的看法,让大家就此展开讨论,甚至是辩论,让这100个人交流思想。"这是媒体问及乔布斯管理风格时,乔布斯的回答,乔布斯深谙与员工交流、沟通的重要性。

有关资料表明,企业管理者在管理过程中,与员工进行沟通的时间达到70%才算是合格的。其中,开会、谈判、谈话、做报告是企业管理者最常见的沟通方式,管理者还要对外拜访、约见等。企业中大部分矛盾都是由于沟通障碍引起的,员工的执行力差,工作效率低,领导不力等问题,很大一部分原因是与沟通有关的。与下属适时地进行一些思想交流,是很有必要的。

耕柱是墨子的学生,墨子也很重视这个学生。不过,他总是挨墨子的责骂。耕柱觉得很委屈,因为大家都公认耕柱是墨子的优秀学生,但其偏偏常遭到墨子的指责。

一天,耕柱决定找墨子问个究竟:"老师,难道在这么多学生当中,我竟是如此的差劲,以至于要时常遭您老人家责骂吗?"

墨子听后,知道自己的学生对自己有所误解,但他不动声色:"假设我现在要上太行山,依你看,我应该要用良马来拉车,还是用老牛来拖车?"耕柱回答说:"再笨的人也知道要用良马来拉车。"墨子又问:"那么,为什么不用老牛呢?"耕柱回答说:"理由非常的简单,因为良马足以担负重任,值得驱遣。"墨子说:"你答得一点儿也没有错,我之所以时常责骂你,也只因为你能够担负重任,值得我一再地教导与匡正。"

通过沟通,相信耕柱和墨子的关系能更加融洽。这个故事也给企业管理一些有益的启示,哪怕管理者的出发点是好的,也不可忽视沟通的重要性。

沟通很重要,但常常被人们忽视。没有沟通,就没有成功的企业。企业内部良好的沟通文化可以使所有员工真实地感受到沟通的快乐和业绩的提升。企业内部的沟通管理,既可以使管理层的工作更加轻松,也可以使普通员工消除误解、提升效率,同时还可以增强企业的凝聚力和向心力。

沃尔玛总裁山姆·沃尔顿曾说过:"如果你必须将沃尔玛的管理体制浓缩成一种思想,那可能就是沟通,因为它是我们成功的真正关键之一。"

沃尔玛总部的行政管理人员并不轻松,因为他们每周都要花费绝大部分的时间飞往沃尔玛在世界各地所开设的商场,向有关人员通报公司的所有业务情况,并通过开会让所有员工共同掌握沃尔玛公司的业务指标。

在每个分店里,内部的有关人员都会定时地公布该店的利润、进货、销售和减价的情况,他们并不单单只向经理们公布,也向每一个员工以及店内临时的计时工和兼职雇员公布各种信息,这样做主要是为了鼓励店内的每个人能取得更好的成绩。

每次沃尔玛股东大会的规模都十分宏大,因为力求让更多的人参加,其中包括商店的经理与员工，其目的是让他们看到沃尔玛公司的全貌，让他们尽量做到心中有数，以便合理地安排具体工作。

为保持整个沟通渠道的畅通，沃尔玛还与世界各个店内的工作团队保持沟通，注重收集内部员工的一些意见与建议，同时还时常地带领所有的人参加"沃尔玛公司联欢会"等。

要保持管理者与员工间真正的沟通，就需要企业建立有效、通畅的沟通渠道，

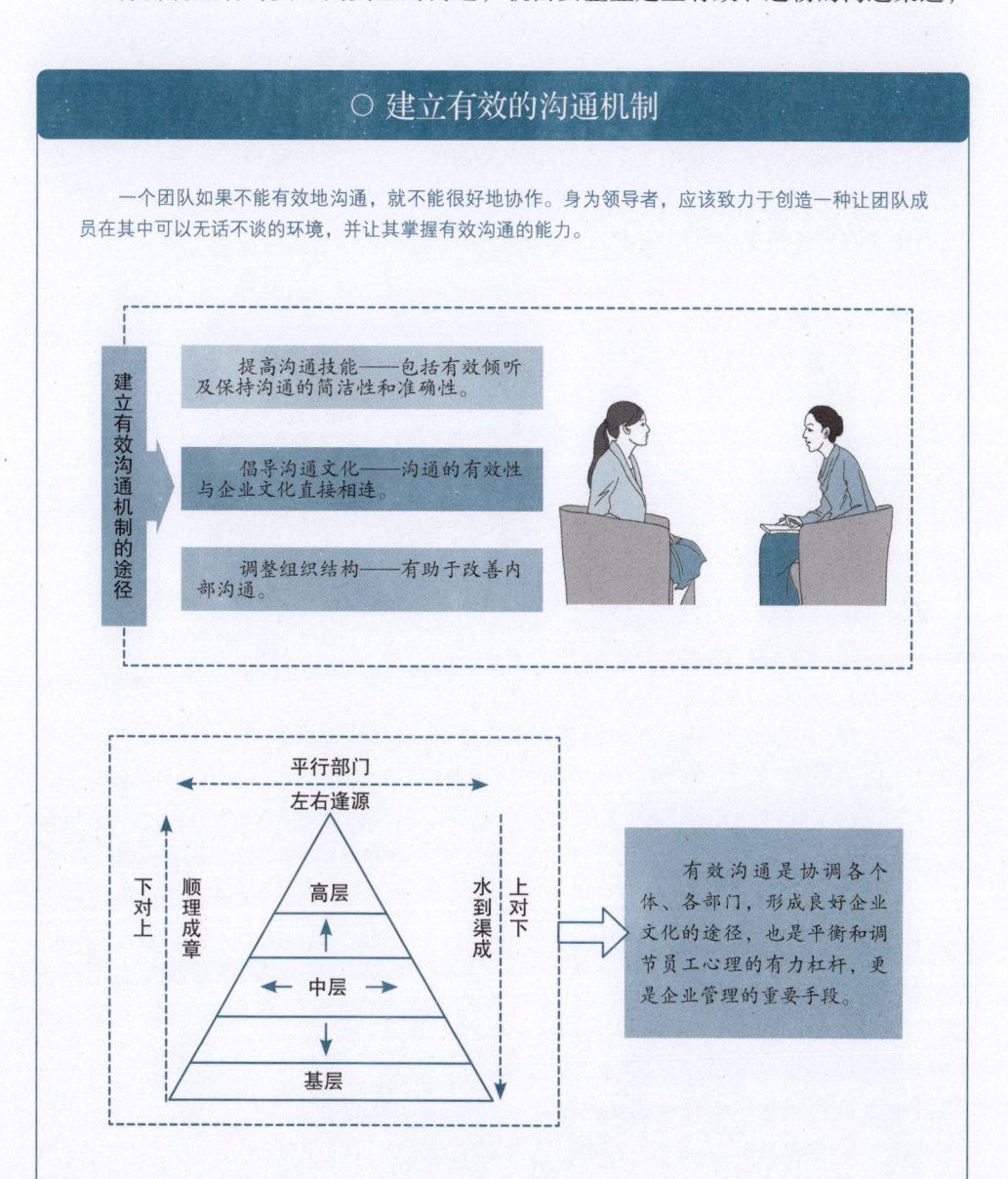

⊙ 建立有效的沟通机制

一个团队如果不能有效地沟通，就不能很好地协作。身为领导者，应该致力于创造一种让团队成员在其中可以无话不谈的环境，并让其掌握有效沟通的能力。

建立有效沟通机制的途径：
- 提高沟通技能——包括有效倾听及保持沟通的简洁性和准确性。
- 倡导沟通文化——沟通的有效性与企业文化直接相连。
- 调整组织结构——有助于改善内部沟通。

平行部门　左右逢源
高层　中层　基层
下对上　顺理成章
上对下　水到渠成

有效沟通是协调各个体、各部门，形成良好企业文化的途径，也是平衡和调节员工心理的有力杠杆，更是企业管理的重要手段。

将企业的相关信息都贯穿到内部的每个部门。这有利于消除员工与企业间的矛盾和隔阂，提高员工工作的积极性与企业整体的执行力，为企业谋取更大的利润。

作为管理者，必须从思想上重视与下属沟通的重要性，注重征求员工的意见和建议，让团队的每一个成员都有机会表达自己的意见，给予他们更多的空间。相互信任，这可以被视为管理者的主要工作。

在与下属加强沟通的过程中，管理者能够不断发现问题，并不断提高自己的管理水平。沟通是管理者不可忽视的一门课程，是值得每一个管理者好好学习的。一个善于沟通的管理者，才能把下属很好地糅合在一起，形成一个强大的整体。

许多管理者喜欢高高在上，缺乏主动与部属沟通的意识，凡事喜欢下命令，忽视沟通与交流。沟通是每个管理者都应该学习的课程，我们要将提高自己的沟通技能上升到战略高度。每个人都应该高度重视沟通，重视沟通的主动性，只有这样，我们才能够进步得更快，企业才能够发展得更顺畅、更高效。

不要像评论家一样品头论足，这样的态度解决不了问题

成功的管理者都典型地具有良好的沟通技巧，这里包括能够有效地给出工作内容，倾听反馈并采取行动，在团队成员之间培养融洽的气氛。

——北大管理理念

管理的过程从某种意义上就是管理者对员工的沟通的过程。德鲁克认为，沟通不仅考虑己方的利益同时也要顾忌对方的利益和需要，双方各取所需各应所求，这就是沟通最理想的境界。但这只是一种理想的境界，沟通的过程受很多因素的影响，当人际互动陷入对峙甚至敌对时，就会扩散敌意性和离心力，就会造成一输一赢甚至是"双输"的局面。

下属对工作理解不透，管理者因为沟通效果不佳而苦恼，却想不到好方法解决沟通的难题，只是对下属的办事能力品头论足，自然得不到管理者期许的结果。

有的管理者在无法与员工沟通时，认为是员工的理解能力有问题，说自己在对牛弹琴。其实，从对牛弹琴的这个成语故事中，我们就会了解沟通不畅是谁的主要原因。对牛弹琴是讲一个叫公明仪的人给牛弹奏古雅的琴曲，牛依然像先前一样埋头吃草。管理者要深思，没有听懂音乐难道是牛的原因吗？

办公室起火了，主管对刚走到门口的员工说："快拿桶水来！"员工边走边想：水龙头在哪儿？水桶在哪儿？他终于想起不远处的食堂就有水桶。他盘算着，先拿桶，然后到最近的水龙头打水，这样最省力。他回头一看，不得了了，办公室起火冒烟了！

原来，当主管发现火情，见到员工一来便马上要他去打水。主管脑子里想的事，员工是不知道的。员工直埋怨："早知道是灭火，附近就有灭火器，何必要跑到远处去拿水呢？"

如果主管起初就对员工说："着火了，你赶紧拿水来灭火！"这位员工脑袋里就会想："要救火，赶紧！救火不一定非得用水呀！附近不是有灭火器吗？"几分钟内，火就会被扑灭。

不能有效沟通，就无法明白和体会对方的意思，就难以把工作落到实处，工作就会出现问题。对于员工而言，沟通更是其了解信息、明白领导意图、确保有效执行的重要手段。

而且，一个有心的上司，也会希望他的下属来询问。下属主动沟通，一方面能让上级有效控制下属的执行过程，减少错误；另一方面，下属的沟通，很可能是其在工作上有不明之处，而上司能解答，可以增加上司的成就感。

北大管理理念认为，在一个团队里，如果不能有效地沟通，就不能够有效地协作。如果管理者在沟通失败后，仍然像评论家一样将自己置身事外，对员工品头论足，这样只会导致适得其反的效果，因为沟通是双向的事情。

有人认为，一个职业人士需要三项最基本的技能，它们分别是沟通的技能、管理的技能和团队合作的技能。作为管理者，必须通过沟通，知道大家各自需要得到什么样的帮助，尤其是在遇到困难的时候，更需要加强彼此间的沟通。

管理者所需要做的，是与下属做平等的沟通，俯下身来置身其中，这样才能最终取得沟通的良好效果。

小张是某小型企业新上任的业务经理，在对手底下的员工进行业务培训的时候，虽然认真负责，但却总是表现出极强的个人主义和自我优越感，而且还更喜欢用邮件等方式沟通。其实，在这种小型企业中，采用口头沟通就比较方便快捷，邮件反倒让员工对他产生了隔膜。

在接受培训的成员中，有一个人的资格比较老，因此总是在培训的过程中有点儿摆架子。结果，矛盾发生了，小张发现后者在业务处理上出现了一个问题，在没有和后者进行任何沟通的前提下，直接向上级反映了情况，结果让后者很不满。

本来事情并不大，结果闹得不欢而散，小张的工作也更加不好开展。

沟通是管理的高境界，许多企业管理问题多是由于沟通不畅引起的。良好的沟通建立在管理者主动沟通的基础上，沟通可以使人际关系和谐，可以顺利完成工作任务，达成绩效目标。沟通不良会导致生产力、品质与服务不佳，使得成本增加。

员工之间、员工和管理者之间需要交流，管理者必须垂询他们对企业发展的意见，耐心倾听他们提出的疑问，并有针对性地解答。当然，如果企业面临一些困难，也该向他们阐明，并告诉他们，这个时候企业需要他们的帮助与努力。

不说废话——向任正非学习"直接沟通"

沟通艺术有一个非常重要的原则，即简洁明了。

——北大管理理念

华为公司的创始人兼总裁任正非曾经当过兵，他崇尚"直接沟通"，也许是军队文化的一种延续。任正非的"直接沟通"风格也让其主持会议的效率极高，参加会议的人发言一般都是直奔主题，如果偶尔说出一些与议题无关的"废话"，任正非就会直接打断。

任正非的"直接沟通"和火爆脾气也带来了一些"沟通不充分"的问题，但他的"直接沟通"还是给管理者带来一些启发。

按照传统的沟通机制，沟通过程为：管理者下达命令——逐级传递——员工接收——完成工作——逐级反馈——管理者获取信息。由于在每一次传递过程中，都会出现不同程度的误传、少传等现象，所以，从一个命令的下达到反馈回相应的执行结果，其间产生的偏差将是惊人的。

长篇大论的泛泛之谈只会让别人厌烦，却达不到有效的作用。宝洁公司崇尚简单化的沟通方式，与公司雷厉风行的行政风格相吻合，它集中体现在该公司的标语"一页备忘录"里。

一次，一位经理向保洁公司的总经理查德·德普雷递交了一份意见书，上面详细介绍了他对公司问题的处理意见。没想到，理查德·德普雷看到后却没有提出表扬，而是对这份意见书提出了要求："把它简化成我所要的东西！"这份备忘录最终被退回。还有一次，一位主管递上来的报告非常复杂，查德·德普雷在后面批示道："我不理解复杂的问题，我只理解简单明了的！"

为更好地实现沟通，宝洁要求员工要不遗余力地将需要报告的内容提炼、浓缩到一页，把问题搞清楚，把事情搞透彻，那些不必要的长篇大论就显得毫无必要。宝洁有这么一句名言："尽量用一张纸。"所以公司送董事长、总经理、厂长的文件上面一定要有一个摘要，不管底下有多少页，摘要一定要把重要的事情讲完。

在宝洁，为了贯彻这种"一页备忘录"的原则，备忘录的写作甚至被当作一种训练的工具。一般而言，如果普通员工所看的信息是30页，给经理、副理看最好就是20页，给总经理、副总经理看最好就是10页，给董事长看最好就是5页。这并不表示信息不愿意完整地呈现给高层管理者，而是高层管理者需要在尽可能短的时间内阅读最有效的信息。

对于初次写备忘录的人来说，一个备忘录重写10次是常见的事，因为必须达到"在一张纸上做到细致、慎思、严格"的要求。通过"一页备忘录"的推行，宝洁希望能够训练员工更加周密地思考问题，从而有效地沟通。

有效沟通的实用方法

重复

我再强调一遍……

想把问题表达清楚，尤其是一些重要的事情，可能对方听一次并不能完全理解，这时可以重复强调一下，便于正确沟通。

一次说完

……去买此次公司培训的100本书，明天之前要到位。

汉语博大精深，不同的停顿方式就有不同的理解，因此在表达时，要一次性说完，不要断断续续影响对方的理解。

使用对方能听懂的词语

我们不能一直处于红海中，争取进入蓝海状态……

这个红海、蓝海是什么意思？

隔行如隔山，每个行业都有自己特定的术语，但是别人可能无法理解，因此，在沟通时，要使用便于对方理解的词语。

一页备忘录的威力在于要点鲜明集中，比主旨散布在十多页上的分散式、复杂式的报告要简洁清楚。一页备忘录也解决了很多问题。首先，只有少量的问题有待讨论，审核的速度加快了，工作效率也提高了；其次，避免了大量的、不必要的时间上的浪费；最后，这种精练的文章形式，使要报告的事情的含金量大大提高。

北大管理课建议，管理者要尽可能缩短沟通的时间。沟通是必要的，但没有必要把无谓的时间都花在无效的沟通上。以下是一些能够带来有效沟通的实用方法：

1.避免拐弯抹角

拐弯抹角是制约有效沟通的典型因素。大多数人并不喜欢管理者拐弯抹角地就某个问题进行持续的沟通，管理者要胸怀坦荡，学会与下属直接沟通，就事论事。

2.反复强调

处理的问题越复杂，这个原则越重要。有时，我们想当然地认为下属和我们一样了解问题的背景信息，可以牢牢把握所要讨论的问题，但实际上，可能下属对这些信息根本一无所知。当我们拿不准的时候，最好能清楚地讲明背景信息，反复强调总比挂一漏万强。

3.一口气把话说完

有些管理者喜欢说一些不完整的句子，需要下属去猜管理者所要表达的意思。如果管理者说"去买一批书"，因为没有完整的陈述，可能让下属捉摸不定。如果说"去买此次公司培训的100本书，明天之前要到位"，就给下属一个清晰的指向。

4.使用适合对象的语言

如果你是个物理学家，在一个学术会议上与其他物理学家讨论测不准原理，你可以自由地运用你的专业术语。但是，如果你是在向一群普通人解释这个原理，就必须要用比较通俗的语言，方便大家理解。不要对着外行人使用业内行话，沟通的关键是理解。沟通时最忌讳的事是故作高深，让人云里雾里。

用心倾听员工的心声和抱怨，让对方多说话

表达不同意见时请保留对方立场，沟通没有对与错，只是观念、立场不同而已。

——北大管理理念

员工对企业的抱怨其实也是反映企业真实管理问题的一种途径。很多时候，作为管理层是不会倾听员工对企业的抱怨的，甚至会通过各种途径来打压这种声音，当然这并不是一种聪明的做法。员工的抱怨并不一定就是错的，如果企业管理者认真倾听员工的抱怨，抓住几个员工最为关注的问题去落实解决，对企业的管理来说，可以起到事半功倍的效果。

第十一章
沟通管理课：少说多听常点头，"下属的干劲是谈出来的"

美国企业家亚克卡曾对管理者的倾听有过精辟的论述："假如你要发动人们为你工作，你一定要好好听别人讲话。一家蹩脚的公司和一家高明的公司之间的区别就在于此。作为一名管理人员，使我感到满足的莫过于看到企业内被公认为一般的或平庸的人，因为管理者倾听了他遇到的问题而发挥了他应有的作用。"

北大管理理念认为，倾听员工的抱怨也是沟通的重要组成部分。一个善于倾听的人，不但使谈话的人说得开心，自己也能够从谈话中得到有价值的信息。

倾听是管理者了解员工诉求的有效方式，然而许多管理者不愿倾听，特别是不愿倾听下属的抱怨。其实，倾听是一个参与的过程，在这个过程中，管理者不仅要接受、理解别人的话，清楚他们的内心想法，更要为此做出必要的反馈。

抱怨并非都是负面的，这同样是一种沟通方式。这种发自内心的倾诉比客套的一般性的交谈效果要好得多。当下属明白自己谈话的对象是一个倾听者而不是一个等着做出判断的管理者时，他们会毫不隐瞒地给出建议。这样，管理者和员工之间就创造性地解决了问题，而不是互相推诿、指责。

但是，如果下属陷入没完没了的抱怨，甚至不分对象地抱怨，管理者就需要用一些技巧了。

小唐是某电子公司的工程师，业务能力很强。公司让他管理一个项目组，然而，搞技术与做管理是完全不同的两回事。虽然他搞技术很在行，但是，既要顶住来自上面的业绩压力，又要管理自视颇高的知识型员工时，小唐的压力陡然增大。他抱怨员工不服管理是因为自己不掌握财权，他抱怨公司不给支持导致各部门沟通不畅。而抱怨过后的结果是，他的领导没有给予更多关注。小唐也意识到，抱怨无异于证明自己无能，就干脆忍而不发，回到家里也不敢向正在孕期的妻子诉苦，最终竟然得了抑郁症。

实际上，小唐的领导并不是个好领导。如果他能及时与小唐沟通，倾听他的抱怨，给其心理疏导和支持，相信不会造成如此后果。

员工抱怨有时候是情有可原的，追求完美的员工、智商高但情商低的员工、过于自负和自卑的员工，是最易产生抱怨的人群。作为管理者，要特别注意与之及时沟通。管理者应树立这样的形象：遇到任何问题请及时沟通，我会静心倾听，为你解困。在倾听中要认同对方的情绪："嗯，我理解。""我也有过这种体会。"事实上，认真倾听本身就是化解负面情绪的最好方式。

用心倾听是理解他人的第一步，也是建立信任感的前提。只有倾听过后，才会理解对方为什么抱怨以及抱怨的是什么，掌握了这些"一手材料"，才能从根本上解决问题。

作为管理者，应该学会倾听，不要总以为自己是管理者，只需要对下属发布命令就可以了。管理者需要坦诚相见，做一个忠实的听众，让下属说出自己的内心想法。一个善于倾听的管理者，能够让沟通的渠道保持畅通，及时纠正管理中出现的一些错误，制定出一系列切实可行的方案和制度，促进团队的发展。

管理者倾听的过程，其实就是在给予下属心理认可的过程。当下属向你说出自己的一些想法，倾诉自己的一番抱怨后，通过这种发泄，他就可以从你身上获得心理认可的满足感。而基于礼尚往来的心理原理，他也会认可你，并在内心无意识地觉得应该给予你相应的回报：加倍努力工作，证明自己是优秀的，是值得你关注和认可的。

下属最普遍的抱怨形式就是唠唠叨叨把自己的一肚子不满倾倒出来，对此，作为管理者绝不能装作听不见。相反，你一定要做下属的听众。获得卓越驾驭能力的最快捷、最容易的方法之一就是用同情的心理，竖起耳朵倾听他们的烦恼和抱怨。要正确处理好下属的抱怨，你必须做到以下几点：

1.不要忽视源头

不要认为如果你对出现的困境不加理睬，它就会自行消失。不要认为如果你对下属奉承几句，他就会忘掉不满，事情的发展并非如此。如果没有得到解决下属不满的源头，下属可能会向他的同事发牢骚，而他们可能会赞同他。当管理者忽视小问题，结果一定会让小问题恶化成大问题。

2.承认错误

管理者如果听到下属的抱怨涉及自己，并且确实是因为自己思虑不周，管理者应该承认自己的错误，并做出道歉。这样做，一方面可以消除产生抱怨的条件，另一方面只要处置得当就会让员工感受到你的真诚。

3.不要置之不理

不要对抱怨置之不理，这样下属可能会从抱怨转变为愤恨不平。这会严重影响到他们工作。绝不能以"那有什么呢"的态度加以漠视。即使你认为没有理由抱怨，但下属也可以认为有。如果下属认为它是那样重要，应该引起你的注意，那么你就应该把它作为重要的问题去处理。

4.要听弦外之音

认真地倾听下属的抱怨，不仅表明你尊重下属，而且还能使你有可能发现究竟是什么激怒了他。例如，一位打字员可能抱怨他的打字机不好，而他真正的抱怨是档案员打扰了他，使他经常出错。因此，要认真听人家说些什么，要听弦外之音。

5.不要发火

当你心绪烦乱时，你仍听到下属的抱怨，可能会使你无法清醒地思考，甚至会轻率地做出反应。因此，要保持镇静。如果你觉得自己要发火了，就把谈话推迟一会儿。

6.别兜圈子

在你答复一项抱怨时，要触及问题的核心。要正面回答抱怨。不要为了避免不愉快而绕过问题，不把问题明说出来。你的答复要具体而明确。这样做，你的真意才不会被人误解。

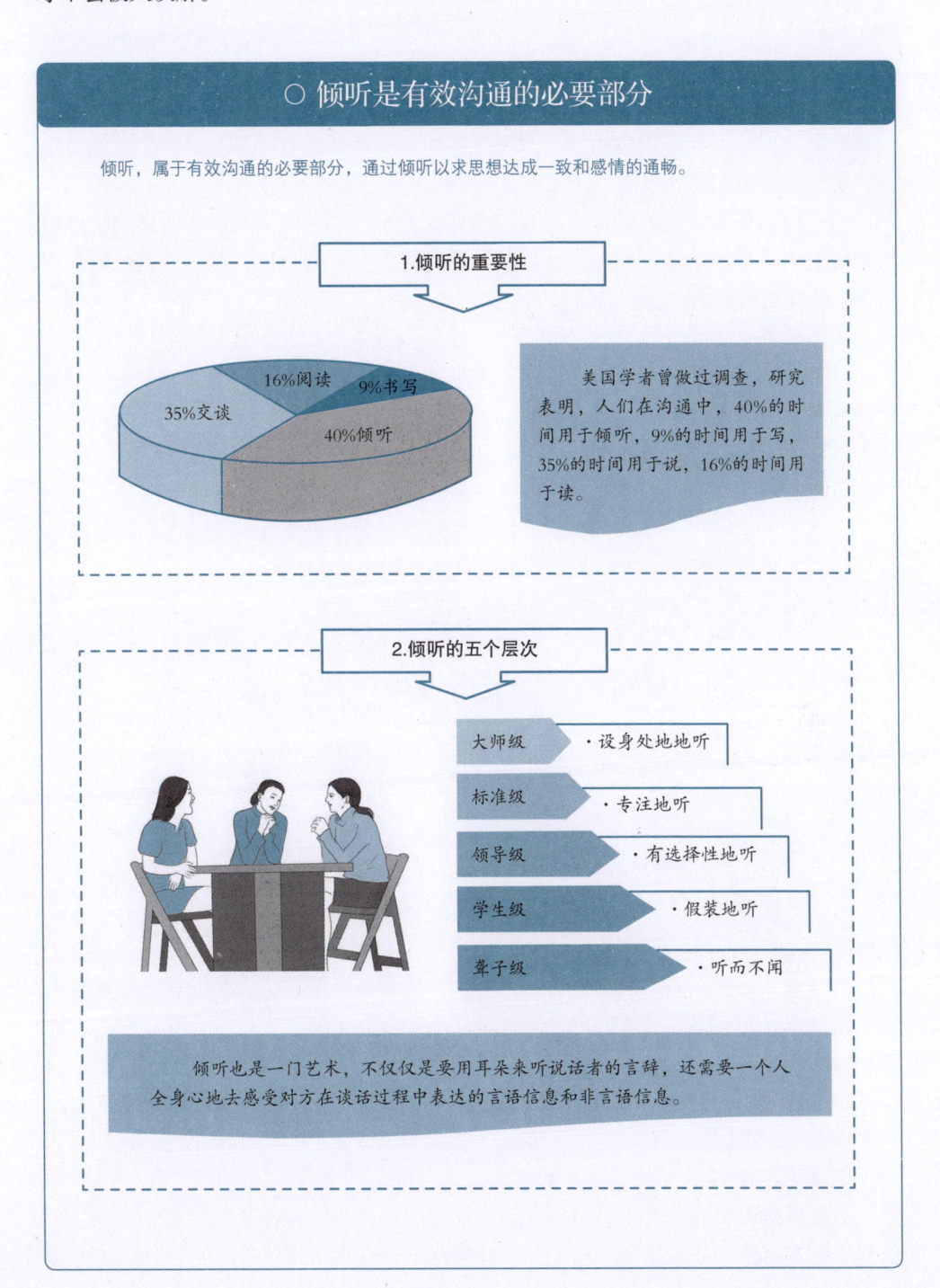

○ 倾听是有效沟通的必要部分

倾听，属于有效沟通的必要部分，通过倾听以求思想达成一致和感情的通畅。

1.倾听的重要性

- 16%阅读
- 9%书写
- 35%交谈
- 40%倾听

美国学者曾做过调查，研究表明，人们在沟通中，40%的时间用于倾听，9%的时间用于写，35%的时间用于说，16%的时间用于读。

2.倾听的五个层次

层级	方式
大师级	·设身处地地听
标准级	·专注地听
领导级	·有选择性地听
学生级	·假装地听
聋子级	·听而不闻

倾听也是一门艺术，不仅仅是要用耳朵来听说话者的言辞，还需要一个人全身心地去感受对方在谈话过程中表达的言语信息和非言语信息。

7. 解释原因

无论你赞同雇员与否,都要解释你为什么会采取这样的立场。如果你不能解释,在你下达决定之前最好再考虑一下。

8. 表示信任

并非所有抱怨都是对下属有利的。回答"是"时,你不会遇到麻烦,回答"否"时,你就需要利用你的所有管理技能,使雇员能理解并且心情愉快地接受你的决定。

在你向他们解释过你的决定之后,你应该表示相信他们将会接受。求助于他们的推理能力,求助于他们对公平处世的认识和同等对待的信任,努力使他们搞清你所做那个决定的理由,使他们同意试一试。

9. 公平处理

掌握事实,掂量事实,然后做出不偏不倚的公正的决定。做出决定前要弄清楚下属的观点。如果你对抱怨有了真正的了解,或许你就能够做出支持下属的决定。在有事实依据、需要改变自己的看法时,不要犹豫,不要讨价还价,要爽快。

10. 敞开大门

不要怕听抱怨。"小洞不补,大洞吃苦",这句话说明在萌芽阶段就阻止抱怨是再恰当不过了。要永远敞开大门,要让下属总能找得到你。

传递期望,让员工感受到鼓舞而不是失望

对下属进行充分而有效地沟通,向下属传递自己的期望,在让下属明了他所做的工作的目标和意义、价值后,会增加他们的工作热情和主动性。

——北大管理理念

"民可使由之,不可使知之。"在中国传统管理中,片面强调被管理者应无条件地服从,而忽视沟通的重要性。

很多人认为管理者与被管理者之间不能有太多的平等,没有必要告之被管理者做事的理由。没有充分有效的沟通,员工就不知道做事的意义,也不明白做事的价值,因而做事的积极性也就不可能提高。

一个优秀的管理者,如果明了沟通与管理的关系,也就不会轻视管理的沟通工作。管理者的期望传递到员工身上,员工会感受到正能量,定会在工作中付出努力。

管理者在给员工分配工作任务之前,一定要先了解下属目前的工作状况。如果一名工作能力很强的员工已经很忙,为了完成手头的工作任务需要加班加点,那么就不适合再给他分配新的工作任务。如果决定把某项工作任务交给一名员工去完

成，一定要告诉他为什么要交给他这项任务。

在进行沟通之前，管理者有必要了解员工的期待是什么。只有这样，我们才能知道是否能利用他的期望来进行沟通。

一位经理安排主管去管理某个生产车间，但是这位主管认为，管理该车间这样混乱的部门是件费力不讨好的事。经理于是开始了解主管的期望，如果这位主管是一位积极进取的年轻人，经理就应该告诉他，管理生产车间更能锻炼和反映他的能力，今后还可能会得到进一步的提升；相反，如果这位主管只是得过且过，经理就应该告诉他，由于公司的业务重组，他必须去车间，否则只有离开公司。

沟通必须建立在对方期望的基础上，传递管理者的期望。德鲁克说，只有了解了对方的期望，我们才能了解沟通是否能够利用收听者的期待，以及是否需要对他"当头棒喝"，而让他意识到"不能如其所愿"的事情正在发生。也就是说，通过了解对方的期待，使我们的沟通更有针对性。

沟通是启发下属员工工作热情和积极性的一个重要方式。主管与下属经常就下属所承担的工作，以及他的工作与整个企业的联系进行沟通，下属就会受到鼓舞，就会使他感觉到自己受到的尊重和他工作本身的价值。这也直接给下属带来了自我价值的满足，他们的工作热情和积极性就会得到提升。

杰克·凯维是加利福尼亚州一家电气公司的员工，他是一位优秀的基层管理者。他一向知人善任，并且每当推行一项计划时，总是不遗余力地率先做榜样，将最困难的工作承揽在自己的身上，等到一切都上了轨道之后，他才将工作交给下属，而自己退居幕后。虽然，他的工作无可挑剔，但是他并不受下属的欢迎。

凯维的上司发现，一向精神奕奕的凯维最近却显得无精打采。原来经济不景气的缘故，再加上预算又被削减，使得部门的发展停滞不前。凯维认为，如果这种情形若继续下去，后果一定不可收拾。于是他实施了一套新方案，并且鼓励职工："好好干吧！成功之后一定不会亏待你们的。"但没想到结果还是功亏一篑，他不禁大发雷霆，惹得部门同事更加对他有意见。

凯维的上司发现了这些情形后，便对他说："你最近看起来总是无精打采的，失败的挫折感我当然能够体会到，但是我觉得你之所以会失败，是因为你只是一味地注意该如何实现目标，却忽略了团队建设这种软体的工程，如果你能在这方面下点儿功夫，部门的难题一定能够迎刃而解。"

上司诚恳地对他说："我觉得你就是进取心太急切了，又总喜欢做员工的表率，而完全不考虑他们的立场，认为他们一定能如你所愿地完成工作，结果倒给了员工极大的心理压力。每个人当然都知道工作的重要性，所以你大可不必再给他们施加压力。你需要重点恢复和员工的关系，至于工作方面，我会帮助你的。我相信你一定会重新站起来的，毕竟你是我最优秀的部属。"

上司在与杰克·凯维沟通之前，已经做过详细的调查，不仅清楚凯维消沉的原因，也知道了同事对他的评价。他判断，凯维此时最需要的一定是失败的原因和鼓励的话语。所以，他才说出这样的话。这些话对于凯维来说确实很受用，在上司与他谈完话的第二天，他就信心百倍地开始工作了。

会打棒球的人都知道，当我们要接球时，应顺着球势慢慢后退，这样的话，球劲便会减弱，与此相似，我们在说服他人的时候，如果能将接棒球的那一套运用过来，沟通就会变得极为容易。

从这个意义上讲，有效的沟通是提高企业组织运行效益的一个重要环节。实现有效沟通，重点在于把期望传递给下属，让员工感受到鼓舞，从沟通中获取前进的力量。

还有一点也很重要，管理者要向下属员工彻底说明对他们的工作期望，然后密切监控工作的进展情况。当然，这并不意味着当工作出现问题的时候，管理者就要立即介入，代替下属员工去解决工作中的具体问题。相反，管理者应该预计到工作进行过程中可能会出现的问题，为下属成功解决这些问题提供必要的支持。

心怀善意和认同感，可以帮你赢得人心

你即使什么都没有也可以分享，你至少可以跟别人分享笑脸。

——俞敏洪

在企业管理中，管理者能够体会他人的情绪和想法，理解他人的立场和感受，并站在他人的角度思考和处理问题，对员工的善意和认同感会使得员工和你站在同一战线。

管理者缺乏与员工之间的沟通，会使管理者对员工不能进行有效的管理；也使得员工缺乏对企业精神的理解与共识，更不可能认同企业的共同使命、共同目标。作为企业管理者，要有"员工为我，我为员工"的概念，对员工心怀善意。要站在平等的角度上来理解员工，员工不是机器，所以我们不应该仅仅只看到公司眼前的利益，同时也应该重视员工的感情和需要。

管理者常常会以为，在与员工沟通时，主动询问员工有没有问题，是一种很善意且实际的沟通。但实际上，管理者与员工在客观上存在着地位差距，员工们在工作中被管理者问及有没有问题时，往往唯唯诺诺或表示没有问题。实际上，沟通在这里出现了断痕。

春秋时期的郑国是个小国，国人喜欢聚集在乡间的学校里，七嘴八舌地议论国家主政的官员。大夫然明对丞相子产说："下道命令，不让他们聚集议论，以免是

第十一章
◎沟通管理课：少说多听常点头，"下属的干劲是谈出来的"

非，可不可以呢？"子产说道："为什么要这样做？那些人早晚聚集在一起休息、谈笑，当然要议论我们把国家治理得好还是坏。他们肯定的，我就努力去做；他们讨厌的，我就马上改正；他们是我们的老师啊。为什么要打击他们呢？我只听说忠诚为善可以减少怨恨，没有听说以势作威就能防止怨恨。如果作威防怨而不能止住怨恨，就会像大河决口，就无法救治了。所以，不如开个小决口，让人们的怨恨有发泄渠道，我就能从容地听从并改正了。"然明被子产的话折服了。弱小的郑国在子产的开明治理下，出现了政通景明的气象。

由此观之，心怀善意，这才能形成有效沟通。管理者在开展沟通工作前，必须正视并争取尽快解决这些问题。尽最大努力创造条件，维护员工的利益，使员工能真切感受到来自管理者的关心和温暖，从而提高员工对沟通工作的认同感。

作为管理者，抱持一颗"同理心"，认同员工并对员工心怀善意，支持员工，和员工一起奋斗，这也是有效沟通的重要方式。

王晓到一家日化公司应聘部门经理，公司人力资源部门告诉他要试用3个月，要把他安排到商店做普通的销售员。起初王晓很不理解，自己有很好的学历背景，又有一定的工作经验，总经理凭什么让自己从基层干起呢？但随即王晓又转换了想法，他从老板的角度考虑，如果自己一上来就被安排在管理者的位置，在不了解公司的情况下，很有可能就担不了大任，这对老板来说，可能就是更大的损失了。

于是，王晓沉下心来从最简单、最基本的工作做起，全面了解公司，熟悉各种业务，他在销售岗位做得很出色，取得了不小的业绩。3个月试用期满，总经理将他叫到办公室，通知他已经通过了公司对他的考验，可以正式就任部门经理了。

在王晓出任部门经理的半年中，他带领部门积极配合总经理的工作，紧跟公司的发展策略，取得了辉煌的业绩，为公司的发展做出了贡献，深得总经理的青睐。几年之后，总经理调回总部，临走时他推荐王晓出任总经理一职。

无论是管理者还是员工，都应该对对方的决定或行为抱持善意的态度，这样，更有利于我们站在相互的角度考虑问题，进而理解对方的工作方法与处理问题的方式。

当你试着待人如己，多替对方着想时，你的善意就会无形之中表达出来，从而感动和影响包括你周围的每一个人。你将因为这份善意而得到应有的回报。

成功守则中非常重要的一条定律——待人如己，也就是凡事为他人着想，站在他人的立场上思考。优秀的管理者，应该对员工心怀善意，和员工一起奋斗，在他们的帮助下，实现你自身的价值。

放下你的高姿态，和员工坦诚交流

> 理论上讲，大家任何时候想跟公司高管进行交流都是可以的。我们也在不断地创造各种各样的机会，希望跟大家有更多接触。
>
> ——李彦宏

美国加利福尼亚州立大学研究所指出："一个企业中，最有效的交流方式是平行交流。"所谓的平行交流，就是管理者在消除等级障碍的前提下，以与员工平等的姿态在企业内部进行的各种上下级交流。其核心理念是：平等与信任。

北大管理课推崇平等沟通的管理法则。企业中的员工是有血有肉的个体，他们是有感情的，并非冰冷的机械。正因为如此，管理者一定要认识到，管理者与被管理者在法律上都是平等的个体，相互之间在法律上是平等的。所以，要以平等的姿态去与员工沟通，让员工感到你的真诚，然后再动之以情、晓之以理地教育、沟通，必将收到事半功倍的效果。

许多企业的管理者口头上宣讲"坦诚沟通"的理念，但领导却只是喜欢听好话，不容有不同的声音。在各种议题的会议上，领导大谈沟通要坦诚，要放开心扉。但与会的人员却不能相互信任，一点儿都不坦诚，总在揣摩管理者的心思，不厌其烦地重复一些陈词滥调，而对于实际问题却避而不谈。管理者不放下自己的高姿态，每次的沟通注定只会得到这样的结果。

这种沟通，并不能有效消除沟通机制中的等级障碍，改善沟通环境，沟通的效果自然也不尽如人意。日本松下电器公司总裁松下幸之助尽管身居公司高位，但是他从来不以管理者的姿态对待员工，而是愿意员工以一种平等的姿态对待自己。

松下电器公司创业时期，根据员工的业务技能，他们被分成四个等级，其中最低的一个等级为候补四级。有一位候补四级的员工在公司服务了好多年，也为公司做出了一些贡献，他自认为已经具备了三级员工的资格。于是，他找到松下，表达自己的不满："一直到现在，我都没有得到提升，是不是我的努力还不够呢？如果真的是这样，我宁愿多接受一些指导。"

松下没有因为这件小事而置之不理，他责令人事部对这件事进行查处，结果发现，这位员工原本具备晋升的资格，只是由于工作人员的大意，而忘记给他办理晋升手续。

松下平易近人，他愿意和员工面对面地交流，愿意倾听员工的一些想法，甚至是一些不堪入耳的责骂，员工也会在松下面前说出来。有一次，公司的一位员工被批发商狠狠地训了一顿："你们的老板怎么会让你们生产出这样的产品，我看他还不如去开个烤白薯店，别再制造电器了。"这位员工竟如实地告诉了松下。随后松下亲自拜访了这位客户，以表示歉意。令这位批发商感到惊讶的不是松下的到来，也不是他的歉意，而是那位员工竟把他的话如实地告诉了自己的老板！

松下对这一点不无骄傲："我非常信任我的员工，我们之间无所不谈。"

如果一个管理者执着于显示自己的地位与身份，那他和员工的关系肯定是失败的。松下无疑具备高超的沟通艺术，只有让每一位员工都感到自己是公司中平等的一员，他们才能信任对方，才能将自己的建议与意见向管理者毫无保留地表达出

○ 管理者要学会与员工坦诚交流

怎么都不说话？

很多企业管理者和员工之间都缺少交流，尤其是在开会的时候，只有领导讲话，员工几乎一片沉默。显然，这对工作的有效进行十分不利。

想要在工作中与员工有效交流，就要在平时多下功夫。在日常的工作中，管理者要深入员工之间，多与员工沟通，这样在工作中员工才能畅所欲言。

想要和员工打成一片，有效沟通，管理者就要放低姿态，不能高高在上，让员工产生距离感和压迫感。

来。没有平等与信任便没有沟通，没有沟通便没有管理。

　　管理者在与员工沟通的同时，应经常关注员工的日常生活。闲暇时聊聊堵车和天气，或是音乐和时尚之类员工感兴趣的话题，这是拉近与员工距离的好方法。如果公司在原则上难以解决员工的需求，要及时地向员工说明以得到员工的理解。

　　以管理者的身份与员工沟通，往往缺乏信任和坦诚，而这会从企业的根本上动摇我们快速成长、锐意创新的根基，会让企业成为一潭死水、失去活力。

　　管理者都不希望自己的公司如同一潭死水一般没有生气，可是在会议或是工作报告等很多情况中，却经常存在这样的问题。要提高员工沟通的热情，在管理中发扬民主精神，带动员工讨论，并把集体讨论中产生的有益的意见和智慧及时反映到公司的决策中来，才能充分地提高员工的积极性和创造性。

　　管理者应熟练地完成身份转换，在公司里是领导，在公司外则是与员工无拘无束的平等沟通者。在更为自然的环境中与员工沟通，往往能达到在公司里难以达到的效果。

　　作为管理者，如果在生活中对员工坦诚相见，无疑会给自己平时的威严中增加几分亲和力，员工能从中感觉到来自老总的善意，容易心情愉快，畅所欲言，从而建起与员工的感情桥梁，方便进行有针对性的信息传递。

　　作为管理者，要放低姿态，充分信任自己的下属，倾听他们工作中存在的问题和对工作的建议，力图让他们的才能得到最大的发挥。只有在平等和信任基础上的坦诚交流才能造就高效的工作，才能培养优秀的员工。

第十二章 执行力管理课：
大多数时候，人们不知道干什么

把信交给加西亚——管理呼唤优秀执行力

员工没有执行力企业就没有战斗力，没有执行力一切都是空谈。

——北大管理理念

美西战争爆发以后，美国必须马上与西班牙反抗军首领加西亚将军取得联系。加西亚将军隐藏在古巴辽阔的崇山峻岭中——没有人知道确切的地点，因而无法送信给他。但是，美国总统必须要尽快地与他取得联系。怎么办呢？

有人对总统推荐说："有一个名叫罗文的人，如果有人能找到加西亚将军，那个人一定就是他。"

于是，他们将罗文找来，交给他一封信——写给加西亚的信。关于那个名叫罗文的人如何拿了信，将它装进一个油纸袋里，打封，吊在胸口藏好；如何在3个星期之后，徒步穿越一个危机四伏的国家，将信交到加西亚手上——这些细节都不是我们想说明的，我们要强调的重点是：

美国总统将一封写给加西亚的信交给了罗文，罗文接过信后，并没有问："他在哪里？"

像罗文这样的人，我们应该为他塑造一座不朽的雕像，放在每一所大学里。年轻人所需要的不仅仅是学习书本上的知识，也不仅仅是聆听他人的种种教诲，而是更需要一种敬业精神，对上级的托付立即采取行动，全心全意去完成任务——"把

○ 优秀执行者的基本素质和条件

优秀的执行者是每个企业都需要的人才,那么,一个优秀的执行者具有哪些素质呢?

好的,我马上去办。

1.不找借口

面对上级的任务,不管出于什么原因,都尽力去做,绝不给自己找任何借口。

操作专业化

专业化的操作手段会让工作更加出色,企业想要执行者具有这一能力,可以对员工进行这一方面的培训。

你完成得很好!

办公室

圆满完成任务

执行者执行任务的结果如何是检查执行者能力的主要方法。因此,一个优秀的执行者必定会圆满完成自己的任务。

信送给加西亚"。

上文节选自《致加西亚的信》，这本小册子出版100年来，全球销售逾8亿册，这个送信的传奇故事在全世界广为流传，"罗文"作为优秀执行者的形象深入人心。

北大光华管理学院的授课理念指出，多数企业，战略或决策都以失败告终，最常见的原因是执行的欠缺。GE前CEO杰克·韦尔奇说："管理者的执行力决定公司组织的执行力，个人的执行力则是个人成功的关键！关注执行力就是关注企业和个人的成功。"美国前总统艾森豪威尔说："任何语言都是苍白的，你唯一需要的就是执行，一个行动胜过一打计划。"

执行力引起了全球有识之士的持续关注。正因为如此，管理者都在努力寻找坚决服从、尽职尽责、追求结果的卓越执行者。罗文就是这样的人。

接到任务后，不折不扣去执行，排除万难完成工作，这是一名员工完美的执行能力的高度体现，企业需要的就是像罗文这样的执行者。

世界上最成功的企业无一不是拥有着不折不扣的执行者，所有优秀的企业都致力于打造一支具有强大执行力的队伍和组织。只有拥有了强大执行力的人，组织才能拥有强大的执行力。企业需要执行力，其实需要的就是执行的人，需要不折不扣的优秀执行者。

海尔的杨绵绵、联想的马雪征、华为的孙亚芳、海信的于淑珉……没有他们坚定不移地贯彻和执行，张瑞敏、柳传志、任正非、周厚健这些决策者的宏图战略就不能转化成为企业发展的巨大力量。他们通过自己的能力为企业带来发展，也让自己的事业和人生达到常人难以企及的高度。管理者需要不断提升员工的执行力，让他们成为那个"把信送给加西亚"的人。

如果没有人将管理者的意图不折不扣地执行下去、贯彻下去，管理工作会陷入停滞，不可能让管理者自己去执行。企业的生存和发展离不开优秀的执行者。当前，执行力已经被越来越多的企业所重视。

今天的企业里，有很多的领导在为找不到优秀的执行者而感到烦恼，他们最大的心愿是希望自己的下属成为"罗文"式的员工。那么，具备优秀执行者的基本素质和条件是什么呢？

1.态度上：没有任何借口

当麦金利总统把给加西亚的信交给罗文时，罗文没问加西亚将军在什么地方，也没有问寻找加西亚将军的途径，甚至没有要路费，因为即使问了也没用，谁也不知道加西亚在哪儿，不知道他是否活着。罗文只是怀揣着一个任务，一个目标——把信送给加西亚，就上路了。他越过千山万水、历尽千辛万苦、想尽千方百计，最后出色地完成了任务——把信送给了加西亚。

员工要在接到任务时，不是问为什么，而是努力想尽一切办法去完成任务。

2.能力方面：手段专业化

当罗文接过信之后，把它装进一个油布制的袋里，打封，吊在胸口……这一系列动作正是一个送信员的专业操作手段，充分体现了罗文完成工作时所具备的专业技能。

在企业中，具有良好态度的人确实有，但是往往由于缺乏专业化手段的操作，最后不能出色地执行任务。因此，企业要提高员工的执行力，就必须加强对员工专业技能和专业化操作手段的培养，这是成功的必经之路。

3.结果方面：须提供满意答卷

企业管理一定要以任务倾向为主导，关键是要看员工能否完成任务，能否交出完满的答卷，因为实践是检验真理的唯一标准。

现代企业需要的执行者，不仅是那些无论老板是否在办公室都努力工作的人，更是那些能够把信交给加西亚的人。他们静静地把信拿去，不顾一切地把信送到，而不会提出任何愚笨的问题，也不会存心随手把信丢进水沟里。这种人永远不会被解雇，因为他们永远是企业最需要的人才。

细化执行的标准，科学考察执行的效果

管理者对执行的标准必须做到清楚、明了、准确、量化，这样才能保证执行的结果。

——北大管理理念

美国通用电气公司（GE）在全球拥有30多万员工，在100多个国家经营着几十种业务。在GE的年度报告里有这样的荣耀之语：我们能够做到，所有的战略只要一提出来，一个月内就能落到实处，并且能在第一个循环内（GE一般是一年一个循环）获得较好的财务效果。GE取得这样优异的成绩，跟全球30多万员工的优秀执行是分不开的。

"不论你是哈佛大学的高才生，不论你有多么出色的计划，一旦进入GE，我们只关注你的成绩，只关注你们做了多少，每个员工都必须认识到这一点。从现在开始，衡量一个人的标准是他在GE的成绩，一个人的表现比他提出的好意见更重要。"

GE有一套非常成功的人力资源评估系统：每年，其都要求每一家分公司对组织中的人进行分类排序，必须区分出"在组织中，哪些人是属于执行最好的20%，哪些人是属于中间的70%，哪些人是属于最差的10%。如果他们的团队有20个人，那么我们要知道，20%中最好的4个和10%中最差的2个都是谁，包括姓名、职位和薪金待遇。表现最差的员工必须走人"。

第十二章
执行力管理课：大多数时候，人们不知道干什么

如今企业和个人所面对的问题，并不是不重视执行的问题，而是怎样才能有效执行的问题。知易行难，管理者如何才能强化执行力管理呢？

执行的过程往往是漫长的，在执行过程中如果管控不严密，很容易偏离目标。执行标准既是执行者参考的依据，又是鞭策执行者的手段。优秀的执行需具备一定的标准，具体来说，必须符合以下条件。

1.及时

及时，是工作成果在时限上的要求。要在规定的时间内完成任务，不允许无故拖延；如果能够提前，当然最好不过了。

执行首先需要时间方面的量化标准，我们应该规定什么事情从什么时候开始实施，在什么时间必须完成。就像航空公司的飞行时刻表一样，什么航班在什么时间从什么地点起飞，于什么时间在什么机场降落，必须规定得一清二楚。没有这种标准，飞行员就不知道什么时间该起飞，什么时间该降落，飞行的速度如何掌握和控制。任何工作都是如此，有了时间的标准，执行者才会有明确的开始和完成的概念，才能主动地掌握和控制执行的速度与节奏。缺乏时间标准，往往导致事情一拖再拖，有的甚至不了了之，毫无结果。

时间标准要依据每一件事情的轻重缓急和重要程度来考虑，时间的限制是执行的一个首要标准，没有时间的标准就无法保证执行的效率和速度。

2.保质保量

保质，是工作成果在品质上的要求。成果至少不低于标准值，不允许"假冒伪劣、以次充好"。保量，是工作成果在数量上的要求。至少要达到规定的数量，不允许偷工减料、缺斤短两。

质量标准是执行过程中的重中之重，因为它直接关系到执行的结果。当然执行的结果和时间也有一定的关系。质量标准就是要制定每一项工作完成的效果指标或合格指标。任何工作都不是完成了就行，而是要保质保量地完成，至少要达到规定的合格标准，才算是真正的完成。比如企业，如果质量上马虎，即使用最短的时间产出再多的产品，也是次品，不仅卖不出去还浪费了成本。又比如文员，打字的速度虽然快，但打印的文件总是错字连篇、漏洞百出，即使速度再快也不能算有执行力。

执行的标准定得清楚、用得恰当，将大大促进和改善执行力。缺乏这些标准的参照和鞭策、控制，执行力将会因失控而流失。能及时、按质、按量地完成工作任务，这样执行力就强，反之，执行力就弱。

在大学课堂上，教授向学生们讲这样一个案例：

老板叫员工去买复印纸，员工立刻去执行。不一会儿，员工买了几十页复印纸回来。老板很生气："这一叠复印纸，怎么够？我至少要三摞。"员工第二天就去买了三摞复印纸回来。老板一看，又很生气："你怎么买了B5纸，我要的是A4纸。"员工过了几天，买了三摞A4复印纸回来，老板还是很生气："怎么买了一个

213

星期才买好？"员工回道："你又没有说什么时候要。"

买复印纸这么简单的事情，员工跑了三趟，老板生了三次气。老板会摇头叹道，员工的执行力太差了！员工心里会说，老板能力欠缺，连个任务都交代不清楚，只会支使下属白忙活！

问题出在哪呢？出在执行的标准上！

○ 让标准更加明确化

规则不在于多而在于精，在于可执行、具有操作性。具体来说包括以下两点：

每次开闸时要控制水流，流速为××。

1.执行标准应具体、准确

例如，"要求冷却水流量适中"，什么是流量适中？界定得不是很清楚，执行起来有难度。我们可以这样表达："冷却水流量适中，流速为××。"

2.明确操作方式和结果

比如"安全地上紧螺丝"。这是一个结果，应该描述如何上紧螺丝。应写明使用什么工具，向左或向右拧多少圈。

这个的规定是向左拧10~12圈。

总体来说，标准要非常具体，使每个读过标准的人都能以相同的方式解释。只有数字标准，才能达到这一要求，所以标准中应该多使用图表和数字。

拿"买复印纸"的例子来说：老板让员工买复印纸（尽快买至少三摞A4复印纸），员工先是买了几十页（实际要求至少三摞）复印纸，没有按量完成；后来，买了三摞B5纸（实际要求A4纸）回来，没有按质完成；终于买回了三摞A4复印纸（却是在一个星期后），没有按时完成。

这样的执行是失败的。员工为什么在执行的过程中对任务的质、量和完成时间都打了折扣？根本的原因在于没有将执行此次任务的标准理解透彻。去买复印纸之前，应该先去相关部门了解一下平时都用什么类型的纸，一般一次采购要多少，然后再行动。

应该注意的是，时间、质量、数量等标准的制定并不等于达到执行的目的，关键是通过标准实现有效执行，员工以标准规范为工作的准绳，及时、按质、按量地完成工作指标，从而提升自己的执行力。

一个优秀的员工在执行时，让执行合乎及时、保质、保量的标准，经常会运用到5W2H法。用五个以W开头的英语单词和两个以H开头的英语单词进行设问，明确任务是什么、怎么做、何时完成、由谁负责、做到什么程度等一系列问题：

（1）WHY——为什么？为什么要这么做？理由何在？原因是什么？

（2）WHAT——是什么？目的是什么？做什么工作？

（3）WHERE——何处？在哪里做？从哪里入手？

（4）WHEN——何时？什么时间完成？什么时机最适宜？

（5）WHO——谁？由谁来承担？谁来完成？谁负责？

（6）HOW——怎么做？如何提高效率？如何实施？方法怎样？

（7）HOW MUCH——多少？做到什么程度？数量如何？质量水平如何？费用产出如何？

在明确了这些问题之后，开始着手制订具体的实施方案和计划，按部就班地去实施。优秀执行者的执行力正体现于此，服从命令、立即行动，及时、保质、保量地完成，这也是所有的优秀执行者身上最关键的特质。

不要把问题留到明天，尽力在今天找到最好的解决方法

避免拖延的最好方法就是"现在就做"。

——北大管理理念

管理者希望员工在接到工作任务后，就能立刻行动起来，因为经验证明，好的机会往往稍纵即逝，犹如昙花一现。如果当时不善加利用，错过之后就后悔莫及。很多人都能下决心做大事，但是，只有一部分人能够贯彻执行，也只有这部分人是

最后的成功者。

曾担任过《大英百科全书》美国分册主编的沃尔特·皮特金在好莱坞时，有一次，一位年轻的支持者向他提出了一项大胆的建设性方案。在场的人全被吸引住了，它显然值得考虑，不过他可以从容考虑，然后与别人讨论，最后再决定如何去做。

但是，当其他人正在琢磨这个方案时，皮特金突然把手伸向电话并立即开始向华尔街拍电报，用电文热烈地陈述了这个方案。当然，拍这么长的电报花费不菲，但它转达了皮特金的信念。

出乎意料的是，1000万美元的电影投资立项就因为这个电文而拍板签约。假如他拖延行动，这项方案极可能就在他小心翼翼的漫谈中流产——至少会失去它最初的光泽，然而，皮特金立刻付诸了行动。

管理者喜欢立即行动的执行者，没有在关键时刻及时做出决定或行动，而让事情拖延下去，会给企业带来巨大的损失。

拖延并不能使问题消失，也不能使解决问题变得容易，而只会使问题深化，给工作造成严重的危害。没解决的问题会由小变大、由简单变复杂，像滚雪球般越滚越大，解决起来也越来越难。而且，没有任何人会为我们承担拖延的损失，拖延的后果可想而知。

张峰接到老板的任务：一周内起草与甲公司的销售合同，这对法律专业出身的他简直是小菜一碟。

第一天，手头上其他工作本来可以结束，但他想明天做完再动手也不迟。

第二天，有突发事件耽误了一上午，下午下班前他才勉强将原有的工作完成。

第三天，他刚准备起草合同，同事工作上遇到困难请他帮忙耽误了一上午，下午也没心情做，心想：周末的两天足够了，不急。

结果第四天一帮朋友搞了个聚会，他整整玩了一天，晚上喝得酩酊大醉。

就这样，他一直睡到次日中午，起来头还晕得厉害，吃了几片药又躺下休息。

第六天上班后的例会上，老板问他完成任务没有，他撒谎说差不多了，只是有些数据需要核实，明天就能交。

开完例会他立刻动手，才发现这个合同书远没想象中那么简单，涉及许多他不熟悉的领域，而且还需要许多实证数据的支持，就是三天也未必能完成！

由于合同没有按时拟好，影响了与客户签约，老板对他进行了严厉批评，还在公司内进行通报批评，张峰羞愧得无地自容。

案例中的张峰因为养成了拖延工作的习惯，最终没有按时完成任务，受到了领导的批评。接到任务不仅不能拖延，应马上行动！否则，事情可能不像你预想的那样——时间任由自己支配，随时会出现意外事件占用你的时间。因此，管理者应该培养员工不拖延的习惯。

的确，立即行动有时很难，尤其在面临一件很不愉快的工作或很复杂的工作

○ 低效执行的员工的特点

每一个企业中都会有一些低效率的员工，这样的员工一般来说有以下特征：

找借口

今天身体不舒服，就先不干了吧！

有些员工总会有各种各样的借口不去工作，对自己的工作能拖就拖。

态度消极

这个好难啊，我不想做了……

面对有一定难度的工作，有的员工不是积极努力去寻找完成的方法，而是消极退缩。

应付

你的报告写这么快？

我都从网上找的，反正差不多就行！

有的员工面对自己的工作，总是敷衍了事，能应付检查就行，而不是努力把工作做好。

时,你常常有一种不知如何下手的困惑,但不能因此选择拖延作为你逃避的方式。

执行不拖延,是最好的解决办法。具备了这种执行力,方可使自己迈向卓越,拥有成功的职业生涯。

"拿下美国B客户非常难!"海尔的洗衣机海外产品经理崔淑立接手美国市场时,大家都这么说,因为前几任产品经理在这位客户面前都业绩平平。

真这么难吗?崔淑立不信。这天,崔淑立一上班就看到了B客户发来的要求设计洗衣机新外观的邮件。因时差12个小时,此时正是美国的晚上,崔淑立很后悔,如果能即时回复,客户就不用等到第二天了!

从这天起,崔淑立决定以后晚上过了11点再下班,这就意味着,可以在当地的上午时间处理完客户的所有信息。

3天过去了,即时回复让崔淑立与客户能及时沟通,开发部很快完成了洗衣机新外观的设计图。就在决定把图样发给客户时,崔淑立认为还必须配上整机图,以免影响确认。当她逼着自己和同事们完成当天的工作——整机外观图并发给客户时,已经是晚上12点了。

大约凌晨1点,崔淑立回到家,立刻打开家中的电脑,当看到客户回复"产品非常有吸引力,这就是美国人喜欢的"时,她顿时高兴得睡意全无,为自己的工作成效而兴奋不已!

样机推进中,崔淑立常常半夜醒来,打开电脑看邮件,可以回复的就即时给客户答复。美国那边的客户完全被崔淑立的精神打动了,推进速度更快,B客户第一批订单很快敲定!

崔淑立完全有理由说:"有时差,我没法当天处理客户邮件。"但她只认目标,不说理由。崔淑立说:"因为,我从中感受到的是自我经营的快乐!"

其实,市场没变,客户没变,拿大订单的难度没变,变的只是一个有竞争力的人——将执行及时做到位的崔淑立。

毫无疑问,在工作中不拖延的员工永远是公司的支柱。对一个公司来说,这样的员工是老板最重要的资本——品牌、设备或产品都无法和他们相比。正是他们创造了这一切,包括产品、服务、客户等。

对企业来说,拥有高效执行力的优秀员工,企业的发展就能蒸蒸日上。同样,那些低效执行力的末流员工不及时剔除的话,他们就会像烂苹果一样,迅速将箱子里的其他苹果腐烂掉,而企业也就会被慢慢腐蚀掉。所以,执行力差的员工是企业的包袱,必须剔除。

企业里低效执行的员工大多存在以下一些毛病:

1.爱找借口

在工作中,许多员工极力去找借口原谅自己,借故推脱,对自己的任务无动于衷,或在执行任务时不了了之。遇到问题习惯于找借口,而不是事事想着寻找方法去解决，这也是造成员工平庸的根本原因之一。

2.消极怠慢

职场中一些员工意识到目标和现实的距离，所以以一种怠慢而被动的态度来对待自己的工作，很容易一遇困难就放弃，他们缺少一种精神支柱而不会对自己的工作投入巨大的热情，完不完成任务对他们不存在任何意义，更谈不上在规定的时间里完成任务！

3.应付了事

在企业中，有很多员工工作不积极、不努力，不能按质按量地去完成，而只做一些表面文章。这些员工不重视日常事务，工作不踏实、不完善，审核前实行突击战略，只做表面文章，应付了事，忽视执行的实质。

4.浅尝辄止

许多员工在执行任务的过程中不追求最后的结果，而仅仅满足于差不多的结果。其实这些人"离成功只有一步之遥"，而恰恰因为缺乏最后跨入成功门槛的勇气而功败垂成，是他们为浅尝辄止所付出的沉重代价。

5.轻率疏忽

许多员工在工作过程中马虎大意，结果招致了许多祸患，影响工作效果。鲁莽、轻率会给工作带来许多不必要的麻烦，也会给工作带来不可估量的损失。所以，在工作中，员工切忌马虎大意、轻率疏忽，而应认认真真地做好每件事。

只有帮助员工彻底改掉这些毛病，在团队中营造执行不拖延的氛围，才能全面提升团队的执行力，成为高效的执行力团队。

执行不打折：明确管理角色与执行角色

作为管理者，首先要明确自己的角色，明确自己执行的具体位置。

——北大管理理念

在一个企业组织中，不同的人扮演不同的角色。执行角色就是落实中的人，用什么样的人来执行什么样的工作，把什么样的人放在什么样的位置上。

在企业中，从管理者的纵向结构上可以分为三个层次：高层管理者、中层管理者、基层管理者。

企业管理者的执行角色可以分为高层管理者、中层管理者、基层管理者三个层次予以观察。联想总裁柳传志曾说："高层要有事业心，中层要有上进心，基层要有责任心。"

高层管理者如总公司和分公司的总经理，高层管理者主要负责企业战略的制定以及重大决策。基层管理者如工段长、队长、领班等，主要负责公司决策的贯彻执行。而位于高层管理者与基层管理者之间的就是中层管理者。

打造企业的执行力，企业管理者是第一执行人，也是第一责任人。企业领导者常常坐在办公室里痛斥下属执行不力，团队的执行力，很大程度上源于管理者的执行力。企业经理层必须永远记住：兵熊熊一个，将熊熊一窝。

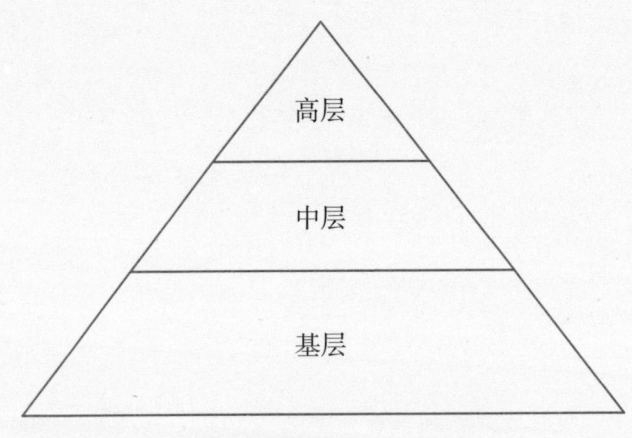

企业管理人员的金字塔结构

企业的管理者必须时刻关注执行，做出快速的决策与回复，带头遵守公司的流程，建立组织的执行体系与落实力文化等。而作为中层管理者，要明确两个最重要的角色作用：信息传达和鼓舞士气。如果把企业比喻成一个人，企业高层就是大脑，中层就是脊梁。因此，在企业的落实中，中层不能软，才能挺起企业的腰杆。

基层员工执行角色缺失造成员工诸多不良表现：在工作中不求结果，为失败寻找借口；浪费工作资源，增加企业成本。

一个企业的执行力，各层次均有不同的角色分工。明确执行角色，才能尽到每个人应尽的责任与义务。只有清楚自己在做什么，确认自己的位置，才能更好地去执行。

1. 执行在高层：合理授权

高层管理者的能力总是有限的，即使日理万机，要把所有的事都照顾过来，都办好，那也是不可能的。管理者应拿出一部分权力分给属下，自己要做的只是以权统人。

在我们身边，常看到这样的领导，勤勤恳恳，起早贪黑。无论大事小情，样样亲力亲为，的确十分辛苦，但所负责的工作却常常杂乱无章，眉毛胡子乱成一团。而这些领导则像陀螺一样，从早转到晚，你问他在忙什么，他可能张口结舌。事事都管、都抓，结果必然是什么也管不好。

企业高层领导者不能站错了位置，作为高层管理者，更多地应该体现在决策和用人上，具体执行的事宜不可参与太多。

2.执行在中层：承上启下

中层管理者兼有领导者和与下属的双重身份。姜汝祥在著作中说："中层只有两种选择：要么做大气层，把高层战略的大部分热量都折射和损耗掉；要么做放大镜，把太阳的光芒聚集到一点，把纸点燃。"假若我们把公司战略比喻成太阳，把客户价值比喻成纸，你可以做大气层，使太阳的热量都被你消耗掉，让纸还是纸。但假若你做放大镜，把太阳聚焦到纸上，那纸便可被你点燃！

明确中层管理者的角色，就要求中层管理者除了管理职责、岗位职责以外，还起到员工与公司决策者上传下达的作用，如果中层管理者不能发挥其应有的作用，则会对公司的管理和决策的贯彻带来很大的阻碍。

3.执行在基层：担起自己的责任

基层管理者是生产管理的直接指挥者和组织者，也是企业中最基层的负责人，属于"兵头将尾"。基层管理者一般既是技术骨干、业务的多面手，又应当是部门的领头羊和排头兵，要在工作中起到带头执行的作用。

每个管理者都要给员工"对"的明确标准

管理者必须给员工"对"或"错"的明确标准。

——北大管理理念

管理者布置任务的时候，员工看似听得很明白，但却因为没有真正搞清楚要如何操作，最后在执行后出现了上级不满意的结果。

发生这种状况的原因在什么地方？主要在于管理者没有给员工明确"对"的标准。要想员工在执行的过程中不走样，完整领会上级的意图，明确"对"的标准很重要。

也许有些人会觉得，只要完成了任务，有了结果，过程就不重要了，何必非得按照上级的吩咐按部就班呢？我们说条条道路通罗马，这种理解也没错。但是，很多时候，执行的灵活性是要有一个大前提的，就是有一个基本的标准。

管理者在布置工作、下达任务、发出指令时的本意或精神实质，希望达到某种目的或标准，这些需要完整地传达给员工。如果对上级的意图理解不透、把握不准，员工往往会费力不讨好，很难按照上级的期望完成任务。

管理者有时候不可能将每件事情的前因后果都向下级解释清楚，但还是有必要站在员工的角度，交代得尽可能详细，只有这样才能让员工领会上级的意图，才能执行到位。这也要求员工，不仅对于上级明确安排的事情要充分理解、不折不扣地

如何有效下达命令

很多管理者都会发现，对于员工的工作结果期望过大，而实际上却有很大的差距。造成这一现象的原因，很多时候是在布置任务时员工并没有很好地了解任务。那么，如何避免这一现象呢？

……我这样说你能听懂吗？

能听懂！

1.保证员工能听懂

在给员工下任务时不要只顾着自己说，而是要不断询问员工能否听明白，要保证自己的意思能够完全传达给员工。

2.好记性不如烂笔头

好记性不如烂笔头，当时记住之后可能会有所遗忘，所以，在布置任务的时候，让员工将任务记录在本子上。

……你重复一遍我的要求！

3.让员工复述一遍

为了确保员工已经听明白了任务的要求，可以让员工复述一遍，保证员工理解的内容与自己的要求一致。

执行，而且对于上级没有明确说出来的事情，也要站在上级的角度多思考，自己如何才能做得更好。

小李在一家公司当行政助理，一天，总经理把小李叫到办公室，吩咐他安排一辆车，到机场去接一个人，并且特别叮嘱他让老司机开车去接这个人。

小李从同事那里了解到，因为过几天公司要请一位专家来做培训，这个人可能就是那个专家。

小李先是打电话到了后勤，结果该部门的同事说经常接贵宾的几个老司机不是在休假，就是正出外勤，最迟也要第二天才有空闲。小李想，反正是接人，接到了就行，谁去接都一样，不一定非得是老司机去。于是小李另外找了一个新来的年轻司机，他对人热情，还很有冲劲。

小李很满意自己的安排，可让他没想到的是，接到人后，总经理发现接人的司机不是老司机，当即就发了火。

总经理说："我不是特意告诉你派老司机开车去接吗，你为什么要自作主张？"小李很委屈，自己明明是好心，并且已经完成了任务，怎么反而挨了批评呢？

其实，小李如果懂得要充分领会上级的意图，在派人去接之前，就应该先了解一些细节：要接的人是什么身份？与公司是什么关系？总经理打算用什么规格的礼遇，等等，还有特别叮嘱老司机去接是什么意思？

只有弄明白了总经理是要借"迎接"这个机会，向客人表达相当级别的礼遇就会知道，总经理要的这个司机不仅驾驶技术好、道路情况熟，而且对公司认同感强、谈吐得体，懂得什么时候在客人面前说什么话，知道在酒店开什么档次的房间……

要明确"对"或"错"的标准，就要员工完全领会上级的指示，这就要求在执行之前领导和员工之间做好沟通；员工还需要事先明确执行的方式方法，这一环节需要向有经验的人请教。总之，在执行任务之前，先要问好想好多操一些心，这样才能有力地避免在执行过程中大费周折而使结果大打折扣或根本无法实现预期的效果。

为什么上级对同一项任务预期的结果和汇报上来的结果相差甚远？接受任务如何能够保障执行的结果不会偏离目标太远？这些都是关于任务不走样的追问，下面的几点建议希望能够给管理者一些启示：

1.让员工领会命令的精神

上级在分派任务或下达命令时，一定要注意员工是否认真倾听，对于指令中有不明白的地方，一定要问员工是否清楚，这样员工才会切实做到真正地领会命令的精神。有些员工自以为是，然后按照自己的意思去行事，也有些员工不清楚命令的实质，而因为惧怕领导不敢去问。管理者一定要确定员工是否清楚领会任务的指令。

2.要求员工积极回应

在接受命令时一定要有一个积极的姿态，首先要乐于接受上级给予的新指示；其次是上级下达命令时一定要认真，态度端正。管理者在交代重点事项时，获得员工的肯定回应后，再说下一点。

3.做好记录

好记性不如烂笔头，再好的记性，都会有所遗漏，尤其是当给下属布置任务较多的时候，就有必要让员工带上笔记本，把分派的任务逐条记下来。可以记录下指示的内容，以确保准确无误，以及交代的注意事项或与上司的交换意见。

4.听完任务之后，要复述一遍，确保没有遗漏

在军队中，下级经常会对上级复述命令。复述命令能够确保没有遗漏，即使遗漏了内容，也能够及时补上。

在复述后，员工向上级确认是否有疏漏或是理解错误的地方，这个环节可以查漏补缺，同时也是执行前纠错的重要步骤，可以大大减少执行误差。

执行力是一种服从力，像军人一样执行

服从是保证执行力的先决条件。

——北大管理理念

美国劳恩钢铁公司总裁卡尔·劳恩是西点军校第52届毕业生，他曾对服从精神做过这样的描述："军人的第一件事情就是学会服从，整体的巨大力量来源于个体的服从精神。在企业中，我们同样需要这种服从精神，上层的意识通过下属的服从很快会变成一股强大的执行力。"

服从命令、听从指挥是军人的天职，也是一个杰出员工的行动指南。决策层制定的企业愿景最终要靠员工来执行，这就要求员工必须服从命令、听从指挥，即使服从意味着牺牲、奉献，意味着放弃个人的"想法"或"自由"。

"糟了，糟了！"采购部的经理理查德放下电话就嚷了起来，"那家便宜的东西，根本不合规格，还是迈克尔的货好。"他狠狠地捶了一下桌子："可是，我怎么那么糊涂，还发e-mail把迈克尔臭骂了一顿，还骂他是骗子，这下麻烦了！"

"是啊！"秘书詹妮小姐转身站起来说，"我那时候不是说吗，要您先冷静冷静，再写信，您不听啊！"

理查德说："都怪我当时在气头上，以为迈克尔一定骗了我，要不然别人怎么那么便宜。"

理查德来回踱着步子，突然指了指电话说："把迈克尔的电话告诉我，我打过去向他道歉！"

詹妮一笑，走到理查德桌前说："不用了，经理。告诉您，那封信我根本没发。"

"没发？"理查德停下脚步，惊奇地问道。

"对！"詹妮笑吟吟地说。

第十二章
⊙执行力管理课：大多数时候，人们不知道干什么

理查德坐了下来，如释重负，停了半响，又突然抬头问："可是，我当时不是叫你立刻发出的吗？"

"是啊，但我猜到您会后悔，所以就压了下来！"詹妮转过身，歪着头笑笑。

"压了3个星期？"

"对！您没想到吧？"

"我是没想到。"

理查德低下头去，翻记事本："可是，我叫你发，你怎么能压呢？那么最近发往南美的那几封信，你也压了？"

"那倒没压。"詹妮的脸更亮丽了，"我知道什么该发，什么不该发！"

"是你做主，还是我做主？"理查德霍地站起来，沉声问道。

詹妮呆住了，眼眶一下湿了，颤抖着问道："我，我做错了吗？"

"你做错了！"理查德斩钉截铁地说。

在很多员工的理念中，服从就是"对的就服从，不对的就不服从"，其实这种观点是错误的。在某种意义上，服从是无条件的，如果觉得上级的指令不切合实际，就应该婉转地提出自己的意见，而不是对上级的指令拒不执行。

服从指令听指挥不仅仅是态度问题，在一定程度上也反映了一个人的集体主义观念。在如果员工有基本的以集体利益为重的观念，就会自觉地服从上级的命令和指示，而不是勉强服从，口服心不服，然后在执行中消极应付。

没有服从就没有执行，团队运作的前提条件就是服从，一个高效的企业必须有良好的服从观念，一个优秀的员工也必须有服从意识。

王益和张颐同时供职于一家音像公司，他们能力相当。有一次，公司从德国进口了一套当时最先进的采编设备，比公司现在用的老式采编设备要高好几个档次。但是说明书是用德文写的，公司里没有人能看得懂。老板把王益叫到办公室，告诉他："我们公司新引进了一套数字采编系统，希望你做第一个吃螃蟹的人，然后再带领大家一起吃。"王益连忙摇头说："我觉得不太合适，一方面我对德语一窍不通，连说明书都看不懂；另一方面，我怕把设备搞出毛病来。"老板眼里流露出失望的神色。他又叫来了张颐，张颐很爽快地答应了，老板很高兴。

张颐接下任务后就马不停蹄地忙碌起来。他对德文也是一窍不通，于是就去附近一所大学的外语学院，请德语系的教授帮忙，把德文的说明书翻译成中文。在摸索新设备的过程中，他有很多不明白的地方，就在教授的帮助下，通过电子邮件，向德国厂家的技术专家请教。短短一个月下来，张颐已经能够熟练使用新的采编设备。在他的指导下，同事们也都很快学会了使用方法。张颐因此得到了老板的赞赏。以后，有了什么任务，老板总是第一时间找到张颐。因为他知道，张颐不会让他失望。王益用一个借口逃避了一个难题，同时也把加薪晋升的机会给丢弃了。

王益的推诿使他失去了加薪晋升的机会。绝对地服从意味着员工要为自己的一

225

切行动负责,不可有逃避或对抗的情绪。

组织和团队中不乏服从意识淡薄的人,他们对上级领导的命令指示,常常讲价钱,讲条件,甚至上有政策,下有对策;表面一套,暗地里一套。对各项规章制度,喜欢用所谓的"变通""细化"变相地违反。

每一个员工都应该意识到自己的职责就是服从,在服从面前没有"条件"可讲,对领导的任何命令都是完全接受,然后坚定不移、不遗余力地执行到位,这样才能确保集体行动的一致性,使团队任务圆满完成。

○ 服从的原则

在企业的管理中,服从力十分重要。那么,服从有什么原则呢?

1.不找借口

绝对服从要求任务执行者不给自己找借口,而是直截了当地答应,并全力完成。

2.立即执行

想要高效地完成一项任务,就不能拖延,而是在接受任务之后立即、高效地去执行。

3.有效沟通

任务的完成并不是立即到位的,对于一些观点和方案应该时刻保持有效的沟通,避免决策失误。

团队犹如一部联动机，如果有一个部件不能履行自己的职责，拒绝服从，整个机器就不能能运转自如。当各个部件都各司其职、服从指挥时，整个机器的工作效率就会呈数倍地提高。一些优秀的企业都严格规定，企业制度和战略一经形成，任何人都必须无条件地服从，即使是管理者，也不能寻找任何借口违背企业的制度和偏离企业的发展战略。

既然服从力如此重要，那么管理者需要注意什么呢？一般而言，服从有以下3大原则：

1.服从应该直截了当

企业需要这种直截了当、畅通无阻的传递。如果上司交给下属一项工作，而下属讲出许多理由、罗列很多困难，这显然不能得到上司的信赖，是不可取的。只有服从才是最谦虚、最直截了当、高效快速完成工作任务的方式。因为没有"顾忌"、没有"烦琐"、无须"协调"、无须"磨合"，全力而迅速地执行任务，这是一个非常重要的指针，是高效能的一个非常重要的方面。

2.应该立即行动

在企业中经常遇到这种情况：一些主管交代一项业务时，不是及时把事情做了，而是对主管说，"我现在很忙，我马上做"，但是并没有马上做。面对这种情况时，管理者要求员工尽可能立即行动。

只有每一个环节都即令即动，才能积极高效地在第一时间内出色地完成既定的任务。

3.确保沟通到位

虽然，管理者的决策也有错误的时候，但是，员工也应该首先服从任务的安排。不过为了尽可能减少错误的决策，管理者应适时与员工进行沟通，取得对执行的一致看法。

管理者喜欢那些不讲条件、具有服从意识的人，这样的员工才会在接受命令后，充分发挥自己的主观能动性，想方设法完成任务，即使会遇到无数的困难和挫折，执行难度很大，也会勇于承担责任，努力向目标靠近。

第十三章　高效能管理课：
错误的工作方式只会增加劳动强度

忙碌并不等于高效，谨防跌入效率的陷阱

只有在正确方法的指导下，管理者才能以最少的时间、最少的资源达到目标。

——北大管理理念

北大管理理念认为，其实很多人整天忙碌，不出成效的原因在于该做的没做好，不该做的却做了一堆，所以才让工作变得愈来愈复杂，时间愈来愈不够用。如果管理者希望自己能高效完成工作，就一定要忙出成效，使自己成为一名能够出色完成任务的高手。

有一个广为流传的管理学故事：

一群伐木工人走进一片树林，开始清除矮灌木。当他们历尽千辛万苦，好不容易清除完一片灌木林，直起腰来准备享受一下完成了一项艰苦工作后的乐趣时，却猛然发现，需要他们清除的不是这片树林，而是旁边那片！

许多人在工作中，就如同这些砍伐矮灌木的工人，常常只是埋头苦干，忙碌之后却发现自己是在做无用功。事实上，没有结果的忙碌不但浪费了自己的时间，还消耗了企业的资源，等于在剥削企业！

看似忙忙碌碌，最后却发现自己背道而驰的情况是非常令人沮丧的，这是许多管理无法做到高效工作的重要原因。工作辛苦却不出成果，是低效的管理者最容易

犯的错误，在错误的方向上的忙碌最不值得。这就好比堂吉诃德想做骑士却与风车作战一样，徒劳无功。

忙碌与否并不能成为管理者是否优秀的衡量标准，关键要看管理者是否忙出了成果。

汉夫特是加拿大渥太华一家宾馆的主人，他以"懒惰"著称，凡是能吩咐给手下干的事，他绝不亲自去做。宾馆业务虽然繁忙，他却整天悠闲自在。有一年圣诞，他让宾馆全体员工分别评选出10名最勤快和10名最"懒惰"的员工。汉夫特叫人把10名最"懒惰"的员工叫到他的办公室。这些员工忐忑不安，以为老板要炒他们鱿鱼。可是令他们没有想到的是，一进门，汉夫特说："恭喜各位被评为本宾馆最优秀的员工。"

这10名员工面面相觑，看到大伙这样，汉夫特微笑着解释道："据我观察，你们的'懒'突出表现在总是一次就把餐具送到餐桌上，一次就把客人的房间收拾干净，一次就把工作干完，因而在别人眼里你们每天大部分时间都闲着，无所事事。但依我看，最优秀的员工无一例外都是'懒汉'——'懒'得连一个多余的动作都懒得去做。而勤快员工的'勤'，大多表现在整天忙忙碌碌，不在乎把力气花在多余的动作上，做一件事不在乎往来多少趟，花多少时间，如此能有效率吗？"

现代人一味强调忙碌，却忘记了工作成效，从周一到周日时刻忙碌着。一旦染上了这种"忙碌病"，我们就会迷失在毫无间隙的忙碌之中，失去清醒的头脑和必要的理智。紧张工作疲于奔命，最终往往会发现自己越来越力不从心，工作中错误百出。

整天忙碌并不一定有效率。效果和花费的时间并不一定成正比。强迫自己工作、工作、再工作，只会耗损自己的体力和创造力。

小李当部门经理不到两个月，就被提拔为副总经理了。他所在的公司是一家成长型的公司，发展很快，他主管的业务特别繁杂。3个月下来，他瘦了好几斤，还因劳累过度住过一次院。

他每天加班加点，可是工作压力并没有减少，反倒越来越大。他十分痛苦，于是向他的朋友诉苦："我实在干不了啦。每天一上班，脑袋里就塞满了各种信息与想法，无法理清。回到家，又睡不着，还是一团乱麻。再这样下去，我非疯不可。"他甚至想：要不，干脆辞职算了。

小李的问题，很多管理者都碰到过，尤其对于那些刚刚担任新领导岗位的人，感受更为明显。其实，小李之所以觉得力不从心，并不是因为他的能力有问题，而是他掉进了效率的陷阱。

如果我们有了明确的目标，确保自己是在做正确的事，接下来要"成事"，就是"方法"的问题了。效率重视的就是做一项工作的最好方法。

不要跌入效率的陷阱，这样不仅能为我们节省时间，更使我们在与别人的竞争中占尽先机，处于领先地位，从而顺利地实现高效工作。

时间完全没有替代品，尊重时间的价值

对企业家来说，时间不仅是最宝贵的资源，而且是一种机会，他的命运可能就决定于那早与晚的一瞬间。

——张维迎

管理者的工作时间往往只属于别人，而不属于自己。时间完全没有代替品，最大限度地利用好时间的意义在于创造更多的价值，这是一个管理者应该努力学习的课程。

每一天都只有24小时，不多也不会少。这样一来，在工作的过程中，如何高效地安排自己的时间，提高工作的效率是每一个管理者亟待解决的问题。善于合理利用时间的人，在工作的过程中往往显得得心应手，而不善于安排时间的人却往往有着忙不完的事情。

无论何时，懂得重视时间的人从不会滥用宝贵的时间。大多数的成功者都是实力雄厚、深谋远虑、目光敏锐的人，他们说话做事都是言简意赅、精准到位的，从来不愿意多耗费一点儿宝贵的资本——时间。

罗斯福总统就非常重视利用时间。当一个分别很久，只求见上一面的客人来拜访他时，罗斯福总是在热情地握手寒暄之后，便很遗憾地说他还有许多别的客人要见。这样一来，他的客人就会很简洁地道明来意，直奔主题，大大节省了会面的时间。

作为企业的管理者，把时间浪费在接待等方面是不值得的。管理者缩短在接待方面的时间，照样可以拥有待客谦恭有礼的美名。一位经理每次与来客把事情谈妥后，便很有礼貌地站起来，与他的客人握手道歉，遗憾地说自己不能有更多的时间再多谈一会儿。那些客人都很理解他，对他的诚恳态度也都非常满意。如果管理者不重视时间的价值，恣意浪费自己以及别人的时间，人们也不会从心底佩服这样的管理者。

企业的管理者必须重视时间的价值，因为时间是无价之宝。你珍惜生命吗？那么就请珍惜时间吧，因为生命是由时间累积起来的。别忘了，时间就是金钱。假设一个人一天的工资是10个先令，可是他玩了半天或躺在床上睡了半天觉，他自己觉得他在床上只花36个便士而已。错误！他已经失去了他本应该得到的5个先令……千万别忘了，就金钱的本质来说，一定是可以增值的。钱能变更多的钱，并且它的下一代也会有很多的子孙。

○ 善用零碎时间

重视时间的价值，就是要最大化减少对时间的浪费，把零碎时间用来从事零碎的工作，从而最大限度地提高工作效率。

1.等候的时间

在银行、医院、车站、机场等场所需要等待的时候，可以读一些新闻资讯。

2.旅途中的时间

在乘坐公交车、火车或飞机等交通工具的时候，可以读书或处理工作上的邮件。

在步行或进行体育锻炼时，可以通过电话沟通处理一些工作。

"假如一个人杀死一头能下仔的母猪，也就是毁灭了它所有的后代，甚至它的子子孙孙。假如谁消灭了5个先令的金钱，那样就等于消灭了它所有能产生的价值。换句话说，可能毁掉了一座金山。"

　　这段话是美国著名的思想家本杰明·富兰克林的一段经典名言，简单直接地告诉管理者这个道理：管理者必须认识到时间的价值。

　　美国的金融大王摩根是个重视时间的人，他与人接洽生意能以最少的时间产生最大的效率。

　　摩根每天上午9点30分准时进入办公室，下午5点回家。有人对摩根的时间价值进行了计算后说，他每分钟的收入是20美元，但摩根认为远远不止于此。摩根的时间管理法则是，除了与生意上有特别关系的人商谈外，他与人谈话绝不超过5分钟。

　　通常，摩根喜欢与许多员工一起工作。他会随时指挥他手下的员工，按照他的计划去行事。如果你有事情和他交谈，很容易就能找到他，但如果你没有重要的事情，他是绝对不会欢迎你的。

　　摩根喜欢开门见山，一见面就谈事情。当你对他说话时，一切转弯抹角的方法都会失去效力，他能够立刻判断出你的真实意图。这种卓越的判断力使摩根节省了许多宝贵的时间。摩根对浪费时间的人简直是恨之入骨，这些人本来就没有什么重要的事情需要接洽，只是想找个人来聊天，而耗费了工作繁忙的人的时间。

　　每一天只有24小时，那些昨天没能合理用掉的时间并不会累积到今天，而今天也不能提前预支明天的时间，我们所能做的，只能是有效地利用今天的时间。

　　时间是一个人最宝贵的财富。但时间又是无情的，它不能挽回、不可逆转、不可贮存，且永不再生。一切如白驹过隙，转瞬即逝。如果你想成为一名真正的高效管理者，就必须认清时间的价值，认真计划，准时做每一件事。

　　善于利用时间的管理者，不会在一天的工作结束之时，因时间悄悄地流逝而遗憾、悔恨。只要认真地把握工作中的每一分钟，就一定能实现高效能的工作。

把事情一次做到位，不要为同一事情而反复忙碌

忙就要忙到点子上。

——北大管理理念

　　很多管理者整天很忙碌，他们拆东墙、补西墙，他们充当的是企业的"消防队员"，十分辛苦却效率不高。

　　从前，有一位地毯商人，他看到美丽的地毯中央隆起了一块，便把它弄平了。

第十三章
⊙ 高效能管理课：错误的工作方式只会增加劳动强度

但是在不远处，地毯又隆起了一块，他再把隆起的地方弄平。不一会儿，在一个新地方又再次隆起了一块，如此一而再、再而三地，他试图弄平地毯。直到最后，他拉起地毯的一角，看到一条蛇溜了出去。

很多管理者就像这位地毯商人一样，并非一次性就把事情解决，只是把问题从一个部分推移到另一部分，或者只是完成一个大问题里面的一小部分，经过一而再、再而三地重复，不但将事情变得复杂了，还极大地浪费了时间。为同一事情而反复忙碌，只会浪费自己的时间，为什么不一次性将事情做到位呢？

第一次没有把问题解决彻底，推到下次、下下次，如此，事情永远得不到彻底的解决，而这只会浪费管理者的时间。比如，工厂的某台机器坏了，负责维修的师傅只是做一下最简单的检查，只要机器能正常运转了，他们就停止对机器做一次彻底清查，只有当机器完全不能运转了，才会引起人们的警觉，这种只满足于小修小补的态度如果不转变，不仅会给公司和个人带来巨大的损失，还会使一个简单的问题复杂化。正确的做法是第一次就把事情做对，不把问题留给下一次。

如果第一次没把事情做对，忙着改错，改错中也很容易忙出新的错误，恶性循环的死结就越缠越紧。这些错误往往不仅让自己忙，还会放大到让很多人跟着你忙，造成整个团队工作效能低下。第一次没做好，不仅浪费了做事情的时间，而且还降低了我们的工作效率。

对于任何一件工作，要么干脆不做，要么一次性解决，一次性就把事情做到位。找准方向，然后一次性就把事情做对。如何才能做到在第一次就把事情做对，这就要知道什么是"对"，如何做才能达到"对"这个标准。

师傅正在紧张地工作着，但当时手头缺少一把扳手。他叫身边的小徒弟："去，拿一把扳手。"小徒弟很听话，马上去拿扳手。师傅等了一会儿，就见到小徒弟气喘吁吁地跑回来，拿回一把大扳手。很显然这不是师傅需要的扳手。他生气地说："谁让你拿这么大的扳手呀？"小徒弟说："我只想着去拿扳手，忘了问拿什么样的了。"

第二次，师傅又让小徒弟去拿工具。这次，小徒弟吸取了第一次的教训。详细向师傅询问拿什么样的工具才是"对"的。师傅也没有等多久，小徒弟就拿来了师傅想要的工具。

小徒弟第一次的效率很高，很可惜效能并不高；第二次，他积极主动地询问，才做了正确的事。要想把事情做对，就要知道什么是对的、如何去做才是对的。

一步到位是一种把问题简化的方式。无论做什么事，我们如果有下次再来或会有别人解决的想法，那么，我们这一次就不会全身心投入，失败的概率就很大，使问题越来越复杂。

李伟是一家广告公司创意部的经理，他有一个毛病，就是第一次总是没法把事情做好，需要来回地把一件事情做好几遍，为此曾给自己和公司的工作带来不少麻烦，他自己也苦不堪言。

有一次，公司接到一笔业务，要做一个比较大的户外广告。李伟由于完成任务的时间比较紧，自己当时也比较忙，在第一次审核广告公司回传的样稿时，没有仔细检查，就放心地交出去了。没想到，在发布的广告中，他弄错了一个电话号码——客户的电话号码被他们打错了一个。正是因为他第一次检查的时候没有注

○ 一次做到位

很多管理者都会有一种每天都有做不完的工作，十分忙碌的感觉，这样的"忙碌"真的有必要吗？

如果一件事情，在第一次做时，感觉以后还有补救的机会，所以匆匆把事情做完，但这样很容易出错，在以后的补救中因为还有其他事情，匆忙改正中又会出错，让事情越来越复杂……

有没有哪里做错了呢？

如果在我们第一次做这件事时就认真对待，检查错误，将事情一次做到位，减少改错的时间，这样余下的时间就会多起来。

因此，很多的忙碌完全是我们自己给自己增加的任务，只要我们每做一件事都认真对待、一次完成，也就不需要每天都这么忙了。

意，结果，就是这么一个小小的错误，给公司导致了一系列的麻烦和损失。他个人也因此受到了不小的处分和罚款。

李伟的失误源于他在第一次审样稿的时候，没把错误找出来，没把事情做到位。假如在第一次审核样稿的时候李伟稍微认真一点儿，就不会浪费大家的时间，给公司造成如此损失。

我们平时经常说到或听到的一句话就是："我很忙。"在上面的案例中，李伟也许真的很忙，时间紧，任务重。可是，如果不能一次性把事情做到位，这样的忙碌又有什么作用呢？

所以，在"忙"得心力交瘁的时候，我们是否考虑过这种"忙"的必要性和有效性呢？整天忙忙碌碌，有必要停下脚步检查一下自己是否在做着费力不讨好的事。再忙，我们也要在必要的时候停下来思考一下，把事情一次性做到位，而不是日后为了改正第一次犯下的错误而弄得心力交瘁。把事情一次性做到位，花费的时间并不一定多，但解决了后续的在同一事情上反复忙碌的时间，这正是解决"忙症"的要诀。

如果第一次发现了问题而没有采取行动，那么在日后就会酿成不可估量的损失。再小的问题，如果不能一次性有效地解决，它会像滚雪球一样不断加剧，直至演化到不可收拾的地步。

管理者工作的目的是为了创造价值，而不是制造错误或改正错误。只要在工作之前想一想出错后带给自己和公司的麻烦，想一想出错后造成的损失，就应该能够理解"把事情一次做到位"这句话的分量。在这个效率至上的社会，把事情做到位，不为同一件事情反复忙碌，这是企业赢得竞争的不二法宝。

神奇的"二八法则"：抓住关键

一个领导者把精力放在小问题上，慢慢地就会忘记自己的目标，会丧失创造力，甚至会逐渐枯竭。

——俞敏洪

在时间管理方面，"二八法则"同样起到重要的作用。一直以来，人们将"一分耕耘，一分收获"奉为圭臬。但是，有些管理者会在工作中遇到这种情况：花很多时间和精力去处理事情，结果却不尽如人意。如何使耕耘能有收获甚至达到"事半功倍"，每个人都希望找到这样的高效秘诀。其实，高效能人士的确有个法宝，这就是"二八法则"。

1897年，意大利著名经济学家帕累托发现了被后世所称道的著名的"二八法则"。他研究发现，社会上的大部分财富被少数人占有，而且这一部分人口占总人口的比例与这些人所拥有的财富数量，具有极不平衡的关系。

二八法则就是要按事情的重要程度编排优先次序，这个法则告诉我们：要把自己的时间和精力放在自己最重要的事情上，就可能用更少的时间做更多的事。

英国有"创业常青树"之称的理查德·科克在牛津大学读书时，师兄告诉他："没有必要把一本书从头到尾全部读完，除非你是为了享受读书本身的乐趣。在你读书时，应该领悟这本书的精髓，这比读完整本书有价值得多。"这位师兄想表达的意思实际上是：一本书80%的价值，已经在20%的页数中就已经阐明了，所以只要看完整部书的20%就可以了。

理查德·科克很喜欢这种学习的方法，而且以后一直沿用它。牛津并没有一个连续的评分系统，课程结束时的期末考试就足以裁定一个学生在学校的成绩。他发现，如果分析了过去的考试试题，把所学到知识的20%，甚至更少的与课程有关的知识准备充分，就有把握回答好试卷中80%的题目。这就是为什么专精于一小部分内容的学生，可以给主考人留下深刻的印象，而那些什么都知道一点儿但没有一门精通的学生却不尽如考官之意。这项心得让他并没有披星戴月终日辛苦地学习，但依然取得了很好的成绩。

后来，理查德·科克加盟了一家顶尖的美国咨询公司。就在这里，他发现了许多二八法则的实例。咨询行业80%的成长，几乎来自专业人员不到20%的公司。而80%的快速升职也只有在小公司里才有——有没有才能根本不是主要的问题。当他离开第一家咨询公司，跳槽到第二家的时候，他惊奇地发现，新同事比以前公司的同事更有效率。怎么会出现这样的现象呢？新同事并没有更卖力地工作，但他们在两个主要方面充分利用了二八法则。不久后，理查德·科克确信，对于咨询师和他们的客户来说，努力和报酬之间也没有什么关系，即使有也是微不足道的。

真正像理查德·科克一样理解了二八法则，你就会知道自己应该将时间花在关键的少数问题上，因为解决这些关键的少数问题，你只需花20%的时间，即可取得80%的成效。

人们常习惯性地认为，顾客都是上帝，要一视同仁；每一个人都是一枚不可或缺的螺丝钉，发挥着同样的价值作用……但当我们在所有的事物上花费等量的精力时，往往会发现，投入与产出等比的情况并不总会出现，并且大多数时候的结果是"事倍功半"。二八法则提醒我们要对那些客观存在的不平衡现象给予足够的重视，提醒我们应该打破那些束缚我们的常规认识，从而提高生活和工作效率。

二八法则要求人们放弃那些表现一般或不好的、只能带来20%产出的80%的投入。因与果、投入与产出或努力与报酬之间的关系，往往是不平衡的，这是二八法则带给我们的启示。

二八法则告诉我们，如果你使用或准备的时间占80%，即次要的多数问题占80%，造成的成果只占所有成果的20%；而使用或投入的时间占20%，即重要的少数问题，造成的成果却占80%。

运用二八法则的重要意义在于能经常以20%的时间付出取得80%的成果。因此，在你的工作或生活中，你应该把十分重要的项目挑选出来，专心致志地去完成，即把时间用在更有意义的事情上。

查尔斯是纽约一家电气分公司的经理。他每天都需要阅读和处理上百份的文件，每天上班走进办公大楼的时候，他就开始被等在电梯口的职员团团围住，等他终于进入自己的办公室时，已是满头大汗。查尔斯经常说自己要再多一双手，再有一个脑袋就好了。公司里最忙碌的人一定是他，但是他的大部分时间都浪费在了烦琐的公司事务中。

查尔斯不愿意再忍受这样的状况。他分析了自己目前所处的状况，他把所有的人关在自己的办公室外面，把所有无意义的文件抛出窗外。他让自己的属下自己拿主意，不要来烦自己。为了最大化利用自己的时间，他给自己的秘书做了硬性规定，所有递交上来的报告必须筛选后再送交，不能超过十份。

查尔斯新的工作方式，秘书和所有的属下都不习惯。他们已养成了奉命行事的习惯，而今却要自己对许多事拿主意，他们真的有点儿不知所措。但这种情况没有持续多久，公司开始有条不紊地运转起来，属下的决定是那样的及时和准确无误，公司没有出现差错。公司的工作效率因真正各司其职而大幅度提高了。

查尔斯也终于有了读小说、看报、喝咖啡、进健身房的时间，他现在才真正体会到自己是公司的经理，而不是凡事包揽的老妈子。

二八法则要求分清"重要的少数"还是"琐碎的多数"，不要沉浸在忙碌中，时间是一种资源，应该将精力集中解决"重要的少数"。查尔斯作为管理者，每天总是忙碌，每天80%的时间都浪费在一些不必要的签字上，当他转变工作方式后，将无意义的文件抛出了窗外，将绝大部分精力花在了不超过十份的文件上，结果是：他的工作效率大大提高了。

二八法则是一项对提高人类效率影响深远的法则，被称为指导职业获利和人生幸福的"圣经"，适用于任何渴望提高工作效率、创造最高财富利润的个人。相信所有的管理者都不愿沦落为"老妈子"的角色，都希望能够高效地工作。二八法则为所有人提供了这样的捷径。

集中精力去做那些最重要的事情

> 大家都要"惜时"。这个以前我们强调得不多,但是在我的理念当中,一直是有这样的概念的。我也曾经跟不少的同事讲过,如果能买来的东西,就不要自己去做,如果说能够以金钱来换时间,我们会愿意的。
>
> ——李彦宏

工作时间都是有限的,每天需要解决的问题往往很多,管理者觉得好像是一座山压在了自己的身上,大事小事一大堆,喘口气的时间都没有。

管理者要善于运用重点思维,集中精力去做那些最重要的事,这是那些目的性很强的管理者们重要的思考习惯。因为一个人如果不懂得重点思维,眉毛胡子一把抓,就等于毫无主攻目标。管理者需要提高自己做事的目的性,就要养成思维的正确方法——重点思维习惯。

管理者要能够抽丝剥茧,把那些不那么重要的事情委派给下属去做,而更重要的事情——如企业的决策等事项则由自己亲自完成。

工作可以分成两种:重要的和不重要的,或是,有关系和没有关系的。在达到主要目标的过程中,做到把重要的、与问题有关的问题抽离出来,进一步地分析论证并最终找到症结所在,就是重点思维的运用。

管理者成功的原因在哪儿呢?主要还是集中精力去完成最重要的事情,优秀的管理者深谙此道。柯尔森就是一个具有重点思维习惯,并成功运用到实际工作中的人。

柯尔森就读于瑞典斯德哥尔摩经济学院,他1968年毕业后,进温雷索尔旅游公司从事市场调研工作。3年以后,北欧航联出资买下了这家公司。柯尔森先后担任了市场调研部主管和公司部经理。在熟悉公司各项业务的基础上,他成功解决了经营中的主要问题。

柯尔森的经营才华引起了北欧航联的高度重视,其决定对柯尔森进一步委以重任。航联下属的瑞典国内民航公司购置了一批喷气式客机,由于经营不善,到最后甚至无力付清购机款项。1978年,柯尔森调任该公司的总经理。

柯尔森上任不久,在分析了公司经营中的各项问题后,他认为症结出现在这里:瑞典国内民航公司所订的收费标准不合理,早晚高峰时间的票价和中午空闲时间的票价一样。柯尔森全力解决这个问题,他将正午班机的票价削减一半以上,此举吸引了大批旅客,载客量猛增。柯尔森主管后的第一年,瑞典国内民航公司即转亏为盈,获得了相当丰厚的利润。此外,柯尔森做出决定,把那些庞大的"空中客车"撤出航线,仅供包租之用,辟设了奥斯陆—巴黎之类的直达航线。

此外,柯尔森注意到如何满足客户的需求。市场上的那些新型飞机,引不起柯尔森的兴趣，他说，就乘客的舒适程度而言，从DC—3客机问世之日起，客机在这方面并无多大的改进。他敦促客机制造厂改革机舱的布局，腾出地方来加宽过道，使旅客可能随身携带更多的小件行李。柯尔森的目标是，通过对已使用达14年之久的飞机进行整容，让旅客觉得客机是新的。北欧航联拿出1500万美元（约为购买一架新DC—9客机所需要费用的65%）来给客机整容翻新，更换内部设施，让班机服务人

○ 养成重点思维的习惯

管理者给人的感觉就是忙碌，但并不是每一个管理者都有这么多的工作和难题要处理，而是因为他们不会合理规划才造成了自己的忙碌。

怎么就解决不好呢！

有的管理者面对一大堆的问题只会焦头烂额，不会从中抓住重点，从而一团乱地进行处理，效果甚微。

善于从众多问题中找出问题的重点和关键，问题自然就迎刃而解了，既简单又不费时间，事半功倍。

这下就简单了！

所以，作为一名管理者，要善于在众多的问题中寻找重点，培养自己的重点思维能力，为自己节省更多的时间。

员换上时髦新装。一系列改革之后，公司的DC—9客机队将继续使用到1990年左右。靠那些焕然一新的DC—9客机，招徕了大量的商业旅客。

柯尔森在企业经营方面把握问题的关键，成功地解决了一个又一个难题。他为整个航空公司赢得了巨大的声誉和利益。

柯尔森是一个杰出的管理者，是善于运用重点思维的典范。

成功人士遇到重要的事情时，一定会仔细地考虑：应该把精力集中在哪一方面呢？怎么做才能使我们的人力、精力与体力损害最少，但又能获得最大的效益呢？

很多管理者显得比任何人都忙，并不是因为他们需要处理比别人更多的难题，只是因为他们不善于合理规划所要处理的事情。处理问题时既分散，又没能抓住最重要的问题，自然不能取得好的效果。

懂得重点思维，成功地解决问题，从而赢得经营上的成功和丰厚的利润。一个人只有养成了重点思维的习惯，才能在实际中避免眉毛胡子一把抓，比起其他人也更为轻松愉快。

制定任务清单，让工作条理化

条理化是一个人做事有效率的重要前提。

——北大管理理念

有的管理者总是被别人说成"慢条斯理"，但他们做事却井井有条，管理的效率也很高。仔细观察会发现，他们做事绝不会急于求成，也不会拖延，他们总是有条不紊，有先后、有轻重、有缓急，当然很有效率。

有些管理者整天很忙，但他们只是凭着自己的直觉做事，手头总是堆积着各种各样的事情，分不出先后顺序，每天都是在混乱和忙碌中开始和结束。

作家吴淡如在《心香淡如菊》中这样描写她的一个习惯：

我一直有个可怕的毛病，有一堆事情等待我处理时特别明显。比如说，我通常在早上写稿，中午自己弄东西给自己吃，"贪多务得"的习惯在这时候便展现无遗。

我会先把煮水饺的水烧开，然后看一看阳台上的花木，有几片枯黄的叶子该剪掉了，我立刻戴上了手套，寻找园艺用的剪刀。打理花木时我看见昨天晒的衣服还没收，待会儿可能要下雨了，于是我又放下剪刀，把衣服收进衣柜里。这时发现衣柜里的衣服放得有点儿不顺眼，又顺手理了理……

糟糕，水早煮滚了，我放了水饺，心想，为什么不连餐后咖啡一起煮，省点儿时间呢？于是……然后我又等得不耐烦了，随手翻开书架上昨天买的书，趁着空当读了起来。有一次，因为发现水饺快被我煮烂了，情急之下，赶紧熄火，掀开锅盖时，不幸地被旁边正在加热的摩卡咖啡壶所吐出的蒸气烫伤。

这位作家的经历很像某些管理者，他们总是同时处理好几件事情，以为这样可以节省时间。然而工作没有条理性，当几件事情同时进行时，却又无法把精力集中到每一件事情上，结果注定会造成忙碌而没有实效。

歌德说过："选择时间就等于节省时间，而不合乎时宜的举动则等于乱打空气。"博恩·崔西在《简单管理》一书中也写道："我赞美彻底和有条理的工作方式。一旦在某些事情上投下了心血，带着明确的目的去做事，就可以减少重复，这样就能够大大提高工作效率。"

工作没有条理性，做起事来必定像无头苍蝇一样乱撞。试想，如果一个经理一上午要见客户，要处理资料，又要写年度报告，而他又不懂得合理安排自己的工作，于是找个材料就花半天时间，没有确定工作的先后顺序，处理起工作来一定会事倍功半。

其实避免这种没有条理的混乱状况的方法很简单，就是制定一份工作的任务清单。要制定一份合适的任务清单，你应该首先试着在一张纸上毫不遗漏地写出你需要做的工作。

管理者可以先将自己必须干的工作，且不管它的重要性和顺序怎样，一项也不漏地逐项排列起来。然后你要按这些工作的重要程度重新列表。重新列表时，你应该问自己：如果我只能干列表中的一项工作，首先应该干哪一件呢？然后再问自己：接着该干什么呢？用这种方式一直问到最后一项。这样自然就按着重要性的顺序列出自己的工作一览表。

任务分类是为了向自己传达一种对待任务的态度。任务可分为四类：必然及时完成的工作，必须完成但可以稍微拖后的工作，完全没有必要完全的工作，时间允许的情况下最好能够完成的工作。这样，在填写清单的时候，你就可以根据自己的工作内容把自己的任务分门别类。

为了使任务清单可以发挥最大的作用，让管理高效而条理化，你不仅要明确工作是什么，还要明确每年、每季度、每月、每日的工作及工作进程，确保高效而有条理地工作。为自己制定一个任务清单，时刻鞭策自己要做哪些工作，能有效节省时间。

为自己制定工作清单，不但是一种不可估量的时间节约措施，而且是提醒人们记住某些事情的先后顺序，让做事充满条理的手段。

聚焦你的全部力量，每次只专心做好一件事

我发现如果自己试着同时做多种任务，我常常压力很大，而且不能集中。所以我试着一天中只做一件事，然后尽我所能做到最好。

——季羡林

一个人的精力总是有限的，即使天才也是一样。如果精力过于分散，就会像阳光散射在纸上；只有把精力集中到一点上，才有可能聚焦，使事业之纸燃烧。

集中精力专心去做一件事，这是高效能的重要方法。就像通过凸透镜把众多光束集中到一个焦点，从而引起燃烧一样，人的智慧和力量也可以在"聚焦效应"作用下形成成才所需的必要能量。

戴尔公司董事会主席戴尔·迈克尔说过："专注，具有神奇的力量。它是一把打开成功大门的神奇之钥！它能打开财富之门，它也能打开荣誉之门，它还能打开潜能宝库的大门。在这把神奇之钥的协助下，我们已经打开了通往世界所有各种伟大发明和成功的秘密之门。"

有一位画家，很年轻但已经小有名气，曾经在国内外举办过多次画展，并且几次获奖。

也有人问他："你为什么这么年轻就取得了这么大的成就呢？"他微笑着讲述了父亲对他的教导。

小时候，这个画家兴趣非常广泛，但是做每件事情都是三分钟热度，不能专心做好一件事情。学习不错，课余爱好画画、拉手风琴、打篮球等很拿手，他是个要强的人，每件事情都要求自己要得第一。这当然是不可能的。

他的父亲看到他这样的状态，于是，有一天，他把一个小漏斗和一捧玉米种子放在桌子上。告诉这个后来的画家说："今晚，我要给你做一个试验。"父亲让他双手放在漏斗下面接着，然后捡起一粒种子投到漏斗里面，种子顺着漏斗滑到了他的手里。父亲投了十几次，他的手中也就有了十几粒种子。然后，父亲抓起满满一把玉米粒一下子放在漏斗里面，玉米粒竟一粒也没有掉落下来。

父亲意味深长地说："假如你每次只专心做好一件事，每天你就会有一粒种子的收获。可是，当你想把所有的事情都挤到一起来做，反而连一粒种子也得不到。"

20多年过去了，这个曾经的试验让画家记忆犹新：每次只专心做好一件事，你才会有所收获。

很多人像这位画家小时候一样，试图一次完成几件事情，做每件事情的时候都不专心，其结果是显而易见的。优秀的管理者都知道，每次只专心做好一件事，比

第十三章
⊙ 高效能管理课：错误的工作方式只会增加劳动强度

没头没脑地同时做几件事更高效。因为，这样做起事来更专注，费时更少，出错更少，效率更高。

著名的管理学大师德鲁克在《管理的实践》一书中说过："我们多数人即使专心致志地在同一时间内只做一件事，也不见得真能做好，如果在同一时间内做两件事，那就更不必谈了。"

很少有人能同时完成多项工作，因为这几乎是不可能的事。如果想同时完成几项工作，结果只会造成"工作相互打架"，大大影响管理的效率。

管理者工作效率很低，原因在于同时做很多的事情，这就会导致做一件事心里想着另外一件事，导致自己无法将精力集中在一件重要的事情上。而那些高效能的成功人士在事业的道路上深谙"每次专心做好一件事"的益处。

2003年，阿里巴巴的股东孙正义召集了他投资的所有公司的经营者们开会，每个人有5分钟时间陈述自己公司的现状，马云是最后一个陈述者。他陈述结束后，孙正义做出了这样评价：马云是唯一一个3年前对他说什么，现在还是对他说什么的人。

在1999年，马云在杭州以50万元人民币创业，建立阿里巴巴网站。这一时期，正值中国互联网最疯狂的时候，新浪、搜狐、8848风生水起，互联网被人们称为"烧钱"的行业。从那时起，马云和他的同伴们所做的就是充满激情地向前走，永远地走下去。

2005年12月6日至16日，在中央电视台经济频道举办的2005中国经济年度人物评选创新论坛上，马云应邀在北京大学中国经济研究中心演讲。在这次演讲中，马云再次重申了阿里巴巴对专心致志地做好一件事的坚决态度。

一辈子只要做好一件事，那就是很了不起的。马云刚创业时，面对的都是别人的长处，显露的是自己的短处。但是马云说，第一次创业的时候，你想做什么，到底要做什么？不要受外界影响，你自己就要确定你今天就是要做这个事情。马云正是靠着专心地做一件事——电子商务，才获得了阿里巴巴今天的辉煌。

在传媒界流行着这样一句话："一个人围着一件事转，最后全世界可能都围着你转；一个人围着全世界转，最后全世界可能都会抛弃你。"管理者，必须懂得专心的重要性，我们最应该做的就是集中心智全力以赴将一件事做好。

10只兔子放在面前，你到底抓哪一只？有些人虽然决定了抓这只兔子，心里却想着另一只。一会儿抓那只兔子，心里又想着另外一只，最后可能一只也抓不住。马云说："我一次只能专心抓一只兔子，抓多了，什么都会丢掉。"马云的回答是不是给管理者们以启示呢？

"每次只做好一件事"这不仅是高效能管理人士的一项行为要求，更是成功的一个捷径。

○ 每次只做好一件事

专注才能让事情得到更完美更及时的解决，如果同时处理多件事情，就会让自己手忙脚乱，而且每件事都做不好。因此，优秀的管理者每次只会让自己做好一件事。

一个人的精力有限，如果同时做很多事情，会让自己做事情时分心想着另一件事，反而让每一件事都不能完美解决。

如果每次只做一件事，就可以把自己的全部精力集中在这一件事上，这样效率会更高一些。

人没有三头六臂，想要同时完成几件事几乎是不可能的，所以，想要提高自己的效率，就需要集中注意力，每次只做一件事。

界定问题，然后第一时间解决问题

解决问题就要学会寻找问题的主要矛盾，抓住造成问题的重点和关键。

——北大管理理念

世界著名的管理顾问大师彼得·德鲁克在为企业家提供咨询时，企业家总会提出一大堆的难题向德鲁克请教。德鲁克一般不会正面回答这些问题，而是对客户说："你最想做的事是什么呢？""你为什么要去做呢？""你现在正在做什么事呢？""你为什么这样做呢？"这时候，德鲁克并不替客户"解决问题"，而是替客户"界定问题"。

正确地界定问题，是正确解决问题的第一步。正如爱因斯坦所说，将一个问题正确地界定，等于已经解决了问题的一半了。如果没有正确地界定问题，会很容易造成瞎忙的结果。

我们先来看一个工厂的小工是如何帮助自己的老板解决了一个大难题的。

故事发生在美国实业家洛宾·维利的制鞋工厂里。

洛宾·维利在工厂初创阶段，几种款式新颖的鞋子受到消费者的欢迎。结果订单纷至沓来，工厂生产忙不过来。虽然工厂招聘了一批生产鞋子的技工，但仍供不应求。订单完不成，洛宾面临着大笔赔偿的危险。为此，他召集工厂所有的人来研究对策。

期间，一个小工举手发言了，他说："我认为，我们的根本问题不是要找更多的技工，其实不用这些技工也能解决问题。因为真正的的问题是提高生产量，增加技工只是手段之一。"他怯生生地接着提出，"我们可以用机器来做鞋。"

这个小工的话听起来完全是无稽之谈，但是却深深触动了洛宾。他说："这位小兄弟指出了我们的一个思想盲区，我们一直认为我们的问题是招更多的技工，但这位小兄弟却让我们看到了，真正的问题是要提高效率。"4个月后，通过研发，生产这几款鞋子的机器被生产出来了，世界从此进入到用机器生产鞋子的时代。

后来，洛宾在自传特别强调说："这位员工永远值得我感谢。这段经历，使我明白了一个十分重要的道理：遇到难题，首先是对问题进行正确界定。假如不是这位员工给我指出我的根本问题是提高生产率而不是找更多的工人，我的公司就不会有这样大的发展。"

在发现问题之后，认真分析问题，并正确界定问题才是关键。遇到难题，首先是对问题进行正确界定。这样才能有的放矢，水到渠成。

抓住问题的关键，就等于找到了解决问题的钥匙。主角总是起关键性的作用，问题的关键也不例外。善于把握问题的关键是提高一个人做事目的性的关键。一个人做事如果不能找出问题的关键，那么他就无法抓住自己的主要目的，当然也不能成为一个做事有目的的人，更不会成为一个成功的人。

很多时候，事情的原因并不那么清晰，总是让人无处着手。因此，就要学会如何把握问题的关键。

下面的几个方法，可以帮助我们更好地掌握界定问题的艺术。

1.发现问题的真正目的

迅速解决问题的关键就是要对问题有一个正确的界定，即要找准"靶子"。

20世纪50年代，全世界都在研究制造晶体管的原料——锗，普遍认为最大的问题是如何将锗提炼得更纯。最初，日本的江畸博士和助手黑田百合子认同此观点，并进行提炼研究。但无论采用什么方法，锗里都会混进一些杂质，而且每次测量的数据都不同。后来他们反思：最大的问题应是让锗能制造出更好的晶体管。于是，他们有意地一点儿一点儿添加杂质，反复试验。结果在将锗的纯度降到原来的一半时，一种最理想的晶体产生了。此项发明一举轰动世界。

在这个例子中对问题错误的界定是将锗提纯。而正确的界定是制造出更好的晶体管。制造更好的晶体管，这才是解决问题的根本目的。

2.提升要界定问题的层次

对问题正确地界定往往很难，但也有诀窍，尝试改变界定问题的层次。

20世纪80年代，罗伯特·郭思达当上了可口可乐的CEO。此时，可口可乐与百事可乐正处于竞争白热化阶段。可口可乐的一部分市场已被蚕食。为收复失地，占领更大的市场，大家讨论不息。许多下属管理者，都把焦点集中在如何增强竞争力上。

罗伯特却从更深的层面来思考这个问题，他让下属弄清这样一些问题：

"美国人一天平均的液体食品消耗量为多少？"

"64盎司。"

"那么，可口可乐在其中占多少？"

"2盎司。"

一听到这样的答案，他便宣布：我们的竞争对象不是百事可乐，我们需要做的是提高市场占有率，要占掉市场剩余的水、茶、咖啡、牛奶及果汁等，要将市场份额指标纳入到世界液体饮料市场上来。为此，可口可乐采取了一些新的竞争战略，如在每个街头摆上贩卖机。销售量也因此节节上升，赢得老大的头把交椅。

3.从问题的反面入手

事物都有两面性，从正面不能解决问题时，可以尝试从反面入手，或许问题就迎刃而解。

"二战"时的一天夜晚，苏军准备趁黑夜向德军发起进攻。可是当晚的天气条件很不利，军队要做到高度隐蔽而不被对方察觉十分困难。

苏军元帅朱可夫对此思索良久，突然想到一个主意，立即发出指示：将全军所有的大探照灯都集中起来。在向德国发起进攻时，苏军的140台大探照灯同时射向德军阵地。

极强的亮光把隐蔽在防御工事里的德军照得睁不开眼，什么也看不见，只有挨打的份。苏军很快就突破了德军的防线。

在这里，问题的关键不是天黑，而是看不见。正确地界定了问题，胜利必然在握。

4.养成问问题的习惯

要发现问题的关键,我们还应当养成问问题的习惯。出现问题,多问几个"为什么",有助于我们找到问题的关键,发现解决问题的办法。

不仅如此,经常问自己一些问题,还有下面几个好处:

(1)可立即转变你的注意力,因而改变你的心情。

(2)可以改变或转换你头脑中所删除的经验。

(3)可以帮助你发掘内在的成功资源。

比如,作为一名企业管理人员,可以试着在工作中问自己下面5个问题,然后充分发挥自己的创造性思维解决它们,提升自己的工作效能。

问题1:"什么是我最值得重视的事情?"

做什么事情对公司、对事业和生活贡献最大?如果想要有出色的表现,就必须先弄清楚这个问题。

问题2:"我的主要职责是什么?"

需要注意的是,责任必须非常具体,有衡量标准,也有时间限制。

问题3:"我为什么而工作?"

问题4:"什么事情只能由我来做,没有我不行?"

如果某件事情只能由自己来做,或者是只有自己才能做得最好,那我们的价值就会体现出来。

问题5:"什么是我当前迫切需要做的?"

如果能自问自答这5个问题,并且全力以赴地去做好这些事情,工作就会有的放矢,就会找到努力的方向。

正如治病必须要寻找病根一样,只有抓住了问题的关键,事情才能够顺利解决。界定问题,然后第一时间解决问题,懂得抓住问题的关键,才能高效率地完成工作。

第十四章 潜能管理课：
激发个人潜力，将"小草"变成"大树"

有关潜能的三个疑问

每一个人的内部都有相当大的潜能。

——北大管理理念

多年来，人人都知道要用不到4分钟的时间跑完一英里的路程是不可能的。生理学刊物上刊登的文章也指出，人类的体力无法达到这个极限。但是，罗杰·贝尼斯特却于1954年打破了4分钟的纪录。谁也没想到，不到两年，又有10位运动员打破了这项记录。

这其实就证明了一个道理，人类的潜能是可以取得突破的。人的潜能犹如一座待开发的金矿，蕴藏量无穷，价值无比，我们每个人都有一座潜能金矿。

关于潜能，我们也许在生活中亦时有耳闻，甚至一些人有过亲身经历——地震中的人能推开巨石，火灾中的人能搬动平时力所不及的重物。在通常状态下，我们所表现出来的体力也许还不足那时的1/10。

这是什么原因呢？一些专家的解释是：当身体机能对紧急状况产生反应时，肾上腺会大量分泌激素，传到整个身体，从而产生出额外的能量。这就是潜能，但是，潜能究竟是怎么来的呢？

管理者对自己进行潜能开发或激发员工潜能时，需对潜能有全面的认知。

第十四章
◎潜能管理课：激发个人潜力，将"小草"变成"大树"

1.潜能人人都有

对于人类所拥有的无限潜能，世界顶尖潜能大师安东尼·罗宾曾讲过这样一个故事：

一位已被医生确定为残疾的美国人梅尔龙，靠轮椅代步已12年。他的身体原本很健康，19岁那年，他赴越南打仗，被流弹打伤了背部的下半截，被送回美国医治，经过治疗，他虽然逐渐康复，却没法行走。

他整天坐轮椅，有时就借酒消愁。有一天，他从酒馆出来，照常坐轮椅回家，却碰上3个劫匪，动手抢他的钱包。他拼命呐喊拼命抵抗，却触怒了劫匪，他们竟然放火烧他的轮椅。轮椅突然着火，梅尔龙忘记了自己是残疾，他拼命逃走，竟然一口气跑完了一条街。事后，梅尔龙说："如果当时我不逃走，就必然被烧伤，甚至被烧死。我忘了一切，一跃而起，拼命逃跑，等到停下脚步，才发觉自己能够走动。"

一个人通常都存有极大的潜在体力。安东尼·罗宾指出，人在绝境或遇险的时候，往往会发挥出不寻常的能力。人没有退路，就会产生一股爆发力，这种爆发力即潜能。然而，由于情境上的限制，人只发挥了其1/10的潜能。

人体内确实具有比表现出来的更多的才气、更多的能力、更有效的机能。我们每一个人的身体内部都有这种天赋的能力，也就是说，我们每一个人都有创造的潜能。

不论有什么样的困难或危机影响到你的状况，只要你认为你行，你就能够处理和解决这些困难或危机。对你的能力抱着肯定的想法就能发挥出你的潜能，并且因而产生有效的行动。

2.潜能时时皆有

在我们的所见所闻中，似乎只有身处危急时才会激发人的潜能，大量的报道似乎也证明，潜能是在人们感到自身生命或相关的重要事物受到巨大威胁时，注意力达到高度集中的状态才能被引发，但实际上，潜能并不仅仅在此时才会激发。

我们没有必要去追求那种短暂的、随机性极强的突发性潜能释放，我们需要的是持久的、能够随时为我们所用的潜能激发。

我们不妨来看几则有关"兽孩"的报道，也许你能从中受到启发。

"狼孩"——1972年夏天（有报道为1975年5月），印度居民那尔辛格在森林中发现一个大约3岁的狼孩。其将狼孩取名为已斯卡尔，送往印度克瑙市的传教士的医院。该狼孩用四肢奔跑的速度超越了成年男子，力气也相当大，其在1985年时死去。

从1969年开始，一直居住在新德里德勒撒修道院里的"狼妇"比迪亚，是由一对在丛林中打猎的美国夫妇发现的。当1985年记者采访她时，她已经满脸皱纹，满头灰发，看上去像70岁左右，但动作仍如狼一般快速敏捷。

"猴孩"——1927年，印度发现两个在猴群中长大的女孩，她们能够像猴子那样爬树摘果，奔腾跳跃。

"豹孩"——1923年在印度发现,据说其用四肢奔跑的速度之快不亚于真豹。

另外还有法国12岁的"羚羊孩",跳跃幅度惊人,善于攀登悬崖峭壁;法国10岁的"海豹孩",不惧寒冷,赤身裸体生存于冰川之间……

兽孩所拥有的比人类更加突出的惊人体力,证明人类可以持久性地使潜能表现出来,但关键在于我们怎样培养。

不管是常人的瞬间潜能释放,还是兽孩所具备的超常能力,作为人类,我们都拥有相同的身体结构,这就意味着,只要受到相似的刺激影响,就有可能激活我们的潜能。

3.潜能可以随时开发

潜能是人类最大而又开发得最少的宝藏。无数事实和许多专家的研究成果告诉我们,每个人身上都有巨大的潜能还没有开发出来。美国学者詹姆斯的研究成果表

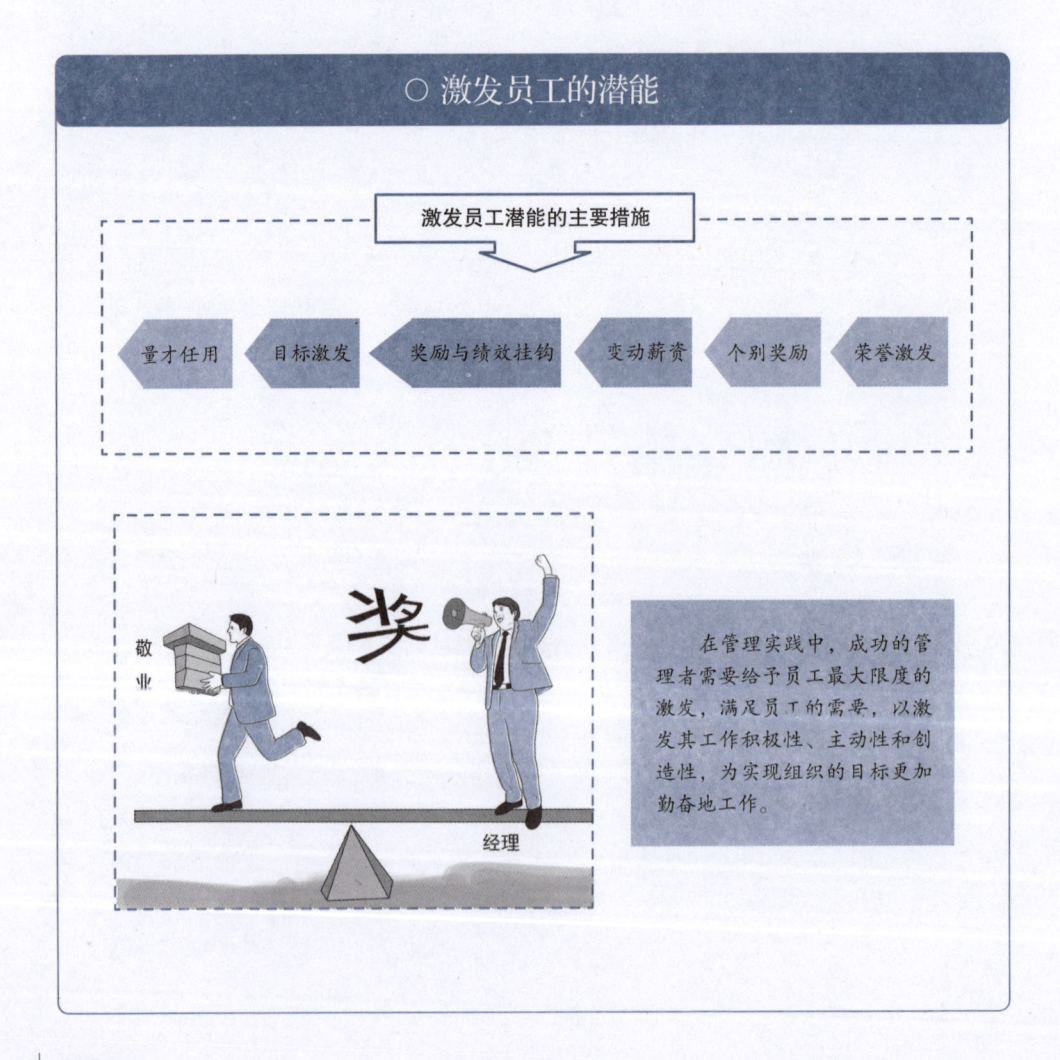

○ 激发员工的潜能

激发员工潜能的主要措施

量才任用 | 目标激发 | 奖励与绩效挂钩 | 变动薪资 | 个别奖励 | 荣誉激发

在管理实践中,成功的管理者需要给予员工最大限度的激发,满足员工的需要,以激发其工作积极性、主动性和创造性,为实现组织的目标更加勤奋地工作。

明:"普通人只开发了他蕴藏能力的1/10,与应当取得的成就相比较,我们不过是半醒着的。我们只利用了我们身心资源的很小很小的一部分。"

科学家发现,人类贮存在大脑内的能力大得惊人,人平常只发挥了极小部分的大脑功能。要是人类能够发挥一大半的大脑功能,那么可以轻易地学会40种语言、背诵整本百科全书,拿12个博士学位。

有人会说:"只是一个人,而且是一个平凡的人。因此,我从来没有期望过自己能做出什么了不起的事来。"实际上,每个平凡的人都可以开发自己的潜能。

在"二战"期间,一艘美国驱逐舰停泊在某国的港湾。一名士兵照例巡视全舰,突然停步站立不动,他看到一个乌黑的大东西在不远的水上浮动着。那是一枚触发水雷,正随着退潮慢慢向着舰身中央漂来。

他赶紧通知值日官,并且发出全舰戒备的信号,全舰立时动员了起来。在这千钧一发的时刻,官兵都愕然地注视着那枚慢慢漂近的水雷,大家明白灾难即将来临。

因为当时的情境非常危急,他们起锚离开,却已经没有足够时间;发动引擎,只会使水雷更快地漂向舰身;以枪炮炮火引发水雷也不行,因为那枚水雷太接近舰里面的弹药库。放下一支小艇赶走水雷也不可行,因为那是一枚触发水雷。悲剧似乎是没有办法避免了。

突然,一名水兵想出了比所有军官所能想的更好的办法。"把消防水管拿来。"他大喊着。他们向艇和水雷之间的海面喷水,制造一条水流,把水雷带向远方,最后再用舰炮引炸了水雷。

我们每一个人的身体内部都有这种天赋的能力,也就是说,我们每一个人都有创造的潜能。

任何成功者都不是天生的,成功的根本原因是开发了人的无穷无尽的潜能。只要你抱着积极心态去开发你的潜能,你就会有用不完的能量,你的能力就会越用越强。

爱迪生曾说:"如果我们做出所有我们能做的事情,我们毫无疑问地会使我们自己大吃一惊。"我们可以问自己:"你一生有没有使自己惊奇过?"

别轻易说已经尽力,"逼"出自己的潜能

每个人的潜能都是来自于自我的强迫中,你不强迫自己工作,你永远不知道自己有多能干。

——朱文惠

(北京大学教授)

工作中，我们总会遇到一些困难，想了许多办法仍无法解决。于是有人便认为"已是极限"，或是"已经尽力"，心安理得地让工作不再推进。但这真的已经是你的极限了吗？如果把你逼到了角落，你会发现，"尽力""极限"只不过是借口，自身的潜能还能被逼出来，问题也能最终被解决。

近代的科学家们认为，人在自己的一生中，仅仅运用了大脑能力的10%，也就是说，还有90%的大脑潜能没开发。许多事实表明，每一个人身上都有巨大的潜能没有开发出来。而有研究更进一步指出，以前人们对大脑的潜能估计太低，我们根本没有运用大脑能力的10%，甚至连1%也不到。

众所周知的比尔·盖茨是一位杰出的管理者，在他11岁时就能背诵《圣经》第五章到第七章的全部内容，老师惊叹他怎么能将几万字的内容一字不落地背诵时，比尔·盖茨说了一句话："我竭尽全力。"

潜能库是如何被找到的呢？我们现在使用的许多东西，当初发明它们的创意就是被"逼"出来的。

格德纳是加拿大某家公司的普通职员。一天，他不小心碰翻了一个瓶子，瓶子里装的液体浸湿了桌上一份正待复印的重要文件。

格德纳很着急，因为文件上的字可能因此看不清了，这可是闯了个祸。他赶紧抓起文件来仔细察看，令他感到欣慰的是，文件上被液体浸染的部分，其字迹依然清晰可见。当他拿去复印时，又一个意外情况出现了，复印出来的文件，被液体污染后很清晰的那部分，竟变成了一团黑斑，这又使他转喜为忧。

为了消除文件上的黑斑，他绞尽脑汁，但一筹莫展。在万分无奈之际，突然，他的头脑中冒出一个针对"液体"与"黑斑"倒过来想的念头。自从复印机发明以来，人们不是为文件被盗印而大伤脑筋吗？为什么不以这种"液体"为基础，化其不利为有利，研制一种能防止盗印的特殊液体呢？

格德纳利用这种逆向思维，经过长时间艰苦努力，最终把这种产品研制成功。但他最后推向市场的不是液体，而是一种深红的防影印纸，并且销路很好。

格德纳没有放过一次复印中的偶然事件，由字迹被液体浸染后变清晰，复印出的却是黑斑这一现象，联想到文件保密工作中的防止盗印，由此开发了防影印纸。格德纳发掘潜能，与他在这种紧张的情况逼出自己的新创意是紧密相连的。

由于没有学会观察与思考，往往是"视而不见""听而不闻"或"见而不思""闻而不想"，所以根本找不到解决问题的创意和方法。如果真正学会了观察与思考，善于从繁杂的日常生活中捕捉信息，探求真谛，就会涌现无限的潜能，找到无限的创意了。

从另外一个方面来看，一个人的潜能往往是在迫不得已的情况下发挥的。优秀的管理者不仅不怕"逼"，而且还主动"逼"自己。他们常常表现为自己跟自己过不去，自己逼自己，使自我经常处于一个积极进取、创新求变的良好的紧张状态，使潜能时常处在激发状态。除了在日常工作学习中要有这样的心态，他们还订立较高的目标来"逼"自己，提升自己。

逼自己，就是战胜自己，必须比自己的过去更新；逼自己，就是超越竞争，必

○ 学会逼自己

人的潜力是无穷的，有时候逼自己一下，才会发现自己的能力超乎自己的想象。所以，在工作中，我们要学会逼自己。

没有退路了，只能挑战你了！

1.置之死地而后生
面对困难和挑战，我们如果逼自己一下，将自己逼到无路可退，这时我们就会破釜沉舟、置之死地而后生，反而可能会有所成就。

10点之前必须完成这项工作！

2.学会自律
给自己制定严格的管理计划，严格按照计划进行，逼自己不断前行，最终走向成功。

付出和收获是成正比的，只有付出得多，才会收获更多，因此，想要有所成就，就要时刻逼自己行动。

须比别人更新。别人想不到，我要想到；别人不敢想，我敢想；别人不敢做，我来做；别人认为做不到，我一定要做到。

面对工作中的问题，我们要做的不是惧怕，不是失去信心，而是迎难而上，竭尽全力，直到成功。

李思林大学毕业之后在一家保险公司做业务代表。这是一项很让人头痛的工作，因为很多人都对保险业务员敬而远之，所以，李思林的工作开展起来很困难。

办公室的其他业务员整天对自己的这份工作抱怨不停："如果我能找到更好的工作，我肯定不会在这里待下去。""那些投保的人，太可恶了，整天觉得自己上当了。"当然，这些人只能拿到最基本的薪水。

李思林和他们不一样。尽管李思林对现状也不是很满意，薪水不高，地位不高，但是李思林仍然感恩自己的工作，因为他知道，与其说是放弃工作，不如说是放弃自己。在这个世界上，没人强迫你放弃自己，除非你主动为之。因为李思林相信，努力是没有错误的，努力会让平凡单调的生活富有乐趣。

于是，李思林主动去寻找客户源。他熟记公司的各项业务情况，以及同类公司的业务，对比自己公司和其他同类公司的不同，让客户自己去选择。虽然一些人很希望多了解一些保险方面的常识，但是他们对保险业务员的反感使他们在这方面的知识很欠缺。李思林知道这些情况之后，主动在社区里办起"保险小常识"讲座，免费讲解。

人们对保险有了更多的了解，也对李思林有了好印象。这时，李思林再向这些人推销保险业务，大家没有反感，而是乐于接受。李思林的工作业绩突飞猛进，当然薪水也有了很大的提高。

如果李思林不解决问题，就会面临着前怕狼、后怕虎的局面，我们在工作中应该全力以赴去解决我们遇到的每一个问题。

"不管做什么事，都要全力以赴。"罗素·康威尔说，"成功的秘诀无他，不过是凡事都要自我要求达到极致的表现而已。"成功的人绝对不会以做完为目标，他们不管做什么事情，只会全力以赴以达到更高效的结果。

"你竭尽全力了吗？"或许我们每个人都应该这样问自己。如果不能事事全力以赴，恐怕很难在职场中获得更大的成功。成功向来偏向付出最多努力的人，没有尽自己最大的努力，很难取得令人羡慕的成就。

逼自己，一方面要勇于接受挑战，把自己丢进新条件、新情况、新问题中，逼到走投无路，才会想方设法、破釜沉舟，才会背水一战，如兵法所说"置之死地而后生"。另一方面，要用"自律"来逼，用目标管理、时间管理来逼，用行动结果来逼。以创新之心逼出创新的行为，得到高效的结果。

挑战自我，突破劣势更要突破优势

激发自己的潜能，就是要不断突破自我。

——北大管理理念

北大管理理念也特别重视对自我挑战的培养，希望每个管理者都能够更有效地挑战自己，实现更高程度的自我完善和自我超越。

一个人要想挑战自己，首先要做的就是充分了解自己，但真正做到认识自己并不是一件容易的事。这是一个人自我完善的基本途径，每一次挑战都是一次自我进步，不平凡的人生正是由无数次挑战铺成的长路。

一名称职的管理者不应当满足于当前的自我，而是应当不断地突破自我。这是实现自我提升、挖掘个人潜力的重要步骤。罗素·康威尔说过："成功就是一个人能力极致的发挥。"他认为一个人的成功是一个不断打破自我极限，充分发挥自我潜能，不断追求自身最完美表现的过程。一个人只有不断打破自我认知和能力上的局限，只有敢于主动超越自我，才能够不断地超越自我，才能让自己取得更大的成功。

然而，超越自我并不是一件简单的事情。美国大发明家爱迪生有过1000多项发明，被誉为发明大王，但他晚年却固执地反对交流输电，一味主张直流输电；电影艺术大师卓别林创造了生动而深刻的喜剧形象，但他却极力反对有声电影。爱迪生和卓别林都是大师，但很可惜，他们都没有能够做到超越自我。由此可见，要做到超越自我，是非常难的一件事。

但是芭芭拉·史翠珊却做到了。

芭芭拉·史翠珊在演艺事业达到巅峰之际，却突然决定制作以及执导《Yentl》这部电影。"你怎么会想到要这么做？"她身边的朋友都很不解。

"我并不是为成名或是发财才制作这部电影，"芭芭拉·史翠珊说，"我已经名利双收了，我之所以制作这部电影是因为有一天晚上我梦到自己死了，上帝把我生前真正具有的潜能展示在我面前，并且告诉我有些其实可以做，但是却因为自己太过胆怯而没有动手的事情，那时候我就下定决心，就算这部电影会耗费我所有的积蓄，我也要放手去做。"

芭芭拉·史翠珊决定超越自我，以此来走向更大的成功。在她看来，挑战过去的自己，使她迈入了新的辉煌。

我们的每个方面都是通过自我挑战进行激发潜能，挑战自我主要从以下3个方面进行：

1. 挑战自己的优势

优势是一个人的能力在他所擅长的领域的具体表现，它往往能使人们产生自信。一个人在自己的优势方面取得突破，能使自己的优势更优、强项更强。因此，自己的优势未必永远是优势，唯有挑战自己，就能将优势永远保存。不故步自封，才能在自己的优势上走得更远。

贝多芬，这位耳熟能详的世界著名的音乐家，在他很年轻的时候，他的音乐就为他带来了声誉。但是造化弄人，这位天才的音乐家在26岁时失去了听力，这对于一个音乐家来说，失聪对音乐事业几乎是一个毁灭性的打击。

但是奇迹在贝多芬身上出现了，他凭着自己对音乐的深刻理解和热爱，经过了一段痛苦的时光后，又毅然决然地在音乐的道路上继续跋涉。他的那些最出色作品，那些驰名中外、至今不衰的传世名曲，几乎都是在失聪后完成的。

贝多芬的经历启示我们，即使是在逆境中，也要有不断挑战自我的精神，不断地发现更优秀的自己，实现自我的最大价值。

2.挑战自己的弱势

在古希腊，演说家德摩斯梯尼天生口吃，嗓音微弱，还有耸肩的坏习惯。在常人看来，他似乎没有一点儿当演说家的天赋，因为在当时的雅典，一名出色的演说家必须声音洪亮，发音清晰，姿势优美，富有辩才。

德摩斯梯尼最初的政治演说是很不成功的，他第一次登台演讲的时候，观众把他哄下台去。讲得实在是不行，讲着讲着，肩膀还往上耸。

但是，德摩斯梯尼并不气馁，他回来以后，为了克服自己耸肩，他在棚上吊了两把剑，剑尖正好对着自己的肩膀，如果一耸肩就会扎着他。经过这样长期的练习，耸肩的毛病克服掉了。说话不清楚，怎么练？他虚心向著名的演员请教发音的方法。他找一个小鹅卵石含在自己的嘴里。他本来说话就不清，再含着鹅卵石是更不清了。经过艰苦的努力和训练，最后含着鹅卵石说话都非常清楚。

气不够用，怎么办？他边朗诵诗歌，边往山上跑。最后，三个毛病都克服掉了。德摩斯梯尼不仅训练自己的发音，而且努力提高政治、文学修养。他研究古希腊的诗歌、神话，背诵优秀的悲剧和喜剧，探讨著名历史学家的文体和风格。柏拉图是当时公认的独具风格的演讲大师，他的每次演讲，德摩斯梯都前去聆听，并用心琢磨大师的演讲技巧……

经过十多年的磨炼，德摩斯梯尼终于成为一位出色的演说家。

德摩斯梯尼勇于向自己的弱势发起挑战，最终战胜了自我。我们要勇于挑战自己的弱势，相信通过自己的努力，一定会激发自己的潜力，改正自己的缺点，把弱势变为优势。

3.向别人的成功发出挑战

人生活在社会群体中，唯有通过横向的对比，才能激发出自己的潜力。对于自卑自怜的人来说，别人的成功是他痛苦的源泉；对于自信自强的人来说，别人的成功既是他奋斗的坐标，也是有力的鞭策和鼓舞。

我们要敢于正视别人的成功，也敢于向别人的成功发出挑战。分析别人之所以成功的原因，并且找出自己与成功者之间的差距，然后努力向他们学习，最终赶上并试图超过自己的榜样。以他人的成功作为参照标准，在对别人的超越中也在不断超越自我，成为最优秀的人。

我们的人生志向并不是超越别人，而在于超越自己——刷新自己的纪录，使自己能够达到自身的极致境界。

"你的身后缺少一匹狼"：让压力激发潜能

人一出生就伴随着压力，压力保证了生命的质量。没有压力的人不会知道生活的分量。

——曹文轩
（北京大学教授、著名作家）

运动场上经常会看到这样的现象：运动员在大场面的锦标赛或奥运会决赛时，他们的水准发挥得最好。对大赛的这种压力，不同的人有不同的反应。有些人被压力压垮，但另一些人则借压力刷新世界纪录。这些大赛场合，也往往是打破世界纪录最多的场合。

人们在正确认识压力的同时，还应该感谢压力所赐予的其他东西，即激发人的潜能。古语曾有"置之死地而后生""破釜沉舟"等说法，讲的就是事情往往到了压力的关头才有转机，当事者才不得不冷静下来，绞尽脑汁去思考转危为安的方法。

在工作中，管理者要对员工施加适当的压力。有压力，才不会使员工在现实中慢慢地腐朽，才会使他始终保持着昂扬的斗志。因此，给下属一定的压力，其实也是一种激发潜能的方式。

有这样一个故事：

有位名不见经传的年轻人，第一次参加马拉松比赛便获得冠军，而且还打破了世界纪录。

当他冲过终点时，许多记者蜂拥而上，不断地问："你怎么会有这样好的成绩？"

年轻的选手气喘吁吁地回答："因为，我身后有一匹狼！"

听他这么一说，所有的人全都惊恐地回头张望，当然，他身后没有什么可怕的东西！

这时，他继续说："三年前，我在一座山林间，训练自己长跑的耐力。每天凌晨，教练就叫我起床练习，但是，即使我尽了全力练习，却一直都没有进步。"

年轻人这时停下脚步，继续说："有一天清晨，在训练的途中，我忽然听见身后传来狼的叫声，刚开始声音很遥远，但是没几秒钟的时间，就已经来到我的身后，当时我吓得不敢回头，只知道逃命要紧。于是，我头也不回地往前跑，而那天我的速度居然突破了！"

他接着说："教练当时对我说：'原来不是你不行，而是你身后少了一只狼！'我这才知道，原来根本没有狼，那是教练伪装出来的。从那次之后，只要练习时，我都会想象自己身后有一只狼正在追赶，包括今天比赛的时候，那匹狼依然追赶着我！"

如何激发自己的潜能，是许多人追寻的目标。为了发挥潜能，有人随时调整自己的思考与习惯，让自己面对更多的挑战，并不断地突破自己。

在工作中，很多人一听到压力总是皱起眉头，感到压力让人喘不过气来。殊不知，压力还有它的另一面积极的动力。就好像故事中的这位运动员一般，在没有感受到压力的时候，他总是不能够发挥出自身的潜能，并且因为一直无法取得良好的效果，还导致他对自身能力产生了怀疑。但是，等"狼"出现后，终于发挥出了世界冠军的潜能。

每个人都要随时想象自己的身后有一匹狼。只有当适当的压力适时地莅临时，才能赋予我们生命以更新的意义，才能让潜力发挥到极致，而我们的世界因此而精彩。

初到百度的实习生，便被要求将所写的程序上线接受亿万用户的考验。幸运的话，能得到用户的认可；不过有的人却没有通过，会因为程序编写上的错误，导致成品废掉。如此严峻的考验，对于刚进百度的新人来说是很大的挑战，也是很大的压力。

但是，正是在这样的压力下，实习员工的成长步伐是相当快的。大家会帮你找出错误来，进行修改，修改之后会很快上线，让你再次接受亿万次搜索的考验，而自己也正是这样一步一步从菜鸟变成"大拿"。

北大管理课认为，有压力时，外力容易激发人的内在潜能，迫使人们为了求得基本的生存和发展去奋斗；而优越的环境往往会使人失去外在的压力，失去激发潜能的内在动力。所以，在人生的道路上，我们应该把压力作为人生的助推器，从中获取前进的动力，不断激发自身潜能。

中国最大的饮料企业——娃哈哈集团总裁宗庆后，47岁时还拉着三轮车奔走在杭州街头推销冰棍。而10年后，由他一手缔造的娃哈哈集团成了中国最大的饮料企业。他曾说："压力或逆境，使我增强了对环境的适应能力和承受挫折的心理能力。"

一位中国留学生刚到澳大利亚时，为了糊口，替人放羊、割草、收庄稼、洗碗……只要给一口饭吃，他就会暂且停下疲惫的脚步。

有一天，在唐人街一家餐馆打工的他，看见报纸上刊出了澳洲电讯公司的招聘启事。他选择应聘线路监控员的职位。过五关斩六将，眼看就要得到该职位了，不想招聘主管却出人意料地问他有没有车、会不会开车，因为这份工作时常外出，没有车将寸步难行。可这位留学生初来乍到还属无车族，但为争取这个极具诱惑力的

○ 让员工保持适度的压力

有压力才会有动力，适度的压力会让人更加努力去工作。作为企业的管理者，如何让员工保持适度的压力呢？

1.正视压力

压力并不是总是坏事，有时压力也有一定的积极意义，在适度的压力下，人们会更加有工作的动力。因此，管理者应该让员工了解压力，正视压力。

2.正确认识自己

每个人都有自己突出的地方和不足的地方，管理者应该引导员工正确认识自己，了解自己的优势和不足，根据自身能力选择合适的工作岗位。

> 从这两天的工作来看，我对产品细节处理还是存在不足……

总之，企业的管理者应该利用压力对人的积极作用，适度给员工一定的压力，激励员工更好地工作。

工作，他不假思索地回答了有车、会开车。

"4天后，开着你的车来上班。"主管这样说。

4天之内要买车、学车谈何容易？

他在华人朋友那里借了500澳元，从旧车市场买了一辆外表丑陋的"甲壳虫"。

第一天他跟华人朋友学简单的驾驶技术；

第二天在朋友屋后的那块大草坪上模拟练习；

第三天他歪歪斜斜地开着车上了公路；

第四天他居然驾车去公司报到了……

而今，他已是"澳洲电讯"的业务主管。

歌德曾说过："人的潜能就像一种强大的动力，有时候它爆发出来的能量，会让所有的人大吃一惊。"

大凡成功人士都经受过无数次压力，每天都觉得"身后有匹狼"。我们不应该逃避压力，相反，为了挖掘自己的潜能，往往应为自己创造一定的压力环境。

管理者要明白，必要的压力也可以起到极好的激励效果，甚至要比其他的激励方式更能够立竿见影，更为明显。适度的压力可以激发员工的潜能，让他们产生满足感和成就感。那么，对于管理者而言，如何才能让员工保持适度的压力呢？

1.正确地认识压力

引导员工正确地认识和对待压力，让其认识到压力的本质是什么，认识到压力产生的必然性与必要性。不仅要让他们认识到压力消极的一面，也要让他们认识到压力积极的一面。然后，让他们在工作中保持适度的压力。

2.正确地评估自己

在工作中，要让员工正确地评估自身的能力，针对不同的岗位、员工不同的工作能力，对他们施予不同的压力，让他们游刃有余地投入到工作之中，激发他们个人的潜能，让他们产生成就感。

勇于打破旧有的秩序，不要笼罩在"神话"中

敢想、敢说、敢改革。

——北大管理理念

"权威"一词，词典上解释为：使人信服的力量和威望；在某种范围里最有威望、地位的人或事物。世界上有人群的地方就会有权威。

对权威的尊崇、膜拜，常常会演变为迷信和神化，同时，我们大脑中的"自我思考、冲破权威、勇于创新"将日渐匮乏。

第十四章
⊙ 潜能管理课：激发个人潜力，将"小草"变成"大树"

哥白尼的"日心说"发表之前，"地心说"在中世纪的欧洲一直居于统治地位。在古代欧洲，亚里士多德和托勒密主张"地心说"，认为地球是静止不动的，其他的星体都围着地球这一宇宙中心旋转。约在1515年前，哥白尼为阐述自己关于天体运动学说的基本思想撰写了篇题为《浅说》的论文，在文中，哥白尼批判了托勒密的理论。科学地阐明了天体运行的现象，推翻了长期以来居于统治地位的地心说，从而实现了天文学中的根本变革。他正确地论述了地球绕其轴心运转、月亮绕地球运转、地球和其他所有行星都绕太阳运转的事实。作为近代自然科学的奠基人，哥白尼的历史功绩是伟大的。确认地球不是宇宙的中心，而是行星之一，从而掀起了一场天文学上根本性的革命，是人类探求客观真理道路上的里程碑。哥白尼的伟大成就，不仅铺平了通向近代天文学的道路，而且开创了整个自然界科学向前迈进的新时代。从哥白尼时代起，脱离教会束缚的自然科学和哲学开始获得飞跃的发展。

哥白尼不迷信于权威的地心说，而是根据自己的观察和思考，最终推翻了统治欧洲数千年的地心说。而哥白尼本人也成为天文学史上划时代的人物。

如果迷信权威，机械奉行权威的教条，那么我们便永远不会进步。只有思维活跃、富有胆识，不迷信权威，不崇拜偶像，不为过时的老观念、老框框所束缚，敢想、敢说、敢改革，不断探索新世界的奥秘，我们才可能走出新路子。

作为"杂交水稻之父"的袁隆平曾深有感触地说："在研究杂交水稻的实践中，我深刻地体会到，一名科研工作者应该做到尊重权威但不迷信权威，多读书但不能迷信书本，在研究中不能害怕标新立异，也不能总是害怕被人冷嘲热讽。如果总是处在迷信和害怕中，那么永远也无法创新，也只能永远跟在别人后面。想要在科技方面创新，科研者既需要拥有仁者的胸怀、智者的头脑，又需要有勇者的胆识和志者的坚韧。我们就是要做到敢想、敢做、敢坚持，相信自己能够自主创新，这样才能取得最后的成功。"

麦克·英泰尔是一个平凡的上班族，但是他从小就是一个懦弱的人：打小时候他就怕保姆、邮差、鸟、猫、蛇、蝙蝠、黑暗、大海、城市、荒野，怕热闹又怕孤独、怕失败又怕成功、怕精神崩溃……他无所不怕。

37岁那年他做了一个疯狂的决定，只带了干净的内衣裤，由阳光明媚的加州，靠搭便车与陌生人的仁慈，横越美国。

他的目的地是美国东海岸北卡罗来纳州的恐怖角。

4000多英里路的路途中，他没有接受过任何金钱的馈赠，在雷雨交加中睡在潮湿的睡袋里；也有几个像公路分尸案杀手或抢匪的家伙使他心惊胆战；在游民之家靠打工换取住宿；住过几个陌生的家庭；碰到过患有精神疾病的好心人。

最后，恐怖角到了，但恐怖角并不恐怖。原来"恐怖角"这个名称，是由一位16世纪的探险家取的，本来叫"Cape Faire"，被讹写为"Cape Fear"。只是一个失误。

当你对严峻的现实感到束手无策时，如果屈服于内心的"纸老虎"，只会更加的恐惧。事实上，任何问题都不像我们想象的那么可怕。只要能克服内心的恐惧，和麦克·英泰尔一样，勇敢而执着地坚持，就会发现困难并没有想象中的那么可怕。

只要你有一颗勇敢的心，那么无论在你身上发生什么事，都无法影响到你。当你意识到自己从伟大的造物主那里获得源源不断的能量时，能真正影响到你的事情根本没几件。因为，无论什么事情降临在你身上，你都可以保持自己内心的平静，勇敢面对。

管理者在日常的工作生活中，一定不能缺乏的是挑战强者、挑战权威、挑战固有"神话"的勇气和意识，因为只有这样，我们才能在挑战中不断超越自己、完善自己。

一个勇于打破旧有秩序的管理者，他必定能激发自己的潜力，能很好地把一家企业带到新的高度。当管理者赋予企业挑战的气质，就是在一定程度上赋予企业竞争力。帮助企业学会在竞争中抓住机会，不断去打破那些固有的"神话"，在挑战中不断壮大自己，直至成功。

提升期望值，充分挖掘员工潜力

信任和期待具有一种能量，它能改变一个人的行为。

——北大管理理念

美国心理学家罗森塔尔曾做过一个有趣的试验：他对一所小学中的6个班的学生成绩发展预测，并把他认为有发展潜力的学生名单用赞赏的口吻通知学校的校长和有关教师，并再三叮嘱他们对名单保密。但是实际上，这些名单是他任意开的。出乎意料的是，8个月以后，名单上的学生个个学习进步、性格开朗活泼。原来，这些教师得到权威性的预测暗示之后，便开始对这些学生投以信任、赞赏的目光，态度亲切温和，即使他们犯了错误也相信能改正。正是这种暗含的期待与信任使学生增强了进取心，更加自尊、自爱、自信和自强，故而出现了"奇迹"。

这个心理效应带给我们这样一个启示：信任和期待具有一种能量，它能改变一个人的行为。当一个人获得另一个人的信任、赞美时，他便会感觉自己获得了支持，有一种积极向上的动力，并尽力达到对方的期待。

德鲁克认为人的潜力是无穷的，当管理者提出"你能做什么贡献"这个问题时，实际上就是在督促员工要充分挖掘自己的潜力。提升对下属的期望值，就能有效挖掘下属的潜力。

1961年，韦尔奇已经来到GE工作一年了，他的年薪是10500美元。这时候，韦尔奇的顶头上司伯特·科普兰给他涨了1000美元，韦尔奇觉得还不错，他以为这是公司对有贡献的人的奖赏，他看到了自身的价值。但他很快发现他的同事们跟他拿的薪水差不多。知道这个情况后，韦尔奇一天比一天萎靡不振，终日牢骚满腹。

一天，时任GE新化学开发部的主管鲁本·加托夫将韦尔奇叫到自己的办公室，对他说："韦尔奇，难道你不希望有一天能站到这个大舞台的中央吗？"

这次谈话被韦尔奇称为是改变命运的一次谈话，后来当上执行总裁的韦尔奇也一直尊称加托夫为恩师。

他决定让自己有一个根本性的改变，这时在他面前出现了一个机遇：一个经理因成绩突出被提升到总部担任战略策划负责人，这样经理的职位就出现了空缺。我为什么不试试呢？韦尔奇想。

韦尔奇不想看着这个可以改变自己的机会从自己眼前溜走，"为什么不让我试试鲍勃的位置？"韦尔奇开门见山地对他的领导说。

韦尔奇在领导的车上坐了一个多小时，试图说服他。最后，领导似乎明白了韦尔奇是多么需要用这份工作来证明自己能为公司做些什么，他对站在街边的韦尔奇大声说道："你是我认识的下属中，第一个向我要职位的人，我会记住你的。"

在接下来的7天时间里，韦尔奇不断给领导打电话，列出他适合这个职位的其他原因。

一个星期后，加托夫打来电话，告诉他，他已被提升为塑料部门主管聚合物产品生产的经理。1968年6月初，也就是韦尔奇进入GE的第八年，他被提升为主管2600万美元的塑料业务部的总经理。当时他年仅33岁，是这家大公司有史以来最年轻的总经理。

1981年4月1日，杰克·韦尔奇终于凭借自己对公司的卓越贡献，稳稳地站到了董事长兼最高执行官的位置上，站到了GE这个大舞台的中央。

可以说正是希望自己能站在"GE的舞台中央"，使得韦尔奇最终站到了权力的最高点。即便员工已经拥有了卓越成绩，但若能进一步探究"你还能做哪些贡献"，那么一定能进一步激发潜能。

实际上，工作中领导的器重和同事的赞誉都是一些外在的评价，最重要的是我们自己要先器重自己，提升对自己的期待。别人的期待，都是外在的动力——最根本的是员工要提升对自己的期待。

吴士宏刚到IBM（中国）工作时，当时在企业打工的只有两个北京本地人，一个是司机，一个就是专门打杂的她。

她的工作是一个不折不扣的蓝领，虽然很不体面，但她喜欢这份"一仆多主"的工作。每天被高级白领们呼来唤去的，她并不觉得委屈了自己，从早到晚都快跑断腿了，可她的脸上始终挂着快乐的微笑。

也许正是因为她的勤快和乐观，每个白领都很喜欢她。企业因为她的存在而变得更和谐、更团结，每个人都快乐地对待周围的人，面对不顺心的工作，大家见面时也不像以前那样冷冰冰地默不作声，而是微笑着互相打招呼。

而她不同于一般员工的表现引起IBM高级员工、美国人丽莎的好感和亲近："你不是一个普通的打工者，告诉我，你为什么与所有的人都相处得那么好？"

她说："什么原因也没有，我真的就是喜欢IBM，喜欢这里的工作环境，尤其是这里的人。如果有朝一日，我也成为高级白领的话，我将会感到万分荣幸！"

"你会的。我们美国人说，爱会创造奇迹的。而且你和我们大家良好的合作关系，已经为自己打下了坚实的基础，我们每个人都愿帮你实现这个愿望！"丽莎鼓励她。

从此以后，这个勤杂工不但在他们下班后可以向其学学电脑，而且还在丽莎等人的帮助下通过考试，成了一名"助理工程师"。当她满怀感激地对丽莎说"谢谢"时，丽莎说："不用谢我，是你自己做到的。你对这个团队的热爱，使你产生了一种不顾一切的激情。它确实能使你战胜一切。"

是什么让一个地位卑下的异国打工者获得了周围所有人的喜爱，而愿意去帮助她？除了她自身的努力以外，另一个重要的因素就是她的乐观精神和积极的热情影响了其他人！

真正成为IBM的白领之后，她不但注意和所有同事的合作，而且对自己要求更加严格，凡是对IBM有利的事情，不管是分内分外，不管是苦是累，她都乐于抢在前头。

她常说的一句话就是："我以IBM为荣，我要通过自己的努力，让IBM也以我为荣！"

是的，她说到也做到了——从1985年打工时起，12年后的1997年，她已成功出任IBM中国销售渠道总经理！

吴士宏虽然最开始职位低微，但是她并没有因此降低对自己的期待，正是这种期待使她能够从一个专门打杂的基层服务人员，一直做到IBM企业中国销售渠道总经理。内心期待什么就能做成什么，我们对自己的期待决定了我们成长的高度。

善于激发员工的工作动力是一位优秀领导者能力的标志之一。领导者如何将自己对员工的期望值有效传达给员工呢？

1. 让员工明确期望值

管理者与每一位员工交谈，都应该使用简单而直接的话语交流，来阐述企业的发展动向和对其的工作期望。仅仅一次的沟通是不会让员工们完全理解的，他们需要定期地进行有效的、重复性的沟通，以达到增强和巩固的效果。

2. 给予员工明确的目标

要让员工明确企业想要实现什么样的目标，怎么样计划去实现目标，为达到这一目标，大家该如何去做。确保员工们了解企业的战略目标，让员工明白在企业中扮演怎样的角色和该如何执行。

3.了解员工的需求

每一位企业员工都有自己的思想和需求，试着了解每一位员工的喜好，帮助他们理解你和对他们的期望，并且激发他们的工作斗志。了解员工正面临怎样的挑战，只有通过真正的了解，领导者才能采取更加有效的方式激发员工的潜力，让他们更加努力。

○ 将期望值有效传达给员工

期望的作用对于员工的工作有一定的激励作用，那么，企业的管理者应该如何将自己的期望传达给员工呢？

明确期望值

在与员工进行沟通时，直接对员工阐明自己对员工的期望，从而让员工明白管理者的期望是什么。

明确目标

目标一定要明确，笼统的目标没有指导作用，只有明确各个细节，才能更好地指导员工的工作。

了解员工的需求

每个员工都是独立的个体，各自的能力和需求也不同。因此，管理者应该了解员工的需求，根据不同的员工对员工提出不同的期望。

摆脱约拿情节，不再自我设限

不要给自己设限，让自己跳脱出原有的圈子。

——北大管理理念

"约拿情结"是一种看似十分矛盾的现象。约拿是《圣经》中的人物。据说上帝要约拿到尼尼微城去传话，这本是一种难得的使命和很高的荣誉，也是约拿平素所向往的。但一旦理想成为现实，他又心生一种畏惧，感到自己不行，想回避即将到来的成功，想推却突然降临的荣誉。这种成功面前的畏惧心理，心理学家们称为"约拿情结"。

人害怕自己不成功，这可以理解，因为人人都不愿意正视自己低能的一面。但是，人们还会害怕自己会成功，这很难理解。但这的确是事实：人们渴望成功，又害怕成功，尤其害怕争取成功的路上要遇到的失败，害怕成功到来的瞬间所带来的心理冲击，害怕取得成功所要付出的极其艰苦的劳动，也害怕成功所带来的种种社会压力……

约拿情结是一种情绪状态，并导致我们不敢去做自己能做得很好的事，甚至逃避发掘自己的潜力。从某种角度来讲，约拿情节就是给自己设限，不让自己跳出原有的圈子。

科学家曾做过一个有趣的实验：

他们把跳蚤放在桌上，一拍桌子，跳蚤迅即跳起，跳起的高度均在其身高的100倍以上，堪称世界上跳得最高的动物。然后在跳蚤头上罩一个玻璃罩，再让它跳，这一次跳蚤碰到了玻璃罩。连续多次后，跳蚤改变了起跳高度以适应环境，每次跳跃总保持在罩顶以下的高度。接下来逐渐改变玻璃罩的高度，跳蚤都在碰壁后主动改变自己的高度。最后，玻璃罩接近桌面，这时跳蚤已无法再跳了。科学家于是把玻璃罩打开，使劲拍桌子，跳蚤仍然不会跳，变成"爬蚤"了。

行动的欲望和潜能已被自己扼杀，科学家把这种现象叫作"自我设限"。跳蚤变成"爬蚤"，原因在于玻璃罩已经罩在了它的潜意识里。

我们是否也为自己罩了一个玻璃罩呢？实际上，有很多人由于遭受了外界太多的批评、打击和挫折，于是奋发向上的热情、欲望变成了"自我设限"的观念，这就影响了自己潜能的开发，影响了个人的成长。"自我设限"只是你潜意识里的一种想法，只要你肯走出来，肯向外拓展，那么一定能不断成长。

马斯洛在给他的研究生上课的时候，曾向他们提出过如下的问题："你们班上谁希望写出美国最伟大的小说？谁渴望成为一位圣人？谁将成为伟大的领导者？"根据马斯洛的观察和记录，他的学生们在这种情况下，通常的反应都是咯咯地笑，红着脸，显得不安。马斯洛又问："你们正在悄悄计划写一本伟大的心理学著作吗？"他们通常也都红着脸、结结巴巴地搪塞过去。马斯洛还问："你难道不打算成为心理学家吗？"有人小声地回答说："当然想了。"马斯洛说："那么，你是想成为一位沉默寡言、谨小慎微的心理学家吗？那有什么好处？那并不是一条实现自我的理想途径。"

人类中普遍存在某种约拿情结，人们总是逃避卓越、成长。曾经有一家跨国企业在招聘中出了这样一道题："就你目前的水平，你认为十年后，自己的月薪应该

○ 克服"约拿情结"

克服"约拿情结"的影响，首先必须对心理进行一系列的矫正：

第一，每个人必须清楚地了解自己的内心状况，大胆承认"约拿情结"的存在。在面对责任和压力时，要克服恐惧和害怕心理，鼓起勇气，坚定信心，相信自己。

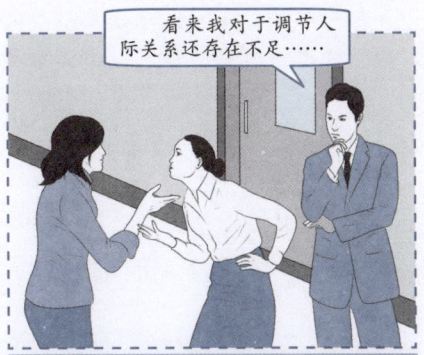

第二，克服成长过程中的恐惧，同时也要看到自身的不足。成长和成功是一个循序渐进的过程。在这个过程中，必须付出艰辛的劳动、汗水和心血。

第三，要具备"毛遂自荐"的勇气和信心，与其等待别人发现自己，不如最大限度地展现自身的才华。

是多少？你理想的月薪应该是多少？"

结果，有些人回答的数目奇高，而这样的应聘者全部被录用。其后主考官解释说："一个人认为自己十年后的月薪竟然和现在差不多或者高不了多少，这首先说明他对自己的学习、前进的步伐抱有怀疑的心态，他害怕自己走不出现在的圈子，甚至干得还不如现在好。这种人在工作中往往没什么激情，容易自我设限，做一天和尚撞一天钟。他对自己的未来都没有追求，拿什么让我们对他有信心呢？"

不要轻易给自己设定一个"心理高度"，这往往在潜意识里告诉自己：我是不可能做到的，这个是没有办法做到的。可你要知道，过去并不代表未来，不论你曾经失败过多少次，受过多少挫折，未来一定会超越这些挫折。

张伟是某家保险公司的新职员，但入职一年时间，工作业绩始终提不上来。他自己知道原因，这还要回到他工作第一天打的第一个电话。

当张伟热情地拨通电话，联络自己的第一个客户时，尽管已经想到了会遭到拒绝。但令他没想到的是，他刚说明自己的工作身份，对方就骂了起来，对方拒绝了他的推销，声称自己身体很好，不需要什么保险。从那以后，张伟对电话营销便有了阴影，说话总是没有底气，自然就没有多少人愿意向他买保险。这种影响越来越大，他甚至不再愿意去摸电话。

一年后，他开始想，自己或许并不适合这份工作。经理鼓励他要给自己机会，没有谁是生来就注定要成功的，也没有人会一直失败。听了经理的话，张伟深受激励，他鼓足勇气，决定搏一搏。他找出一个曾经联系过却被拒绝的客户资料，仔细研究他的需要，选择了一份适合他的险种。一切准备妥当后，他拨通了对方的电话，他的自信和真诚征服了那个客户，对方买下了他推销的保险。他终于打破了自我设限，从此慢慢克服了对电话营销的恐惧。

其实，摆脱约拿情绪远远没有你想象的那样可怕，它不是牢不可破的。只要你摒弃固有的想法，尝试着重新开始，你便会对以前的忧虑和消极的态度报以自嘲。

我们大多数人内心都深藏着"约拿情结"。心理学家们分析，我们心中容易产生"我不行""我办不到"等消极的念头，如果周围环境没有提供足够的安全感和机会供自己成长的话，这些念头会一直伴随着我们。

我们每个人其实都有成功的机会，但是在面临机会的时候，只有少数人敢于打破平衡，认识并摆脱自己的"约拿情结"，勇于承担追求高效能带来的责任和压力，最终抓住并获得成功的机会。

西方有句谚语说得好："上帝只拯救能够自救的人。"拿破仑·希尔曾经说过，一个人唯一的限制，就是自己头脑中的那个限制。唯有自己才能挣脱自我设限。如果你不去突破，挣脱固有想法对你的限制，那么没有任何人可以帮助你。

现实中，总有一些优秀的人由于受到"心理高度"的限制，常常对成长望而却步，结果痛失良机。管理者应该引导自己和员工及时摆脱自身"心理高度"的限制，打开制约成功的"盖子"。

第十五章　竞争力管理课：

商战策略是真正决胜千里的因素

你可以拒绝进步，但你的竞争对手不会

当你处在劣势的时候，不要气馁、不要松懈，要坚持到底，等待对手犯错。第一次赛跑的时候，兔子跑在前面，乌龟想：完了，我怎么也追不上它了，我弃权了，不跑了。后来兔子睡觉，醒过来时乌龟跑了第一，果然兔子犯错误了，睡觉了。

——厉以宁

（北大教授，著名经济学家）

这个故事给企业管理者们以启示：你可以"睡觉"，但你的竞争对手不会，你就会输。

市场的竞争是残酷的，一次失误就可能导致一个企业退出行业，在市场上销声匿迹。市场的竞争也是公平的，你可以拒绝进步，但你的竞争对手不会。

2000年，谷歌推出中文搜索引擎后，由于对中文的理解不深，谷歌中国的用户体验一直不能令人满意，这给百度留下了初期快速发展的机会。不过，谷歌中国也一直致力于改善用户的搜索体验。到了2001年，谷歌中国在用户中的口碑及市场份额都在快速增长，这对竞争对手你追我赶，开始出现白热化。李彦宏被强烈的危机

感和紧迫感重重包围，他意识到，如果再不有效应对，百度很快会被谷歌中国远远抛在后面。

在物竞天择、适者生存的市场规则下，唯有在竞争中不断成长、壮大，才能在市场竞争中勇立潮头。由于竞争对手的存在，我们才能够在一次次的竞争中学会反思，变得成熟，逐渐走向强大。任何一个希望变得更强的企业都应该正视对手，正视竞争。要在竞争中不断成长，必须做到比对手更优秀。

著名企业管理顾问姜汝祥曾在《请给我结果》一书中为我们讲述了这样一个案例：

美国施乐公司曾经辉煌一时，施乐的辉煌源于20世纪最伟大的发明之一——静电复印技术，因为这项伟大的发明，施乐公司从1962年起，就跻身于全球500强企业的行列，成为复印机业的领军人物。

但是正是这样一家成功的公司，最后却被竞争对手无情地甩在身后，论其原因，可谓"成也萧何，败也萧何"。

施乐长期凭借着静电复印技术久居龙头老大之位，时间长了，对市场的变化失去了警觉，新产品千呼万唤也难见踪影。

当传统的复印机已经不能与电脑等新型的办公设备相关联工作时，施乐公司还在一门心思地生产传统复印机产品。而此时，日本的佳能公司已经推出了颇受现代办公族欢迎的中小型数码复印机。

一边，施乐还躺在前人的功劳簿上，赢利能力衰退，新产品的研发也停滞不前；另一边，佳能则不断努力，推出迎合市场变化的新产品。数字化时代到来的时候，保守的施乐公司终于难以生存下去，几乎面临破产和倒闭。

2000年，施乐复印机在美国几乎失去了1/3的市场份额，佳能复印机如愿以偿地坐上了美国复印机市场的头把交椅。到2000年年底，施乐中国公司不得不以5.5亿美元的价格将股权转让给日本富士公司。

市场竞争无比激烈，如果在竞争中落后，跟不上市场的需求，产品得不到客户的认可，那么任凭你曾是业界霸主，还是龙头老大，你的结局就是退出市场、退出舞台。

市场离不开竞争对手的参与。有竞争对手并不可怕，反倒更有助于组织的成长。没有谁比竞争对手更了解我们，正如罗素所说："如果需要让人复述我的哲学思想，我宁愿选一个懂哲学的死敌，也不会选择一个不懂哲学的好友。"竞争对手每天都会思考如何战胜我们，而我们如果不想失败，就必须不断进步，战胜对手。

在新世纪初，eBay和淘宝网引领中国电子商务业务的发展。作为全球数一数二的电子商务网站，2003年，eBay把目光放到了中国，出资1.5亿美元买下了中国最早的C2C网站易趣，希望以此称霸中国的网上交易市场。

在这一年，中国本土网站淘宝网也逐渐发展并壮大起来。一个是国际巨头，一个是本土企业，一场水火不容的激烈竞争就此展开。

从2003年的7月开始，eBay启动了全面的市场推广计划。作为国际巨头，eBay靠着雄厚的资本实力，在制定推广战略中导入了竞争元素。eBay易趣与新浪等门户网站签订了对淘宝的"封杀协议"，这对于刚刚出世的淘宝来说，无疑是当头一棒，时任eBay的CEO惠特曼曾经乐观地认为，这轮推广将为中国电子商务市场的竞争画上句话，eBay将成为唯一的胜利者。

但是，eBay低估了马云和淘宝网的竞争力。eBay使出的竞争策略让淘宝网尝到了竞争的味道，同时，也使淘宝网的每一个战略制定都异常小心。eBay的存在对淘宝网来说是一个巨大的压力，但正是这种压力的存在，使马云及他的团队被激发出无穷的动力。马云后来说："eBay是大海里的鲨鱼，淘宝是长江里的鳄鱼，鳄鱼在大海里与鲨鱼搏斗，结果可想而知。我们需要做的是，把鲨鱼引到长江里来。"在这种思想指导下，淘宝积极制定出针对eBay的一系列的竞争策略。

淘宝网的竞争策略很快就取得了辉煌战绩：到2004年10月，在交易额、成交率、日新增商品数、注册用户数和网页浏览量这5项指标中，淘宝有4项超过了易趣。正如马云所说的那样："跨国公司进入中国，往往会经历四个阶段：第一是看不到；第二是看不起；第三是看不懂；第四是跟不上。"

eBay并不甘心就此退出中国市场，准备拿1亿美元在2005年重燃战火，但几乎就在同一时间，淘宝网宣布其网上支付工具"支付宝"实现了与招商银行的无缝对接。而在之前，"支付宝"已经和中国工商银行、中国农业银行以及国际信用卡组织VISA签署了多种战略合作协议。

这时eBay的市场影响力已经彻底落后于淘宝网。在2006年年底只好将易趣转卖给TOM，正式宣告败走中国。

中国鳄鱼击败大海鲨鱼，这个案例带给企业管理者的启迪是：竞争是商业市场的常态，企业只有在竞争中才能得到生存和发展的空间；市场是残酷的，弱肉强食，如果不想被对手所吞噬，就要千方百计将对手彻底打败；在竞争中超越对手是任何企业走向卓越的必经阶段，不能超越对手，你永远不能成为领先者，只有超越了所有对手，你才能成就伟大，铸就辉煌。

在市场经济环境里竞争无时不有，无处不在，永恒的竞争推动着市场经济的繁荣。竞争是真理，竞争是自然法则，我们要遵循它，要掌握它，更要运用它，在竞争中不断追求进步，最终战胜对手。

提升企业竞争力

现代市场充满竞争，只有不断提升自身的竞争力，才能立于不败之地。那么，如何提升竞争力呢？

1.学习

可以通过学习从而变革思维来提升企业竞争力，具体操作方法有：变革组织思维、建设学习型组织、打造完美团队等。

2.孵化培育

通过孵化培育提高公司能力来提升企业竞争力的具体方法有：以采购赢得竞争、以生产管理赢得竞争、以财务管理赢得竞争等。

3.并购、整合

还可以通过并购、整合其他具有核心竞争力的企业来提升原有公司的竞争力。

核心优势——牢记自己的核心竞争力

对一个企业来说，什么是核心优势？这似乎是一个老生常谈的话题。尤其在教育这个行业，由于一些约定俗成的传统做法，导致师资之于一个品牌的重要性往往被不经意地忽略掉。在新东方，师资是至关重要的核心优势。

——俞敏洪

对于自己的核心优势，俞敏洪有自己的认知："在教育行业中，你的优势就是你在某一个方面能做得更好。这个方面肯定既不是教学设备，也不是楼有多好，而是老师。"

营销大师科特勒说过，每一种品牌应该在其选择的利益方面成为"第一名"。在利润越来越透明的市场环境中，企业要想成为"第一名"，则必须拥有引以为傲的技术和优势，不断的技术创新支持的差异优势，是企业保持长久市场竞争优势的重要途径。因此，企业应把发展核心的竞争力，放在最重要的位置。

2013年1月，百度CEO李彦宏在百度年会上对员工表示，无线搜索已经迅速崛起，成为无线互联网第二大应用，百度的市场份额也正在继续扩大。他表示，未来就在我们自己手里，百度必将迎来移动时代的二次腾飞。

李彦宏的底气在于百度的技术。多年来百度坚持构建扎实的技术体系，这些面向未来的技术和产品的布局，正在日益显现出成果。比如在语音领域，项目仅仅正式启动3个多月，就上线了业界领先的语音搜索；尽管相比谷歌等公司，百度语音产品起步算是晚的，但一出手表现就让业界瞩目。

互联网发展到今天，它的灵魂依然没有改变——技术创新永远是这个行业的核心驱动力。

企业要想在日趋激烈的市场竞争中占有一席之地，必须从市场环境的变化出发，不断进行技术、管理、制度、市场、战略等诸多方面的创新，其中又以技术创新为核心。尤其在以互联网等技术性行业，只有以技术作为核心竞争力，企业才能不断向市场推出新产品，改进生产技术，降低成本，进而提高顾客价值，提高企业的综合竞争力。

2007年，乔布斯介绍第一代iPhone时，他自豪地说，今天我们要推出三款革命性产品，第一个，带有触控的宽屏的iPod，第二个是一台具有革命性的电话，第三个是一个具有突破性技术的上网设备。其实，这三个都是一个设备，也许这是单独看上去三个常见的技术可以实现的功能，但之前从来没有人想过要合而为一。iPhone的出现，的确可以说是革命性的产品。对比当时已有的智能手机，包括诺基亚、摩托罗拉和黑莓等产品，它们拥有的是小屏幕、塑料键盘，一般来说是全键盘的手机，将电话、邮件和上网整合到一个设备中，iPhone完全抛弃了这些传统智能手机的特征。

技术创新的一般战略

技术创新战略就是企业希望通过技术创新在一种新的、更有利的某一点重新建立竞争优势,提高企业的盈利水平。根据经营和市场地位划分,可分为4种战略。

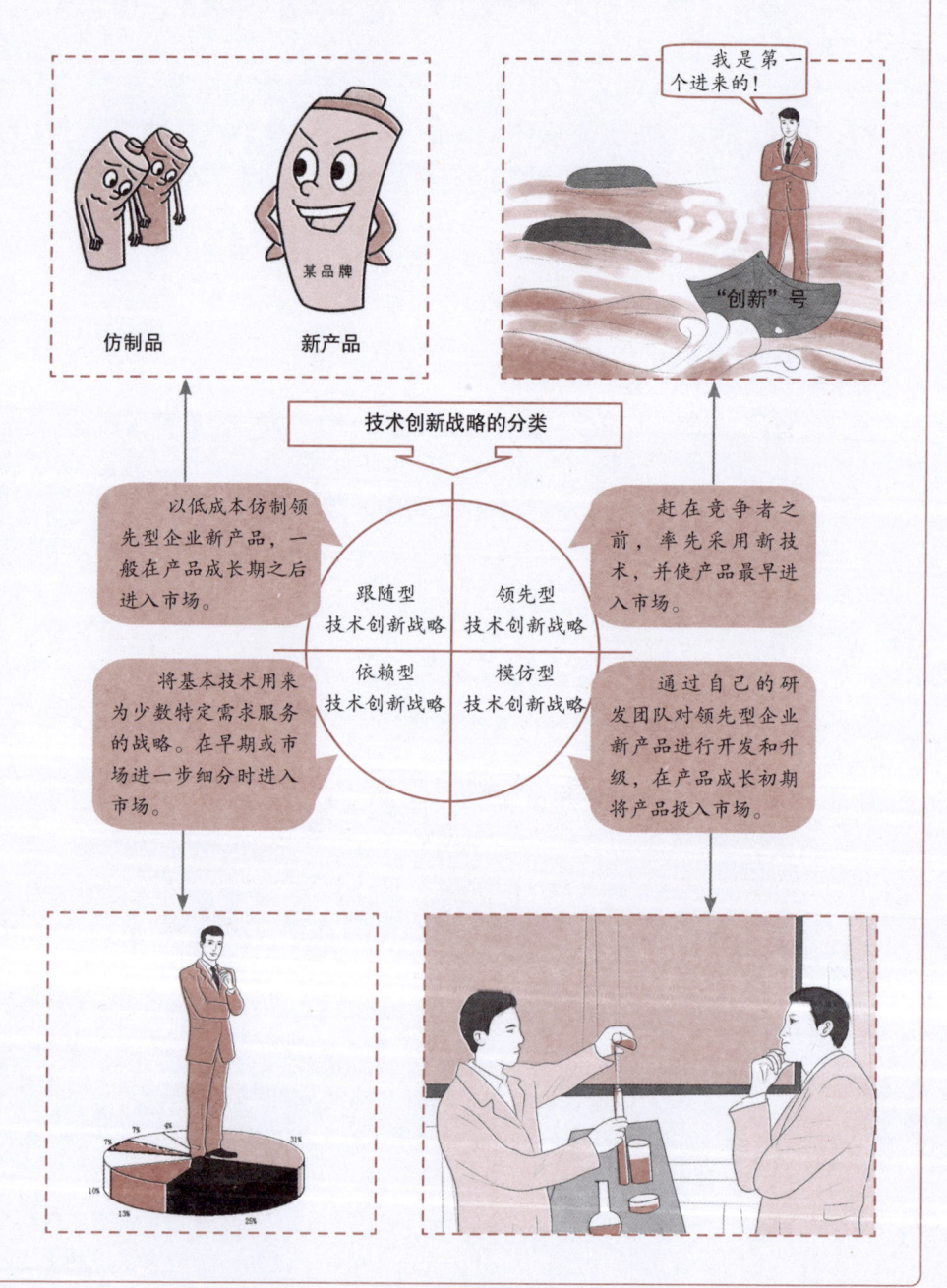

仿制品　　新产品

我是第一个进来的!

"创新"号

技术创新战略的分类

跟随型技术创新战略:以低成本仿制领先型企业新产品,一般在产品成长期之后进入市场。

领先型技术创新战略:赶在竞争者之前,率先采用新技术,并使产品最早进入市场。

依赖型技术创新战略:将基本技术用来为少数特定需求服务的战略。在早期或市场进一步细分时进入市场。

模仿型技术创新战略:通过自己的研发团队对领先型企业新产品进行开发和升级,在产品成长初期将产品投入市场。

从此之后，全触屏手机风靡全球。

在苹果人看来，最好的操作是我们的手指，因此，不需要手写笔、键盘，只要你有手，通过多触点控制技术，就能操控你的电话。回顾iPhone系列手机的发展，技术的一点点进步，都让人们兴奋不已。因为，这些技术的进步为人们带来了切实的方便，当然也为苹果公司带来了全新的辉煌，苹果公司一度成为全球市值最高的公司。

近几年，诺基亚在全球的发展步伐明显放慢，市场占有率逐渐降低。这跟它的研发跟不上市场的脚步有很大的关系。诺基亚固守自己的产品技术，在手机普及的今天，消费者越来越重视手机的功能和应用感受，诺基亚的新产品在技术上的革新没有什么大变化，让人感觉都是外壳在变，而用户体验一直得不到提升。

反观苹果，图像处理技术的提升、数据管理与提取和记忆的运行方式也在大幅提升，软件的提升也是一代比一代强。

苹果正是在技术上不断创新，不断保持其技术上的优势，大大提高了其市场占有率和市场竞争力。

企业管理者应该知道，通过技术保持自己的核心竞争力，这比防守一个已有的市场地位要稳妥得多。只有技术领先，才可能实现持续领先。

都是搞技术出身，但能以技术为基础，将企业做大做强的，却是屈指可数。这就是说，搞技术的人有时候会忽略一件事，就是自己认为的好技术和消费者认为的好技术是有差别的，所以要研发的是能让消费者满意的技术。

卓越的技术技能和产品的创新，有利于提高企业的影响力，有利于增加市场竞争力，扩大市场覆盖面，创造稳定的市场和客户关系。

企业应把发展的核心竞争力，即技术领先，放在重要的位置。尤其对那些以技术安身立命的企业而言，千万不能放松自己在技术上的竞争力。

与对手合作，实现双赢的竞争之道

新龟兔赛跑，代表了一种双赢精神。

——北大管理理念

北京大学光华管理学院名誉院长厉以宁曾经讲过新龟兔赛跑的故事：

龟兔赛跑，第一次比赛兔子输了，要求赛第二次。第二次龟兔赛跑，兔子吸取经验，不再睡觉，一口气跑到终点。兔子赢了，乌龟又不服气，要求赛第三次，并说前两次都是你指定路线，这次得由我指定路线跑。结果兔子又跑到前面，快到终点了，一条河把路挡住，兔子过不去，乌龟慢慢爬到了终点，第三次乌龟赢。于是它们两个就商量赛第四次。乌龟说，咱们老竞争干吗？咱们合作吧。于是，陆地上兔子驮着乌龟跑，过河时乌龟驮着兔子游，它们两个同时抵达终点。

这个故事告诉我们双赢才是最佳的合作效果，合作是利益最大化的武器。许多时候，对手不仅仅只是对手，正如矛盾双方可以转化一样，对手也可以变为助手和盟友，俞敏洪也深谙其道。如同国际关系一样，商场中也不存在永远的对手。

创立新东方后，别的培训机构看着就眼红了。当时有家机构是一位下岗女工办的，她心理很不平衡，就撕新东方的广告。

一年后，她们培训班的老师以工资太低为由都罢教了，400个学生面临无学可上。如果真的答应老师们的要求，这个女人得变卖房子、把所有的利润全给老师，她当然不能答应。最后，她找到俞敏洪说："我现在也不想开这个学校了，我现在有400个学生，老师都不上课了，我没有钱再请别的老师，我也没有钱退学费给这些学生。我就把这些学生交给你，你接过去以后把相关的课上完，我从此就关门，我也少了个烦恼。"俞敏洪说："这个学校你还是要办下去，因为毕竟它是你的经济来源之一。"她说："怎么办下去呢？"

俞敏洪说："好办。第一步，如果你那儿没有老师，我可以把新东方的老师调过去，你按新东方老师以前的工资付给他们，我可以帮你把你的400名学生教完。第二步，你去找你的老师们谈，你一定要告诉他们：'你们如果不过来上课，新东方的老师就会过来上课。'第三步，你必须给你的老师加工资，跟新东方的老师一样多，这样你的老师才会积极配合。"

后来，这个学校又接着办了几年，后来因为生源不足就不办了。但是，从此她不但不派人到新东方发广告，还反对别人到新东方发广告。

我们习惯于非此即彼的思维方式，对"自己人"要尽量偏袒照顾，对竞争对手则赶尽杀绝。其实在商业社会中，竞争与合作是可以转化的。那种靠消灭竞争对手取得胜利的做法已经过时，现代企业家要学会合作，跟对手深度合作，实现"双赢"乃至"多赢"。

我们生活在一个充满竞争的时代，企业所面临的生存问题越来越艰巨。正因为如此，我们才需要与他人合作，借力而行。这样才能够有效地运用合作法则使企业生存得更为长久。

比尔·盖茨在年轻的时候，非常喜欢数学和计算机。于是，他自己便努力地开发软件，但是因为个人的力量是有限的，没有研究成功。后来，他最好的朋友保罗·艾伦主动来帮助他。他俩便在不断地努力下使研究取得了重大的突破。因为缺乏资金，后来，两人便找人合作来投资他们的产品。产品上市后便使他成为美国最有名的人物，进一步在竞争合作中巩固了其公司在软件开发领域中的地位。

一个人的能力和力量是十分有限的，唯有合作才能最省时、最省力、最高效地完成一项复杂的工作。假如没有其他人的协助与合作,任何人都无法取得持久性的成功。

合作与竞争看似水火不相容,实则是相依相伴的。在知识经济时代,竞争与合作已经成为不可逆转的大趋势。

商场如战场,市场竞争自然不可避免。如何才能在竞争中实现"双赢",在这方面,李嘉诚为我们树立了榜样,他说:"没有绝对的竞争,也没有绝对的合作,因为二者是可以转化的。"

九龙仓是香港最大的货运港,包括九龙尖沙咀、新界及港岛上的大部分码头、仓库,以及酒店、大厦、有轨电车和天星小轮。但是,九龙仓的经营者却陷入财政危机,为解除危机,大量出售债券套取现金,又使得集团债台高筑,信誉下降,股票贬值。

李嘉诚非常看好九龙仓,他不动声色一直在收购九龙仓股票,买下约2000万股散户持有的九仓股,意欲进入九龙仓董事局。但是,怡和洋行也介入了收购行列。与此同时,船王包玉刚也加入收购行列。包玉刚的加入,一时间使得强手角逐,硝烟四起,逼得九龙仓向汇丰银行求救。李嘉诚考虑到日后长期的发展还期望获得汇丰的支持,趁机卖了一个人情给汇丰银行大班,答应不再收购。

1978年8月底的一天下午,香港上演了一幕传奇故事。李嘉诚密会包玉刚,提出把手中的1000万股九龙仓股票转让给他。包玉刚略一思索,立即同意了。

从包玉刚这方面来说,他一下子从李嘉诚手中接手了九龙仓的1000万股股票,再加上他原来所拥有的部分股票,他已经可以与怡和洋行进行公开竞购。如果收购成功,他就可以稳稳地控制资产雄厚的九龙仓。李嘉诚将自己的九龙仓股票直接脱手给包玉刚,一下子获利数千万元。

于是两个同样精明的人一拍即合,秘密地签订了一个对于双方来说都划算的协议:李嘉诚把手中的1000万股九龙仓股票以3亿多的价钱,转让给包玉刚;包玉刚协助李嘉诚从汇丰银行承接和记黄埔的9000万股股票。

李嘉诚表示自己退出"龙虎斗",却通过包玉刚取得与汇丰银行合作的机会。在此番商战中,李嘉诚是最大的赢家。

曾有记者问李嘉诚成功的奥秘,李嘉诚表示,奥秘实在谈不上,他认为重要的是首先得顾及对方的利益,不可为自己斤斤计较。对方无利,自己也就无利。要舍得让利使对方得利,这样,最终会为自己带来较大的利益。李嘉诚从来不进行恶意竞争,不管这其中的利益有多大,他也从来不搞无原则的合作。在他这里,竞争往往成为合作的契机。

现代企业管理者要信奉"商者无域,相容共生"的商业哲学。很多事实证明,没有绝对的竞争,也没有绝对的合作,因为二者是可以转化的。与对手合作,实现双赢,不仅实现了既得利益,还能够招来更多的合作伙伴,使你的财源滚滚而来。

在激烈的市场竞争中,选择是否与对手合作,主要动因包括如下两个方面:

277

1.开拓市场

企业的首要目标就是开拓市场，占领市场。例如，美国摩托罗拉公司与日本东芝电器公司建立战略联盟，就是为了使自己的产品能更大规模地进入日本市场，美国通用汽车公司和日本丰田汽车公司合资在美国生产汽车，也是如此。

2.有利竞争

弱弱联合，可以击败更强的公司。很多二流公司，由于想保持它们的独立性，减少同一流公司之间的竞争差距，所采取的策略是建立合作而不是合并——它们依靠同别的公司进行合作有效地参与市场竞争。

但是，实现双赢的合作必须有三大前提：一是双方必须有可以合作的利益，二是必须有可以合作的意愿，三是双方必须有共享共荣的打算。

○ 双赢合作的前提

实现双赢的合作必须有三大前提

1.双方必须有可以合作的价值

2.必须有可以合作的意愿

3.双方必须有共享共荣的打算

抓住特定的客户群，走市场细分之路

企业需要做的是瞄准用户需求，挖掘新的市场机会。

——北大管理理念

市场并非同质，消费者的需求也趋于个性化。无论企业的实力多么雄厚，它都无法为所有的顾客提供服务。在这个基础上，市场细分的概念应运而生。

市场细分是1956年由美国市场营销学家温德尔·斯密首先提出来的，温德尔·斯密的细分市场概念一提出，就受到企业管理界和学术界的重视，并得到越来越广泛的运用。

市场细分就是从顾客的购买欲望和需求的差异性出发，按照一定的标准将一个整体市场划分为若干个需要不同的产品和不同的市场营销组合的市场部分（分市场），从而确定企业目标市场的活动过程。

没有一个市场是天衣无缝的，因为新需求不断在增加，市场是不断变化的，总会存在"空隙"。市场上永远存在"尚未开垦的处女地"。很多企业管理者都明白这样一个道理：市场并不缺少机会，而是缺少发现。

奇瑞汽车公司精心选择微型轿车打入市场。它的新产品不同于一般的微型客车，是微型客车的尺寸，轿车的配置。2003年5月推出QQ微型轿车，6月就获得良好的市场反应，2003年9月8日至14日，在北京亚运村汽车交易市场的单一品牌每周销售量排行榜上，奇瑞QQ以227辆的绝对优势荣登榜首。到2003年12月，已经售出28000多辆。

奇瑞QQ被称为年轻人的第一辆车。奇瑞QQ的成功就在于它的市场细分。它的目标客户是有知识、品位但收入并不高的年轻人。为此，奇瑞QQ有着极其讨人喜爱的外形。虽然小车价格便宜，但是在滚滚车流中它是那么显眼，你看它那绚烂的颜色、婀娜的身段、顽皮的大眼睛，好似街道就是它一个人表演的T型台。就这样，奇瑞公司成为行业内公认的车坛黑马。奇瑞轿车还曾连创五个国内第一，六次走出国门，以自己的不懈努力创造了中国汽车史上的奇迹。

市场细分是指营销者通过市场调研，依据消费者的需要和欲望、购买行为和购买习惯等方面的差异，把某一产品的市场整体划分为若干消费者群的市场分类过程。

每一个消费者群就是一个细分市场，每一个细分市场都是具有类似需求倾向的消费者构成的群体。

在20世纪60年代末，米勒啤酒公司在美国啤酒行业排名仅仅处在第八位，市场份额仅为8%，与百威、蓝带等知名品牌相比，差距十分明显。为了改变这种现状，米勒公司的领导决定进行严谨的市场调查，进行市场细分，从而找出战胜对手的机会。通过调查发现，若按使用率对啤酒市场进行细分，啤酒饮用者可细分为轻度饮用者和重度饮用者，而前者人数虽多，但饮用量却只有后者的1/8。

随着进一步调查，他们还发现，重度饮用者有着以下特征：多是蓝领阶层；每天看电视3小时以上；爱好体育运动。米勒公司决定把目标市场定在重度使用者身上，并果断决定对米勒的"海雷夫"牌啤酒进行重新定位和包装，改变宣传策略，加大宣传力度。

他们在电视台特约了一个《米勒天地》的栏目，广告主题变成了"你有多少时间，我们就有多少啤酒"。广告画面中出现的都是些激动人心的场面：船员们神情专注地在迷雾中驾驶轮船，年轻人骑着摩托冲下陡坡，钻井工人奋力止住井喷等。结果，"海雷夫"的重新定位战略取得了很大的成功。到了1978年，这个牌子的啤酒年销售量达2000万箱，仅次于AB公司的百威啤酒，在美国名列第二。

从这个例子我们可以看出，企业如果能够先于竞争对手捕捉到有价值的细分新方法，通常就可以抢先获得持久的竞争优势，就可以比竞争对手更好地适应买方真实的需求。

寻找潜在的细分市场，可以从以下几个问题着手：是否存在顾客需求但是目前市场上仍然没有的产品；改进的产品能否完成附加的功能；是否存在将服务和产品整合出售。

市场细分越来越多地被企业管理者所关注，海尔十分重视"市场细分化"，并在市场竞争中处于领先地位。

细心的消费者可以发现，在上海市场销售的一种冰箱瘦窄、秀气，这是海尔研发部门根据市场调研信息专门改进设计的。原来上海家庭住房普遍比北京窄小，消费者不喜欢冰箱的占地面积过大，另外，上海人更欣赏外观比较小巧的冰箱。于是，海尔就为上海市场设计了一种瘦窄型的冰箱，叫作"小王子"，推出后在上海非常畅销。

此外，海尔专门测试了农村的冰箱用电环境，电压最低时只有160伏。冰箱最怕的不是高压，而是低压，低压时间长了，压缩机就会烧坏。所以，海尔在开发农村冰箱时，瞄准农民的需求进行精确定位。首先大幅度削减现有冰箱的功能，降低价格。其次，把压缩机重新改造，使之适应低压启动。

在国际市场上，海尔同样要求根据不同国家的文化和生活习惯，设计、生产出不同的产品。

海尔作为中国家电第一企业，并在国际市场上占据一席之地，正是源于它精准的市场细分把握。

世界营销大师科特勒指出，市场的细分一般包括以下5个方面：

（1）地理细分。按所处的地理位置来细分市场，然后选择一个或几个市场部分作为目标市场。地理细分主要包括地区、城镇、气候条件和人员密度以及生活习

第十五章
⊙ 竞争力管理课：商战策略是真正决胜千里的因素

○ 市场细分

由于生产者与消费者在购买动机与行为上存在差别，所以，除了运用文中所述消费者市场细分标准外，还可用一些新的标准来细分生产者市场。

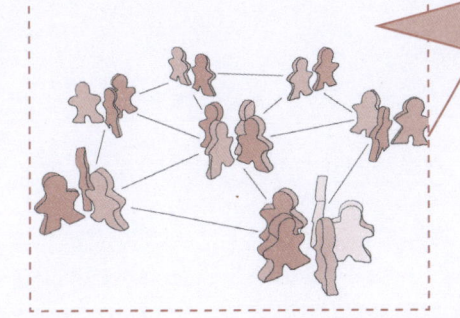

用户规模

在生产者市场中，有的用户购买量很大，而另外一些用户的购买量则很小。企业应当根据用户规模大小来细分市场，并根据用户或客户的规模不同，制定不同的营销组合方案。

产品的最终用途

产品的最终用途不同也是生产者市场细分的标准之一。如用户购买服装产品，性别不同对所购产品通常都有特定的要求。

这是我们最新款的产品，专门针对成功男士……

购买状况

根据消费者购买方式来细分市场。消费者购买的主要方式包括直接重购、修正重购及新任务购买。

281

惯、地域文化等方面。

（2）人口细分。人口细分主要从年龄、性别和收入三方面进行。

（3）心理细分。是指根据购买者所处的社会阶层、生活方式、个性特点等心理因素细分市场。

（4）行为细分。这一标准比其他标准要复杂得多，而且也难掌握。行为细分主要分为购买习惯、寻找利益、产品使用者、使用量、忠诚程度五个方面。

（5）偏好细分。偏好细分就是根据市场反应，寻找营销与产品的结合点进行产品的创新和完善。

既要关注宏观战略，也要关注细节的竞争

我们一定要有领导者的心态。这个心态表现出来是什么呢？其实表现出的都是一些细节，因为我们是在做服务，所以一点一滴的东西都要把它做到极致。细微之处见真功。

——李彦宏

在现代市场环境中，对细节的重视已经深入人心。作为一个企业的管理者，不仅要关注企业宏观战略的内容，更要注重企业微观方面的管理内容。尤其是企业经营管理方面的细节，可以增强企业的竞争力。

世界文豪伏尔泰说："使人疲惫的不是远方的高山，而是鞋里的一粒沙子。"美国质量管理专家菲利普·克劳斯比说："一个由数以百万计的个人行动所构成的公司经不起其中1%或2%的行动偏离正轨。"

"世界级的竞争，就是细节竞争。"在这样一个追求精细化的时代，如何能够在激烈的市场竞争中立于不败之地呢？企业只有注意细节，在每一个细节上做足功夫，建立"细节优势"，才能保证基业长青。

迪士尼公司是十分优秀的公司，它十分注意从细节上为观众和游客提供优质服务。即使在离开迪士尼乐园后，游客仍然可以感受到这种服务的温暖。通过调查发现，平均每天，大约有2万游客将车钥匙反锁在车里。于是其抓住了这个细节，公司雇用了大量的巡游员，专门在公园的停车场帮助那些将钥匙锁在车里的家庭打开车门。无须给锁匠打电话，无须等候，也不用付费。正是这样一个小小的细节，却让成千上万的游客感受到迪士尼公司无微不至的服务。

在迪士尼公司内部流传一种"晃动的灯影"理论。所谓"晃动的灯影"，这也是迪士尼公司企业文化的一部分。这一词汇源自该公司的动画片《兔子罗杰》，其中有个人物不小心碰到了灯，使得灯影也跟着晃动。这一精心设计，只有少数电影

行家才会注意到。但是，无论是否有人注意到，这都反映出迪士尼公司的经营理念一直臻于完善，从而造就了迪士尼公司越来越深入人心的动画片。

世上不可能有真正的完美，但无论企业也好，人也好，都应该有一个追求完美的心态，并将其作为习惯。

一些研究心理学的学者指出，客户之所以愿意从同一品牌处进行反复购买的一个重要原因就是客户的细节体验。因此，精明的营销人员通过对各种客户服务细节加以关注，就能创造出对客户来说既简便又印象深刻的服务体验。企业在进行营销活动中，有没有充分考虑到顾客的细节体验，这就是问题的关键所在。

一个企业在产品或服务上，也许只能给客户增加1%的方便，但结果却可能会引发几倍的市场差异和效率。在细节上琢磨十分钟，也许就能避免在出现问题后所花的几十小时。在细节上的投资，是在不断增强自己的战斗力。不能因为一个马掌而失去一片天下，对于企业的经营管理者来说，在企业细节上的完善是没有尽头的。

淡季不淡：如何将淡季转为旺季

在优秀管理者的眼里，永远没有"淡季"的概念。

——北大管理理念

"没有淡季的市场，只有淡季的思想"展现了一种不怕竞争的气势。以"淡季"为借口，旺季也不会有太大的作为。如何让淡季变为旺季，从而获得出色的业绩，这绝不是口头上说说就能做到的。要吃樱桃先栽树，要想收获先付出。

一个企业的产品无论在任何时候，它在市场的销量还是有的。我们要找的不是借口，而是开拓新的市场。

夏季是被公认为洗衣机销售的淡季，销售人员都没有做"无用功"在家里等待。这个时间表面上看起来是淡季，但如果不把它看作淡季，同样也能创造市场。由此，海尔提出了开发适应淡季销售的产品要求。现在市场上出现的"小小神童"洗衣机就是在这种情况下产生的。

1990年，当海尔调查洗衣机市场时发现，夏天洗衣机卖得特别少。为什么夏天人们洗衣服洗得特别勤，洗衣机反而卖不动呢？经过市场调查才发现，当时市场上只有4公斤、5公斤的大洗衣机，消费者夏天的衬衣、袜子换下来天天洗，用大洗衣机洗又费水又费电，干脆用手洗就行了。

并不是夏天人们不需要洗衣机，而是没有适合洗衬衣和袜子的小洗衣机。根据消费者这个需求，海尔研制开发了一种"小小神童"洗衣机，洗衣容量为1.5公斤，3个水位，最低水位洗两双袜子。这种洗衣机夏天投入市场后很快就供不应求了。

正因为如此，它不仅成为国内外市场的"明星产品"，也成为企业不断创新开拓市场的"典范之作"。"电风扇一转，洗衣机完蛋；电风扇一停，洗衣机准行"，是洗衣机业内对洗衣机市场淡季和旺季阶段性特点进行概括的一句"顺口溜"，"小小神童"洗衣机使这句顺口溜变得过时。

海尔员工利用创新把夏天洗衣机销售的淡季做到了淡季不淡，他们把夏天人们

○ 摆脱淡季思想

很多企业在营销的过程中会不自觉地想到淡季，其实这只是淡季思想在作祟，只要摆脱这一思想，也就没有淡季这一说了。

现在是淡季，没事干，也不用去开发客户了！

很多企业都会认为市场有旺季和淡季之分，所以在所谓的淡季时，企业也就不再尽全力开发客户，结果导致业绩越来越下滑。

优秀的企业管理者在所谓的淡季时，仍想尽办法开发新市场，打破淡季的束缚，反而让企业不存在淡季这一说了。

"所以说，市场不是固定的，只要打破传统观念和固定思维，开发新的市场和产品，淡季也就不存在了。

洗袜子、洗衬衣的问题解决了。所以，海尔现在的科研人员和销售人员都牢牢地树立了这样一种观念：只有淡季的思想，没有淡季的市场。

海尔的员工只是转换了一下思路，在别人向"大"的方向发展时，海尔选择向"小"的方向开发，把销售的淡季做到了淡季不淡。这也说明了，只要有开拓创新的精神，只要有赢得市场的必胜信念，再加上一些巧妙灵活的创意，就能在市场竞争中占得先机。

在优秀的管理者眼中，不存在"不能做"的市场，即使市场开拓比较难，他们也一定能在困难中找到突破的基点，运用灵活的思维和方法去打开市场，去赢得市场。

很多企业产品的销售在淡季一落千丈不是因为企业产品销售不出去了，而是因为企业淡季的思想在作祟。一到所谓的淡季，企业就认为目标顾客暂时不再需要企业的产品，企业无论怎么努力产品也无法销售出去，所以促销活动不做了，市场开发力度也减少了，客户也不去拜访了，经营战略僵化了，这样做的结果直接导致销售业绩愈来愈低。但是总有人在"不景气"的市场中开拓出"景气"的未来。

美国的约翰逊黑人化妆品公司总经理约翰逊是一位知名度很高的企业家。当初他创业时，也曾为产品的销售伤透了脑筋。

那时，约翰逊经营着一家很小的黑人化妆品公司，因为黑人化妆品市场的总体销售份额并不大，而且，当时美国有一家最大的黑人化妆品制造商佛雷公司，几乎垄断了这个市场。

经过很长时间的考虑，约翰逊提出了一句措辞非常巧妙的广告语："当你用过佛雷公司的化妆品后，再擦一次约翰逊的粉质膏，将会得到意想不到的效果。"

约翰逊的这一招的确高明，不仅没有引起佛雷公司的戒备，而且使消费者很自然地接受了他的产品，达到了事半功倍的效果。因为他当时主推的只有一种产品，凡是用佛雷公司化妆品的黑人，大都不会在乎再增加一种对自己确实有好处的化妆品的。

随着粉质化妆膏销量的大幅度上升，约翰逊抓住了这一有利时机迅速扩大市场占有率。为了强化约翰逊化妆品在黑人化妆品市场上的地位，他同时还加速了产品开发，连续推出了能够改善黑人头发干燥、缺乏亮度的"黑发润丝精"、"卷发喷雾剂"等一系列产品。经过几年的努力，约翰逊系列化妆品占领了绝大部分美国黑人化妆品市场。

做市场，是要讲求手段与策略的。如果一味跟随别人的步伐，而没有丝毫的创新，市场只能越做越小、越做越死。

有时候，一点小小的创意，一个小小的变化，便可以改变产品的市场格局，从而赢得良好的竞争优势。

创立自己的品牌，提升自己的行业影响力

> 新东方创立自己的品牌不是一朝一夕的事，而是经过长期实践和磨砺才拥有的影响力。
>
> ——俞敏洪

有人问松下幸之助："你觉得松下要多少年才能够真正成为世界品牌？"松下回答："一百年。"事实证明，松下没有花那么长时间。此人又问："打造一个品牌最重要的是什么？"松下说了两个字："耐心。"

企业的整体竞争力主要是由其核心竞争力体现的，而要增强企业的核心竞争力则主要在于创立属于自己的企业品牌。

树立强烈的品牌意识是创造世界品牌的保证，海尔之所以在不到20年的时间内就成为世界最具影响力的品牌之一，首先在于全体员工牢固地树立了强烈的品牌意识。

海尔集团自1984年创建以来，实现了持续稳定的发展，现在已成为在海内外享有美誉的大型国际化企业集团。取得如此宏大的业绩，主要由于海尔企业家群体与全体员工能围绕创建知名品牌，提升其核心竞争力，着力建立市场化的经营机制，从而从根本上推动海尔集团全面进入市场，成为自主创新、充满生机和活力的市场竞争主体，保证了企业的持续发展。

企业要在竞争中站稳脚跟，必须要建立自己的品牌，除了做好产品和服务外，一定要沉下心，对品牌有长远的规划。在战略规划的指引下，将自己的品牌树立起来，让消费者产生信任感，从而带动企业的进一步发展。

树立品牌是一项长期而艰巨的工作，建立卓越的品牌并非一朝一夕之功，需要恰当的定位、长远的规划和耐心的坚持，需要专注和执着，更需要贴心的设计和优质的服务。中国百年老店同仁堂的历史诠释了真正的品牌是如何炼成的。

提起中药，许多人都不约而同会想到三个字——同仁堂。同仁堂是乐显扬创建于清朝康熙年间的一家药店，历经数代，载誉300余年。

同仁堂历经沧桑，"金字招牌"长盛不衰，在于同仁堂人注重自己的品牌，并化为员工的言行，形成了具有中药行业特色的企业文化系统。质量与服务是同仁堂金字招牌的两大支柱，坚持质量第一、一切为了患者是同仁堂长盛不衰的最根本原因。

历代同仁堂人恪守诚实敬业的药德，提出"修合无人见，存心有天知"的信条，制药过程严格依照配方，选用地道的药材，从不偷工减料、以次充好。同仁堂不管炮制什么药，都是该炒的必炒，该蒸的必蒸，该炙的必炙，该晒的必晒，该霜冻的必霜冻，绝不偷工减料。像虎骨酒和"再造丸"炮制后，都不是马上就卖，而是先存放，使药的燥气减少，以提高疗效。

代顾客煎药是药店的老规矩，冬去春来，尽管煎药岗位上的操作工换了一茬又一茬，但从未间断，也从未发生任何事故。如在1985年，当时每煎一服药就要赔5分钱，但药店为方便群众，把这一服务于民的做法坚持了下来。药店每年平均要代顾客煎药近2万服，此举深受患者和顾客欢迎。

百年老店就是在这样对质量和服务的执着追求中一步一步走过来的。只有百年老店才能产生真正的世界品牌。

曾经的温州人只注重赚钱，不注重品牌。这种场景的确令人尴尬，经过冷静反

○ 品牌有利于产品参与市场竞争

首先，品牌具有识别商品的功能，为广告宣传或促销活动提供了基础，对消费者购买商品起着导向作用。

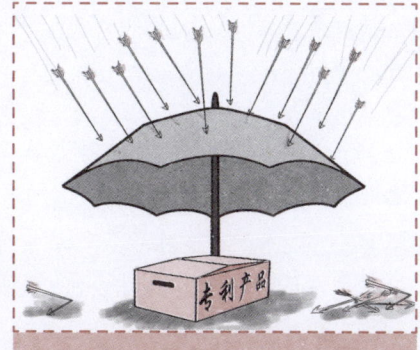

其次，有法律保护的商标专用权，可以有力遏制不法竞争者对本企业产品市场的侵蚀。

最后，信誉好的商标，有利于新产品进入市场。名牌商品对顾客具有更强的吸引力，有利于提高市场占有率。

思后的温州商人总结出,在保质保量的基础上,只有走品牌之路,企业才能长盛不衰。奥康集团的老总王振滔有着自己的看法。

温州奥康集团创办于1988年,这个如今皮鞋连锁专卖店遍布全国各大城市的企业,却走过了不寻常的品牌之路。

当初,王振滔在各地推销自己公司的皮鞋时,所有大商场都只认"上海货",因为顾客认可"上海货"。有些精明的温州皮鞋企业与上海"联营",同样的皮鞋,贴上上海厂家的商标,就畅通无阻。因此,王振滔对"牌子"这一市场的通行证有了新的认识,也产生了创自己"牌子"的念头。

此后,王振滔对品牌产生了浓厚的兴趣。他决定,吸取一些企业在品牌运作上的经验,开始了自己的品牌之路。

他决定走规模化、集约化、现代化企业的发展之路。想法是正确的,实现却是困难的。盖厂房、进设备、引人才,样样都需要钱,钱从哪里来呢?经过努力,他以个人的信誉和企业发展的前景,说服了一些亲属及小企业主,以股份合作的形式,开始了第一次上规模、上档次的生产扩建。1995年,雄心勃勃的王振滔又联合十多家中小企业,组成了集团公司,成了名副其实的国内皮鞋领军人物之一。

早在1990年,王振滔就趁着全国"围剿""温州鞋"的风头逆风而动,推出"奥康"品牌,一炮打响的战略。那时,全国"围剿""温州鞋"的余波未息,他就注册商标"奥康",重新杀回武汉等地,并挑战性地标明产地"温州"。

借着企业进步发展的良好势头,王振滔专程赴意大利考察取经,世界著名鞋业王国的先进技术和先进管理手段更坚定了王振滔开拓进取的信心。正是由于这种信心作用力,1999年年底,一座占地4万平方米、建筑面积达45万平方米的具有现代化整套制鞋先进设备的厂房投入使用。"奥康鞋业"至此已经在国内国际上形成了一个真正的品牌。

由此可见,一个品牌的建立不仅需要策略,需要长时间的锻造,而且更需要胆识和非凡的勇气。

一个品牌的树立无不是企业通过其过硬的产品质量、完善的售后服务、良好的产品形象、美好的文化价值、优秀的管理结果等因素来实现的。企业经营者必须投入巨大的人力、物力甚至几代人长期辛勤耕耘,才能终有成就。

作为企业的管理者,品牌规划要基于将来的趋势,要着眼于未来,要具有前瞻性,为企业提供清晰、完整的发展方向,保证品牌的培育和使用效益的最大化。

第十六章 营销管理课：
尊重客户价值，持续创造差异和个性

客户的抱怨就是你的订单，不要逃避

> 百度这么多年之所以不断从成功走向成功，就是因为我们一直非常注重用户的体验，非常关心用户需要什么。
>
> ——李彦宏

一项研究表明，如果抱怨能得到迅速处理的话，95%的抱怨者还会和公司做生意。而且，抱怨得到满意解决的顾客平均会向五个人讲述他们受到的良好待遇。因此，有远见的公司不会尽力躲开不满的顾客，相反，它们尽力鼓励顾客提供抱怨并尽力让不满的顾客重新高兴起来。

当今社会，企业间的竞争异常激烈，客户的需求是企业发展的根基。如果我们对客户服务不周，那么就可能错失许多商机，这样就会导致企业的效益下降，甚至拖垮企业。因此，要想立足于现代企业之林，我们就应该好好地为客户服务，应该感谢客户提供给我们机会，因为客户的抱怨就是你的订单。松下幸之助说："把抱怨当作是另一个机会的开始。"马云认为，在接到客户的抱怨或斥责时，不能马马虎虎地去处理，否则将从此失去一个客户。

马云在阿里巴巴经常充当客户的角色，对开发出来的新产品提出自己的"抱怨"。马云曾对技术人员说道："我不想看说明书，也不希望你告诉我该怎么用。

我只要点击，打开浏览器，看到需要的东西，我就点。如果做不到这一点，那你就有麻烦了。因为我说的话代表世界上80%不懂技术的人。他们做完测试，我就进去用，我不想看说明书，如果我不会用就扔掉。

"即使在后来，使用淘宝和支付宝这些网站时，我也是个测试者。我和淘宝的总经理打赌，随便在路上找10个人做测试，如果有任何顾客说，他对使用网站有问题，那么你就会被惩罚，如果大家都能使用，完全没有问题，那么你就有奖励。所以这个测试是确保每一个普通人都能使用网站，不会有任何问题，只要进入，然后点击就行了。"

马云认为，是花钱购买产品的消费者掌握了产品的命运，绝不是生产技术人员依靠产品的性能便可创造出来的。当我们的产品和服务因为没有满足消费者或客户而遭到抱怨时，我们应该认真听取他们的意见，找出自身的问题，及时加以解决以改进自己。

客户既是企业所要服务的对象，更是企业的财富来源、员工的衣食父母。没有了客户，企业便没了订单与回款，没有了资金和市场，员工便没有了工作和工资。因此，对于员工来说，客户是值得感恩的对象，满足客户的要求是员工的职责。

要正确对待和处理客户的抱怨，首先必须了解客户产生抱怨的原因。客户的抱怨一般来自以下两个方面。

第一，对销售人员的服务态度不满意。比如有些销售员在介绍产品的时候并不顾及客户的感受和需求，为了完成任务而一味地说产品多好，甚至还有夸大吹嘘的成分；或者是在客户提出问题后销售人员不能给出让客户满意的回答，有的甚至对客户加以指责和辱骂；或是在销售过程中销售员不能做到一视同仁，让客户感觉遭到歧视或不平等对待等。

第二，对产品的质量和性能不满意。这很可能是客户受到广告宣传的影响，对产品的期望值过高引起，当见到实际产品，发现与广告中存在差距，就会产生不满。还有一些产品的售后服务不到位或价格虚高、产品以次充好等都会成为客户抱怨的诱因。

在日常工作中，员工要重视客户的抱怨，如果不重视客户的抱怨，你就失去了这个客户，进而导致失去更多的潜在客户，甚至对产品和企业的品牌造成影响。在面对客户的抱怨时，销售员最忌讳的是回避或拖延问题，要敢于正视问题，以最快的速度予以解决。要学会站在客户的立场上思考问题，并对他们的抱怨表示感谢，因为他们帮助自己提高了产品或服务的质量。面对客户的抱怨，员工必须以一种"是自己人生过程中的一种磨炼"的心态去应对。员工能够在客户的抱怨中发现自身的问题，这能够帮助员工改进自己的工作方法。正确地处理好客户的抱怨，不仅可以成功地留住客户，还能进一步取得客户的信任，为自己下一步的工作带来方便，也能为自己创造更好的业绩。

英国有一个叫比尔的推销员,有一次,一位客户对他说:"比尔,我不能再向你订购发动机了!"

"为什么?"比尔吃惊地问。

"因为你们的发动机温度太高了,我都不能用手去摸它们。"

○ 顾客抱怨的原因

客户抱怨的现象经常发生,各行各业都会遇到,那么,会让客户产生抱怨的原因是什么呢?只有知道了原因,才能"对症下药"。

> 都是顾客,我们喊你你怎么也不回答!

1.不满意服务态度

服务人员的服务态度是给顾客的第一印象,如果服务人员没有让顾客感到满意甚至态度不好,必然会引起顾客的抱怨。

> 看看你们店里的东西!质量太差!

2.不满意产品本身

产品的质量和性能是顾客最关注的方面,一旦产品的质量和性能与宣传产生偏差,往往会引起顾客的抱怨。

面对顾客的抱怨,企业销售人员作为门面应该立刻正视这一问题,并予以解决,决不能拖延,否则会让顾客的抱怨更甚。

如果在以往，比尔肯定会与客户争辩，但这次他打算改变方式，于是他说："是啊！我百分之百地同意您的看法，如果这些发动机温度太高，您当然不应该买它们，是吗？"

"是的。"客户回答。

"全国电器制造商规定，合格的发动机可以比室内温度高出华氏72度，对吗？"

"是的。"客户回答。

比尔并没有辩解，只是轻描淡写地问了一句："你们厂房的温度有多高？"

"大约华氏75度。"这位客户回答。

"那么，发动机的温度就大概是华氏147度，试想一下，如果您把手伸到华氏147度的热水龙头下，你的手不就要被烫伤了吗？"

"我想你是对的。"过了一会儿，客户把秘书叫来，订购了大约4万英镑的发动机。

客户的抱怨只要处理得当，也可以成就你的订单。所以，遇到顾客的抱怨，不要逃避，也不要无视，而是要仔细去分析顾客产生抱怨的原因，对症下药。一般而言，企业在面对客户的抱怨时，需要从以下几个方面来对抱怨进行正确的处理。

第一，仔细倾听抱怨的内容。倾听要本着有错必改的态度，要全面了解客户存在的问题。

第二，向客户表示感谢。向客户解释由于他们愿意花时间精力来抱怨，让企业员工有改进的机会。

第三，诚心诚意道歉。万一有错，赶快为事情致歉，要是错不在己，仍应为客户的心情损失致歉。

第四，承诺将马上处理，积极弥补。

第五，提出解决方法及时间表。

第六，处理后确认满意度。处理过后再跟客户联系，确认对方满意此次的服务，一方面了解自己的补救措施是否有效。

第七，检讨，避免重蹈覆辙。

正确对待客户抱怨以及加以处理根本在于认识到自己与客户的共同利益，以及为了共同的目标而努力。员工在面对客户抱怨时首先要想到自己与客户的利益其实是一致的，要明白——客户的抱怨不是麻烦，而是机会。

一方面，通过积极地面对和解决客户的抱怨，员工本身也得到了成长，同时能培养出体谅他人的心情。我们要把处理抱怨之事想成是一种磨炼，不断地去忍受、咀嚼这些痛苦，培养自己的忍耐性及各种优良的品质。

另一方面，通过解决客户的抱怨，替企业又多留住和挖掘了更多的客户，解决了客户对企业和产品的信任危机，更大地拓展了企业和员工的影响力。

因此，直面客户的抱怨吧，你将会有意想不到的收获。

第十六章
○营销管理课：尊重客户价值，持续创造差异和个性

从"请消费者注意"到"请注意消费者"

在今天，不管在哪个竞争性行业，"顾客是上帝"都已成为共识。

——张祖安
(《北大商业评论》研究部总监)

在现今物质极为丰富的时代，企业要想像以前一样摆出一副高高在上的姿态，每推出一款新的产品就希望获得大量的关注，这几乎是不可能的事情了。企业早就走出了"请消费者注意"的时代，取而代之的是"请注意消费者"的消费者或者客户为王的时代。

营销大师德鲁克也曾在他极具影响力的著作《管理的实践》一书中，着重强调了"以顾客为导向"的营销理念。北大管理课也认为注意消费者的动向、满足消费者的心理期望是企业在营销中的首要任务。

一位饭店老板去买油漆，店家的服务员向他推荐了一款非常有名的"立邦漆"，并向他介绍这种油漆的质量非常好，强调5年或10年都不会褪色。但是它的价格是普通漆的两倍。这位饭店老板觉得油漆不错，就是价格太贵了。作为一家饭店老板，他的饭店不可能5年才装修一次，所以他最关注的并不是油漆的使用寿命，而是合适的价格，因为每次装修都要重新涂一遍油漆，是比较费钱的。

上面这个案例中的服务员就是没有注意到消费者的真正需求，而向客户推荐了并不适合的产品。要知道，每个顾客的需求不同，心理期望值就会不一样。

"顾客就是上帝"，这就要求企业管理者能否准确判断和满足顾客的心理期望，在企业营销中是非常重要的。假如换一位为了给自己家里装修而去买油漆客户，服务员向他推荐价格偏贵的"立邦漆"，也许他就可能接受了，因为对于这位客户来说，5年或10年不会褪色的油漆质量是绝对有保证的，即使价格贵一点，但只要房子住着舒心，那也是值得的。

无数成功的营销案例说明，主动关注消费者，把握消费者的心理期望，并依据其期望制定营销策略，才能使企业在市场中立于不败之地。

2005年6月21日，"百度知道"上线。然而就在前一天，另一家网站已经营半年的同类产品突然改版，页面与即将推出市面的"百度知道"如出一辙。如果百度沿用此页面，舆论必定质疑百度抄袭。经过紧急讨论，百度最后决定：一切依原计划进行。

"百度知道"如期上线，关于抄袭的质疑也如意料中出现。然而半年以后，网友的看法与最初的疑问完全颠倒，而"百度知道"的流量也是对方的10倍以上。

有人好奇于百度是如何扭转劣势，且为"百度知道"积累声誉的。时任百度首席产品架构师的俞军笑答其中的奥秘：仅有一层皮是没有用的。因为从表面看一样

的东西,用户的使用体验却可以完全不同。

许多经营者虽也在口头上说"以消费者为中心",但长期的"思维定式"在其头脑中形成的还是以"我"为中心,即以"企业""产品"为中心的经营观念,对消费者缺乏关注,不能很好地满足消费者的心理期望,所以导致市场越来越小,生意越来越难做。因此,管理者要切记的一点是:要时刻关注消费者的心理期望,这是生意的契机,只要能够满足顾客的心理期望,得到客户的信任,公司的发展就会有保障。

从"请消费者注意"到"请注意消费者",其实就要求企业管理者转变思维,牢固树立以"客户为中心"的经营理念。但是面对各种各样的客户,他们的需求也是纷繁复杂的,企业以有限的人力来关注和处理这么多不同的需求确实是耗时耗力的一件事。因此,为了全面关注消费者,企业必须遵循这样一个经营理念:在企业总资源限度内,在保证其他利益能够接受的前提下,尽力提供一个高水平的消费者满意或者让他们获得更大价值的产品。唯有如此,才能留住客户,才能提高客户的忠诚度。在力所能及的情况下,管理者需要对客户进行分类管理,根据不同的期望

○ 区别对待顾客

对于同一件事同一件商品,每个人的想法都是不一样的,因此企业不能对所有顾客都用同样的方式对待,而是根据顾客的不同采用不同的方法,区别对待。

1.对待满意度高的顾客

有些顾客是企业的忠实客户,对于这样的顾客企业应该与之保持长期友好的联系,根据顾客需要不断改进产品,务必让此类顾客对企业持续保持满意。

2.对待满意度低的顾客

有些顾客对企业的满意度比较低,甚至十分不稳定,对于这类顾客企业应该设法抓住,提高他们的满意度,努力将其培养成满意度高的顾客。

值划分出不同的客户类型。遇到同一类型的客户，可根据实际情况利用已有的经验来处理。

虽然现在"请注意消费者"这样的营销理念已经为很多经营者所熟悉，但是大多数公司通常关注的还是如何从每笔交易中能获得多少利润，这种观念极易导致企业发生短期行为，既不利于提高消费者的忠诚度，也不利于企业的长期发展，最终很容易丧失消费者。在经济全球化的时代，成功企业如星巴克咖啡、耐克、宝马等公司都是这样，它们关注消费者，不仅仅是从他们身上能够获得利润，更重要的是要关注并为每个消费者创造终身价值。

美国著名营销理论专家飞利浦·科特勒不止一次地指出，必须学会取悦自己的顾客。但同时还必须明白，也不能完全对顾客百依百顺。企业在营销管理的过程中，要把顾客区分对待，把对企业完全满意的顾客和其他顾客区别开来。对完全满意的顾客，要与他们保持长期的联系，要定期听取他们的反馈意见，不断改进自己的产品和服务，让这批顾客能够始终保持满意。此外，也要学会抓住那些对企业满意但还不稳定的客户，通过各种调查方式，了解他们真正的需求，争取开辟出更大的市场来满足这些客户的需求。

诚信是基石，做到这点才能走得更远

无论身处什么样的社会，一个人做人做事要想最终成功，只有依靠"诚信"二字。你先对别人诚信，大部分人也才会对你有诚信。就算你有时候被别人骗了，也不能因此丢掉诚信。

——俞敏洪

我们每个人立身处世，都要以诚信为本，一个企业也要做到诚信经营，没有人愿意拒绝他人的真诚，也没有人愿意拒绝一个信誉良好的公司的产品。

真诚地为客户着想是做企业的最高境界，因为只有让客户体会到企业的诚心，他才会愿意成为一个企业的忠实客户。所以，管理者一定要站在客户的立场考虑问题，切实做到为客户着想，这样，企业得到的将是无数愿意长期合作的"粉丝"客户。

北京同仁堂创建于1669年，作为有代表性的、具有300多年历史的中国的老字号企业，其知名度和美誉度都是很高的，享誉国内外。同仁堂经久不衰的秘诀，就在于它有着丰厚的具有鲜明特色的诚信文化。

同仁堂的创办人乐显扬亲自拟定了"同仁"这个店名，他说过："'同仁'二字可以命店名，吾喜其公而雅，需志之。"1706年，《乐氏世代祖传丸散膏丹下料配方》一书出版，序言中讲到："炮制虽繁必不敢省人工，品味虽贵必不敢减物力"。从此，这几句名言便成了"同仁堂"选方、用药、配比及工艺的规范。同仁堂"所制产品，配方独特，选料上乘，工艺精湛，疗效显著，驰名中外"，在社会上享有很高信誉，也可以说是树起了一块金字招牌。同仁堂在长期的经营实践中，奉行的正是一种诚信文化。"炮制虽繁必不敢省人工，品味虽贵必不敢减物力"，炮制讲的是工艺，制一丸小小的中药，虽然工艺很繁杂，工序甚多，但一点也不能马虎。有的药材很贵重，却也不能减少分毫。这两句话是同仁堂的"堂训"。每一位新进同仁堂上岗的员工都要熟记这两句话，并化为自己的自觉行动。正是秉持着这样诚信经营、诚心为客户的精神，才使同仁堂一直驰名中外，赢得了全社会的信赖，成为长盛不衰、久负盛名的中华老字号企业。

从以上案例中我们可以看出，想客户所想，以诚实的企业经营吸引客户，才算真正做到了客户至上。这样诚恳、热心的商家，客户怎么能不青睐呢？此种"以诚待人""客户至上"的理念所延伸出来的品质保障，才能使同仁堂走得更远、更辉煌。

然而，现在很多企业为了获取眼前的短期的利益，总是不惜损害客户的利益。它们或者以次充好，欺骗消费者，或者夸大产品功能，蒙骗消费者，或者对产品的售后服务不闻不问。其实，从表面上看企业这样做或许在短期内获得了不菲的收益，但这只是昙花一现。这样的企业注定是走不远的。试想，如果客户的利益受到损害，对企业的信赖度就会降低，那么企业的客户就会不断流失，企业就成了无本之木、无源之水，企业自身的经营也就会岌岌可危。

另一个把诚信当作企业信条而保持公司数十年高速发展的企业是美国的通用公司。对于诚信，通用电气前总裁韦尔奇这样解释："做人要以诚信为本，一旦形成这样的人格，不论在好的或者不利的情形下，都要保持这一作风。这样才能建立与客户、供货商、分析家、竞争对手及政府部门的良好关系。"诚信，可以说是通用公司的道德和行为规范。通用是这样认为的，也是这样做的。

通用公司在建设企业诚信文化方面有许多重要举措，包括制度、规范、规定、政策、措施之类，这里主要列举以下几点：

第一，通用公司一贯强调，诚信是做好任何事情的基础，是在所有国家开发业务的基础。诚信的标准和原则，在全球所有的通用公司领域都是绝对一致的。没有任何例外，也不允许有任何例外。

第二，在通用，高级经理人不仅要注重自己的诚信，而且还要管理好他手下的员工，让他们也能够做到诚信。让所有员工都知道，从加入公司的第一天起就要贯彻通用的价值观，遵守诚信。

第三，给每个员工发放一本通用价值观手册。在这本手册里，诚信被列为首要之点。通用的员工遍布全球100多个国家，无论在哪个国家的通用公司，不管你是属于哪个国籍的员工，都必须携带这本手册，遵守手册内容，还要签署"员工个人的诚信承诺"。

第四，在GE的诚信文化建设中，对员工进行培训也是重要的一环。这不仅包括面对面的培训，还包括互联网上的培训。

第五，对于通用的价值观，对于诚信，通用公司不仅要求本公司的员工严格遵守，还要求所有代表公司的第三方，如经销商、代理、销售代表等承诺遵守通用的政策。

○ 缺少诚信的企业无法走得长远

人无信不可立于世。对于企业而言，诚信同样重要。

先弄张假的图纸骗过他们，赚到钱再说！

现在商业竞争十分激烈，优胜劣汰的大环境下，很多企业为了取胜铤而走险，为了获取利益而损害消费者的利益，这样企业虽然获利，却是短暂的，对于企业的长期发展十分不利。

现在的消费者的消费观念已经十分理智，如果个人利益被损害，必然会对企业进行"讨伐"，从而让企业声名狼藉，从而无立足之地。

企业的发展是建立在顾客消费的基础之上的，如果没有顾客，何来企业？更不要说企业的发展了。因此，想要企业长期发展下去，就必须以诚对待顾客。

从通用的核心价值观和基本理念可知，不论做什么事情，对人诚实和信任永远排在第一位。通用公司很多贯彻诚信理念的做法，都是值得企业学习和借鉴的。

一个成功的企业一定是将诚信为本内化于心、外化于行的。客户是企业生存的根本，对客户做到诚信，就是要生产出让客户满意、质量上乘的产品，就是要把客户的问题当作自己的问题来解决，这样才能赢得客户的信赖。其实，为客户着想就是一个企业对客户不断进行信用投资的过程，企业的信用度越高，客户的忠诚度也就越高，就会使企业与客户之间的关系更加稳定牢固，使双方的合作更加长久，最终使企业能够走得更远。

主动从客户的立场寻找需求

市场经济的根本特征是买方经济，也就是说消费者说了算。同样的一群目标顾客有很多。只有把产品卖出去，这个企业才能生存。

——王建国

（北大光华管理学院教授）

北大管理课总结出的一个理论是：主动的企业往往能取得先机，往往能取得一个好的结果。如果一个企业事先为客户准备好他们心里想要的东西，这会让客户有一种愉悦感，相反，总是让客户被动地提出要求，不断地等待，这样的企业是不会给客户留下好印象的，所以站在客户的立场上寻找客户的需求，并引领客户的需求，而不是追着客户问需求，是企业增加销售量的一个妙招。

俞敏洪认为，做生意实际上就是在看人们内心到底需求什么，像新东方学生学习什么呢？渴望更加成功，渴望更加幸福，渴望通过自己的努力，能走上人生新的一个台阶。这就是新东方所有教学和所有工作的着落点，也同样是学生的需要。如果你不知道你的顾客需要什么，那么就努力去挖掘，因为这才是你创业真正需要了解的。

现代社会，采取低价策略的产品并一定能够粘住客户，因为客户需求是多元化的，低价已不是粘住客户的灵丹妙药。那么，什么才是企业粘住客户的万能胶呢？显然是满足客户的真正需求。客户不会忠诚于某一企业或者产品，他只会忠诚于自己的需求。只有从解决客户的需求入手，精心设计和引领客户的需求，让客户的心跟随着能满足他需求的产品而动，才能让客户把自己的企业和产品放在优先选择的位置。

作为一家商场的团购创业者，李艾华非常善于挖掘客户的需求，然后予以满足，从而赢取客户大量订单。一天，某高级中学后勤部的刘先生给他打来电话，要求购买一批名牌名厂的饮水机。放下电话后，李艾华开始琢磨这件事情："虽然这

第十六章
◎营销管理课：尊重客户价值，持续创造差异和个性

个学校经常在自己这儿买东西，但据自己掌握的情况，这个学校自身有热水供应系统，可是刘先生为什么还要买能够加热的饮水机呢？"于是，他又给刘先生打电话了解情况。原来这家学校的开水处离学生宿舍有一定距离，很多学生因为偷懒，就在宿舍里用电热烧水器烧水，存在着巨大的安全隐患。

李艾华彻底明白了学校订购饮水机的目的。他想到，由于这家学校首次采购饮水机，刘先生肯定没有相关经验，所以他必须承担起挑选、推荐产品的责任。于是李艾华利用网络搜集相关信息，用了半天的时间了解了影响饮水机寿命的要素。另外，他又打听到，这个学校将在今年建设新的教学大楼，现在对各项费用控制很严，价格也是学校选择饮水机的重要考虑因素。

在反复比较多个品牌和多个产品后，李艾华选择了一款品牌知名度高、声誉好、价格较低的产品。他带着这款饮水机和另外一款普通的饮水机来到刘先生办公室，他将挑选产品的过程详述了一遍，然后把两款饮水机的价差报了给刘先生。随后又问该学校新教学楼的规划情况，暗示为刘先生节省费用考虑。刘先生会心地笑了，说："还是你能为我们着想。哈哈，马上签协议吧！"于是，李艾华又成功地接到了一大笔饮水机的订单。

从上面这个案例我们可以看出，李艾华在接到业务后，首先考虑的不是刘先生需要什么，而是首先弄明白他为什么会有这种需求。正因为李艾华主动地站在客户的角度上考虑客户的需求，正中客户的心思，所以他才给客户留下了好的印象，获得了客户的信任。

只有主动站在客户需求的角度考虑问题，才能准确把准客户的脉搏，从而在客户那里占得先机。和李艾华一样，孙晔也是一家大型商场的部门创业者。他也非常懂得从客户的需求入手，打动客户的心。

临近春节时，很多单位都在忙着采购给员工的年货。有一天，孙晔接到一家福利院给打来的电话，希望采购一批价位不太高的保健品，这些保健品是福利院用来赠给社区内没有在福利院住宿的老人的。敏感的孙晔立即想到了一个问题，如果把这些保健品赠予没有在福利院住宿的老人，那么，那些住在福利院的老人们呢？难道福利院就不给他们发放年货了吗？于是孙晔断定该福利院对保健品一定还会有更大的需求。

第二天一早，孙晔就去了解情况，但是该福利院长告诉他暂时没有考虑给住宿的老人发春节礼物。听到这句话孙晔并没有气馁，因为他知道自己公司的产品在性价比上没有太显著的优势，必须想其他办法让院长同意选购公司的产品。于是孙晔开始思索怎样才能让福利院在这次交易中得到额外利益。

在从福利院走出来的时候，孙晔在福利院的公示栏上看到福利院号召大家积极报名参与春节联欢晚会的通知。他灵机一动：如果把自己公司的联欢会和福利院的联欢会联合起来举办，一定会受到福利院的欢迎。于是孙晔迅速与福利院院长联

299

系，在给出保健品报价的同时提出"我们愿意承办福利院的春节联欢活动"。福利院院长听到后非常高兴，因为这将为他减轻不小的财政负担，福利院的资金向来都很紧张，办晚会又得花一笔不小的数目，所以院长很爽快地答应了孙晔的报价，并且一下子订购了大量的保健品。

孙晔在自身产品不具备竞争力的情况下能够成功获得福利院的订单，主要在于他能站在福利院的角度思考问题，想着如何为福利院谋取更大的利益，满足福利院更大的需求。但是现如今，很多企业不从客户的需求考虑，它们往往从自身是否赢利的角度出发，打一些价格战、促销战，给顾客提供价格低廉、质量不合格的产品，导致大量客户对企业产生不满情绪。所以，要从满足客户的需求出发、而不是一味地以低价来吸引客户。

一个企业要想获得飞快的发展、创造高额利润，只能主动从客户的角度去寻找客户的需求。然而，在一些特定的商业领域中，一些公司奉承"顾客至上"的服务理念，也为满足顾客的需求而努力，但是结果却往往不尽如人意，并没有得到客户的认可和喜欢。因此，要想准确掌握客户的心理需求，就必须要掌握一定的方法和技巧。

1.从客户的性别判断其需求

男性客户与女性客户的消费需求差别是很大的。以汽车、电动车为例，男性客户来一般侧重于车的速度和质量，而女性客户一般侧重于车的样式和色彩好不好看。女人容易受情绪左右，男人一般靠欲望支配；而情绪受环境影响，欲望则指向具体目标。所以，销售产品时，要注意其不同的需求。

2.从客户的职业了解其需求

不同职业的人往往对产品有不同的需求。首先要了解和判断客户是做什么工作的，一般从事某种工作或多或少都会在一个人身上留下印迹。根据不同职业人士的特点，讲述产品对他们的好处，这样才能正中客户下怀，让客户有购买的欲望。如果不了解各个行业或各类人群的典型心理特点，往往就会弄巧成拙，错失良机。

3.从客户扮演的角色来判断其需求

一般客户买东西，特别是买大件商品的时候，往往会拉上一两个好朋友来帮助其参考。所以，面对客户与参考者的时候，要两点兼顾，不能对参考者冷眼相加，虽然参考者起好作用的不是太多，但起坏作用的却不少。特别要关注他们之间是什么关系，比如是夫妻、是同性朋友，还是家长带孩子，要针对不同的关系，采取多样的营销策略。

4.挖掘客户潜在的需求

对于一些缺乏主见的客户，要在与客户的前期接触过程中，特别注意挖掘连他们自己都没有意识到的潜在需求，而不要被客户表面的需求所迷惑。往往客户并不知道他们嘴里说的想买的某种产品，其实并不适合他们，所以要仔细问清楚这类客户购买产品的用途、大致的价位，再给他们推荐合适的产品。

在通常情况下，服务和产品的提供者总比客户要专业得多。以客户为中心，就是要站在有益于对方的立场上，提出各种建议方案供客户选择，同时挖掘客户的潜在需求、内心需求，而不是天天追着客户问需求。只有这样，在提高沟通效率，保证服务质量的同时，才能为公司创造利润，只有这样，一个公司才能很好地发展下去。

如果我们能以客户的标准为标准，超越客户的期望，那么我们的营销才能获得成功。因此，"坚持以客户为中心"，主动从客户的立场寻找需求，而不是追着客户问需求，是当今企业为客户提供优秀服务、满足客户正确需求、达到买卖双方共同目的的一大新理念。这一新的理念对于促进双方合作的高效性、愉悦性有着不可估量的作用。

○ 如何挖掘顾客的需求

想要挖掘顾客的真正需求，销售人员需要做好两件事情：

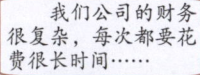

让顾客畅所欲言。销售人员的鼓励，能够有效引导顾客陈述自己的观点，进而方便销售人员通过分析顾客说话的内容，找到顾客的购买需求。

谈论顾客感兴趣的话题。销售人员应该不断提高洞察力，通过观察顾客摆设的饰物知其喜好，从而找到顾客感兴趣的话题。

当然，要做好这两件事情，销售人员必须学会倾听，要知道顶尖的销售高手通常不是最会说话的，而是善于做一位好听众。

消费者的懒惰心理中也有商机

迎合消费者的心理，从中发现商机。

——北大管理理念

随着人们生活水平的不断提高，生活节奏的不断加快，无所不在的网络让消费者变得越来越忙，但同时也变得越来越"懒"。越来越多的消费者已经习惯不再去商店挑选和购买商品，而是通过特定的网站来购买商品，直接在家里等待快递送货上门，这样不仅省了奔波之苦，而且在网上往往能够买到比实体店价格更低的商品。我们以易趣和淘宝网为例。在1990年的美国，互联网成为人们的新宠，很多人被其惊人的发展速度所吓倒。面对这一发展趋势，eBay的创始人皮埃尔·欧米迪亚认为，互联网一定会主导未来，目前的交易形式一定会移植到互联网上去，当前面对面的交易在将来肯定会在互联网提供的虚拟平台上进行。因为每个人都有懒惰心理，而电子商务恰恰能满足这一心理需求，必定会大受欢迎。eBay的快速发展，也证明了皮埃尔·欧米迪亚的判断是完全正确的。

淘宝网从2003年创立以来，其飞速成长的势头就没有停止过。淘宝网的出现，改变了许多人的购物方式，在淘宝网上购物已经成为许多消费者生活中越来越不能割舍的一个重要部分。2007年，淘宝的交易额就已经达到惊人的433亿元，超过了沃尔玛和家乐福在中国销售额的总和。而仅在2012年11月11日当天，淘宝交易总额就达到了骇人的191亿。从淘宝网的大获成功我们就可以看出，消费者都有一种懒惰心理，如果企业能够让他们坐在家里就可以完成交易，这是一个多么值钱的商机。

湖南女孩赵晓就是因为从消费者的懒惰心理中敏锐捕捉到了商机，而使她的网店大获成功。

赵晓开了一家取名为"懒人e家"的网店。在开业经营后不到两年的时间里，她就成为百万富翁。如此短的时间里，就获得了如此丰厚的利润，她的秘诀是什么？

其实赵晓与大多数人一样，也没有什么特别异于常人之处。2005年7月，赵晓毕业于长沙一所本科院校，在老师的推荐下，她顺利进入长沙一家大型卖场担任客服。当时她的主要职责是收集顾客反馈的情况，并把信息做分类统计，然后把统计好的信息报给客服部经理。通过与顾客的大量接触，她发现顾客对方便实用的产品特别感兴趣，比如全自动酸奶机、多功能早餐机等，而且许多顾客尤其喜欢购买一次性用品。

顾客为什么会有这种购买习惯呢？赵晓为了弄明白这个问题，就在与顾客的沟通中，有意探寻顾客内心的真实想法。后来有顾客告诉她：因为需要上班，自由时间不多，不希望因为家庭生活而占据更多的休闲时间，所以就特别喜欢购买用起来很方便的产品。

说白了,大部分顾客就是有一种很强的懒惰心理。赵晓敏锐地察觉到,这是一个巨大的商机。于是赵晓建议卖场多购买一些一次性用品。事实证明,赵晓的建议非常不错,卖场中的一次性商品的销量很好。这让赵晓深受启发:如果开一家网店,专门出售能够使消费者生活更为便捷的新型家居产品,会不会很受欢迎?因为网店还可以送货上门,更节省了消费者外出购物的时间。

说干就干,赵晓的"懒人e家"网店在2005年年底正式开业。这个网店很快就受到热捧,销量稳步上升。赵晓也从中赚到了人生的第一个一百万。

从赵晓的成功案例中我们可以总结出,便利快捷是一种重要的市场需求。随着社会的高速发展,人们生活节奏的日益加快,消费者开始要求生活各方面都能高效便捷。企业的根本是建立在消费者的需求上,显然,能够提供更为便捷产品或服务的商家就会在竞争中更有优势,就会更容易获得顾客的青睐。

电子商务只是众多商业形态中的一种,但电子商务的飞速发展却给我们带来了重要的启示:一场新的消费变革正在发生,消费者对产品或服务的便捷性要求越来越高。著名零售企业苏宁电器公司曾在全国范围内做过一次服务调研活动,通过电话回访、街头拦截、VIP会员深度访谈等方式对全国近10万名消费者进行了满意度及服务需求的深入调研。在此次调研中,便捷性成为出现频率最高的词语之一。

消费者对产品或服务便捷性要求的提高,从另一方面也说明现代的消费者越来越懒,而企业只有迎合顾客的懒惰心理,提升产品和服务的便捷性,与消费者与时俱进,才能在纷繁复杂的商场中稳固自己的市场地位,不被市场所淘汰。

从商业竞争的角度来考虑,我们不能说市场中只有懒惰的顾客,而要说只有懒惰的商人。顾客的需求和期望都是正确的,哪怕它只是一种懒惰的心理在作怪,也蕴含着巨大的商机。成功的企业之所以成功,就在于它们能够迅速捕捉商机,快速迎合消费者的懒惰心理,为消费者提供了更为便捷的产品或服务,让消费者在享受产品或服务上变得越来越轻松、越来越快捷,从而提升顾客的生活舒适度,获得消费者的忠诚和依赖。

迎合消费者的懒惰心理,提升产品或服务的便利性,需要从多个方面着手,比如提升产品的功能,使顾客享受到操作方便、经济实用的产品;提供便捷的购买渠道,降低顾客因为购买行为而付出的时间成本;提高售后服务标准,使顾客毫无后顾之忧。

北大管理课要提醒管理者注意的是,无论通过哪种做法提升产品或服务的便捷性,其实都体现了企业处处为消费者着想的这一营销理念。管理者应该明白,只有处处为消费者着想,企业才能更好地提升产品或服务的便捷性,才能在激烈的市场竞争中站稳脚跟,企业才能发展壮大。

○ 学会迎合消费者的懒惰心理

产品只有迎合了消费者的需要，才会产生需求。利用消费者的懒惰心理，商业产品应该做到以下几点，市场需求才会更大。

产品功能便利

这款产品操作十分简单……

现代生活节奏不断加快，产品更是丰富多彩，想要增加社会需求，产品就必须功能便利，解决顾客所需。

购买渠道便利

您可以选择网上订购，我们负责送货上门……

随着社会发展，购买渠道越来越多，网上订购、送货上门等广受欢迎，就是因为购买渠道方便了大家，节省了时间。

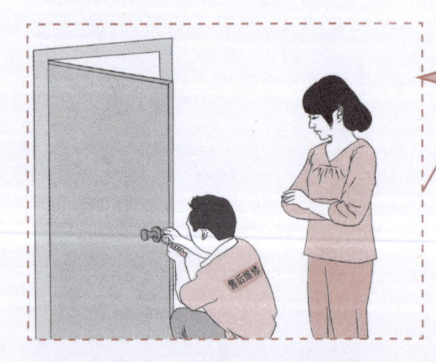

售后服务便利

售后服务对一个产品的销售影响十分重大，只有让顾客没有后顾之忧，才能让顾客更放心地购买产品。

从上面可以看出，无论是哪一个方面，归根结底都是为了方便顾客，只有处处为顾客着想，顾客才能青睐产品。

打造产品卖点，成功吸引客户

打火机本来是用的人和打火机制造商两方的事，现在加一个广告，整合了一个商家进来，它的价格就可以大大降低。

——王建国

众所周知，北京有故宫，巴黎有埃菲尔铁塔，伦敦有大本钟，悉尼有歌剧院……每当我们说起某个地方时，首先想到的就是这个地方具有标志性的东西，或者说是独具特色的东西。而说起一些企业，人们往往想到的是它具有代表性的产品，如百度搜索、新浪微博、腾讯微信、海尔电器、青岛啤酒等。那些真正深入人心的事物，都具有自己独一无二的特色，无法取代，不可复制。

因此，对于产品而言，要想吸引客户，给客户留下深刻的印象，必须也要有自身的特色，这个特色其实就是产品的卖点。一个好的卖点往往更能体现一种产品的独到之处，对于消费者也更具有吸引力。

所谓"卖点"，就是指产品具备的与众不同的特色，而这个卖点可以是产品自身所具备的，也可以是通过营销策划人的想象创造出来的。卖点其实就是消费者购买产品的理由，最佳的卖点就是产品最强有力的消费理由。发掘并放大产品的卖点能够有利于产品销售，塑造企业独具特色的品牌。

绿箭是大家耳熟能详的一个口香糖品牌，只要是细心地消费者都能发现，小小的一片口香糖，也能有各自不同的特色。

绿箭牌口香糖有绿箭薄荷香型、白箭兰花香型、黄箭鲜果香型和红箭玉桂香型等4种不同的口味，每一种不同颜色和口味的口香糖，都有着独特的卖点。绿箭是"清新之箭"，以清雅的口味，令人全身爽快，清新舒畅；红箭是"热情之箭"，以独特的口味，使你热情似火，暗喻爱神丘比特的爱之箭；黄箭是"友谊之箭"，可以使你与他人迅速缩短距离，打开双方的心扉；白箭则是"健康之箭"，它的广告词说："运动有益于身心健康，但是我们如何帮助脸部做运动呢？"

精准细致的定位，让小小的一片口香糖也具备了与众不同的卖点，让消费者能够很快记住绿箭这个口香糖品牌。

北大管理课告诉我们，产品的卖点可以从以下几个方面提炼：

1.从产品质量找卖点

可以从产品的质量和档次上做文章。比如，全聚德的烤鸭比小饭店的烤鸭贵很多，可是仍然有很多人宁愿花费时间排着长队也要去吃，就在于全聚德把它所独创的老字号秘方作为卖点。烤鸭出炉后会现场片成108片，不多不少，再加上精心制作的调料和辅料，使烤鸭的口感油而不腻、肉质嫩滑，口味独特，的确让人吃过不忘。而它的这个"老字号秘方"就是烤鸭质量的保证，别家无法取代。

2.从产品价格找卖点

从产品价格上找卖点，就是要根据目标客户的消费水平将产品价格作为一种卖点。比如，有的人喜欢炫耀性消费，高价更能彰显他们的财富、地位。一款镶满钻石的手机跟普通手机的功能是一样的，而价格却高出了好多倍，但却依然能够吸引不少客户，就是因为产品的高价能与他们的身份、财力相匹配。而有的人只要东西便宜就好，所以一些没有品牌的衣服、鞋子，即使不具备大牌的高质量和高价格，只以低廉的价格仍可以吸引大批顾客。

3.从产品颜色找卖点

颜色也能够成功地营造卖点。比如手表，几乎所有的厂家都以品质做卖点，但客户认可的品牌和质量都是仅有的几家传统老牌企业才拥有，比如瑞士机芯、几十年内绝对准时；而有一家手表厂家则以手表的缤纷颜色做卖点，一经推出就深受重视装饰性的年轻人的喜爱。

4.从产品文化内涵找卖点

并不是外来的产品就好卖，很多国外的产品到中国反而没有市场，就在于他们没有考虑到中国的文化特点和消费习惯。比如服装的尺码、暴露程度等如果全部照搬国外的样式，当然没办法畅销。而一些本土的服装企业，在衣服上设计带有中国传统味的山水画、汉字等，尺码上贴合中国人的身形特点，将中国人的审美标准融入衣服之中，标榜"中国人自己的服装"，结果广受好评。

5.从产品造型找卖点

人人都有猎奇心理，造型美观、独特的产品更能吸引到顾客。美国一农民把西瓜放在盒子里生长，结果长出了一种方形西瓜，味道虽然和普通的圆形西瓜并没有什么差别，但是价钱却是普通西瓜的20倍，人们对这种形状怪异的西瓜感到新奇而竞相购买。还有一个品牌饮料从包装造型上也找到了卖点，该品牌饮料在口感上并没有什么过人之处，价格又高，但是饮料的包装是细长的三角形，在满货架一样的长方形包装饮料中特别显眼，也引发了人们因好奇而购买的欲望。

6.从产品标志找卖点

产品的标志有时候也能成为卖点之一。比如深受大众喜爱的苹果产品的缺口苹果标志，简洁时尚又充满新意，并且这一标志还代表了苹果品牌的高档次和高质量。看到这一苹果标志，就会想起苹果产品，可以吸引客户去关注。所以产品的标志也可以作为卖点来提炼。

一个企业想要在众多企业中突出重围，突出产品卖点是关键。很多质量很好的产品却不如那些质量一般的产品销量好，就在于没有关注产品的卖点。尤其是同一种功能的产品，你有的人家也有，顾客怎么能找到一个消费的理由呢？只有提炼出让顾客心动的卖点，才能让顾客主动去消费，因为卖点才是真正引起消费者购买欲望的。企业不能只是围绕着自己的产品打转，要充分地抓住顾客的消费思想，发掘出不同于其他产品的卖点，这才是企业营销需要深入研究的。

产品的卖点可以有很多个，然而是不是卖点越多就越好呢？答案当然是否定的，过多的卖点会让顾客对产品的定位产生模糊，进而失去购买产品的欲望。在市场竞争异常激烈的今天，产品越来越同质化，卖点过多很容易与其他的产品相重叠。而顾客选择一个产品，有的时候并不是因为你的产品最便宜或者因为你的产品最好，而是你的产品和别人不一样。而企业要做的，就是将自身产品与众不同的卖点提炼出来，加以放大，而这种卖点只要有一个就能达到很好的宣传效果。

○ 学会提炼产品的卖点

产品的卖点从哪里找？下面就介绍三个可以提炼卖点的地方：

1.价格

这是我们的最新款，名家设计，所以价格也高！

消费者的消费水平是不同的，产品可以根据不同消费者的消费水平进行定价，百货类商品讲究"物美价廉"，奢侈品则讲究"物以稀为贵"。

2.颜色

是啊，就是看着颜色特别才买的。

你这表的颜色真特别。

不同性别、年龄的顾客所喜欢的颜色也不尽相同，比如男士偏爱暗色，而年轻女士偏爱色彩斑斓的产品。

3.标志

产品标志代表了产品的品牌效应，比如苹果就代表了高端的电子产品，从而广受消费者青睐。

开发市场的广度和深度,两手都要硬

真正的消费不是刺激出来的,而是创新开发出来的。

——张维迎

一个企业的管理者只顾当前利益,只顾盯着自己的一亩三分地,却考虑不到或者不为企业开发新的市场、优化现有市场做好规划打算,那么这个企业是很难走得远的,即使是属于自己的市场恐怕也要失去。作为企业的领导者,应该有一双洞察一切的眼睛和一个长远的积极开拓的意志。正所谓,开发市场的广度和深度,两手都要抓,两手都要硬。

现代社会,产品需求在变化、市场环境在变化、市场区隔在变化、客户在变化……这些变化表明世界上唯一不变的真理就是"变",而怎样才能应对这些变化,并且在千变万化的市场中如何拓展新的领域、如何做好现有市场的深度挖掘呢?有很多成功的案例给了我们很大的启发。

说起台湾顶新集团,也许很多人不知道它的名字,但是说起顶新集团的一个产品"康师傅"方便面,那可真是家喻户晓,人尽皆知。

20世纪80年代,顶新集团进军大陆的方便面市场,以经典的"康师傅"红烧牛肉面迅速占领各大城市的主要市场,当时,康师傅方便面成了北京、天津、上海、广州等几大城市居民最喜欢的方便食品。

然而,顶新集团并没有满足康师傅方便面在大城市的火爆销售。从卖出第一碗面开始,"康师傅"就下定决心要做中国的面王。它瞄准的是全国市场。然而,要在这样一个巨大的市场上获得消费者的青睐,仅靠红烧牛肉面这一种口味的产品显然是不够的。

顶新集团从1994年开始相继在广州、杭州、武汉、重庆、西安、沈阳、青岛等地设立生产基地,生产线也从1条增加到88条。它每设立一个生产基地,都会在当地展开详尽的市场调研,了解消费者对其产品的意见。根据各地的口味差异,它先后开发生产了20余种不同口味的产品。这些口味的方便面,由于有详细的市场调研资料为基础,在推出后也纷纷受到了消费者的欢迎。

到现在为止,顶新集团已经在大陆方便面市场中占有大半壁江山,并且方便面的口味也还在不断增加。顶新集团正是靠着对市场精确的把握,不断推陈出新,想消费者之未想而最终实现了中国面王的梦想。那么,一个企业在巩固原有市场的基础上,如何拓展新的市场呢?

北大管理课告诉我们,可以从以下几个方面做起。

第一,以产品创新来扩大市场。当一种产品在市场上逐渐老化,即将走完产品的生命周期,那么该产品的市场份额就会逐步下降,甚至被新的产品所取代。在这种情况下，企业必须有一个合理的产品组合，形成合理的产品梯队，让完成市场使命而即将退出市场的产品有"接班人"，这样有利于完成对客户群体的"转移"与"交接"。

第二，以品牌并购来扩大市场。企业通过品牌并购，可以获得有价值的市场资源，并可实现增加市场份额、扩大市场占有率的目标。品牌并购对于企业扩大市场、获得市场份额增长来说，往往比其他方式效率要高。

第三，以低价策略来扩大市场。在市场繁荣时期，企业往往会以低价快速实现市场的渗透与扩张。而在市场低迷的形势下，降价更被当作挽救市场份额的法宝来使用。但是，降价未必是一个好的决策，这样做有很多负面影响。只有那些在商业模式上能够对低价提供有效支持的企业，通过灵活的价格调整，最终实现了市场的扩张。

○ 如何对市场进行深度开发

市场竞争激烈，就要求企业对市场进行深度开发，那么，该如何进行市场的深度开发呢？

1.调研目标市场

对于一个市场的开发不能盲目进行，而是应该在开发市场前，对目标市场进行深度调研，了解目标市场是否值得企业进行深度开发。

2.调研目标客户

企业生产商品最终需要消费者的认可，因此，在市场深度开发前，要对目标客户进行了解，根据客户的需求进行商品开发。

3.新产品宣传

"酒香也怕巷子深"，在产品开发之后，应该广泛宣传，从而激起消费者的消费热情。

企业管理者如果仅局限于已经取得成绩的那一点市场份额，而不去继续开拓新的市场，更不去深化和维护旧有的市场，那么很快就会被其他企业迎头赶上，摆脱不了被淘汰的命运。而一些有名的企业，在扩大市场的同时，积极完善、深化现有市场，用差异化、个性化的产品不断拴住客户的心，巩固了原有的市场。

众所周知，中国啤酒市场竞争异常激烈，产品大多处于中低档，通常啤酒的饮用场所分为如下几种：大众中餐、西餐、酒吧。而喜力啤酒通过详细的市场调研和战略规划之后，将其主要细分市场放在了后两个。

喜力啤酒首先在啤酒的包装上下足了功夫。目前，中国市场上的啤酒包装除了易拉罐外，绝大部分为深绿色或棕色的长颈"B字瓶"。而喜力啤酒的酒瓶形态独特，质感均匀，晶莹剔透，观感比目前大部分啤酒瓶都好，整个产品系列采用独有的近似草绿色的基调，给人以清新感。这使得喜力啤酒很容易在超市的货架上被区分开来，给人以良好的第一印象，很适合酒吧中的情调。

其次，喜力啤酒在文化内涵，啤酒的酒精含量、口感上都恰好迎合了中国高端人士的需求，从而被广泛地接受。与喜力相比，一些国产啤酒酒精含量偏高，口感不好，也没有精致的产品包装，所以不能满足消费者的多重需求，高档消费场所这一市场也只有拱手让人了。

喜力啤酒公司面对中国巨大而竞争激烈的啤酒市场，没有盲目跟进而是首先认清行业竞争的情况，对市场进行了精确的细分，在此基础上结合自身优势，选择高收入人士作为目标客户，进而采取与之相适应的营销策略，使喜力啤酒成功步入中国市场，在高档市场中站稳脚跟。从喜力啤酒成功的案例中我们可以看出，无论是多么具有诱惑力的市场，都不要盲目进入，而先要找出适合的市场切入点，深度挖掘市场的差异性，做出贴近客户的产品，这样才能在竞争中获胜。那么如何才能深度开发市场呢？北大管理课告诉我们，应该采取以下几条策略：

第一，要全面调研目标市场。调查目标市场的经济实力和消费水平，产品现实的和潜在的销售市场状况，终端渠道建设和费用状况，客户的购买行为等，从而确定是否有必要做市场深度开发。

第二，要调查目标客户，选择适合的目标客户。找准了目标市场，就要仔细分析目标客户的需求和对现有产品的意见，确定产品的包装、质量、定价等。

第三，推出新产品后，要及时做好广告宣传等配套工作。新品推出之后，要尽快得到客户的认可，必须采取综合的营销手段。

第十七章　成本管理课：

记住，企业内部只产生成本

浪费总会被习惯性地隐藏起来，避免那些浪费

我们要杜绝一切形式的浪费，才有可能生存下来。

——李彦宏

一些企业创业之初筚路蓝缕，以启山林，十分注意企业的运营成本。然而，一旦企业有所规模，企业的成本便成倍增加。

《砍掉浪费》的作者佐伯弘文说，要想降低成本，应该从消除企业内部的浪费入手。只要肯动脑子，在企业内部的任何一个部门、任何一个小组、任何一个业务环节，都有可能发现浪费的现象。只要不断地发现浪费、消除浪费，日积月累，就会给企业带来丰厚的利润。

不注重成本控制，看不到企业的浪费现象，使得许多明星企业由盛转衰、由强变弱，甚至消失得无影无踪。"富不过三"的宿命像咒语一般缠绕着许多中国企业，尤其是家族企业。

"强本而节用，则天不能贫；本荒而用侈，则天不能使之富。"无序的浪费只会增加企业的生产成本，让企业背负沉重的债务，挫伤企业的市场竞争力；严重的有可能导致企业一蹶不振、濒临破产，多年的辛劳付之东流。因此，无论是企业的管理者还是员工，都应该在自己力所能及的范围内控制浪费，以保持企业持久、健

康的发展。

　　同样如此，工作中的浪费现象虽然细微，但庞大反复的浪费也会让企业不堪重负。对于管理者来说，要想方设法向员工灌输减少浪费的责任心。

　　上个月发工资后，小李就准备把工资从公司给他们办理的银行卡转移到自己的银行卡上。当他查询余额准备转账时，发现这个月的工资少了50元。"怎么回事呢？这个月没有缺勤呀？不会扣了我的全勤奖吧。钱虽然不是很多，但问题还是要弄明白的，不能白白吃这个亏呀！"小李这样寻思着。

　　第二天一上班，小李就找到了会计。会计正在那儿统计账目，小李不好意思打扰她，转身准备离开。会计看到了他，把他叫住了："小李，是不是为了工资的事呀？"

　　小李单刀直入："你是不是把工资弄错了，上个月我可是全勤呀，不会把我的全勤奖扣了吧？"

　　"我一猜你就是为了那50块钱的事来的。没弄错，你的全勤奖算进去了，发工资那天，是经理特意打电话叮嘱我，少给你算50块钱的，我也没细问。"

　　会计又说道："对了，经理叫你去一趟，他会向你说明原因的。"

　　经理一见到小李，没等他开口，就拿出了一张打印纸。

　　小李接过来一看，原来是他上次请假打印的请假条。"前两天的确因为有事请了半天假。可是，公司有明文规定，一个月有一天的请假时间，不算在考勤之内的，现在经理拿出这个来，和扣我的钱又有什么关系呢？"小李更加糊涂了……

　　见小李一脸茫然，经理终于开口了："节约意识，你有没有？你是因为个人私事请假，为什么不手写请假条？用电脑打印是一种浪费。今后要注意，复印纸正反两面都可以用，除非给外面发东西，对内使用的文件，尽量两面都用……"

　　小李不以为然，一副很不服气的样子，不想却被经理看出来了："小李，你是不是在心里骂我太刻薄了，连张打印纸都这么斤斤计较？你不要看不起一张小小的打印纸，如果每个人都像你一样，一个月下来，每个办公室至少要浪费几百块钱的纸，一年下来，整个公司便会浪费上万元。"

　　企业要发展，首先要从杜绝浪费开始，尤其要从那些被隐藏起来的浪费开始。企业的发展离不开员工的共同努力，所以每个人都应该自觉行动起来，主动减少工作中的浪费，为企业节约资源，为自己创造更大的发展空间。

　　大家都要从自己做起，从身边的小事做起，杜绝浪费，我们才能在建设低碳社会、低碳企业的过程中不断成长。

　　改变每个人原有的浪费习惯和工作方式，树立成本意识，这是管理者进行成本控制的首要任务，也是企业对员工的基本要求。

微利时代，节约的都是利润

谁拥有了成本优势，谁就能在竞争中胜出，就能获得最大的利润。

——北大管理理念

随着竞争的加剧，微利时代的到来是一种必然，公司之间的竞争已经不仅仅局限于业务能力的竞争。尤其是经济全球化使公司之间的竞争越来越激烈的今天，节约是公司管理者必须掌握的一门技能，因为它关系着公司的成败，公司应该培养节约习惯和成本意识。

企业不赢利就等于死亡，这是每个管理者都明白的道理。然而利润从何而来？一是增加收入，二是节约成本。企业要想在激烈的市场竞争中得以生存和发展，就必须谋求降低成本。节约作为降低成本的最直接体现形式，已经成为众多企业降低运营成本的重要手段。

国内一家知名家电企业推出的《节约手册》规定：办公纸必须两面用；铅笔用到3厘米才能以旧换新；大头针、曲别针、橡皮筋统一回收反复使用；文件只要不是机密的，统一回收再用反面；员工洗手时，一湿手就应拧住水龙头，打好肥皂后再重新拧开冲洗……

因为对于企业来说，节约的都是利润。控制好成本，把本来需要支出的部分节省下来，实际上就等于是赚到的利润，这同时也成了一个新兴的利润点。

凭借节约，可以创造尽可能多的利润。古今中外，从小作坊到跨国公司，无一不注重"节俭"的经营理念。很多名人名企得以成功的背后都是与"节约"分不开的。

被誉为台湾的"经营之神"的王永庆，尽管他掌管着台塑这个商业帝国，但他勤俭的一面并未随着他的企业的壮大而有所改变。

王永庆说："多争取一块钱生意，也许要受到外界环境的限制，但节约一块钱，可以靠自己努力。节省一块钱就等于净赚一块钱。"

王永庆对成本的控制可谓不遗余力。1981年，台塑以3500万美元向日本购买了两艘化学船，实行原料自运。在此之前，台塑一直租船从美国和加拿大运原料。如果以5年时间来计算，租船的费用高达1.2亿美元，而用自己的船只需要6500万美元，可以节省5500万美元。台塑把节省下来的运费用在降低产品价格上，从而使客户能买到更具价值的台塑产品。

农家出身的王永庆认为，最有效的摒除惰性的方法就是保持节俭。节俭可以使公司领导者和员工冷静、理智、勤劳，从而使公司获得成功。

凭借节约，可以降低企业的生产经营成本，也可以创造尽可能多的利润。在生产性资源日益紧张的今天，厉行节约就显得更加重要。像台塑这么一个如此看重节约的公司，在微利时代，怎么可能会倒下，怎么可能不获得利润，怎么可能不成为具有世界影响力的公司呢？

企业经营的目的就是赢得利润，因此不但要会开源，更要会节流，努力降低各方面的成本。降低了成本，就等于提高了利润，节约一分钱就等于挖掘出了一分利，因此，企业在经营过程中，必须将成本意识时刻牢记心中，尽力节约以降低企业的生产经营成本。

在生产资源日益紧张的今天，厉行节约就显得更加重要。美国戴尔公司的前首席执行官凯文·罗林斯称："在其他公司，如果你发明了一个新产品，你就会被当成英雄。而在戴尔公司，你要想成为英雄，就得先学会如何为公司省钱。"

为了降低成本，增强企业的市场竞争力，戴尔公司推行强制性成本削减计划，要求在业绩上台阶的同时，把运营成本降下来。戴尔公司采取双重考核指标，让各部门、各分支机构既要完成比较高的业绩指标，又要持续地降低运营成本。

在戴尔公司，经理人的任务是"更高的利润指标，更低的运营成本"。为确保合理的利润回报，2001年，戴尔公司曾要求下属机构再将运营成本压缩10亿美元。2002年，戴尔公司又下达了10亿美元削减成本计划。

中国客户中心也被戴尔公司总部下达了在外人看来不能够完成的任务。1998年，戴尔公司在厦门建厂的时候，运营成本只有IT厂商平均水平的50%左右。在最近几年间，戴尔公司生产流程中的工艺步骤已经削减了一半。而戴尔的厦门工厂每年都很好地完成压缩成本的任务。到2003年，戴尔厦门工厂的运营成本跟1998年刚投产时相比，只有当初的1／3。2004年，戴尔厦门工厂在产品运输方面采取措施来降低成本，每年又节省1000多万美元。

戴尔的兴起及发展究竟靠什么？有人说是靠直销；有人说是靠供应链的快速整合。实际上，这和戴尔节约成本的企业管理方式是分不开的。这就是一个在微利时代，本着节约的精神铸造出的辉煌的戴尔。

在微利时代，要求企业不但要学会开源，更要学会节流，努力降低各方面的成本。降低了成本，就等于提高了利润，节约一分钱就等于挖掘出了一分利。

利润不仅来自于企业创造的价值，同样来自于企业节约的成本。要想获得巨大的利润空间，就得想方设法地去降低成本，就像挤海绵里的水一样去挤，通过降低成本来增加利润。

要想更好地获利就必须节约，尽量减少不必要的开支。如果每位员工能意识到"节约就是创造价值，节约就是创造利润"，那么他和整个企业都将会因此受益。

培养节约习惯和成本意识固然重要，但是更重要的是将理念付诸行动，那么究竟如何做呢？

1.处处节约

降低成本不仅仅是生产制造部门或财务部门的事情，每个人在各项活动中都有义务参与。认识到自己在成本改进方面尚待提高的地方，然后积极努力地去提高它。

2.日常节约

节约涉及管理的方方面面，尤其是细节的节约。有的管理者认为一滴水、一度

○ 养成节约的习惯

培养节约的习惯和成本意识固然重要，但是更重要的是将理念付诸行动，那么究竟该如何做呢？

1.杜绝浪费

企业内部存在着许多浪费现象，它们耗费了资源但却没有产生价值。不消除这些浪费现象，就谈不上节约，也无法增加利润。

2.将节约写进企业制度中

无规矩不成方圆，口头的约束毕竟没有制度的约束更加有效，因此，将节约写进企业的规章制度中，督促员工的节约行为。

3.让每个员工行动起来

每个人都是企业的主人，企业的一切问题，每个员工都应该注重，要做到人人节约。

4.总结节约经验

"三个臭皮匠赛过诸葛亮"，面对节约，应该广泛采纳意见，总结节约经验，将好的节约经验进行采纳和推广。

电并不算什么，但长期积累下来是惊人的。

3.制度化节约

将节约等纳入公司的章程当中。这样一来，节约就像我们每个人身体里的DNA一样，伴随我们每一天的工作生活，让我们在工作过程中，不断地、自觉地去挖掘可以改进的地方，寻找一切可能的机会，这样就能够把成本领先的精髓贯彻到每一项价值活动中去。

4.培养节约文化

节约文化和成本文化是任何一个要打造强有力竞争力的公司不能忽视的部分。"涓涓细流，汇成海洋。"形成节约文化，企业才能最大限度地节约成本，才能获得更多的利润。

重视微小的数字，不让重大的浪费呈现出来

成千上万的微不足道的小数字，汇集起来就是大的数字。

——北大管理理念

随着经济的不断发展，很多人成本意识淡薄，有些人甚至认为自己的企业家大业大，浪费点没啥，正是这种思想在作怪，才导致少数单位的长明灯、长流水、设备空运转等浪费行为在日常司空见惯、不足为奇。

实际上，不重视微小的浪费，最终会形成重大的浪费。我们可以算一笔小账：如某企业有在职员工2000多人，如果每人从一滴水、一张纸、一度电做起，每天为公司节约0.1元，那么一个月下来便可节约费用6000多元，一年就能节约72000多元。这可就不是小数字了。

日本一家机器制造厂的老板发现，装配工人在生产过程中，对一些剩余的小零件总是不太珍惜，常常是随手丢弃，他多次提醒也不见效。

一天，老板走到工厂装配区的厂房中间，将一袋子硬币抛向空中，哗的一声，硬币四散滚落，散乱在厂房的各个角落，然后默不作声地走回了自己的办公室。工人们见状，莫名其妙，一边纷纷捡拾散落在地上的硬币一边对老板的古怪行为议论纷纷。

第二天，老板把装配工人召集起来开会，发表了他的观点："当你们看到有人把钱撒得满地都是时，表示疑惑。虽然都是硬币，却认为太浪费了，所以一一捡起。但平时你们却习惯把螺母、螺栓以及其他一些零件丢在地上，从不捡起来。你们是否想过，在通货膨胀严重的情况下，这些硬币其实不怎么值钱，而你们所忽视的零件却一天比一天有价值。"

第十七章
○成本管理课：记住，企业内部只产生成本

几乎所有的员工在听完老板的讲话后，都幡然醒悟。从那以后，大家都不再乱丢零件了，这一点一滴的节约给公司创下了一笔不小的收益。

古语说得好：聚沙成塔，集腋成裘。对企业而言，赢利还是亏损，很可能就是由成本控制的程度决定的，很多时候没有意义的花销看起来只有微不足道的几分钱，但长年累月众多名目的支出，累积起来就是一笔很大的开支，要想更好地获利必须节约，尽量减少不必要的开支。

在工作中，如果我们能发现小窍门，从身边的小事做起，并且养成习惯，工作中处处都能实现控制成本的目的。

在电力行业，检修清扫设备的过程中，酒精发挥着重要的作用。用抹布蘸酒精擦拭设备，不仅除尘效果好，而且因为酒精易挥发，设备干燥快，又不会对绝缘材料造成损害。由此，每次检修清扫设备，对无水乙醇的需求量非常大，仅发电机定子通风槽清扫一项就大约需要5箱酒精，通常大修时需订购10箱酒精，每箱20瓶。

北京十三陵抽水蓄能电厂在3号机的B级检修中，负责发电机检修的专工们，贯彻落实"三节约"理念，在使用酒精的过程中发现，由于装酒精的瓶口较大，每次打开内塞外倒都会有不少的遗洒，不仅不方便使用，而且造成浪费。为了节省酒精的用量，细心的专工们发明了一种新的使用方法：使用酒精时在酒精瓶内塞上用刀子切一个5毫米见方的小口，达到外倒时既能控制用量又不会遗洒，一个切好的塞子可以循环使用，未用完的半瓶酒精用好的塞子塞住，以备再用。

用这种方法，在3号机B级检修中，只发电机定子清扫一项就比原来减少了一半。

事情虽小，意义重大。通过这次小小的改进，使节约和低碳意识渗透在每项工作中。实际上，低碳正是体现在平常工作的每一个细节中，员工的低碳意识在很大程度上左右着企业的命运。每一个员工，每天在具体的工作中，在举手之劳中就能提高很多现有资源的利用率。这些举动看似微不足道，但如果持之以恒，那么节省下来的资源，将会使企业获益匪浅。

时下，节能降耗正在很多企业蓬勃展开，"厉行节约"作为一种企业风尚正渗透到各个领域、各个环节，既营造出浓厚的节约氛围，也为企业挖潜增效奠定了坚实的基础。

从日常办公细节做起，节约每一张纸、每一度电、每一滴水，随手关灯，办公电器不用时全部关闭，少邮寄一张贺年卡，从少产垃圾，多旧物利用做起，并倡导步行、骑车，多乘公交少开车等，注意节电、节油、节气，满足基本需要，就能减少巨大的浪费。

在某家大型零售企业，公司从来就没有专门用来复印的纸张，用的都是废报告纸的背面；打印纸也一样，除非是重要的事件，否则一律用废纸的背面打印；从部门经理到营运总监，随身携带的记事本都是用废纸特制的；办公大厅随处可见"打17909，长话可省钱"的提示语；员工们常常被叮嘱："笔要以旧换新，纸也要两面

317

用完后再丢弃。"

"勿以善小而不为，勿以恶小而为之。"有心的管理者不会忽略不起眼的小事，因为他们懂得，成本需要从一点一滴的节约开始做起。一个具有成本意识的人或企业，在面对日益激烈的竞争和未来的不确定时，会具有更强的竞争力，会有更大的获胜。

○ 企业实现节约的两个小妙招

针对不同的成本有很多的节约方法，但是对于整个企业的成本来说，还有两个节约的小妙招：

1.人员不能过剩

这么多人干，你帮我看着点，我去休息一下！

许多企业都不同程度地存在潜在的过剩人员，从而增加了生产成本。比如，两个人能做的工作却由三个人来承担，就会产生1/3的过剩人员的损失。

2.削减库存品

产品的库存如果过多，会造成资金流通的不通畅，此外，还会造成为了保管库存产品所开支的保管费、为推销库存产品所打的折扣等。

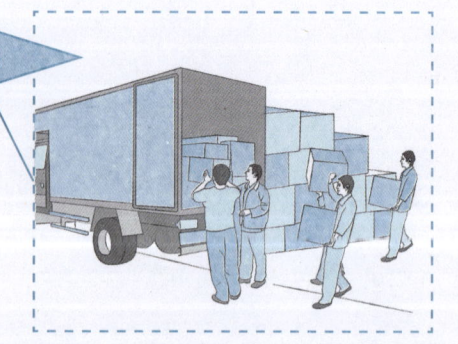

这两个方法不需要技术分析，是十分实用的节约成本的方法。

砍采购成本，剔除毫无成效的投入

"优化采购流程，从源头抓节约"，这是实现成本管理的重头戏之一。
——北大管理理念

减少采购成本对一个企业的经营能产生巨大的效益。对大多数企业而言，都没有给予采购环节以恰当的重视。降低企业运营成本，必须首先从加强采购管理开始。

采购成本一般包括订购成本、维持成本、缺料（或缺货）成本三大部分。订购成本指企业为了完成某次采购而进行的各种活动的费用，如采购人员的办公费、差旅费、邮资和通信费等各项支出；维持成本指为保有物料或货物而开展一系列活动所发生的费用；缺料（或缺料）成本是指因采购不及时而造成物料或货物供应中断所引起的损失，包括停工待料损失、延迟发货损失和丧失销售机会损失等。

管理者必须重视采购成本的控制，采购是大手大脚还是斤斤计较，是疏忽大意还是谨慎细心，是迁就对方还是坚守原则，这对企业经营影响很大。采购人员在采购过程中，如果在与供应商的价格之争中退一小步，或者是对采购物品的质量检验粗心马虎，或者是经不起市场促销的利益诱惑而损公肥私，那么，就会给企业造成重大的经济损失。

日本的大荣公司原本只是一家小店，但是中内功却是一个雄心勃勃的人。因为他的商品比其他同类店的商品便宜，所以他的店内每天都顾客盈门，货架上的货物每隔两小时就被抢购一空。

可能有人会有疑问，为什么他的价格比别人的低呢？这是因为，中内功积极地与产地合作，在国内畜牧业发达的地区投资牧场，采取委托经营的方式。这一招使他在通货膨胀的年代保证了大荣公司的繁荣发展。

大荣公司发展壮大后，为了保证货源充足，中内功建立了世界性的商品采购网，从来不依赖日本的商社，而是派采购员到世界各地寻找价廉物美的商品。比如冬笋，他会在春季去中国台湾采购，夏季在日本本土采购，秋季在加拿大和新西兰采购，冬季到美国加州采购。所以一年四季都能保证有新鲜、物美价廉的冬笋上架。

除了在世界许多地方设立采购站外，"大荣"还先后与许多大百货公司建立良好的业务合作关系，拓宽财路。

大荣公司在世界许多地方建立采购站的方式，不仅使大荣公司有了廉价又充足的货源，也能在最短的时间内得到最新最准的市场信息。同时，培养和锻炼了自己的从业人员，也学习了别国的经验。比如当时美国刚兴起"超级市场"，大荣公司立即就发现了，并以迅雷不及掩耳之势开始建立超级市场。两年后超级市场在日本一哄而起的时候，大荣公司的超级市场连锁店已经在日本遍地开花，占据了最有利的市场。

大荣公司的发展建立在对采购严格控制的基础上，它积极向采购要利润，促进了自己的发展，这为它的持续辉煌打下了根基。

狠抓采购部门，对采购成本进行有效控制，是企业获得利润的第一关。

众所周知，一些知名的大企业，比如松下、通用汽车、戴尔、惠普等，都精心打造出一支强大的采购"军团"，力图最大化降低采购成本。这样的做法是值得称道的，因为采购可以说是企业最大的支出和成本投入之一。

西门子移动通信的供应商分布在全球的各个角落，实施全球集约化采购，是西门子进行供应链管理、节约采购成本的关键。

西门子在实施全球采购之前的很长一段时间里，其各个产业部门如通讯、能源、交通、医疗、照明、自动化与控制等在采购方面完全自主。随着西门子公司的逐渐扩大和发展，采购部门发现不少的元部件需求是重叠的。同时，由于购买数额的差异，使得选择的供应商、产品质量、产品价格与服务有着极大的差异。

西门子公司很快发现采购当中的巨大浪费，它设立了一个全球采购委员会，委员会直接管理全球各材料经理，而每位材料经理只负责特定领域的全球性采购。同时，它还对全球的采购需求进行协调，把六大产业部门所有公司的采购需求汇总起来，这样，西门子可以用一个声音同供应商进行沟通。经过对采购流程的变革，使得西门子公司能吸引全球的供应商进行角逐。

这种变革不仅对西门子来说好处多多，对于供应商来说，这也是一件好事情。以前的供应商需要与西门子的各个产业部门打交道，时间、资金各方面浪费很大，现在他们只需要与一个"全球大老板"谈判，只要产品、价格和服务过硬，就可以拿到全球的订单，当然他们也极为欢迎西门子对其采购流程进行变革。

西门子公司的采购系统还有一个特色是，在采购部门和研发设计部门之间设立了一个"高级采购工程部门"（APE），其作用是在研发设计阶段就用采购部门的眼光来看问题，充分考虑到未来采购的需求和生产成本上的限制。作为一座架在采购部和研发部之间的桥梁，西门子的高级采购工程部门能够从设计源头上就开始采取措施压缩采购成本。如果设计原型中价格与目标价格有差距，那么设计就要做相应的修改：用更少的元部件或用更加集成的元部件。有的时候，用目标价格倒推成本价格成为高级采购工程部门的任务。

有了这些充分集权的中央型采购，还需要反应灵活的地区性采购部门与之相配合来进行实际操作。由于供应链分布在各个国家，西门子公司在各地区采购部门的角色很不一样。像日本西门子移动采购部门的角色类似于一个协调者。在日本的供应商如东芝和松下由于掌握着核心技术，所以它们直接参与了西门子手机的早期开发。

对于日本西门子移动而言，它必须知道哪些需求在技术上是可行的、哪些是不可行的，而东芝和松下等企业也要知道西门子想要得到什么产品。那么，与日本供应商的研发中心进行研发技术方面的协调、沟通和同步运作就成为日本西门子移动采购部门的主要工作。而中国西门子移动采购部门的角色重心就是利用中国市场的廉价材料，降低生产成本，提高西门子手机的全球竞争力。

西门子公司经过对采购流程进行这样的变革，创造出一种充分竞争和协调的环境，从而实现高效率地管理自己的供应链，节约采购成本。

全球IT业巨擘IBM公司过去也是用"土办法"采购：员工填单子、领导审批、投入采购收集箱、采购部定期取单子。企业的管理层惊讶地发现，这是一个巨大的漏洞——烦琐的环节、不确定的流程、质量和速度无法衡量、无法提高，非业务前线的采购环节已经完全失控了，甚至要降低。

低价是努力争取的，别指望供货商会主动给你最低价。向供货商展示自己的实力，要让供货商知道你的企业是个大客户，可以长期并且大量要货。与此同时，要向供货商说明自己经营的困难，最大化程度获得供应商的让步。

日本松下公司十分重视采购工作，每次采购时都要求供货商降价。松下采购人员总是这样说："你们的利润太高了，再降一步怎样？"或者说："你们的某项支出太高了，控制一下还可以降低！"

作为一家大型企业，松下要求供货商提供年度结算资料让其审查，如果供货商拿着掺了水分的资料说："如果再降价，我们就会亏本了。"松下电器就会使出撒手锏："那你们就不用交货了！"当然，松下并非盲目一味地压价，这样做是建立在科学分析的基础上。

实际情况是，产品的价格并不一定依成本而定，而是由市场承受力决定的。对很多商品而言，砍掉15%的价格是有可能的，而在服务业，可以砍掉更多——30%。

如何砍掉采购成本，最大限度地降低采购成本，以下几个建议，或许能对采购工作的顺利进行提供一些帮助。

1.进行材料分类，把握主要的控制方向

进行材料分类，确定重点材料，然后在询价、比价、谈判、验货等各个环节上加以控制，最终使所采购的材料价格降至最低。

2.选择合适的采购方式

根据企业需采购的物料及采购量，结合该物料的市场供应情况，选择合适的采购方式，能集中采购的不分散采购，并尽量利用联合采购的优势。

2009年3月20日，中国石油天然气集团公司《物资采购管理办法》（简称《办法》）正式颁布，这是中国石油物资采购领域第一份全面、统一、完整并具有很强操作性的物资采购管理办法。

《办法》明确了集团公司物资采购管理实行统一管理，集中采购，分级负责的体制。利用市场与资源的集中，最大限度地发挥中国石油规模优势，降低采购运营成本。

从2008年12月以来组织的石油专用管材、管线钢、储罐罐板等物资的集中采购情况看，通过带量集中招标，减少供货厂家，降低采购价格的效果明显。这几个项目都是物资采购中心牵头组织，各使用单位派代表参加，集中了中国石油的市场和需求，企业共同参与，以民主的方式、规范的操作达到了集中采购的目标。在采购结果确定之后，由各用户企业直接签订合同，减少了合同执行环节，减少了由于变更、验收、结算等带来的矛盾。"集中采购、分散操作"的模式是以最低操作成本达到规模化采购目的，降低集团化运营成本的有效方式。

如何控制采购成本

采购成本指与采购原材料相关的一切费用，一般占企业总成本的绝大部分。降低了采购成本就等于提升了利润率，更有利于加强企业的竞争力。

成本中的70%是采购成本，专业高效的采购成本管理可帮助企业获得战略性竞争优势。

节约采购成本的传统方法

设计优化法	在产品设计开发时就注意到选用材料、器件的成本。
成本核算法	运用一些科学的方法对部件的成本进行核算和评估。
类比降价法	与结构、材料相似的物料进行类比，找出差异或改进点。
招标降价法	组织供应商进行招标。
规模效应法	将原先分散在各单位的通用物料的采购集中起来，形成规模优势。
国产降价法	进口部件由国内厂家生产。

3.采购标准材料

标准材料因为大量制造、大量供应，其价格都不会太贵，如果定做则价格往往会高出很多，使采购成本上升。

4.公开采购，引入竞争机制

企业应公开采购的清单，广泛接触各供应商的业务人员，形成供应商之间的竞争，这样有利于压低材料价格。

5.规范价格审核工作

采购员应该填制《单价审核单》，使采购环节规范化。采购部必须经常进行分析或收集资料，作为降低成本的依据。当采购数量或频率有明显增加时，要求供应商适当降低单价。

6.加强采购人员的管理，保证采购人员的廉洁

在企业内部加强监督，采取一定措施防止采购人员为了私利而损害企业利益。对外向供应商说明本企业的政策。

如何尽可能防止采购员私拿回扣等，堵住回扣的"黑洞"呢？

（1）公司根据库存情况，确定需要采购的原材料、办公用品等物品的需求量。

（2）采购经理根据采购员收集的资料和报价，确定几家合适的供应商，并对报价做出建议，建议谈判的价格范围。

（3）采购部根据物品需求量派出采购员去联系供应商。采购员的任务是联系供应商，收集供应商的报价，采购员没有谈判定价的权力。

降低固定成本，不要让固定资产侵吞利润

企业家都知道，一个产品的成本，如何才能降下来。这需要一定的规模。越是先进的科技，越是科技成本高的产品，才越需要规模，因为这样才能把成本分摊。

——海闻

（北京大学副校长，经济学教授）

假设你经营一家炸鸡店，每块炸鸡的平均成本是10元。若售价是每块12元，每块炸鸡可以赚2元。若售价是每块10元，则不赔不赚，收支相抵。虽然利润是零，可是成本中包括了机会成本和会计利润，依旧可以继续经营。假如因为某种意外情况每块炸鸡的售价需要降到8元。每卖一块炸鸡就要赔2元。那么，我们现在还要继续经营下去吗？

如果想回答这个问题，我们必须仔细分析一下成本。固定成本必须包括租赁店面的租金、开店所需资金的利息、炸鸡设备的折旧，还有员工工资。而可变成本包

括用于可变投入的开支，例如用于炸鸡原料的开支、燃料开支以及临时雇小工的工资等。这两种成本的和就是总成本。

固定成本不随产量的变动而变动。在上面的例子中，就算你一块鸡都不炸，短期中你的店面无法退租，设备不能转卖，租金与设备的折旧费依旧要支出，更别说贷款利息了。但是若产量增加，例如生意非常好，一天炸了几百块，该成本也依旧不会增加。而平均固定成本会随着产量的增加而不断减少。比如固定成本是每月6000元，若只炸100块，那么每块鸡的平均固定成本是60元；若炸1000块鸡，那么每块鸡的平均固定成本就是6元；若炸1万块，则每块鸡的平均固定成本就是0.6元了。固定成本指在刚开始时它就支出了，一旦支出就收不回了。

很多企业家认为，固定资产是不动产，不会很快贬值，但他们忽略了一个问题，固定资产不是增加企业的利润，而是侵吞企业的利润。

事实果真如此吗？固定资产很有可能造成如下七种浪费：一是固定资产占用了大量的资金，这些资金不能用来做别的投资，机会成本的耗费太大了；二是不管使用不使用，它都要产生的大量折旧，每天都在发生；三是固定资产不像其他资产，它要产生大量的磨损；四是你一旦转产，或者使用不足导致的损失，根本无法估量；五是固定资产本身在建造当中，比如说盖厂房、建生产流水线，都需要大量的成本，同时还要耗费大量的时间；六是固定资产购买以后，若经常闲置会产生浪费；七是随着技术的影响，固定资产要不断更新、不断维护、修理的相关费用。

为有效说明固定资产与成本管理的关系，我们以企业买车的例子来说明。

如果你的企业收入是1000万，成本是900万，收入减成本等于利润，那么利润就是100万。我们要增加固定资产，比如说要增加一辆汽车，我们从什么地方买？当然是到商场的汽车销售展示厅里买，而对于企业来说，就是要从利润里面买，现金流里面买。假如这辆车是100万，那这100万的现金就变成了固定资产。所以，本来利润是1000万−900万=100万，但是你买了一辆车，变成了0。你花了100万，拿到了心爱的车，这100万已经贬值了，你不可能再以100万的价再卖出去。然而，车作为企业的固定资产，还要请专职司机，还要专门养车。这些养路费、修理费、维修费、折旧费等，会让一个企业应接不暇。

看到上面的这个例子，我们就能理解为什么很多大企业的商务用车并不多，很多时候它们采用租车而不是买车。租车，给人感觉很贵，但实质不是，因为它是一次性开销，比起把固定资产变成了负债要好得多。

为有效降低固定成本，很多企业走的是规模化经营的道路。在实际生产中，我们也看到大部分企业都在力争扩大生产规模。

某些大型设备与小型设备相比，每单位产出的制造费用和维修费通常就要低。比如国际上的输油管道，如果将其直径扩大一倍，其周长也相应扩大1倍，但由简单的面积计算公式可知，油管的截面积将超过1倍，即其运输能力也将超过1倍。这就是规模经济，每单位原油的运输成本将随之降低。另外，像电脑管理、流水作业这样的先进工艺和技术，只能在产量达到一定水平时才能够采用。比如汽车制造，实施流水线作业时，其成本优势十分明显。一般计算表明，一家汽车制造厂的年产量如果大于30万辆，其生产成本将会比小规模生产大大降低。在20世纪初，美国的福特汽车公司率先应用了大批量生产工艺，从而大大降低成本，成为汽车工业的领军人物。

在现实中，采取多大规模能实现成本最小化，取决于企业生产与市场的特点。从生产的角度来看，一个行业所使用的设备越大，越专业化，技术越复杂，创新越重要，规模就越大越好。在钢铁、化工、汽车等重型制造业中，这些企业的规模往往相当巨大，它们能有效降低企业的固定成本。

对于其他类型的企业，怎样才能降低企业的固定成本呢？聪明的回答是：安置在别人的厂房里！

格兰仕是生产微波炉的著名企业。在发展历程中，它也遇到了困惑，扩大生产线势必要增加企业的固定成本。后来，与扩大生产线相反，格兰仕走的是虚拟联合、规模扩张的路子，不仅没有动用一分自有资金投资固定资产，还把别人的生产线一个个地搬到了内地，而且建这些厂用的还是别人的钱。

以微波炉的变压器为例，格兰仕开始时分别向日本和欧洲进口，后来，格兰仕对欧洲的企业说，"你把生产线搬过来，我们以8美元给你供货。"日本的企业在成本的挤压下倍感煎熬，这时，格兰仕对日本企业说，"你把生产线搬过来，我们以5美元给你供货。"于是，一条条先进的生产线都逐渐搬过来了，规模大了，专业化、集约化程度高了，成本也大幅度降下来。

与此同时，格兰仕每天实行三班倒24小时工作，使得格兰仕的一条生产线创造出相当于欧美企业的6~7条生产线的产能。通过这种方式，格兰仕有效降低了企业成本，将对手远远地抛在了后面。

成本降低了，市场风险小了，没有了固定资产的拖累，让企业轻车熟路。"虚拟经营"作为有效的企业经营形式，因为能有效降低企业的固定成本，正受到越来越多的重视。

按照这种模式，一个公司可以避免许多人财物方面的资源浪费，避免重复建设，从而可以最大限度地利用社会上其他生产单位的能力，使其最大限度地发挥企业的实力，也使自己的实力得以集中体现。

创建于1994年的美特斯·邦威是著名的服装企业。1995年，美特斯·邦威的销售额只有1000多万元；2003年，则已经接近20亿元了。在不到10年的发展中，美特斯·邦威的销售额增长了近300倍，但是，美特斯·邦威是一家没有工厂的服装公司。

美特斯·邦威能在短短的这几年迅速地发展起来，主要就是用了虚拟经营的生产方式。集团董事长周成建说："美特斯·邦威已有好几百家企业为其生产加工，每年支付给生产厂家的资金就有一二十个亿。"美特斯·邦威的所有产品均不是自己生产，而是外包给广东、江苏等地的20多家企业加工制造，仅此一项，公司就节约了2亿多元的生产基建投资和设备购置费用。

此外，在销售方面，美特斯·邦威则采取了特许连锁经营的方式，通过契约将特许权转让给加盟店。如果这些专卖店都是由企业自己投资建立的话，一方面需要较长的时间；另一方面也需要大量的资金。

如何降低固定成本

固定资产流动性差，对于这类成本该如何降低呢？可以参考以下三种方法：

1.租赁闲置资产

对于闲置的资产，比如厂房和器械，闲置下来也会产生损耗，不如租赁出去，既能减少闲置，又能增加一些收入。

2.合作生财

对于闲置的资产也可利用投资的方式寻找其他企业合作，获得额外的投资回报。

3.拍卖销售

对于没有重大效用的资产可以通过拍卖的方式脱手，既能减少损耗，还可以外得一些拍卖收入。

把生产和销售外包出去后，美特斯·邦威把精力主要用在了产品设计、市场管理和品牌经营方面。每年推出约1000个新款式，"不走寻常路"的广告语成为家喻户晓的口号。

虚拟化经营带给企业的不仅仅是发展，更是财富。

对企业来说，由于闲置固定性资产相对于闲置资金流动性较差，所以在处置这部分资产时，应从多个方面来入手。

1.开展租赁业务，进行闲置资产的再利用

企业重组改制造成的闲置资产，可以通过寻找租赁市场，开展租赁业务，进行闲置资产再利用。资产租赁不仅可以解决重组后的存续企业和股份公司所面临的资金短缺问题，而且可以提高集团公司整体的经济效益，加快企业的发展。

2.实行个人承包，减少企业投入

对于闲置的资产整体完好无损的、有可利用价值的，但对于企业生产的前沿产品来说已不用的设备，以及因企业改制造成的不用的房屋、场地等，可实行个人承包，减少企业投入。

3.加强对外投资，寻找合作伙伴

对于企业内部不需要的，但整体完好的、无损失的闲置资产，可以采取对外投资，积极寻找合作伙伴，尽量把闲置资产利用起来，并取得相应的投资收益。

4.进行资源再配置，发挥最大效能

对于企业集团来说，母公司应起到桥梁作用，把各子公司不适用、不需用的闲置资产在企业集团内部进行互相调剂，相互调拨，起到优化资源配置的作用。充分利用企业资产，创造经济效益，从而提高企业集团整体的生产能力，以增强抗风险能力。

5.适当进行资产置换，节约货币资金

对于生产上需要的存货或设备，可以利用现有的闲置资产进行置换，以节约企业的货币资金。现代企业用资产换资产的非货币性交易已成为企业优化资产结构的一个重要手段。例如，某省某轻工进出口公司以一批轻工物资交换俄罗斯某公司的一批钢材；湖北某汽车销售公司以数辆汽车交换木器加工公司的一批办公家具等。

6.面向社会，公开拍卖

企业因破产或倒闭，造成的资产闲置，可以通过中介机构进行拍卖，变现其价值，或者对于已经过时的，在企业的生产经营过程中，不需使用的存货，也可以采取降价在市场中销售，把死钱变成活钱，增加企业的现金流量，从而使其在社会的大环境中进行资源合理配置。

7.申请报废，确认损失

通过采取一定的措施，仍不能给企业带来预期经济利益，且无变现价值的闲置资产，可进行申请报废，以减少人工费、场地费的支出等。

争取实现零库存，减少无形耗费

库存是企业为满足市场需求，保证生产的连续性而进行的一项必要投资，但库存管理不善会带来较严重的经营问题。

——北大管理理念

一般生产企业的物料成本往往占整个生产成本的60%左右，但这只是有形成本。至于隐形成本，则指物料的储存管理成本。物料储存管理成本是指从物料被送到公司开始，到成为成品卖出去之前，为它们所投入的各种相关管理成本，如仓库管理人员的薪资、仓库的资金和折旧、仓库内的水电费、利息、管理不当所造成的损耗等。

因此，采用科学的库存管理策略，尽可能减少库存，甚至消除库存，对企业降低成本，提高适应现代市场能力，树立现代企业形象，最终提高经济效益有十分重要的意义。"零库存"这个概念便应运而生。

零库存的含义是以仓库储存形式的某种或某些物品的储存数量很低的一个概念，甚至可以为"零"，即不保持库存。可以说，零库存符合低碳经济的发展要求。

生产零库存在操作层面上的意义，则是指物料（包括原材料、半成品和产成品）在采购、生产、销售等一个或几个经营环节中，不以仓库储存的形式存在，而均是处于周转的状态。也就是说，零库存的关键不在于适当不适当，这和是否拥有库存没有关系，问题的关键在于是产品的存储还是周转的状态。

戴尔的零库存直销模式享誉全球。

戴尔的营运方式是直销，在业界号称"零库存，高周转"。在直销模式下，公司接到订单后，将电脑部件组装成整机，而不是像很多企业那样，根据对市场预测制订生产计划，批量制成成品。真正按顾客需求定制生产，这需要在极短的时间内完成，速度和精度就是考验戴尔的两大难题。戴尔的做法是，利用信息技术全面管理生产过程。通过互联网，戴尔公司和其上游配件制造商能迅速对客户订单做出反应：当订单传至戴尔的控制中心，控制中心把订单分解为子任务，并通过网络分派给各独立配件制造商进行排产。各制造商按戴尔的电子订单进行生产组装，并按戴尔控制中心的时间表来供货。戴尔所需要做的只是在成品车间完成组装和系统测试，剩下的就是客户服务中心的事情了。通过各种途径获得的订单被汇总后，供应链系统软件会自动地分析出所需原材料，同时比较公司现有库存和供应商库存，创建一个供应商材料清单。而戴尔的供应商仅需要90分钟的时间用来准备所需要的原材料并将它们运送到戴尔的工厂，戴尔再花30分钟时间卸载货物，并严格按照订单的要求将原材料放到组装线上。由于戴尔仅需要准备手头订单所需要的原材料，因此，工厂的库存时间仅有7个小时，而这7个小时的库存在某种程度上可看作是处于周转过程中的产品。

零库存管理要求对整个供应链系统的存货进行控制；强调对质量和生产时机的管理；采购批量为小批量、送货频率高；供应商选择长期合作，单源供应。零库存追求的就是节俭在库存方面的理想状态，这也正是众多企业追求的目标。

因此，要真正实现"零库存"，需要以下几个必要条件：一是整条供应链的上下游协同配合，仅靠某个企业是绝对不可能的；二是供应链上下游企业的信息化水平相当，并且足够高，因为零库存是与精益生产相伴而生的，这样才能顺其自然地实现供应链伙伴间的"零库存"；三是要有强大的物流系统作支撑。

所以，"零库存"不是某个企业一厢情愿的事情，它不仅依托于整个供应链上下游企业的信息化程度，还需要有合适的产业环境、社会环境等。盲目追求形式上的"零库存"，只会使强势环节欺压弱势环节，最终破坏整个供应链的平衡。从现实需求和长远发展看，实现整条供应链的信息化联动，才能达到真正的零库存，从而实现减少耗费。

某些公司，如苹果公司，现今库存的运作时间甚至只有6~8天。那它们是怎么做到的呢？

（1）直接送到生产线。如果企业的原材料是本地供应商所生产的，让供应商根据生产的要求，在指定的时间直接送到生产线上去生产。这样，因为不进入原材料库，所以保持了很低或接近于"零"的库存，省去大量的资金占用。

（2）循环取货。每个供应商供货量比较小但供应商较多的情况，将他们在运输过程中加以整合。让你的运货车每天早晨从厂家出发。到第一个供应商那里装上准备的原材料，然后到第二家、第三家，以此类推，直到装上所有的材料，然后再返回。

（3）聘请第三方物流。不同供应商的送货缺乏统一的标准化管理，在信息交流、运输安全等方面，都会带来各种各样的问题。聘请第三方物流，能有效节省自身的资源。

（4）与供应商时刻保持信息沟通。让供应商看到你的计划。根据你的计划安排自己的存货和生产计划。如果供应商在供应上出现问题，你也要让他提前给你提供预警。

（5）通过与供应商建立良好关系，确保优先送货，从而缩短了等待购买的时间。

（6）供应商也会为某些库存付费，应该探索这种可能性。比如说，卖不出去退货，为了换取长期或优先考虑的承诺，他们往往愿意商讨类似的建议。

（7）订货时间尽量接近需求时间，订货量尽量接近需求量。改善需求预测；缩短订货周期与生产周期；减少供应的不稳定性；增加设备、人员的柔性，这种方法通过生产运作能力的缓冲、培养多面手来实现。

（8）采取互惠政策，与其他非本地区的竞争对手共享库存（也就是遇到紧急情况时，把货卖给外地的同行，在成本价上稍微加一点儿并支付处理费用）。

（9）转移库存。对于那种有季节性，特别是持续时间比较短暂的产品，在旺季来临时往往需要有大量的存货以应对骤增的销量，这就会对库存产生极大的压力，同时占用大笔流动资金。曾经有一个内衣企业，其解决办法就是：要求各经销商在旺季来临前如果提前两个月提货付款，内衣按原出厂价的70%计算；如果提前一个月提货付款，按原出厂价的85%计算；如果到了旺季时再提货，就必须按原出厂价的全价付款。这种办法只要折扣收益低于库存成本和资金成本，就有利可图，而且同时还解决了应收账款的难题，加快了资金周转。

○ 减少库存的方法

库存越少越好，那么，企业应该如何减少自己的库存，从而减少成本消耗呢？

1.原材料不入库

这一方法适用于原材料的供应商就在本地或者就近，可以将原材料直接送到生产线上，不用入库保存。

2.聘请专业的物流团队

如果本企业缺乏物流管理理念，在物流上消耗就会增大，不如聘用专业的物流团队，节约自身资源。

包装材料会准时交货的，你们放心吧……

3.多与供应商沟通

对于生产计划和采购计划多与供应商联系和沟通，尽量减少原材料的库存积压。

以市场为导向，有效控制生产成本

利润不仅来自企业创造的价值，同样来自于资源的节省。

——北大管理理念

生产成本是指在制造过程中所发生的成本，与非制造成本相对。在企业经营的总成本的构成中，生产成本所占的比重最大，因此，降低生产成本是降低企业经营总成本的最主要的途径，直接影响着企业的竞争能力。

浙江义乌有一个吸管厂，所生产的吸管90%以上都销售到了国外，年产量占全球吸管需求量的25%以上。吸管每支平均销售价在8～8.5厘钱之间，其中，原料成本占50%，劳动成本占15%～20%，设备折旧等占15%多，扣除这些成本，利润仅有8～8.5毫钱。这家吸管厂之所以能够依靠如此低微的利润迅速壮大起来，其中的奥妙就在于，在生产中绝不允许浪费任何资源。其人员计算着每一厘每一毫的成本。由于晚上电费比白天要低，他们就把耗电高的流水线调到晚上生产；吸管制作工艺中需要冷却，生产线上就设计了自来水冷却法。就这样，他们硬是从成本中将利润节省出来，创造了自己的辉煌。

由此可见，众多在成本领先战略上获得巨大成功的企业，无一不是得益于它们从不浪费资源。对于成功企业如此，对于那些普通的企业来说，更是如此。

企业的生产过程，需要投入大量的人力、物力与财力，需要消耗大量的材料、能源和工时。那么，如何有效地降低企业的生产成本呢？具体举措有以下几个方面：

1. 建立原料用量定额标准

原料消耗定额，是指在一定的生产和技术条件下，企业生产单位产品或完成单位工作量应该合理消耗的原材料标准数量。

原料用量定额标准是其他成本控制手段的基准，对原料采购、库存、资金利用等有制约作用，消耗定额"合不合理"，即意味着企业成本水平"合不合理"。

原料用量定额标准的订立原则如下：

（1）材料消耗定额应通过具体制造公式加以确定；

（2）成熟产品设计和工艺是定额制订的基础；

（3）制造程序、步骤和方法的标准化；

（4）定额是生产部门、设计部门、财务部门以及公司管理层多方面参与的结果。

2. 建立人工耗用量定额标准

人工耗用量定额标准，是规定完成每单位产品所需耗用的人工时间，或每单位人工时间所能完成的产品数量。建立人工耗用量定额标准必须注意以下几点：

（1）以现在和过去的实绩相比较，测定所定的人工耗用定额是否代表了优良效率。

（2）直接人工成本属于变动成本，其中直接人工成本可以通过产量乘变动率求得，而后与实际成本相比较。但间接人工成本往往属于半变动成本，必须将其固定和变动部分加以划分，而后计算不同量杆下的限额，再与实际成本比较。

（3）每人工耗用定额，须考虑机器停顿、终了、修理以及正常休息的时间。

3.控制制造费用

制造费用是一种间接成本，其分摊、归属和控制，因此，要想在企业中制定统一的制造费用定额标准是一件困难的事。如无法用科学或精密方法衡量在一定的时间内，究竟需要多少成本。

针对上述困难，制造费用的控制不适宜用定额标准来控制，而须采用弹性控

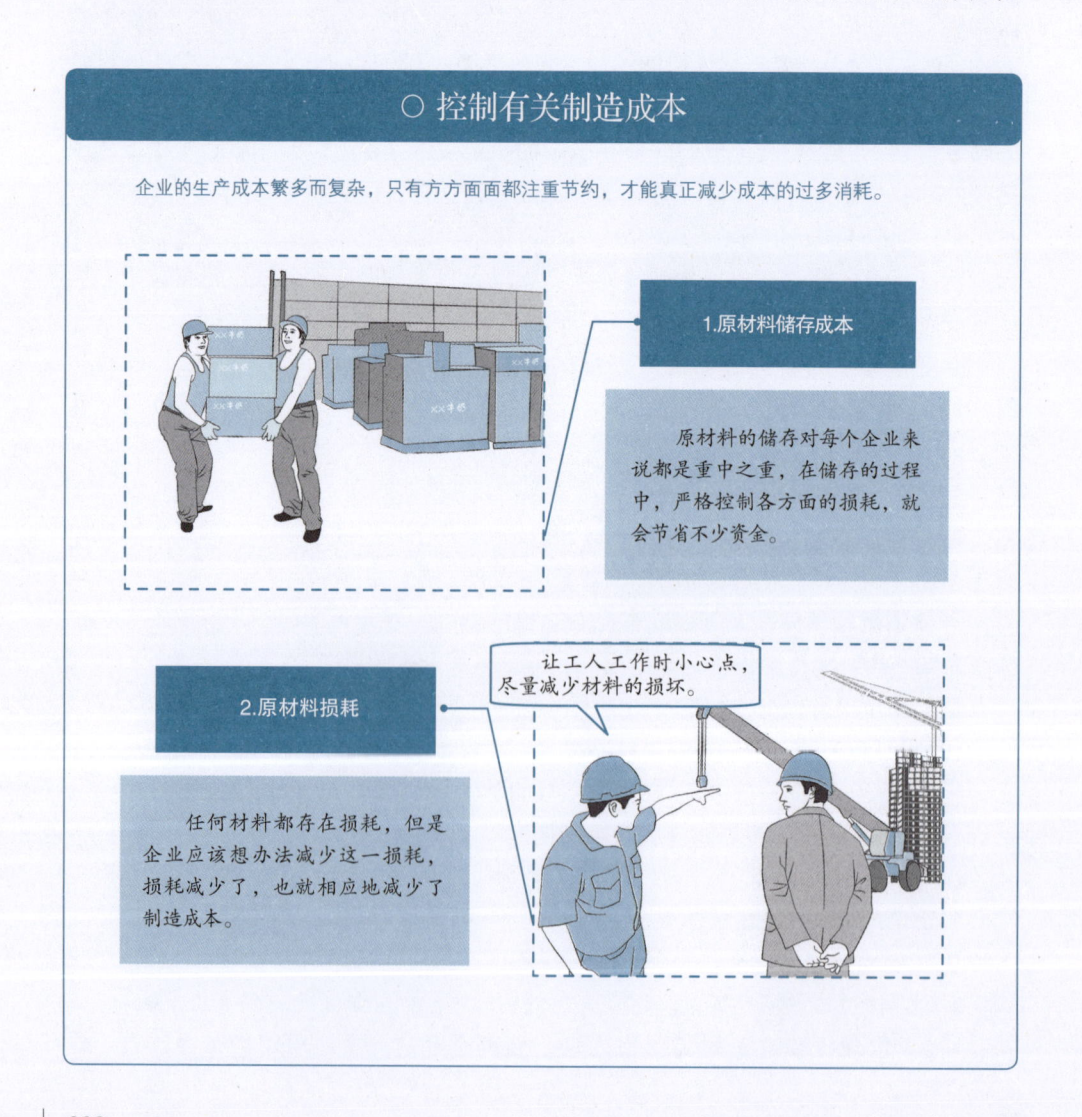

○ 控制有关制造成本

企业的生产成本繁多而复杂，只有方方面面都注重节约，才能真正减少成本的过多消耗。

1.原材料储存成本

原材料的储存对每个企业来说都是重中之重，在储存的过程中，严格控制各方面的损耗，就会节省不少资金。

2.原材料损耗

任何材料都存在损耗，但是企业应该想办法减少这一损耗，损耗减少了，也就相应地减少了制造成本。

让工人工作时小心点，尽量减少材料的损坏。

制，必须借弹性预算和责任会计的实施，方可实现。预算金额，是依据过去经验并参照未来趋势，或按标准成本原理来制定限额。

为适应固定和变动成本性质的不同，应就不同的生产能力规定不同的费用限额。

制造费用既不像直接材料和直接人工那样有耗用材料数量和人工时数等单位用以计量，控制时也没有实体资料可利用。因此，制造费用控制的时机，主要在费用发生之前和发生当时，会计报告只是事后控制的手段。

在小规模企业实施运营控制，可能足以削减浪费；但在大规模企业，会计控制甚为必要。

4.控制其他有关制造成本

其他有关制造成本的控制主要有以下几个方面：

（1）材料收储成本的控制。

材料的采购、库存、搬运成本，往往数量可观，是控制制造成本的重点。材料收储成本的控制方法，可以用弹性预算，也可以用标准成本。

实施标准成本控制时，先要把材料管理过程标准化，而后制定各项有关材料工作的标准费率，再依标准费率将收储成本摊入材料成本或产品成本。

（2）材料损耗的控制。

企业存料价值，往往超过现金，由于材料损耗造成的损失往往是相当严重的。因此，对材料损耗的控制，成为企业成本控制的一项重要课题。

（3）奖酬制度。

奖酬制度，是提高工人工作效率，降低人工成本的有效手段。所谓奖酬制度，简单说来，就是按照工人的工作量或生产力分别给予不同的报酬，借以增加工人收入，同时提高工作效率、降低成本的一种制度。

第十八章　团队管理课：
团队建设就像"揉面团"，如何分配"利益与人情"

首先一定要"锁住"自己的核心团队

创业如同拔河比赛，人心齐，才能泰山移。对于迅速发展的初创企业来说，也许有多个关键因素决定其能否取得更大的成功，但其中最重要也最困难的要数"团队建设"。原因很简单，没有人会拥有企业不断发展扩大后所需的全部技能、经验、关系或者声誉。因此，一个创业者最重要的工作是组建一个核心团队。

——俞敏洪

21世纪最重要的是什么？是人才！北大管理理念认为，核心员工作为团队的中流砥柱，一定要设法留住他们。企业之间的人才竞争越来越激烈，核心员工作为企业核心竞争力的载体，自然成了团队管理者最为倚重的资源之一；同时，企业间的人才流动进一步扩大，以至于企业核心员工的流失已经成为一种普遍现象。

对管理者而言，片面追求员工队伍的绝对稳定只是单纯的幻想，相对而言，稳定核心员工队伍才是比较切合实际的选择。

一个团队不可能没有人员流失的情况，团队管理者想要保持全体员工的绝对稳定，无异于痴人说梦。维持团队的稳定，团队管理者必须想方设法稳定企业的核心员工。

比尔·盖茨曾说，谁要是挖走了微软最重要的几十名员工，微软可能就完了。通过盖茨这句话，管理者应该也能体会到他对团队核心员工的重视程度。企业能否

第十八章
⊙团队管理课：团队建设就像"揉面团"，如何分配"利益与人情"

有效留住核心员工，是这个企业持续成长的前提，因为核心员工是一个企业最重要的战略资源，是企业价值的主要创造者。

核心员工之于企业来说，是团队中的"有常之士，非常之才"，从管理学的二八法则来看，核心员工占到团队总人数的20%~30%，他们集中了团队80%~90%的技术和管理，创造了团队80%以上的财富和利润，是一个团队的灵魂和骨干。核心员工一旦"跳槽"，对团队造成的损失往往难以估量。

要想吸引和留住核心员工，管理者首先必须知道哪些员工是自己需要的核心人才。一般来说，企业核心员工是指那些拥有专门技术、掌握核心业务、控制关键资源、对企业会产生深远影响的员工。他们一般具有以下特征：创造、发展企业的核心技术；建立和推动企业的技术和管理升级；扩大企业的市场占有和提高企业的经济效益；务实、忠诚、积极和有牺牲精神。

所以，分析影响核心员工流失的因素，并有针对性地对核心员工进行良好的管理，从而将核心员工的流失率降低到适当的范围内，保持核心员工的相对稳定，成为团队管理者亟待解决的问题。

管理大师彼得·德鲁克曾经说过："企业只有一项真正的资源——人。管理就是充分开发人力资源以做好工作。"保持核心员工稳定的重要性，相信所有的企业都不言自明。

核心员工可替代性不高，不像一般人员的流失完全可以通过招聘来补充。所以，核心员工一旦"跳槽"，很容易给公司造成难以估量的损失。如果发生核心员工规模性流失现象，则有可能对团队造成致命的打击，甚至有可能导致企业破产。

宋浩自2000年创业以来，经历12年的发展，他的公司如今的营业额已经达到2亿多。12年来，他的公司经历了由小到大的发展过程，也同所有企业一样，员工也不知道走了几茬。但可喜的是，当初跟随他的几个得力干将一直还留在他的公司。在最初创业时跟随他的员工当中，他选出了八位靠得住并且具有一定潜力的人员，号称"八大金刚"，给他们相对优厚的待遇，并给他们提供不同的机会去锻炼。后来进入公司的员工，无论能力多高，地位都不可能超越这几位金刚。

"八大金刚"也投之以桃，报之以李。这样一来，不仅公司的客户开发得到了保证，金刚们的收入也有了较好的保障，还降低了人力资源成本。

当然，这八个人能力也并不是一成不变，差异也越来越大，有的适合继续从事销售工作，有的则能够胜任更高的职务，而有的只能干些辅助性的工作。

而宋浩也自然会正视这种差别，对他们进行了有区别的安排：能力得到不断提高的，就给你安排到更高的位置上，待遇也自然随之水涨船高；而能力一般不太适合提拔的，就保留在原有岗位上，岗位待遇也没有太大太频繁地变动，收入主要从其他渠道进行补偿；至于不适合现在工作岗位的，就给你换个岗位试试，或者充当机动人员，基本工资待遇也与岗位相匹配，收入同样通过别的方式进行补偿。

○ 留住核心人才的方法

通常来说留住核心人才的方法主要有以下几种：

和气生财

"我把印章给你，只要你好好干，经理的职位就是你的！"

1. 营造企业尊重人才的良好氛围

对各类人才，要进行科学配置，力求发挥其最大效用。其次要形成"一潭好水，一潭活水"的观念。对于掌握各类先进技术的专门人才，要实行更加优惠的政策牢牢将其吸引。

2. 健全和完善竞争激励机制

企业要坚决打破平均主义，在保证人才基本工资、岗位津贴的基础上，坚持效率优先、兼顾公平的原则，逐步建立人才贡献与报酬直接挂钩的分配机制。

"这是给你准备的办公室……"

3. 为人才营造舒适的工作环境

舒适的工作环境包括企业的硬件条件，比如办公场所、环境、办公用品等，还有软件条件，比如企业文化和工作氛围等，都力求符合人才的要求。

第十八章 ⊙团队管理课：团队建设就像"揉面团"，如何分配"利益与人情"

通过这些相配套的管理手段，使八大金刚没有必要、没有可能跳槽。

案例中宋浩的做法，较好地稳定了公司的核心员工，有不少可取之处。相对于费尽心力去妄图稳定员工队伍不流动而言，稳定核心员工是一个比较切合实际的选择。毕竟核心员工的人数较少，一般核心员工人数占到企业总人数的20%~30%，公司一般有办法和能力通过各种渠道确保这些人员有比较优厚的待遇，并且不会给企业带来太大的成本压力。

稳定核心团队，首先必须找到核心员工流失的原因。一项调查显示，20.5%的被访者认为最能留住人才的企业，应该有一套合理的竞争机制，能够人尽其才；19.3%的被访者认为将员工置于最适合的岗位，以发挥他们的才能；16.9%的被访者认为应该给员工较高的薪水；16.3%的被访者认为制定合理的薪金制度更加重要。

那么，通常来说留住核心人才的方法主要有以下几个方面：

1.提供发展空间

让真正的人才感到前途可期，有奔头，因而安心于本企业工作，并努力发挥最大潜能。为员工提供了可发展的空间，有助于提升核心人才对企业的忠诚度。

2.提供较高的薪酬

工作的重要目的是为了挣钱，这是人们工作的物质动力，每个人的追求都包括获得更高的报酬。据资料显示，全球排名前500名的企业中，至少有89%的企业对技术创新者和老总们实行了股票期权制。股票期权在实施中一般向核心员工倾斜，国内著名企业华为技术有限公司，其股本结构为：30%的优秀员工持股；40%的骨干员工有比例持股；10%~20%的低级员工适当持股。

3.提供和谐的发展环境

管理者重视核心员工，并且让他们感受到自己的关心和爱护。让核心员工充分参与，鼓励个人积极进取、努力奋斗，营造一个健康和谐的工作环境，促使优秀员工和企业共同进步、共同发展，变员工对企业的被动忠诚为主动忠诚。

俞敏洪的糖纸理论：学会分享

> 无论你身在何职，都要学会与人分享，因为没有分享就没有合作，分享是合作的前提条件。
>
> ——俞敏洪

新东方总裁俞敏洪有个著名的糖纸理论，这一理论有一个典故：

小的时候，家里很穷，有一次，俞敏洪得到两颗水果糖。那个时候，这对一个农村的小孩子是多么珍贵。可是这时来了两个小伙伴，他把糖剥开给了他们两个，自己舔糖纸。

这种分享思想的来由是基于俞敏洪小时候身体比较弱，怕被别的小朋友欺负，所以他通过这种方式结交到很多朋友。长大后，俞敏洪更是意识到了朋友的重要性、"合作"的重要性。他曾和学员们分享他在这方面的心得：

如果你是在团体里工作，你就必须遵守在一个团体里做人的道理。因为人是群体性的动物，所以必须学会在人群中生活。不管你的个性多么古怪，只要你选择了在办公室上班，在一群人中间工作，你人际关系的好坏就决定了你在一个地方的地位和威望。

俞敏洪糖纸理论的核心在于"分享"，共享胜利果实，甚至有时候宁愿自己亏一点。北大的管理理念指出，分享是合作的基础，要想构建起强有力的合作团队，一定要先学会分享。在生活中，我们可能都有类似的体验，那些愿意与人分享的人才能够得到邻居的帮助，与周围的人友好地相处。

有这么一个寓言故事：

有个人在天使的带领下去观看天堂和地狱。他发现地狱里的人都围着大桌子吃饭，每个人手上都绑着一个长柄勺子，尽管餐桌丰盛，勺子里面盛满了食物，他们却因为勺柄太长吃不到自己的嘴里，一个个饿得面黄肌瘦，痛苦不堪。天使又带他来到天堂。他看到天堂里同样是一群手上绑着长柄勺子在同样的桌子上吃饭的人，与地狱不同的是，这里的每个人都红光满面、精神焕发——因为他们在用自己的勺子喂对面的人。

各顾各呢还是分享互馈，地狱与天堂只有一念之差。分享与协同是团结和信任的纽带，只有与他人共享资源和机会，才能在团结互助的氛围下合作共赢。

构建团队也是如此，管理者首先要学会与他人进行分享，才能更好地合作。分享是合作的基础，不愿舍只想得到的管理者是自私的，没人愿意与这样的人共事。

很多管理者，他们身边有很多的资源，但他们不愿意拿出来与员工分享。他们不明白，智慧与技术是越分享越多的。对于管理者来说，所谓"分享"就是能"分"才能"享"。

假如团队领导者是个喜欢独占功劳的人，相信他的员工也不会怎样为他卖力。反之，如果团队领导者能乐于和员工分享成功的荣耀，员工做事也分外卖力，希望下次也一样成功。所以团队领导者正确的做法是与员工分享功劳，分享成功的幸福和喜悦。每个人做事都希望被人肯定，即使工作不一定成功，但始终是卖力了，谁也不希望被人忽视。一个人的工作得不到肯定，他的自信心必然会受到打击，所以作为管理者，千万不能忽视员工参与的价值。

在某大公司的年终晚会上，老板特别表扬了两组业绩较好的员工，并邀请他们的经理上台发表感言。没想到，两位经理的表现形成了极大的反差。第一位经理好像早有准备似的，一上台就夸夸其谈地说起他的经营方法和管理哲学来。不停向台下员工暗示自己为公司所做出的贡献，使得台下的老板及他自己的员工听了心里都很不舒服。

与第一位经理不同，第二位经理一上台就开始感谢自己的员工，并说："我很庆幸自己有一班如此拼搏的员工！"最后还邀请员工一一上台来接受大家的掌声。这使得台上、台下的反应大大不同。

像第一位经理那种独占功劳、常自夸功绩的人，不仅会使其团队成员不满，

○ 学会分享

企业是一个大家庭，并不是一个人好就能让企业更好，而是应该学会与他人分享，让整个团队都好。

1. 分享信息

管理者不能为了让自己获取成绩而将一些重要信息隐藏起来，而是应该主动分享给团队成员，发挥团队的智慧。

2. 分享成果

今天的成绩是我们整个团队的功劳……

一个人的能力是有限的，能够取得成绩是整个团队的功劳，因此，管理者不能将团队成果据为己有，而是应该主动分享，让整个团队感到自豪，从而提高成员的积极性。

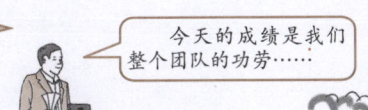

管理者是一个团队的核心，团队的成功离不开每一个成员的努力，因此，管理者应该增强成员的凝聚力，这就需要管理者主动分享，为员工考虑，员工才能投桃报李，团队也才能更进一步。

就是老板也不会喜欢。第二位经理能与团队成员分享成果，令他们感到被尊重，那么他们以后一定会更加努力拼搏。其实老板心里最清楚功劳归谁，所以那不是你喜不喜欢与他人分享的问题。你是希望自己像第一个经理那样，还是像第二个经理那样？想必答案不言而喻吧！

美国零售大王山姆·沃尔顿在总结自己的成功经验时说："和帮助过你的人一起分享成功是我成功的秘诀。"山姆·沃尔顿认为，与所有员工共享利润是以合作伙伴的方式在对待他们，公司和经理通过这种方式，改变了与员工之间那种特定的正常关系，使得这些员工在与供应商、顾客和经理的互动关系中开始表现得像合作伙伴。而合作伙伴是被赋予权力的一类人，所以员工伙伴会觉得自己也被赋予了权力，从而以更加认真和积极的态度来看待自己肩上的责任。山姆·沃尔顿说："让员工完全参与到公司中来，从而成功地给他们灌输了一种自豪感，使他们积极参加到目标确立和实现并最终赢得零售胜利的过程中来。"通过与所有员工共享利润以及赋予他们在工作岗位上的权力，山姆赢得了员工极大的忠诚，这也是他创办的沃尔玛如此成功的重要原因。

我们不妨向这些优秀的团队领导者学习，用他们分享的智慧来团结我们的员工，让每个人都心甘情愿地为团队的发展做出最大的贡献。

要想增加团队成员的凝聚力，管理者一定要学会与他人分享，让每个人都感受到你时刻在为大家考虑，如此，企业才能在市场上占领更为优越的位置。

那么，作为管理者，在具体的团队建设中，如何才能做到与他人进行分享呢？

（1）主动与团队成员分享信息。要想团队成员为了达成一个目标而努力工作，首先一定要保持内部信息的畅通，这是基础。所以，管理者一定要及时或定期与团队成员进行信息分享，并对团队成员进行合理的分工，让他们在合适的位置上发挥其聪明才智。

（2）主动与团队人员分享功劳。当取得了一定的成绩后，管理者不能独揽功劳，而是要学会分享，指出这样的成绩是大家共同努力的结果，从而增强员工的归属感、荣誉感和自豪感，让员工为下一个任务或目标努力发挥出自己的聪明才智。

优势互补，打造"西游团队"

只有对人才进行合理的搭配，才能让团队发挥出1+1>2的效能。

——俞敏洪

《西游记》中的"取经团队"，虽然是虚拟的，但是师徒四人历经九九八十一难求取真经的故事，不仅家喻户晓，而且是中国文化精神的代表。这个团队最大的

第十八章
⊙团队管理课：团队建设就像"揉面团"，如何分配"利益与人情"

好处就是互补性，虽然历经磨难，但最后修成了正果。

唐僧与三个性格迥异的徒弟组成的取经团队，历经百险，坚定地朝目标前进，终于求取真经，这是一支非常成功的团队。由不同风格成员组成的企业团队，尽管会发生矛盾，但他们之间往往能形成优势互补，更容易取得成功。

阿里巴巴总裁马云就非常欣赏唐僧团队，认为一个理想的团队就应该在唐僧的领导下，具备这三种不同的下属。孙悟空能力超群，热衷于降妖伏魔，常说"抓几个妖怪玩玩"，这是一种工作狂的表现，他不近女色、不恋钱财、不惧劳苦，在降妖伏魔中找到了无限的乐趣；猪八戒虽然总是开小差，吃得多、做得少，时时不忘香食美女，但是在大是大非上，立场还是比较坚定。并且他成为枯燥旅途的开心果，活跃了团队中的气氛；沙僧则任劳任怨，心细如丝，在这个团队中少不了他这样的成员。

总的来说，唐僧团队之所以是一个成功的团队，关键在于这个团队的成员能够优势互补、目标统一，每个人都能发挥自己的效用，所以形成了一个越来越坚强的团队。

一个团队的成员各有所长，如果不能把各自的特点与其他成员之间形成互补，就不能成为一个有竞争力的团队。管理者应当秉承共享、互助、共进的理念，使优势互动、互补、互碰，实现团队的成长。

管理者要打造"黄金团队"，就要熟悉自己及队友的劣势与优势，然后各自发挥优势，弥补他人的劣势，这样才能让个人的力量在团队中发挥到最大。

一次，甲乙两个团队进行攀岩比赛。甲组强调齐心协力，注意安全，共同完成任务。乙组在一旁，没有做太多的士气鼓动，而是一直在合计什么。比赛开始了，甲组在全过程中几处碰到险情，尽管大家齐心协力，排除险情，完成了任务，但因时间拉长最后输给了乙组。那么乙组在比赛前合计什么呢？原来，他们把队员个人的优势和劣势进行了精心组合：第一个是动作机灵的小个子队员，第二个是一位高个子队员，女士和身体庞大的队员放在中间，最后当然是具有独立攀岩实力的队员。于是，他们几乎没有遭遇险情，就迅速完成了任务。

团队成功的必备条件不仅要求团结协作，更要懂得优势互补，让团队成员的优点得到最大限度的发挥，从而弥补别人的不足。对于一个强大的团队来说，成员之间的彼此关联一定是既能在才能上互补又能在工作中彼此协作的。

团队成员共同完成目标任务的保证就在于发挥每个人的特长，并注重流程，使之产生协同效应。

1.有能力的人

孙悟空在唐僧团队中的重要性不言而喻，他能力很强，有个性、有想法，执行力很强，也很敬业、重感情，懂得知恩图报，是个非常优秀的人才。但这样的人才如何才能留住他，如何提升他的忠诚度，这要靠领导艺术，靠企业的文化。

管理者用什么方法才能让孙悟空这样的员工死心塌地呢？首先得有规矩，得有"紧箍咒"。此外，还要靠情感，唐僧就是靠他的情感管理，用他的执着和人品感化了孙悟空。

建立互补型团队

在企业中，人才结构决定着人才群体的功能。同样的人才数量和质量，搭配的方式不同，发挥的作用就有很大的差异。因此，建设"互补型"团队，对企业的发展非常重要。

> 看来我给他们安排的岗位很合适！

作为管理者，如果你能很好地掌握每一个员工的特点和优势，把他们放到最能发挥其作用的位置上，你就会发现，你得到了一个完美的"互补型"团队。

如何建立互补型团队

1.高能为核	以能力高的人为核心，调动各方面的积极性和创造性。
2.同层相济	要让团队的中、高、低各层次人才保持合适的比例。
3.异质互补	将不同专业、性格、气质的人组合在一起，各司其职，各得其所。
4.形成梯队	包括工龄梯队、年龄梯队、接班人梯队等。
5.德才不逾	有德有才，信而用之；有德无才，帮而用之；无德有才，防而用之；无德无才，弃而不用。
6.动态调整	人才的搭配随企业内外部环境的变化而进行调整。

2.调节团队气氛的人

猪八戒虽然总是开小差,吃得多、做得少,时时不忘香食美女,但是在大是大非上,立场还是比较坚定,从不与妖怪退让妥协,打起妖怪来也不心慈手软;生活上能够随遇而安,工资待遇要求少。从某种程度上也增加了唐僧作为领导的协调和管理作用。

3.任劳任怨的人

如果唐僧这个团队只有他和悟空、八戒三个人,那是肯定不行的,担子谁挑、马谁喂、后勤谁管?可见一个团队,像沙僧这样的人必须要有。沙僧是个很好的管家,任劳任怨,心细如丝,企业的杂事可以交由他处理。

在具体的工作过程中,团队管理者应该根据工作的特点、技术含量、劳动强度等分类后,再结合每个成员的个性特点,做到强弱搭配、优势互补,使团队综合战斗力得到全面提高。

具体来讲,就是通过对每位成员的性格类型、体质变化周期以及情绪变化等各方面的情况进行客观分析,找出每个成员的个性特点,并进行综合调配。首先是"性格互补"。人有外向、内向、刚毅、脆弱等。所以管理者在调配组合人员时,考虑不同性格者的互补,对团队的各项工作的开展是十分有益的。其次是"技术互补"。每个人的技术水平不可能一般高。将技术娴熟者与技术一般者等不同能力类型的成员安排在一起,就容易形成一个互帮互学、互促互进的"小气候"。再次是"行为互补"。因文化、品德、思想、情绪诸因素的不同,往往有行为上的差异。根据成员的不同行为,并采取与之相对应的对策,能收到行为互补的效应。

如此搭配做到了优势互补,团队成员工作起来得心应手,互相之间密切配合、团结协作。通过互补必能造就完美的"唐僧团队",成员彼此间紧密配合,拆开来便能以一当十,合起来则能以一当百!

帮助后进员工,把"短板"变成"长板"

大家忽略了很重要的前提,老想木桶一样长,忘了桶做多大,做了一个很大的桶……

——薛旭

(北京大学教授)

木桶原理是由美国管理学家彼得提出的。木桶原理是指一只木桶要盛满水,必须每块木板都一样平齐且无破损,如果这只桶的木板中有一块不齐或者某块木板下面有破洞,这只桶就无法盛满水。也就是说一只木桶能盛多少水,并不取决于最长的那块木板，而是取决于最短的那块木板。一个木桶无论有多高，它盛水的高度取决于其中最低的那块木板。

这也告诉企业领导者：团队中因为最弱的力量而影响了整体力量的发挥，也是一种组织不严密的现象。

在很多时候，整个团队战斗力的强弱的表现不是取决于那个能力最强、表现最好的人，而恰恰是那个能力最弱、表现最差的落后者。只有当落后者的能力提高了，整个团队的力量就会变得异常强大。因为最短的木板对最长的木板起着限制的作用。它决定着整个团队的战斗力，影响着整个团队的综合实力。

其实任何一个团队，总是由几名或者是几十名员工所组成，这犹如一只木桶是由若干块木板所组成的一样。组成木桶的木板有长有短，团队的员工也有"长"有"短"。也就是说，构成团队的每个人往往是优劣不齐的，而劣势部分往往决定整个组织的水平。短木板与木桶是个体与团队的关系，作为团队管理者只有一个选择：提升原有木板的长度，在保证原有木桶原有装水量的基础上不断提升容积。

某班有一个员工，技术能力处于班组的中上水平，但工作绩效一直提不上去，因为他总是没有工作激情。碰巧，兄弟班组需要从该班组借调一名技术人员。于是，班组长在经过深思熟虑后，决定派这位员工去。这位员工很高兴，觉得有了一个施展自己拳脚的机会。去之前，班组长只对那位员工简单交代了几句："出去工作，既代表我们班组，也代表你个人。怎样做，不用我教。如果觉得顶不住了，打个电话回来。"

一个月后，兄弟班组长对该班班长说："你派出的兵还真棒！""我还有更好的呢！"班组长在不忘推销本班组的同时，着实松了一口气。这位员工回来后，班组成员都对他另眼相看，他自己也增添了自信。

这个例子表明，注意对"短木板"的激励，可以使"短木板"慢慢变长，从而提高企业的总体实力。班组管理不能局限于个体的能力和水平，更应把所有的人融合在团队里，科学配置，好钢才能够用在刀刃上。

为此，企业内部一定要加强业务学习，提高企业员工整体的技能水平，这也是完善团体力量工作的具体实施。

企业要成长，团队建设是重中之重。随着社会各方面的发展与知识经济时代的到来，各种知识、技术不断推陈出新，市场竞争也日趋紧张激烈，市场需求也越来越多样化，企业管理者要面临错综复杂的情况与环境。在更多情况下，单凭管理者个人的能力是很难完全处理各种错综复杂的信息并采取切实高效的行动的，这些都需要企业团体成员之间进行进一步的相互依赖、共同合作，从而加强企业团队的建设。

而加强企业团队建设，就要将企业看作一个木桶，不断地加强木板与木板间的紧密度。同时，下功夫补齐最短的那块木板的长度，也要选择一个好的桶底，不断

○ 为员工寻求补"短"的方法

人无完人，每一个员工有自己的长处，也有自己的短处，管理者想要让员工工作更加出色，就应该为员工"补短"。

1.与员工交流

有些员工认识不到自己的短处，或者不以为意，管理者可以通过谈心的方式与员工进行交流，对员工进行引导和说服。

2.给员工单独"开小灶"

对于一些技术上有短处的员工，企业可以单独给这类员工进行培训或者让优秀员工单独指导，帮助这类员工补齐短处。

3.多给员工锻炼的机会

熟能生巧，多给员工锻炼的机会，会让员工通过实践锻炼自己的能力。比如，对于性格内向的员工多给他们机会组织集体活动，改变员工的性格。

加强团队中的薄弱环节，使企业像磁石一样，将与企业发展思想相一致的人吸引到自己的身边来，增加企业团队的凝聚力和向心力，加强团队建设，使企业能够在激烈的商场战争中激流勇进，愈战愈勇。

因此，要达到整体优化的目的，作为团队管理者来说，就必须分清自己所领导的这支团队中的"长板"和"短板"，然后采取科学的方法，把"短板"变成"长板"，从而使团队这个"木桶"的"存水量"达到最大值。怎样来实现这一目的呢？

（1）要善于总结分析，充分认识成员的"长短"。在日常的工作管理中，管理者要对团队中的每位成员情况心中有数，然后结合团队的实际情况，对团队的"短板"因地制宜、有的放矢地运用各种教育培训方式。由于每一个员工先天的素质与自身努力程度不同，造就员工的业务技能、动手能力、思想状况、绩效好坏等也不一样，作为一名管理者，只有深刻认识了成员中的"长"与"短"，成竹在胸，才能做到"对症下药"。

（2）要善于"短中见长"。在团队中，免不了会有少数后进的员工。作为管理者，要善于从后进员工身上发现一些"闪光点"，如，有的工作自觉性不够高、不善于学习、外表沉默寡言，却能独立思考，对有些问题常有独到的见解；有的虽然一时落后于人，但内心也有争上游、争荣誉的欲望，等等。这就需要管理者在每一个工作现场、每一次操作演练观察到员工的"短"的同时从中发现员工的"长"处，进而做到扬"长"避"短"。

（3）要善于抓培训，从而弥补"短"处。管理者在认清自己所管理的员工的"长短"之后，要寻求补"短"的有效途径和方法。对常常工作不主动、拈轻怕重、违反操作规章的员工，要开展个别谈心活动，并进行耐心说服和引导；对文化比较低、又不善于学习或者说学起来有困难的员工，要多开一些"小灶"，多采取"师带徒"的方式多做辅导；对性格内向、沉默寡言的员工，要经常组织各种活动，多给他们锻炼的机会；对暂时落后，尚有进取欲望的员工，要多加鼓励和指导，多给他们一点"偏爱"，倾注爱心、热情和期望，对他们取得的点滴成绩，要及时地给予表扬和激励。这样，循序渐进，在他们身上就会产生由"短板"逐渐变成"长板"。

（4）要善于创建"取长补短"的人文环境。团队是一个集体，管理者应注意发挥团队内部成员之间的相互影响和感染作用。通过沟通与交流，连起友谊的纽带，引导后进的员工主动地向先进的员工学习，向先进的员工看齐。从而在团队中逐步形成一种严爱结合、相互尊重、和谐一致、取长补短、共同进步、人人快乐的工作氛围，使团队形成合力，充分发挥团队的整体功能。

第十八章
⊙团队管理课：团队建设就像"揉面团"，如何分配"利益与人情"

树立共享目标，把个人的雄心融入团队的发展

一个成功的企业应该注重营造这样一种氛围，让每一个员工都觉得自己是企业的主人，将个人的事业发展融入企业目标中，能够随时提出合理化建议，与企业荣辱与共。

——李彦宏

我们都知道，大雁是成群地飞行的，飞行时它们有时排成"人"字，有时排成"一"字，但更多的时候是排成"人"字。科学家通过实验证明，雁群以"人"字形飞行，比孤雁单独飞行能多飞72%的距离。原因是：当雁群排成"人"字形飞行时，头雁在前面开路，它的翅膀扇动能引起气流，从而帮助两边的大雁减少飞行阻力，每一个大雁扇动的气流都对其他大雁有所帮助，从而使雁群都能顺利到达目的地。雁群向我们揭示了一个深刻的道理：个人需要融入团队。

为什么会有许多人喜欢看《我的团长我的团》，它的魅力又源于何处？答案就是这部电视剧真正反映了一个团队、一个集体的魅力。团队是每个成员的凝聚点和精神支柱，任何一个成员都不能离开团队而独自存在；团队的命运又与团长的使命息息相关，一个具有使命感的团长，会扛起这个团队的命运。正如里面一句台词所说的："我是头，你们是手脚。原则上，手脚要忠实服从头的指示。不过……有时候，手脚也会比头更要紧。"

同样，管理者应该树立起"我的团队"的概念。管理者就扮演着团长的角色，就像一位船长一样，掌控着整个船队前进的方向，让自己的品牌独树一帜，与众不同更是这位船长最大的使命。但是，一个坚韧的船队光有一个控制方向的船长，是无法独立完成他们的伟大航程的，没有身后所有水手的团结协作，也不会顺利抵达彼岸。团队的命运取决于团长的使命，然而团长的使命更是整个团队赋予的。

管理者要将自己融入整个团队之中，只有凭借集体的力量，才能把个人不能完成的问题解决。然而有些管理者，不与同事进行交流，这样的人想靠单打独斗达到事业的顶峰是不可能的。

从企业的角度来看，一个管理者的成功不是真正的成功，团队的成功才是真正的成功。个人主义是根本行不通的，如果管理者将自己视为团队的领头雁，把自己融入整个团队当中，一定会创建一个卓越的团队！

荀子在《劝学篇》中说道，登山招手，我们的手臂并未加长，但更远的人也能看见；顺风而呼，声音并未变得快速、高亢，但别人听起来却更清晰了；借助车马力量的，并未让腿脚变得利索起来，却能够走上千里；借助船楫的，也不见得就会游泳，却能渡过江河。君子不见得天生就有异禀，不过善于借助外部的力量罢了。

同样，管理者如果能力卓著，单靠自己一个人也许可以做出一些成绩来，但

要想取得更大的成就，那就要融入集体当中，带动集体成员走上卓越之路。在这方面，比尔·盖茨说过一句言简意赅但寓意深刻的话："大成功靠团队，小成功靠个人。"无论是谁，想要做成大事业、取得突出的业绩，就得学会借助团队的力量取得胜利。

管理者千万不要认为自己非常有能力，要知道，"三个臭皮匠顶上一个诸葛亮"。要想取得大成绩，就要把自己的力量融入团队中。当管理者将自己定位为团队中的领头人时，"我"就变成了"我们"。必须舍弃部分的自我，整个团队才有茁壮成长的可能。在团队中，除了要让每个人都有自我成长、完成目标的机会之

○ 团队愿景要被成员接受

领导者制定的愿景如果被成员所接受，进而内化为他们的个人愿景，那么团队愿景就能顺利实现。团队愿景被接受的过程如下：

我想和你说一下我们团队的愿景……

1.领导单方面告知成员，然后领导和成员之间进行双向沟通。

这是一份测试问卷，你们过来看一下。

2.领导对成员的接受程度进行测试，并允许成员就团队愿景发表自己的看法。

3.最后，领导者和成员就团队愿景达成一致，这样，团队愿景就算是被成员接受了！

外，也要让整个团体为设定的远景目标而努力。如此一来，便能达成个人和团队的"双赢"。

一滴水只有融入大海才能生存，才能掀起滔天巨浪。同样，管理者也只有融入团队才能发挥出更大的潜力。放眼卓越的团队，它们之所以会出类拔萃，完全是因为这些团队的领头人——管理者能抛开自我，他将团队的成功视为自己最大的成功！

作为团队领导的管理者，必须重视为团队成员树立共同的愿景才能更有效地开展团队工作，以达到团队协同效应。要形成团队共享目标，管理者必须从以下几个方面着手：

1.对团队进行摸底

对团队进行摸底就是向团队成员咨询对团队整体目标的意见。这非常重要，一方面可以让成员参与进来，使他们觉得这是自己的目标，而不是别人的目标；另一方面可以获取成员对愿景的认识，即团队目标能为组织做出别人不能做出的贡献，团队成员在未来应重点关注什么事情，团队成员能够从团队中得到什么，以及团队成员个人的特长是否在团队目标达成过程中得到有利发挥等。

2.对获取的信息进行加工

在对团队成员进行摸底收集到相关信息以后，不要马上就确定团队目标，应就成员提出的各种观点进行思考，留下一个空间——给团队和自己一个机会，慎重考虑这些提出的观点，以缓解匆忙决定带来的不利影响。

3.与团队成员讨论目标表述

管理者与团队成员讨论目标表述是将其作为一个起点，以成员的参与而形成最终的定稿，以获得团队成员对目标的承诺。虽然很难，但这一步确实是不能省略的，因此，团队领导应运用一定的方法和技巧——比如，启发引导法：确保成员将所有观点都讲出来；找出不同意见的共同之处；辨识出隐藏在争议背后的合理性建议；从而达成团队目标共享的双赢局面。

4.确定团队目标

通过对团队摸底和讨论，修改团队目标表述内容以反映团队的目标责任感。虽然，很难让全体成员都同意目标表述的内容，但求同存异地形成一个成员认可的、可接受的目标是重要的，这样才能获得成员对团队目标的真实承诺。

5.对团队目标进行阶段性的分解

由于团队在运行过程中难免会遇到一些障碍，比如，组织大环境对团队运行缺乏信任、成员对团队目标缺乏足够的信心等。管理者在决定团队目标后，尽可能地对团队目标进行阶段性的分解，树立一些过程中的里程碑式的目标，使团队每前进一步都能给组织以及成员带来惊喜，从而增强团队成员的成就感，为一步一步完成整体性团队目标奠定坚实的基础。

只有团队成员对团队愿景有了清楚、共同的认识，才能在成员心中树立成就感，也才能增加在实施过程的紧迫感。同时，达成共识的团队愿景，一定能赋予成员克服障碍、激发能量的动力。

以全局观化解矛盾和分歧

我的柔弱个性在新东方内部起到了黏合作用，任何情况下我都不会走向极端，这是新东方没有崩盘的重要原因。

——俞敏洪

在我们日常的工作中，由于个性和性格不同，员工之间或管理者与员工之间会有一些小矛盾和小误会产生。管理者切不可对这种小矛盾等闲视之。有了矛盾一定要尽快加以解决而不是逃避。

在团队中，许多成员因为一些私人之间的恩怨，不顾大局利益出现"窝里斗"。最终使得个人能力都很强的团队出现内耗而没有取得本来可以取得的业绩。

实际生活中，不少团队就是在严重的内耗甚至内乱中，走向失败的，这些团队先后失败，已经为我们敲响了警钟。

我们首先来了解员工冲突及矛盾的类型：

1.目标冲突

在工作中，不同的员工所希望获得的结果互不相容时，就会产生目标冲突。比如，一位员工希望有一个轻松的工作环境，而组织却准备派他出差去跑销售，这时就会产生目标冲突。这种冲突是最常见的冲突类型，由于涉及冲突双方的利益问题，该类型的冲突也是最难处理的。

2.认识冲突

当员工的建议、意见和想法，与他人或组织的认识产生矛盾时，会产生认识冲突。比如，员工认为公司的工作考评方式不太合理，而管理者认为这种考评方式是适用的，这就产生了认识冲突。比较好的处理方式是在不严重影响团体利益的情况下，求同存异，相互包容，尊重个人的价值观和信仰。

3.情感冲突

当员工在情感或情绪上无法与他人或组织相一致时，会产生情感冲突。情感冲突一定有产生的背景事件，有时找到了背景事件，能够很好地解决就能缓解情感冲突。但当情感已经成为一种定式时，单靠具体问题的解决是无能为力的。这就需要冲突双方或借助第三方进行充分的沟通，使相互之间取得信任，从而解决情感冲突。

并非所有的冲突都是不利的。有时，一些意见上的分歧是十分必要的。如果管理者和员工都认为持异议或不赞同是一种很自然的事情,并且把争论看作一种健康的行为,那么团队会因此而受益匪浅。因为,如果我们什么事都保持一致,就不会有挑战,不会有创造性,也不会有相互的学习和提高。

　　管理要运用全局观来化解一切矛盾和分歧。只靠和谐管理并不能真正消解管理者和员工之间所有的矛盾和分歧。如果管理者在注重全局利益的观念下,能够对矛

○ 协调矛盾时要克服的两种倾向

管理者在协调员工的矛盾时,应该尽量做到公平公正,因此,要注意不要有下面两种倾向。

> 我不管什么原因,你们两个都回去好好反省!

1.无原则倾向
　　有的管理者为了表示"公正",在面对有矛盾的员工时,不偏不倚,不问原因,同样受罚。这并不是公正,而是没有原则。

2.偏袒倾向
　　有的管理者带着个人情感去处理矛盾,偏袒某一方,失去公平的原则,这显然不利于矛盾的解决。

> 只知道训我,怎么不叫小李也来!

对于矛盾的调节,只要不是原则性问题,则主要采用思想工作或妥协的方法予以协调,不过在协调中一定要注意上面提到的两点。

351

盾和分歧进行协调，使之得到较好的化解。从而使每一位员工都为企业的整体利益服务，那这样的管理就是成功的管理，就能够使整个企业实现和谐运转。

要使员工树立全局观念，管理者就要明确每个人的工作对整体目标的意义。

在工作中，不同的人对利益的需求也各有差异，利益需求的差异性是矛盾形成的因素。身为管理者，必须站在全局和战略的高度，对各种因素间的关系及时进行协调。不协调，就必然会造成工作力量的分散，影响工作目标的实现。因为人与人之间都是相互依赖的，个人利益和集体利益、全局利益的实现都是互为前提的。

因此，管理者在协调矛盾时，要特别注意3个问题：

1.明确协调的基础

管理者要坚持求同存异的原则，从大局出发，以组织的共同目标和共同利益来统一认识，消除矛盾。同时，充分尊重个人的合理需求，实现个人利益与集体利益的统一。

2.掌握协调的时机

任何矛盾都会经历一个产生、发展和激化的过程。什么时候协调矛盾，要看解决矛盾的条件是否成熟。从一般意义上来说，协调的最佳时机是当矛盾处在萌芽状态之时。否则，一旦矛盾激化再着手协调，就会增加难度。

3.灵活运用协调的方法

不同的矛盾有着不同的协调方法。管理者要善于因事、因人、因条件的不同，运用不同的方法来协调矛盾。

一般来说，重大问题的协调要在坚持全局利益的前提下，主要采取行政手段予以协调。非原则性问题，则主要采用思想工作或妥协的方法予以协调。而且，管理者在协调矛盾的过程中，应当注意克服两种倾向：

（1）无原则的协调，即不去分析矛盾产生的原因，不分清矛盾双方责任的轻重，"一视同仁"地批评双方。

（2）偏袒某一方，即从感情出发，以个人的好恶作为标准去协调矛盾。以上两种倾向，不但不能解决矛盾，反而会激化矛盾，乃至造成下级与领导的矛盾。

让团队成员和谐共处

在企业的经营管理中，矛盾冲突是难免的。这时候领导者如何处理就很重要，处理得好就人和万事兴，处理不好就可能翻脸成仇人。

——俞敏洪

俗话说，一个橱柜里的碗碟难免会磕磕碰碰。作为上司，对下属间的摩擦，最

第十八章
⊙团队管理课：团队建设就像"揉面团"，如何分配"利益与人情"

好是采取循循善诱的方法，耐心细致地从思想引导着手。切不可采取强硬粗暴的态度，更不可以用"高压"的手段，乾隆皇帝在这方面就是一个很好的例子。

一天，乾隆在新任宰相和珅和三朝元老刘通训的陪同下，到承德避暑山庄的烟雨楼前观景赋诗。乾隆向东一望，湖面碧波荡漾，向西一观，远方山峦重叠，不禁随口说道："什么高，什么低，什么东，什么西。"饱有学识的刘通训随口和道："君子高，臣子低，文在东来武在西。"宰相和珅见刘通训抢在他的前面，十分不快，想了一下说道："天最高，地最低，河（和）在东来流（刘）在西。"这里，"河"与"流"明指热河向西流入离宫湖，但和珅却用谐音暗示自己与刘通训，并借皇家礼仪上的东为上首、西为下首的习俗暗示刘通训：你虽是三朝元老，但在我和珅之下。

刘通训听了，知道和珅诗意所指，甚是恼怒，便想寻机报复。这时，乾隆正要两人以水为题，拆一个字，说一句俗语，作一首诗。刘通训望着清波中自己老态龙钟的面容，偷视了一下和珅自负的得意之形，灵机一动，咏道：

"有水念溪，无水也念奚，单奚落鸟变为鸡。得意的狐狸欢如虎，落魄的凤凰不如鸡。"

和珅听罢，既暗自赞叹刘通训的才华，又为诗中讽刺他是狐狸和鸡而恼怒，便反唇相讥道："有水念湘，无水还念相，雨落相上便为霜。各人自扫门前雪，哪管他人瓦上霜。"言外之意，暗示刘通训不要多管闲事。

乾隆听罢两人的诗，自然觉出了两人不和的弦音，便面对湖水说道："两位爱卿，朕也不妨对上一首：有水念清，无水也念青，爱卿协心便有情。不看僧面看佛面，不看孤情看水'情'。"

和珅和刘通训听罢，心中为之一震，顿时脸上烧得火辣辣的，知道皇上是在诱导他们应当同心协力。二人当即拜谢乾隆皇帝。从此，和珅和刘通训便结为忘年之交。

自己的下属，包括自己在内都是团队的整体，这个整体的运行态势决定于每个人，更决定于每个人的合作态度。有的人能力很强，但是喜欢独来独往，而有的人虽然成绩不突出，但是富于合作精神。在领导看来，其实更加喜欢后一种人，它能够使大家团结起来，共同工作。

日本西武集团的企业文化渗透于企业的方方面面。为了新职员的入社仪式，集团集合了旗下65个分社的高级职员，聚集于东京涩谷的青山学院。入社程序中有一项名为"擦皮鞋入社仪式"，首先是老资格的高级职员蹲下身子认真为新职员擦皮鞋，接着是新职员为前辈们擦。

西武集团利用这样一个仪式就是为了唤起职员的团结意识，它打破了资格等级的框框，把新老职员融为一体，共同为企业的发展目标奋斗。

在日常的工作中，大家强调团队精神，有害于团队精神的要及时予以制止。只有在全体成员的合作之下，工作效率才能够提高。能力高但不具备团队精神的会影响整个集体的运转。

　　身为管理者，经常会遇到一些十分棘手的问题，比如下属闹情绪、不和……都需要你去调解。记住，在调解这些问题时一定要公正、不偏不倚。调解好了下属的矛盾，才能发挥团队的巨大力量。

第十九章 企业文化课：
文化注入和思想改造，让内心沉淀企业基因

企业文化建设：拥有魂魄的企业才能所向无敌

> 企业文化的外在表现就是平时我们说的企业风气，有什么样的文化就有什么样的风气。换言之，当人们的文化观念与社会发展相一致时，就是正风正气；反之，就是歪风邪气。
>
> ——周建波
> （北京大学教授，经济学博士）

海尔首席执行官张瑞敏说过："企业文化是海尔的核心竞争力。"凡业绩辉煌的企业，企业文化的作用都十分明显。

企业文化理论始创于美国管理学界。"二战"后针对日本企业对美国经济的挑战，美国一些管理学家研究和总结日本企业管理经验而创建了这一理论，并开始在美国企业界推广。

企业管理者要寻找的、要提炼的就是这种能同化员工理想与追求的精神境界，成就让员工魂牵梦绕的企业军魂。在《士兵突击》中，"钢七连"为什么能强大？因为这支部队中有一个魂魄：不抛弃，不放弃。只有拥有魂魄的企业才能所向匹敌，战无不胜。

世界著名的企业家韦尔奇曾说："如果你想让列车再快10公里，只需要加大油门；而若想使车速增加一倍，你就必须要更换铁轨了。只有文化上的改变，才能维

持高生产力的发展。健康向上的企业文化是一个企业战无不胜的动力之源。"

宝洁自1837年成立以来，走过了160多年的时间。它何以历经这么多年而不倒，注重企业文化建设，通过企业文化建设来塑造企业魂魄是最为重要的一条。

宝洁一直运用灌输信仰等方法努力延续公司的核心理念。宝洁前董事长艾德·哈尼斯的解释是："虽然我们最大的资产是我们的员工，但指引我们方向的却是原则及理念的一致性。"这就是宝洁特有的企业文化。

宝洁的企业文化建设，最为重要的是强调内部高度统一的价值观。为了保证价值观的统一，宝洁甚至做到了中高层只从内部选拔，从CEO到一般管理人员，宝洁基本上没有空降兵。宝洁打造自己的文化有不少特有的做法，例如，仔细筛选有潜力的新进人员，雇用年轻人做基层工作，严格塑造他们遵行宝洁的思想和行为方式，清除不适合的人，中级和高层的职位只限于由忠心不二、在公司内部成长的宝洁人担任。

《美国最适合就业的100家大公司》一书写道："加入宝洁的竞争很激烈……新人员进去后，可能会觉得自己加入了一个机构，而不是进入了一家公司……从来没有人带着在其他公司的经验，以中高层的职位进入宝洁——从来没有，这是一家彻底实施循序升级的公司……其有一套宝洁独有的做事方式，如果你不精通这种方式，或者至少觉得不舒服，你在这里就不会快乐，更别提想成功了。"

宝洁前CEO约翰·斯梅尔1986年在一次公司的聚会上也说过意义类似的话："全世界的宝洁人拥有共同的锁链，虽然有文化和个性的差异，可是我们却说同样的语言。我和宝洁人会面时，不论他们是波士顿的销售人员、象牙谷技术中心的产品开发人员，还是罗马的管理委员会成员，我都觉得是和同一种人说话，是我认识、我信任的宝洁人。"

实际上，用企业文化来指导工作，是一门深邃的管理艺术，同时也是团队塑造未来的一种有效方法，成功的企业文化确实具有唤起成员行动的力量。

在实际中，企业文化并不仅仅是一种口号，它具有重要的作用：团结员工。使之产生归属感；是一种无形的行为准则，当出现危急或突发事件时，可以有助于员工做出最快最有效的反应；它是一种品牌，一种标识，有别于其他的企业，消费者可以明确地辨别出企业的差别。

如谷歌的创意企业文化，为了使员工可以最大限度地创新思考，谷歌的办公机制具有高度的随意性，方便用户将灵光一现变为成熟的思想。

美国管理学家彼得·杜拉克说，企业管理不仅是一门科学，还是一种文化，它是有自己的价值观、信仰、工具和语言的一种文化。当企业在长期的发展中，形成了具有自身特点的企业文化，并且被员工接受，使得员工可以明显地反映出企业文化特点时，该企业的文化就成了企业的核心竞争力。

企业文化，尤其是一家企业独特的企业文化的形成往往需要较长的时期，在逐步的发展中，文化慢慢地成型，与企业自身融为一体。这种企业文化更容易被员工接受、执行，发挥出重大的作用。

世界大多数成功的企业，不是物质技术设备优越，更重要的是企业文化的成功。企业文化才是第一竞争力，谁拥有正确的、不断创新的理念，谁就具有最强的竞争力。

○ 企业文化的三个层次

企业文化由三个层次构成：

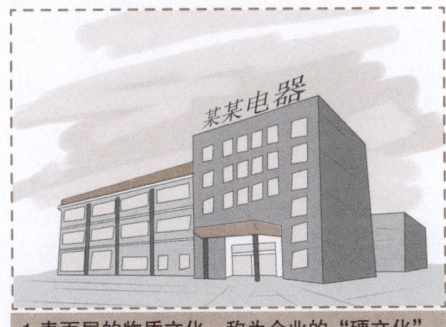

1.表面层的物质文化，称为企业的"硬文化"

包括厂容、厂貌，机械设备，产品造型、外观、质量等。

2.中间层次的制度文化

包括领导体制、人际关系以及各项规章制度和纪律等。

3.核心层的精神文化，称为"企业软文化"

包括各种行为规范、价值观念、企业的群体意识、职工素质和优良传统等，是企业文化的核心，被称为企业精神。

愿景帮助企业得到员工真正的忠诚

如果没有愿景,组织就失去了未来的发展方向。

——北大管理理念

德鲁克认为企业要思考三个问题:第一个问题,我们的企业是什么?第二个问题,我们的企业将是什么?第三个问题,我们的企业应该是什么?这正是企业战略与企业文化建立必须遵循的三个原点,而这三个问题集中起来正体现了一个企业的愿景。

愿景作为一种未来的景象,产生于领导者思维的前瞻性。如果领导者希望其他人能加入到自己的旅途中,他必须知道要往何处去。有前瞻性并不意味着要先知先觉,而是要脚踏实地地确定一个企业的前进目标。愿景能激励企业一步步迈向未来。

愿景能够帮助企业得到员工真正的忠诚。一个卓越的领导者必须首先明确自己对未来愿景的认识,然后才能争取下属接受共同的愿景。

斯巴达克斯领导一群奴隶起义,战败并被俘虏。对方说:"你们曾经是奴隶,将来还是奴隶。只要你们把斯巴达克斯交给我,就不会死。"在长时间的沉默之后,斯巴达克斯站起来说:"我是斯巴达克斯。"之后他旁边的人站起来说:"不,我是。"一分钟之内,被俘虏军队的几千人都站了起来。每一个站起来的人都选择受死。这个部队所忠于的并非斯巴达克斯,而是由他所激发的"共同愿景",即有朝一日可以成为自由之身。这个愿景如此让人难以抗拒,以至于没有人愿意放弃它。

一个人做某事的动机分为外在和内在两种,外在的动机不可能让人把工作本身当作一种使命和事业,只有内在动机产生的动力才能成就超常的结果,而一个组织的内在动力就是来自于组织的共同愿景。

中国企业的愿景目前总体上仍处于"唯利是图"的初级阶段,很多企业在制定战略规划时,只想到了表象上的做大和做强,缺乏对存在理由、意义和价值等企业哲学的思考。

管理者必须明确,一个企业的愿景必须是共同的,是员工普遍接受和认同的。如果没有共同的愿景,企业就不可能基业长青。共同愿景就如企业的灵魂,唤起每一个人的希望,令人欢欣鼓舞,使每一个人都能激发出一种力量,为实现愿景而更加努力。一个没有共同愿景的企业很难强大,即使强大了也难以持久,而一个真正有共同愿景的企业会更容易获得成功。

稻盛和夫27岁时,与七条硬汉创立京都制陶公司。公司成立之初,业务发展迅速,为了赶工期,实现自己技术报国的理想,他经常要求员工加班到深夜,星期天也经常不休息。慢慢地，年轻的员工开始不满，一次加班后，年轻的员工提出了抗议，要求加薪、加奖金，并以集体辞职相威胁，稻盛和夫花了三天三夜说服这些员工留下来。

这件事使稻盛和夫陷入了深深的思考："本来以为创立京都制陶是为了让我们的技术闻名于世，现在看来，应该有更为重要的事。公司究竟是什么？公司的目的和信誉是什么？"

经过思考他得出结论："让技术闻名于世其实只是低层次的价值观，是次要的事情，这种想法应该抛得远远的，经营公司的目的是为员工谋求物质和精神方面的幸福，为人类社会进步贡献力量。"

从此以后，"为全体员工谋幸福，为社会进步贡献力量"就成为京都制陶公司的价值观，成为全体员工共同的使命。

直到现在，京都制陶公司的员工干到晚上10点，也没有人会视为"加班"，为了赶工期，全厂干到晚上12点也是经常的事。而京都制陶也以"工作狂"著称全日本。

正是基于对企业宗旨和愿景的认同，京都制陶的员工才甘愿奉献自己的力量，才赢得"工作狂"的赞誉。如果没有认同感，企业就很可能成为一盘散沙，山头林立，各个小集团、小集体为了自己的利益而扯皮、推诿、攻击、拆台。像这样内部分裂的状况，怎么能够在激烈的竞争中与齐心协力的企业比拼？不但企业的合力没有得到发挥，而且企业更可能因为内耗而消亡。

一家公司的总裁曾说过，"我们要求员工应该认同公司的使命和经营理念，与公司的核心愿景和宗旨一致。每次新员工进公司时，我都给他们讲，进一个公司很重要的一点就是认同公司愿景和宗旨。对企业而言，认同感就是一种强大的凝聚力，让大家可以朝一处使力。我会直截了当地对他们讲，大家到公司来，如果不认同公司的愿景和宗旨和经营理念，还不如趁早离开"。愿景和宗旨的重要性体现在以下几个方面。

1.认同愿景和宗旨等于认同整个企业

每一个企业，都有一个发展的愿景。一个人认同了企业的核心愿景和宗旨，就代表他认同了企业文化中最本质的部分。"愿景"是企业中所共同持有的"我们想要创造什么"的图像。当这种愿景成为企业全体成员一种执着的追求和内心的一种强烈信念时，它就成了企业凝聚力、动力和创造力的源泉。

2.对愿景的认同感带动员工的积极性

如果员工知道他们的公司代表什么，知道他们所拥护和追求的是什么，就能够主动做好公司需要的事，自觉维护公司的利益。也就是说，愿景和宗旨认同对于员工来说也是一种激励。在认同公司愿景和宗旨的基础上，员工的积极性和创新精神会得到充分发挥。当每一个员工都能自觉地坚持在自己的岗位上做好应该做的事情时，管理就变得十分容易了。

3.愿景和宗旨赋予员工强烈的责任感

公司的愿景和宗旨还能够让员工把工作当成一项共同的事业。愿景和宗旨可以为员工注入强烈的责任感,在这种责任感的支持下,员工将会把工作看作是一项神圣的"共同事业"。这也使得公司里许多互不相干的业务、技术和人才紧密地结合成一个整体,将一个广泛的多元化的公司团结起来,大家都能够为了一个共同的目标而奋斗。

○ 愿景具有凝聚性

公司的愿景和宗旨能够让员工把工作当成一项共同的事业。

如果没有认同感,企业就很可能成为一盘散沙,各个小集团、小集体为了自己的利益而互相攻击、拆台。不但企业的合力没有得到发挥,而且企业更可能因为内耗而消亡。

愿景和宗旨可以为员工注入强烈的责任感,在这种责任感的支持下,员工将会把工作看作是一项神圣的"共同事业",大家都能够为了一个共同的目标而奋斗。

所以说,愿景可以使得公司所有员工紧密地结合成一个整体,将一个广泛的多元化的公司凝聚在一起。

第十九章
○企业文化课：文化注入和思想改造，让内心沉淀企业基因

建立企业文化，重在员工认同

对学生的让利使新东方获得了口碑，对员工的让利让新东方守住了人才，对管理者的让利实际上是形成新东方强大团队的根本原因。

——俞敏洪

目前，一些企业的所谓企业文化建设，仅仅是写在纸上，挂在墙上，就是没有深入到员工的思想深处，没有被员工认同。一个缺乏员工认同的企业文化，是无法形成强大的凝聚力的，更无法从根本上激发员工的工作积极性和创造性。

企业文化建设的核心是员工认同，要让员工清楚地知道为什么这是我们的文化、我们的文化如何解释、究竟如何做才能符合企业属性？

作为管理者，你要时时扪心自问：企业内部有没有令员工共进共退的发展目标？有没有经常与员工分享思路与价值观？有没有一种能让员工充满激情的工作氛围？如果你的回答是否定的，那么，你的企业就缺乏一种员工认同的企业文化。

如果员工不能认同公司的文化，企业就会形成内耗，虽然每个人看起来都很有力量，但由于方向不一致，所以导致企业的合力很小，在市场竞争中显得很脆弱。加强员工对企业的文化的认同感，并将之转化为他们自觉的工作行为，对企业文化建设十分重要。

当然，员工认同是一种自觉自愿和自发，而不是被管理者甚至制度被逼无奈的强制性认同。

建立员工认同的企业文化可以有效地提高员工的凝聚力，也是提高执行力最根本和最有效的途径之一。企业文化的建立是一个长期发展的过程，管理者如何才能建立让员工认同的企业文化呢？

主要可以从以下几个方面努力：

1.让员工参与文化建设

很多人把企业文化认为是老板文化、高层文化，这是片面的，企业文化并非只是高层的一己之见，而是整个企业的价值观和行为方式，只有得到大家认同的企业文化，才是有价值的企业文化。

要得到大家的认同，首先要征求大家的意见。企业高层管理者应该创造各种机会让全体员工参与进来，共同探讨公司的文化。

2.确保高层管理者全力投入

一些企业高层管理者总是感觉企业文化是拿来激励和约束员工的，这种看法是错误的。企业文化更是来约束和激励管理人员的，作为企业文化的建筑师，高层管理人员承担着企业文化建设最重要也最直接的工作。高层管理人员都要把自己塑造成企业文化的楷模！

3.与员工的日常工作结合起来

企业确定了新的企业文化理念后，就要进行导入，其实也就是把理念转化为行动的过程。在进行导入时，不要采取强压式的，要让大家先结合每个员工自己的具体工作进行讨论，首先，必须明确公司为什么要树立这样的理念；其次，我们每个人应如何改变观念，使自己的工作与文化相结合。

4.要改进和提高企业文化的宣传方式

宣传是让企业文化得到员工认同的一个重要方面，如何改进和提高我们的宣传方式呢？

首先，要学会理念故事化。企业文化的理念大都比较抽象，因此，企业领导者需要把这些理念变成生动活泼的寓言和故事，并进行宣传。

其次，要学会故事理念化。在企业文化的长期建设中，先进人物的评选和宣传要以理念为核心，注重从理念方面对先进的人物和事迹进行提炼，对符合企业文化的人物和事迹进行宣传报道。

再次，畅通员工沟通渠道。企业文化理念要得到员工的认同，必须在企业的各个沟通渠道进行宣传和阐释，企业内刊、板报、宣传栏、各种会议、研讨会、局域网，都应该成为企业文化宣传的工具，要让员工深刻理解公司的文化是什么、怎么做才符合公司的文化。

精神聚众——用核心价值观统领一切

塑造团队精神对民营企业突破短生命周期陷阱具有特殊意义。

——俞敏洪

价值观在韦伯字典里的解释是："内心认为值得或欲求的原则、标准或品质。"在拉丁语中，"价值观是力量的来源，因为它能赋予人有力量采取行动"。个人有个人的价值观，作为企业也有企业的价值观。

一位南美洲的企业总裁谈及企业核心价值时说："我的企业制造并销售塑料管，我告诉员工，我们不仅仅是卖塑料管，更重要的是帮助南美众穷人说服政府把水管接到他们所在的偏远地区，改善他们的生活质量。我也时时与南美的塑料管同行沟通，看可不可以约定不再向地方官僚行贿，这么做不仅是道德的考虑，而是帮助南美人民提升生活水平，让所有同业更有利可图。帮助穷人与正直经商，是我的企业和我的行业的核心价值。"

每个企业都有自己的价值理念和行为准则，如果员工不能认同自己企业的价值理念，最终的结果只有两种：一是你主动离开，二是被企业辞退。

第十九章
企业文化课：文化注入和思想改造，让内心沉淀企业基因

杰克·韦尔奇1981年担任GE的首席执行官后，首先强调的就是干部和员工对企业核心价值观的认同。现在企业管理中有一个观点，叫作"赢在中层"。中层的战斗力从哪里来呢？关键在于选人，韦尔奇对待中层经理人员有四种办法：第一种人，认同公司的核心价值观，又很有成绩，这种人一路飙升。第二种人，认同公司的核心价值观，但是能力不足，可以培养。第三种人，不认同公司的核心价值观，又没有成绩，这种人要离开企业。第四种人，很有成绩，但是不认同公司的核心价值观，对待的办法是：利用，但是绝不能容忍这种人动摇公司的核心价值观，否则，就请他走人。

优秀者的行为虽然看起来也许与其他员工并无太大的差别，但是在公司价值观的引领下，他们做事的出发点，往往会落在公司利益上。

企业价值观提供了衡量凝聚力的尺度，这种共同的规则体系和评判准则决定了企业全体人员共同的行为取向。没有共同价值观的企业必定是松散而没有竞争力的，如同大海中失去航向的船只。企业价值观中包含的价值理想，这种永恒的追求信念赋予企业员工以神圣感和使命感，并鼓舞企业员工为崇高的信念而奋斗。

这种神圣感和使命感主要体现在这些方面：

1.企业价值观是一种向心力，吸引员工为企业奋斗

企业价值观最大的作用便是强调企业目标和企业每个成员目标的一致性，强调群体成员的信念、价值观的趋同，强调企业成员之间的吸引力和企业对成员的向心力。

企业价值观是一个方向盘，企业提倡什么、崇尚什么，员工就追寻什么。

一种价值观可以长期引导员工为实现企业目标而自觉努力，使之向着企业有利的方向进行。此外，企业还可以直接引导员工的性格、心理和行为，通过整体的价值认同来引导员工，为企业发展而努力。

2.企业价值观是一种黏合剂，形成员工的强大凝聚力

以种种微妙的方式来沟通人们的思想感情，融合人们的理想、信念、作风，培养和激发人们的群体意识。在特定的信念氛围之下，员工们通过自己的切身感受，产生出对本职工作的自豪感和使命感以及对本企业的认同感和归属感，使员工把自己的思想、感情、行为与整个企业联系起来，从而使企业产生一种强大的凝聚力，发挥出巨大的整体效应。

3.对企业价值观的认同是员工创造卓越业绩的前提

只有把自己和企业的价值融为一体，从企业的角度来考虑问题的员工，才能创造出卓越的业绩。

因此，培养自己对企业价值观的认同感是相当重要和必要的。一名优秀的员工应从以下几方面和企业的价值观保持一致：

1.增强对企业的认同感

心理学研究认为，人对自己所认同的东西会产生极大的热情。管理学则进一步

企业价值观体系

企业价值观是企业各种价值观的总和，即各种观念相互联结、相互作用、有机统一而构成的一套完整的、系统的企业价值观体系。

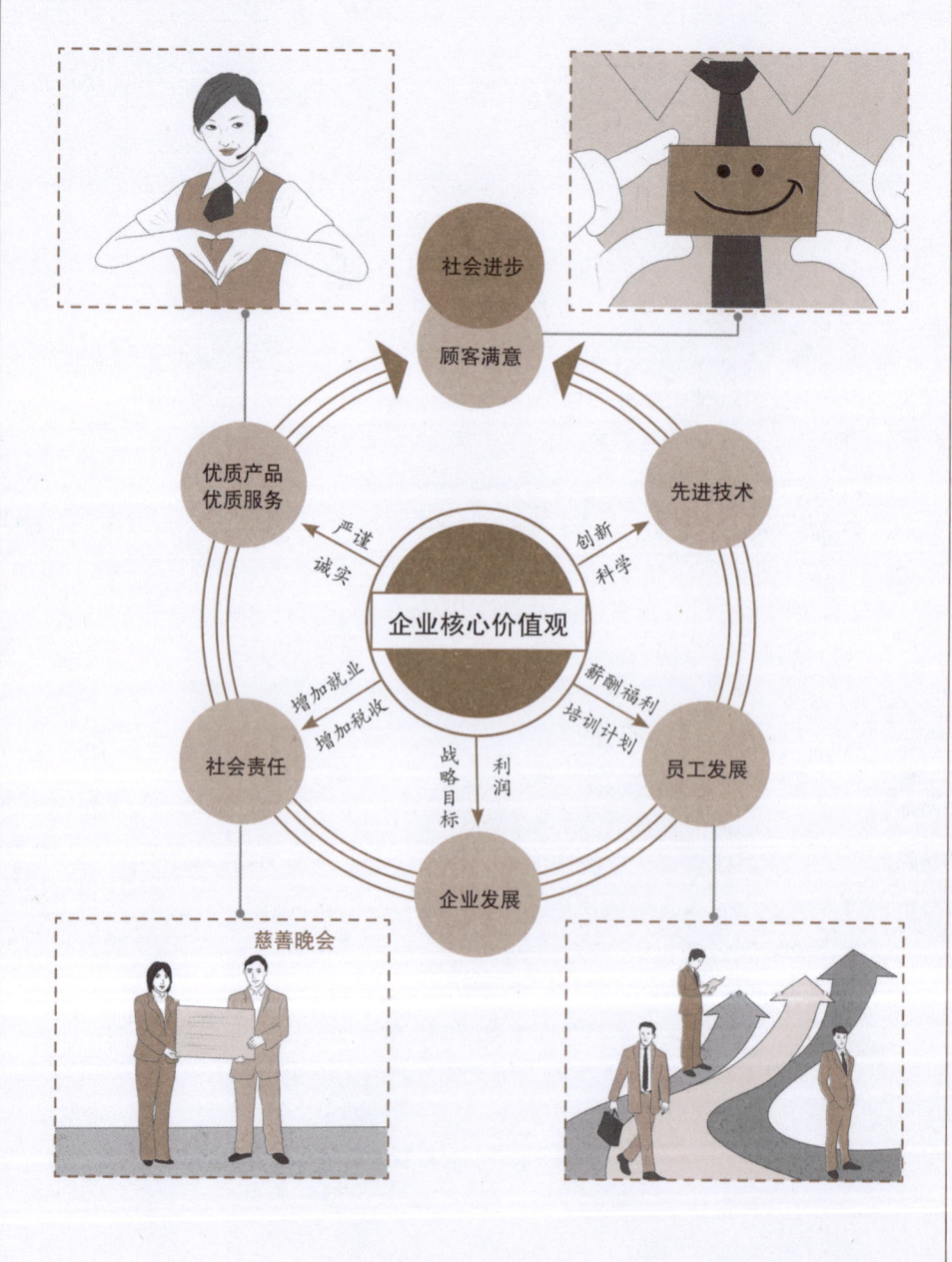

- 社会进步
- 顾客满意
- 优质产品 优质服务
- 先进技术
- 严谨 诚实
- 创新 科学
- 企业核心价值观
- 增加就业 增加税收
- 薪酬福利 培训计划
- 社会责任
- 员工发展
- 战略目标 利润
- 企业发展
- 慈善晚会

强调，人只有在为自己所认同的目标工作时，才能全身心地投入其间，并充分发挥其创造力。

2.增强对企业的信任感

在社会化大生产的今天，没有一个人能够孤立的生存，他必须依托一定的组织，归属于一定的集体，这样才能满足其精神、物质、心理和社会的需求。而对组织或一个团体的选择，取决于人们对它的信任度。企业是员工的工作场所，这就为它成为员工所依托和归属的组织提供了可能。

3.培养自己对企业的自豪感

每个人都希望自己有值得自豪的地方，并以此为荣。当一个人乐于在他人面前眉飞色舞地介绍自己的公司如何不同凡响时，可以说员工的价值观已经和公司的价值观密切地融为一体了。这种"值得骄傲"的企业形象，一方面可以有力地促进员工在企业中的工作热情，另一方面能够使员工成为企业正面宣传的重要媒介，同时可以证明员工作为"人"的价值。

文化赋予使命感，指引企业走向成功

使命是企业对自身生存发展"目的"的详细定位，是区别于其他企业而存在的原因或目的，也是企业走向成功未来的精神激励和指路明灯。

——北大管理理念

使命是组织在未来完成任务的过程，代表企业存在的理由。例如，福特公司的使命：成为全球领先的提供汽车产品和服务的消费品公司，使命紧随愿景之下。

使命是企业对自身生存发展的"目的"的详细定位，是区别于其他企业而存在的原因或目的，也是企业走向成功未来的精神激励和指路明灯。优秀的管理者会通过发掘企业的使命而为企业输送动力和活力。吉姆·柯林斯在他的著作《基业长青》中提到："每个伟大的企业都有一个超越赚钱的目的。"也就是每个企业都有自己的使命。

企业的使命是在明确企业愿景的基础上，具体地定义到回答组织在社会中的身份或角色，在社会领域里，组织的具体分工是什么、责任是什么。这些必须清晰有效地传递给企业的员工。

松下是日本第一家用文字明确表达企业使命、精神和价值观的企业。松下的企业文化建设，是松下及其公司获得成功的重要因素。

松下的企业文化并不是公司创办之日一下子产生的，它的形成经历一个过程。了解松下的两个纪念日，有助于了解松下的企业文化建设。两个纪念日分别是：

一个是1918年3月7日,这天松下幸之助和他的夫人与内弟一起,开始制造电器双插座;另一个是1932年5月,他开始理解到自己的创业使命——就是消除世界贫困。所以把这一年称为"创业使命第一年",并定为正式的"创业纪念日"。

在第一次创业纪念仪式上,松下电器公司确认了自己的使命与目标,并以此激发职工奋斗的热情与干劲。

松下幸之助重视文化的力量,人在思想意志方面,有容易动摇的弱点。为了使松下人为公司的使命和目标而奋斗的热情与干劲能持续下去,应制定一些戒条,以时时提醒和警诫自己。于是,基于企业的使命和目标,松下电器公司首先于1933年7月,制定并颁布了"五条精神",其后在1937年又议定附加了两条,形成了松下七条精神:产业报国的精神、光明正大的精神、团结一致的精神、奋斗向上的精神、礼仪谦让的精神、适应形势的精神、感恩报德的精神。

松下文化建设集中体现为松下公司的使命,在松下公司的成长中形成,并不断得到培育强化,它是一种内在的力量,是松下公司的精神支柱,它同使命感散发出强大的凝聚力、导向力、感染力和影响力,可以激发与强化公司成员为社会服务的意识、企业整体精神和热爱企业的情感,可以强化和再生公司成员各种有利于企业发展的行为,如积极提合理化建议,主动组织和参加各种形式的改善企业经营管理的小组活动;工作中互相帮助,互谅互让;礼貌待人,对顾客热情服务;干部早上班或晚下班,为下属做好工作前的准备工作或处理好善后事项等,成为松下公司成功的重要因素。

但是并不是每个企业家都能像松下幸之助一样重视企业文化建设,他们更不懂得发掘企业的使命感、加强企业的使命管理却不知从何做起。

正如打篮球,你只有看到篮筐,你才可能把球投进去。对于管理者而言,有责任为团队和成员找到组织的篮筐(使命),发现工作的价值和意义,为企业的前进和发展输入源源不断的内在动力。

如何通过文化建设找到企业的使命?德鲁克的企业使命理论对于帮助总经理找到企业使命提供了一个很好的方法。他从以下几种角度对企业使命进行了定义:我们的事业是什么,哪些人是我们的客户,他们在哪里,他们希望获得的价值是什么;我们的事业将会发展成什么样子;我们该如何注意人口、经济、趋势、竞争的变化;我们该如何满足客户尚未满足的需求;商业环境的哪些变化会对我们的事业造成严重冲击。回答了这些问题,企业的使命就会清晰起来。

一般来讲,表达使命的言语应该是平实的、易懂的,但说出来又必须具有无法抗拒的力量,让每一位成员在做出重要决策和行动时都会自问:"这符合我们的使命吗?"与此同时,使命必须致力于满足客户的深层次需要(从生存需要、信息需要直到发展需要和情感需要),同时,也必须根植于企业全员发自内心的共同愿望。

有使命感的人不仅具有高度的责任感,而且会专注于目标的达成,具有极强的行动动力；相反，如果一个人对事情的看法流于平庸，做事就会马马虎虎、敷衍、漫不经心，就有可能失败。让企业文化建设赋予员工使命感，使员工懂得为何奋斗，从而引导企业走向成功。

接受并形成习惯，让企业文化"落地"

到现在为止，我对员工贯彻百度文化的程度并不是特别乐观，毕竟人员膨胀非常非常快，永远是新人比旧人多，永远是超过一半的人在这儿待了不到1年时间，要让他们完整地去理解这个东西还是蛮大的挑战。

——李彦宏

每个企业都有一套自己的理念体系，即组织信奉的一套评判事物的标准或原则，有人称之为企业的哲学。每个企业都有自身独特的哲学，沃尔玛、玫琳凯、安利等国际著名企业有其清晰的哲学。

虽然企业的哲学不尽相同，表述也是千姿百态，但无论企业是生产汽车零件，还是生产食品，作为一个经营性组织，其存在和发展都需要思考和解决的问题的性质是相同的，都要思考这样三个问题：我是谁？去哪里？为了谁？这三个问题是要回答企业的核心价值观、愿景和使命，这是企业生存的三大哲学命题。这三个问题的回答就构成了企业的"哲学架构"，即企业文化的理念体系。

企业文化所包含的哲学是理念、精神层面的内容，但是不能仅仅停留在理念层面，要被员工认同，要坚定不移地推行下去，成为员工的精神养料和行为准则，久而久之才会发挥其强大的能量，成为整个企业的行为惯例，文化管理才能"落地"。

一谈到价值观和企业哲学，有人总认为是虚的、空的、软的，价值观其实就是行为的指导原则，完全可以落实在行为中。

玫琳凯公司的价值观是这样的：

正直——正直和黄金法则必须指导所有商务决策。

热情——热情在我们共同工作以实现目标的时候，能激励产生一种积极的态度，能鼓舞人心。

赞许——赞许能激励所有人充分实现潜能。

领导作风——在我们的销售队伍和员工中间，必须鼓励并认可领导作风，以实现长期的成功。

质量——我们的产品和服务的质量必须放在首要位置，这样我们才能向我们的顾客提供价值和满意服务。

团队精神——团队精神使得每个人都得到他人的重视和赏识，并同时为公司的

○ 让企业文化落地的措施

企业文化建设并不能只是嘴上说说,而是真正让企业文化落地。那么,管理者应该如何让企业文化落地呢?

今天的活动主要是体验我们的公司理念……

1.宣扬企业文化

不断宣扬企业文化,让员工明明白白地了解企业文化,并在不断的宣扬过程中,给员工造成潜移默化的影响。

2.让员工感受企业文化

管理者应该多组织一些企业活动,让员工切实感受到企业文化,加大企业文化对员工的影响。

企业文化

3.将企业文化制度化

将企业文化写进企业的规章制度中,加大企业文化的约束力,从而更深刻地影响企业员工。

成功做出贡献。

服务——服务应当迅速、主动，以提供个性化的便利。

平衡——我们的信仰、我们的家庭生活和我们的事业之间必须实现平衡和谐。

以上价值观成为玫琳凯的文化理念，这些理念是对每一项工作的基本理念和原则，玫琳凯的员工就是在认同的基础上秉承这样的信念去销售、去拼搏，通过学习、研讨在工作中的实践和体会，把使命和价值观融入一切行为中，造就了他们不同凡响的成就，也造就了玫琳凯在直销行业的龙头位置。

企业文化理念最终要通过每一个员工的身体力行才能体现出来。如果得不到员工的认同，再好的理念也不过是一纸空文。因此，如何使企业文化与企业的生产经营实际相融合，如何使企业文化落地，在企业最基层的每一个组织、每一个员工中生根开花是文化建设工作的重点。那么，让企业文化落地，有哪些可以采取的途径呢？

1.让员工"看得见"

"看得见"就是将企业理念从抽象到具体，变成物化成果。通过理念的宣传与物化，就营造出了浓厚的企业文化氛围，使员工感觉到企业文化就在身边，并且会在潜移默化中影响自己的思维与价值取向，规范自己的思想和行为。

2.让员工"感受到"

如何让员工感受到理念文化？前提是领导和企业倡导文化，企业理念必须渗透到各项规章制度中。然后通过一些体验活动，使员工感受理念文化。如通过新员工培训，让员工感受企业流程、制度、规范、考核、激励机制等。

3.让员工"自己做"

让员工"自己做"理念文化，关键要让员工形成新的思维模式，然后产生顿悟，并能够结合理念文化要求，重新思考自己的工作和生活，制定改善的方案和策略，最后形成属于理念文化的思维模式和工作行为。

在理念文化的"落地"上，注重把理念文化与员工的日常工作结合起来，让价值观融入企业的日常作息中，才能让精神层面的理念充分发挥作用，为企业发展和员工成长提供能量。

文化建设也需要时常更新

随着企业自身的发展，企业的企业文化也必然会发展和变化。从现实状况来看，企业文化也要与时俱进。

——北大管理理念

企业是发展变化的，企业文化建设也需要市场更新。世界上没有完全不变的企业文化，当英国航空公司向私有化转型时，一个首要的问题就是将漠不关心型的文化转化为热心服务型的文化，以利于在国际市场竞争。

国内的许多企业很重视文化建设，但多年以后，随着企业的发展，企业文化建设已经和当前企业的发展格格不入。这是因为认为企业文化建设是一劳永逸的事，没有认识到企业文化是发展变化的。

1999年，卡洛斯·戈恩在连年下滑的困境中出任日产公司新CEO，他一上任就立刻发现日产公司处于一片混乱中。该公司下属工厂的生产能力超出销售能力100万辆，采购成本比雷诺公司高15%～25%，并且由于负债110多亿美元，公司现金短缺。戈恩的诊断是："日产公司缺乏明确的利润导向，对客户关注不够而过于注重与竞争对手的攀比，没有一种跨越职能、国界和等级界限而进行合作的企业文化，缺乏紧迫感，观点不一致。"于是，在接管日产后的第二个星期，戈恩就着手改造日产的企业文化。

他的这一大胆举措不久就得到回报：日产公司的下滑趋势得以扭转，重新走上了盈利的发展道路。日产的复兴理应归功于戈恩成功地改造了日产的企业文化。正如日产公司执行副总裁、董事会成员松村法雄所说："戈恩最重要的成就在于他能重塑人们的精神状态。"

由此可见，文化不变革，转型就不成功，真正的转型是从文化变革开始的。如果企业文化是永恒不变的范畴，那么企业文化就会对企业的发展不仅没有积极性，反而还会成为企业发展的桎梏。

比如说，一个企业的企业文化是一百年以前形成的，形成以后就不变了，这显然是不行的，因为一百年前是什么时代？而现在又是什么时代？时代的剧变决定了企业文化不可能是不变的，所以不能把企业文化看成永恒不变的东西。正因为如此，我们应该随着企业的发展及企业文化的变化，不断地调整企业文化的内容。

韦尔奇上台后，在传承原有的GE文化基础上，对企业文化建设做出了大刀阔斧的改革。

他第一步就是对GE的理念进行了改革。在20世纪80年代末，企业管理者谈论的话题是"整合性多样化"，它的原则是GE的事业在以团队的方式密切合作的同时，也能保持经营的自主性。但韦尔奇认为，GE人应该是"不分彼此"，在和供应者及顾客建立更密切的合作关系的同时，更应该打破层级、地域和功能等内部障碍。

速度、简洁和自信成为新的导向，韦尔奇认为自信可以使复杂的问题简单化。而简单的程序，是使GE在市场上赢得胜利所需速度的先决条件。在颁发年终奖时，在工作中充分发挥速度、简洁和自信的员工就会得到实际的金钱报酬。韦尔奇通过奖金来表达对他们工作行为和工作风格的肯定。

韦尔奇把大量力气花在了企业的沟通文化上。韦尔奇希望他的员工能够确实认识公司的目标。他要求员工不仅了解GE的目标，还要真诚信仰公司的目标。韦尔奇

第十九章
企业文化课：文化注入和思想改造，让内心沉淀企业基因

经常谈到赢得部属的"心和脑"。要赢得部属的"心和脑"就要正确处理情感的问题，在处理与人有关的事物时则需要将心比心。

经过韦奇一番大刀阔斧的改革后，到1984年，韦尔奇已将老GE脱胎换骨。1985年，GE经过了企业的重组，提出了适应市场环境变化的企业文化，提出了适应环境的新的价值竞争观念：

1.市场领导：数一数二的原则。

2.远高于一般水平的投资实际报酬率：韦尔奇不愿意制定不具弹性的数据目标。但是在20世纪80年代中期首次打破这个原则，要求股东权益的报酬率必须达到18%~19%。

3.明显竞争优势：避免激烈竞争的最佳方式就是提供无人可及的价值。

4.GE特定优势的杠杆作用：GE在需要大量的资本投资、维系力量和管理专业知识，GE在大规模、复杂的事业领域已有深厚的基础，譬如喷气发动机、高风险贷款等。而在中小型企业占优势的快速变化的产业中发展，对GE反而不利。

韦尔奇是GE企业文化的重新塑造者，新的文化造就了新的GE，也成就了韦尔奇。从韦尔奇对GE文化的变革主导上，可以看出企业文化建设与时俱进的重要性。

企业的管理者们一定要注意，没有哪种企业文化是一劳永逸的，不要让过时的文化来束缚企业的发展。

在继承的基础上确立新的价值观。这并非能在短期内奏效，需要一个经过既有价值观解冻、创新、深化的过程。要配合战略变革过程逐步推进，可以分三个阶段来运行。

首先，解冻阶段。组织专门人员对原有价值观的分析，按战略变革的思路，确定需要变革的因素，在审核评估的基础上扬弃既有的价值观体系。

其次，创新阶段。战略变革需要有新的价值体系来支撑它，不然就会像空中楼阁一样，失去了牢固的地基。如果战略变革是告诉人们怎么改变的方法，那价值体系的创新则是告诉人们为什么要改变，因此创新就要员工共同探讨企业以后应该如何生存下去。

最后，深化阶段。要让新的价值观在组织成员中传播并逐渐接受。

第二十章　危机管理课：
繁荣时代不要忘了自己的"渴求"

21世纪，没有危机感是最大的危机

> 每一个企业要做强，就要有很强的抗风险能力，你要经得起现代经济的波澜起伏。
>
> ——周春生
> （北大光华管理学院教授，著名风险管理专家）

北大管理课中，非常重视危机管理的重要作用。一个企业的成长需要时刻保持危机意识，在没有危机出现时制定相应的危机处理机制，并将危机意识不断灌输给企业的全体员工。"一个商人不想到破产，好比一个将军永远不预备吃败仗，只算得上半个商人。"巴尔扎克这句耐人寻味的名言，对企业管理者不乏启发意义。

科学家做过一项实验：把一只青蛙放到盛满凉水的大锅里，然后，用小火慢慢加热，青蛙没有感到温度的慢慢升高，一直在水中欢快地游动。随着水温逐渐增高，青蛙的游动渐趋缓慢。等到温度升得很高时，青蛙已变得非常虚弱，无力挣扎，慢慢而又安乐地被煮死。

第二次，科学家把一只青蛙放到盛满开水的大锅里。这只青蛙一入水，便立刻感觉到环境的变化，迅速挣扎，急速蹦出来，虽受轻伤，却避免了被煮死的命运。

两只青蛙不同的命运告诉我们：在时刻变动的环境中，觉察不到危机的存在是最大的危机。如果企业像故事中的第一只青蛙那样，对生存环境的变化浑然不觉，

第二十章
危机管理课：繁荣时代不要忘了自己的"渴求"

就会失去竞争力，待意识到危机来临，已无力应变，最终被市场淘汰。

活生生的案例一再告诉我们，一个人、一个企业如果不想着如何谋发展，是很快会被淘汰的。每一年，我们都可以看到许多企业在突如其来的危机面前不知所措，其中也不乏一些实力雄厚的企业。

1999年6月9日，比利时120人（其中有40人是学生）在饮用可口可乐之后出现呕吐、头昏眼花及头痛的症状，与此同时，法国也有802人出现类似的症状。已经拥有113年历史的可口可乐公司遭遇了历史上罕见的重大危机。

但是，可口可乐公司事发后并没有意识到此次的严重性，表现在：没有立即采取积极的姿态声明自己的态度；甚至没有宣布要收回受污染的产品，以免连累其他市场的可口可乐的产品信誉；一再声明自己产品的安全可靠。消费者并不买账，可口可乐针对此事的态度激怒了消费者，最后造成比利时和其他邻近国家饮料零售商采取局部或全部停售可口可乐产品。

可口可乐公司在这场危机中的表现令公司的形象遭到前所未有的损害。

作为管理者，需要在危机出现时做出正确的判断，而不能心存侥幸。否则的话，一个本不会产生多大影响的事件也有可能被放大，给企业带来极大的损失。

在任何时候，任何企业中，危机是无处不在、无时不有的。管理者如果不能意识到这一点，后果将会是很严重的，即便企业有着很强的实力，也会给企业带来不利影响，甚至是破产的命运。

提起三鹿，这个曾经的中国奶业巨无霸，在2006年《福布斯》评选的"中国顶尖企业百强"乳品行业第一位。经中国品牌资产评价中心评定，三鹿品牌价值达149.07亿元。

但就是这样一个中国奶业的巨无霸，在2008年奥运会之后，瞬间倒塌。事发2008年8月13日，因三聚氰胺污染毒奶粉，死亡3人，数百名儿童不同程度的泌尿系统病变，2008年12月份三鹿集团最终破产。看看三鹿集团面对危机时的反应：

混淆视听：面对甘肃省发现"结石婴儿"的报道，三鹿集团声称，"委托甘肃权威质检部门对三鹿奶粉的蛋白质含量等多项指标进行逐一检验，结果显示各项指标符合国家的质量标准，因此三鹿奶粉质量是合格的"。

转嫁责任：2008年8月6日三鹿集团称，婴幼儿奶粉受到三聚氰胺的污染，系不法奶农向鲜奶添加三聚氰胺以提高蛋白质含量所致。

掩盖事实：奶粉事件暴露的几个月时间里，三鹿一直在瞒报，不仅封锁了传统媒体，还企图封锁电子商务领域和网络媒体，进行了大量的媒体公关，欲盖弥彰。

由此可见，三鹿集团的失败在于平时缺乏危机意识，以及企业面对危机时处理危机的能力，任何隐瞒、掩盖，都于事无补，几乎所有危机处理失败的案例，都存在着态度上的偏差。此时企业最明智的办法是，面对事实，正视事实，认真对待，敢于公开真相。

实际上，那些能够在很长一段时间内保持竞争优势的企业都有着强烈的危机意识和完善的危机处理措施，当危机真正出现的时候，便能够有效地将其化解，最大限度地减少危机给企业带来的影响。

对于每个企业来说，危机也许是不期而遇的，因此，最重要的就是要树立危机

○ 培养企业危机意识

企业危机意识是指企业对紧急或困难关头的感知及应变能力。企业的危机来自企业外部与企业的内部。

培养企业危机意识的措施

- 领导高度重视
- 设立危机管理机构
- 建立危机预警系统
- 制定危机管理方案
- 媒体公关培训
- 建立并维护媒体平台
- 加强传播流程功率
- 完善的善后措施

市场永远充满了变数，只有时刻保持居安思危的心态，正视缺点、不断创新，才有可能使企业长青。

意识。北大管理理念指出，在一个多变的环境中生存，谁准备得更为充分，谁就能够第一个崛起。这也就是说，必须具备危机意识，就是当危险来袭时，可以化腐朽为神奇，可以将别人所认为的危险转化为你发展壮大的机遇。

危机的突然来临的确很可怕，但是，比危机更可怕的是缺乏危机意识。就像温水煮青蛙一般，很多企业都是生于忧患，死于安乐。

作为企业管理者，一定要时时拥有危机意识，让危机意识时刻给我们以警醒。要明白，我们今天所担心的可能就是明天将要发生的，这样才能提前做好防范措施。

向太平意识宣战——百度永远离破产只有30天

公司离破产永远只有30天。无论一个公司取得多么大的成功，都别放下危机意识——哪怕是片刻。所以，请记住，最好永远把自己当作一家胸怀远大理想的小公司。

——李彦宏

2006年，李彦宏在给百度员工的一封信中指出："我们正处于一个什么样的时代？当我们愉快地享受着不打卡的自由，穿拖鞋上班的宽松文化，股价高企给每个人多多少少的骄傲的同时，我们不要忘了，百度永远离破产不到30天！"

北大人重视"生于忧患，死于安乐"的古训，李彦宏无疑是具备这种危机意识的管理者。这是因为，在忧患中能时时警惕，防止问题的产生和扩大化，同时在忧患中，也才能有效锻炼解决问题的能力，使之"立于危地而不惊"，能够从容解决问题，从而得以"生存"。而久于安乐之中，对可能出现的问题或危机无防范措施，一旦问题产生，危机来临则无以应对，有可能最终导致"灭亡"。

斯宾塞的《谁动了我的奶酪》一书给管理者以深刻的启示。当习惯了奶酪C站的奶酪时，两个小矮人和两只小老鼠都守着奶酪。当有一天奶酪消失时，两个小老鼠把靴子挂在胸前，他们立即出发，开始寻找新的奶酪。而两个小矮人则不愿面对奶酪消失的现实。究其根源，在于小老鼠有危机意识。他们早已明白，事情早晚会发生变化，而小矮人则在安逸的生活中忘记了，或者根本就不愿去考虑有的变化，所以当安逸的生活不再有时，便不知所措，不愿接受现实。

社会是不断变化发展的。在这样一个日新月异的社会中，我们也必须保持忧患意识，适应社会的发展，否则只能被淘汰。

有的管理者认为，自己的企业处于辉煌发展阶段，不可能会有破产的可能。殊不知，没有谁可以做永远的强者，国家如此，企业也是如此。

华为是中国赢利最好的高科技企业以及世界最大的通信设备制造商之一。任正非以他的理性、智慧、勤奋和危机感，影响了中国的企业和企业家，也影响着全球通信行业的格局。

华为在2000财年销售额达220亿元，利润以29亿元人民币位居全国电子百强首位的时候，任正非却在此时大谈危机和失败，确实发人深省。

任正非讲到"公司所有员工是否考虑过，如果有一天，公司销售额下滑、利润下滑甚至会破产，我们怎么办？我们公司的太平时间过得太长了，在和平时期升的官也太多了，这也许就是我们的灾难。'泰坦尼克号'也是在一片欢呼声中出的海最后沉没，而且我相信，这一天一定会到来。面对这样的未来，我们怎样来处理，我们是不是思考过。我们好多员工盲目自豪，盲目乐观，如果想过的人太少，也许就快来临了，居安思危，不是危言耸听"。

任正非每次提到危机、"冬天"时，华为就会出于生存的本能，集聚资金。2008年金融危机爆发，任正非再次提出"行业冬天"，华为就开始计划出售旗下手机终端设备部门。任正非有意出售该部门50%～60%的股权，从而获得约40亿美元的资金。这被业界解读为继2001年出售华为电器之后，华为准备的又一件过冬的"棉袄"。

经过华为电器、华为3com等多家子公司的成功变卖，"产业资本运作"已成为华为熟练的融资之道。2001年以7.5亿美元把旗下安圣电器卖给了爱默生电器，2005年华为3com49%的股权卖了8.82亿美元，仅此两项，华为赚了16.32亿美元。通过孵化子公司——使其具有竞争力——再出售，此种模式为华为融得的资金，补充了华为历史上每一次扩张的资金缺口，此为不言上市的华为的"资本之道"。

众所周知，在所有的企业家中，任正非的危机意识是非常强烈的，他写过很多如《华为的冬天》一样的文章以激发员工的危机意识，在任正非身上，我们看到了"战战兢兢、如履薄冰"的经营之道。当然，华为更为人乐道的是其创新研发能力，不论是春天还是冬天，华为一直坚持质量立世，注重研发与创新。将质量提高、服务做好和成本降低是华为一直处于遥遥领先地位的原因。

华为凭借强烈的危机意识，不断发现自己的不足，不断地改进和提高，使公司获得快速的发展。企业经营者和所有员工面对市场竞争，都要充满危机感，今天的成功并不意味着明天的成功，企业最好的时候往往是没落的开始。

作为企业管理者，要向太平意识宣战，就可以防微杜渐，居安思危，让企业一直处于奋斗的状态，让企业在时代的浪潮中能够与时俱进。

北大管理课强调要向太平意识宣战，保留危机意识，这是因为：

1.强者不可能恒强

我们发现，有的企业在慢慢地消亡、破产，而有的企业则像雨后春笋一样迅速地发展并壮大起来，这让我们明白，没有哪个企业是永远强大的。

作为一个企业的经营管理者，应该拥有正确的危机心态，认识到现实中可能存在的种种危机，自强不息，提早防范。如果一个企业的管理者不能够很好地认识到这个规律，骄傲自满，故步自封，固执地以为自己的企业能勇立潮头，没有半点危机意识,那么他必然会在幻想中迎来最后的失败。

2.大企业也会有危机

从一个企业的发展来看,越是大规模的企业,越可能存在各种各样的问题,各行各业都是这样。企业竞争只会越来越激烈,各行业也都步入了低速增长期,现在

○ 保持危机意识的原因

居安思危才能让企业走得更远,要时刻具有危机意识,才能有效应对危机。

1.没有永远强大的企业

这两个企业是什么时候出现的?怎么这么强大!

优胜劣汰是竞争的法则,有的企业由强转衰,而有的企业由弱变强,没有哪一个企业能够永远辉煌。

2.企业越大危机越大

物极必反,企业一味地强大并不是全然只有好处,企业越大,问题越复杂,面临的危险与挑战也就越多。

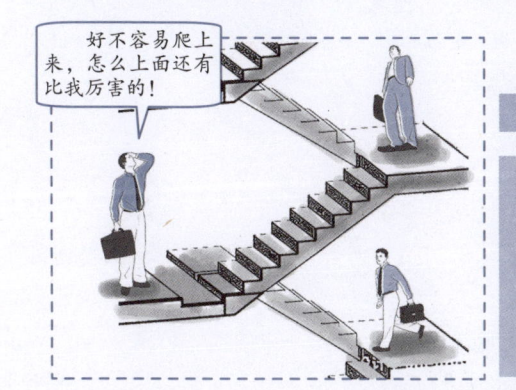

好不容易爬上来,怎么上面还有比我厉害的!

3.没有最强,只有更强

要知道"人外有人,天外有天",即便自己的企业已经强大,但是还有更加强大的企业在虎视眈眈,因此,任何企业都不能因为自身强大而掉以轻心。

的消费者也变得越来越挑剔，想要维持企业的发展并非易事。

如果没有数码相机的风靡，柯达也不会陷入破产的境地。类似的例子还有很多，那些曾经的巨无霸也不可避免地被淹没在时代前进的浪潮中。

3.一山更有一山高

当一个企业成为一个强者的时候，不要忘了在你的前方还有比你更强的强者。就像自然界中的食物链一样，世界上没有最强的无敌的霸主，也没有可以超越食物链的猛兽。一个企业也是如此，无论你是多么强大的巨无霸，总会有发展的软肋。为此，作为一个企业的经营者，一定要充分认识到这一点，并且时刻保持清醒的头脑。

4.居安思危

无论是一个国家、一个企业，还是一个团队、一个人，都应该认识到居安思危的重要性，时时警醒，不断激励自己。

当野狼卧在草上勤奋地磨牙时，狐狸看到了，就对它说："天气这么好，大家在休息娱乐，你也加入我们的队伍中吧！"野狼没有说话，继续磨牙，它把自己的牙齿磨得又尖又利。狐狸奇怪地问道："森林这么静，猎人和猎狗已经回家了，老虎也不在近处徘徊，又没有任何危险，你何必那么用劲磨牙呢？"野狼停下来回答说："我磨牙并不是为了娱乐，你想想，如果有一天我被猎人或老虎追逐，到那时，我想磨牙也来不及了。而平时我就把牙磨好，到那时就可以保护自己了。"

我们的企业能做到像这只野狼一样吗？企业中的管理者们能否居安思危，主动向自己的太平意识宣战呢？

创业艰难守业更难：企业帝国是如何陨落的

> 风险是危险和机会的综合，你不能没有风险吧，但是你又不能不防着风险。我们引用中国的一句古话"水能载舟，亦能覆舟"，水是好东西，有时候也会带来海啸，你要善于运用。创业艰难、毁业容易……
>
> ——周春生

相对于创业来说，守业显得更为重要和困难。有位企业管理者说："创业后如果不去想怎么继续发展，也许接下来就倒退，甚至灭亡，用'生于忧患，死于安乐'来形容一点都不过分。"

很多企业在各种风险面前处置措施不当，导致最后的惨败。创业艰难、毁业容易，作为一个企业的领导者和管理者，失却了创业时的拼劲，更容易引发生存危机。

北大管理课重视分析诸如一些企业帝国陨落的原因等，因为它们很有借鉴意义，可以避免更多的企业重蹈覆辙。像安然、世界通信公司、宝丽来等大型企业，就是在事业达到巅峰之后陨落的。

那些优秀的企业到底是如何陨落的？虽然每家公司所处的行业和特有的文化都不相同，各个企业倒闭的原因也各不相同，但是只要仔细分析，我们也不难发现一些掩藏在这些失败背后的原因和规律。

优秀的企业遇到危机会瞬间崩塌，其实也是长期积重难返的结果。管理学家发现很多企业帝国的衰落都经过五个阶段性的过程，每个阶段都有一些明显的征兆，这就给企业的运营者们敲响了警钟，及时反思自己的企业是否也有同样的征兆，提早预防、化解危机。

一般来说，企业在发展过程中，因为不正视危机一般会遭遇几个衰落阶段。

1.故步自封

当企业管理者面对企业持久的发展，会变得傲慢自负，故步自封，而这种心态也孕育着危机。这时候，企业衰落的第一阶段已经悄然降临了。这时，所表现出来的一些现象是：管理者经常将"我们之所以成功，是因为我们做了什么特别的事情"之类的话挂在嘴边，却不能深入思考和发掘你之所以做这些特别的事情的原因和最初的想法。狂妄自大、故步自封只是衰落的第一阶段，所以，有时候尽管企业管理者缺乏进取的勇气，企业却拥有良好的运行机制，管理者一时也是很难察觉公司的危机。

2.盲目扩张

丧失了创业时的激情后，就容易滋生狂妄自大、目空一切的情绪，会让企业的管理者觉得自己有能力去做任何事情，这种情绪就会使企业走进衰落的第二阶段。企业的管理者越来越希望听到赞美之词，希望企业发展得越来越快，规模越来越大，希望自己头顶上成功的光环越来越耀眼。如果不考虑自身实力、脱离实际的情况而盲目地扩张，就意味着危险近在眼前。

3.看不到眼前的危机

危机现象往往会在企业内部最先显现出来，这时候，一些企业的管理者会被企业外部"固若金汤"的表象所迷惑，而对企业业绩不佳的现状视而不见，对内部所表现出来的危机也不理会。

在这个阶段，企业管理者面对负面的数据，往往半信半疑；对于正面的数据则选择夸大其词地强调自己的优势；而对于那些模棱两可的数据，却潜意识地解读成好的方面。

4.病急乱投医

当企业最终由风险转变成现实中的危机局面时，企业的危机境况也就尽人皆知了。这时候，就会有一个关键的问题摆在管理者面前：怎样去解决危机？有很多管理者会在这个阶段为自己寻找一根救命的稻草，病急乱投医。不能针对危机找到切实的解决办法，注定危机只会愈加严重。

5. 轰然崩塌

在遭遇危机后，应对方法如果不能对症下药，必然让企业饱受挫折，财政上往往入不敷出，员工们士气低沉，很多管理者开始放弃努力。等到了最后，有的企业会被其他企业收购，有的则会慢慢地被人们遗忘；还有的甚至会因为遇到一些极端的境况而彻底破产。

天下虽安，忘战必危：不要被暂时的辉煌蒙蔽眼睛

企业的经营即便对一个成功者来说也不是一帆风顺的，你今天是一个成功者，你明天如果不防范的话可能会变成失败者。

——周春生

"人无远虑，必有近忧。"在这个竞争激烈的时代，一切都是瞬息万变的，任何企业都不能保证自己在任何时候都立于不败之地，居安思危、未雨绸缪才是高明之举。当代管理革命已经公认，有效的组织现在已不强调"有反应能力"，而应强调"超前管理"。

在市场中，许多企业虽有过辉煌的历史，但由于管理者忽视危机的存在，没能让危机意识在企业内部长久存留，使企业最终陷入危机中。电脑界的蓝色巨人IBM当年的经历就是一个生动的实例。

当大型电脑为IBM带来丰厚利润，使IBM品尝到辉煌的甜头后，整个IBM都沉浸在绝对安逸的氛围里，危机感尽失。在市场环境慢慢发生变化，更多的人青睐于小型电脑时，IBM却对市场出现的新情况不予理睬，没有意识到市场危机的降临。或者说，在企业不断成长的过程中，IBM没有注意到企业危机管理的重要性，依然沉醉于大型主机电脑铸就的辉煌中，按部就班，继续加大大型主机电脑的市场比重，失去个人电脑的市场。

如果企业满足眼前的一时辉煌，没有看到潜伏的危机，最后的结果只能是被市场所抛弃。可见，危机感不但是医治人类惰性和盲目性的良药，也是促成变革的最大动力之一。富于前瞻性、挑战性和创造性的危机制造以及危机解决，可以有效引导员工，强化凝聚力，有效提高企业竞争力。

在管理的过程中，我们经常会说"创业容易守业难"，在一个商机遍地的时代，虽然创业也不是一件简单的事情，需要长期努力与投入才有机会取得成功，但守业却是一件更不容易的事情。许多曾经优秀的企业照样从我们的视野中消失，看似风光无限的一些企业，却总是潜藏着许多危机。

管理者在任何时候都需要做到防微杜渐。曾经有许多名噪一时的大企业在人们

的注视下悄然而逝，退出了历史的舞台；一些人们眼中的小企业不断强大，取而代之。百年老字号都不免有被淘汰的结局，作为管理者，怎能被眼下的辉煌蒙住自己的眼睛？

危机无处不在，无论是对于一个人，还是一个企业，都要增强自身的危机意识，尤其是在企业的辉煌阶段，更不能掉链子。要知道，站得越高，摔得越疼。

巨人集团作为一个曾经红遍全国的知名企业，在不到2年的时间就实现销售额近4

○ 管理者要学会防微杜渐

"千里之堤，毁于蚁穴"，对于一些小的危机，管理者应该引起重视，时刻做到防微杜渐。

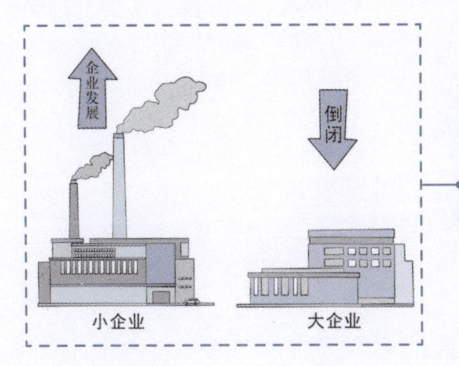

现代企业飞速发展的同时，也有很多名号响亮的企业轰然倒闭，而一些不知名的企业却悄然变强。

一些强大的企业认为自己已经成为行业中的佼佼者，从而故步自封，停滞不前，这样的企业只是一时的强大，很快就会被其他企业赶超，从而被淘汰。

我们就是行业第一！

不难看出，再强大的企业，如果不能时刻警醒也会退出历史舞台，更何况是一些中小企业。因此，无论什么时候，都不能掉以轻心，而要时刻警醒，防微杜渐。

亿元，员工更是达到了2000多人，然而，在不到4年的时间里，便沉陷危机之中。

1993年到1996年，巨人集团放弃了自己的专业化发展之路，开始在房地产、生物工程和保健品等领域朝"多元化"方向发展。但是，这让巨人集团自身的弊端一下子便暴露出来，公司落后的管理制度和财务战略上的重大失误最终使巨人集团身陷困境。

史玉柱并非没有意识到企业存在危机。在1995年的时候，为此，他走访了太平天国起义的旧址——金田，仔细研究了洪秀全的成败得失；他来到大渡河，面对滔滔河水，仰天长叹："我们面前就横着一条大渡河呀！"

像巨人集团这种在当时十分成功的企业，也不免陷入危机之中。在当时，电脑还是朝阳产业，巨人集团在这方面还远没有成熟，可以将其作为核心业务来发展，在其他业务上不必投入过快。但巨人集团却反其道而行之，使企业陷入难以自拔的地步。

"兵无常势，水无常形。"管理者如果不思进取，或是盲目发展，都会给企业带来不利的影响，甚至使企业淡出人们的视线。尽管后来巨人集团重新站了起来，但20世纪的危机无疑给新世纪企业的发展敲响了警钟。

作为管理者要居安思危，这样才能让自己不满足于眼前的所得，保持不断努力奋斗的良好状态，让自己、让企业走得更远，不至于昙花一现，如流星般光耀一时。在激烈的竞争中，没有一个企业能在一成不变或盲目进取的基础上保持永恒的竞争力和领先优势。

在一个企业的创业阶段，管理者总是在考虑该怎样把企业做大做强，但是，当企业取得一定的业绩后，管理者便有可能过高地评估了眼下所取得的辉煌成绩而沾沾自喜，难免滋生骄傲之心。尤其是一些在行业内颇有影响的企业，似乎更容易以为自己是一枝独秀，以为其他企业在很长一段时间内不可能对自己形成威胁；更有甚者，会认为自己将在此领域永远充满竞争力，以至于故步自封，难觅更大的发展。

2009年6月1日，美国通用汽车公司正式申请破产保护，这个世界上最大的汽车企业、美国的老字号最终还是陨落了。

分析其走向衰落的原因，我们会发现，骄傲自满、轻视对手是一个重要因素。宾夕法尼亚大学沃顿商学院教授凯德·何塞说："通用在产品和客户群方面都感到自满，以为美国购车者只会选择通用，日本汽车制造商的强势竞争并没有引起通用的注意，最终使市场份额被丰田、本田、日产等其他品牌不断蚕食。"

在辉煌的成就面前，骄傲自满本身就是一个可怕的陷阱，更让人感到可怕的是，这个陷阱是企业的管理者亲手挖的。

作为管理者，千万不要被一些繁荣的表象所迷惑，那么多优秀的企业一夜间轰然崩塌，带给我们多少启示？越是在企业做大做强的时候，管理者越要保持谨慎，反思自己、企业在成功的过程中还存在的一些不足，以待改进，让潜在的危机得到及时的处理，让危机消失在萌芽阶段。

找到"蚁穴"，注意危机前的隐性信号

> 不断有人提醒说这儿可能出问题，那儿可能出问题，我们就想办法去看是不是真的有可能在这些方面出问题，如果有隐患的话，我们怎么去避免。
>
> ——李彦宏

当危机出现的时候，总给人一种猝不及防的感觉，很多人不会想到怎么自己或者企业一下子陷入如此被动的境地。

"千里之堤，毁于蚁穴。"当危机前的隐性信号没能引起管理者的重视，任其发展到一定程度的时候，就会表现出一连串的很直观的危机迹象。

在危机发生之前，总会或多或少地暴露出一些异常的蛛丝马迹，展现出一般正常状态下不正常的反应，这些不正常的反应就有可能是危机出现前的一些征兆。在面对这些问题的时候，管理者不能松懈、麻痹大意。

在现代安全生产工程学研究中，有一条著名的"海因里希法则"，即每一起生产事故背后有29个事故征兆，一个事故征兆背后有300个事故苗头，一个事故苗头背后有1000个事故隐患。

海因里希法则又称"海因里希安全法则"或"海因里希事故法则"，是美国著名安全工程师海因里希提出的，海因里希法则的另一个名字是"1∶29∶300法则"；也叫作"300∶29∶1法则"。这个法则意思是说，当一个企业有300个隐患或违章，必然要发生29起轻伤或故障，在这29起轻伤事故或故障当中，必然包含有一起重伤、死亡或重大事故。"海因里希法则"是美国人海因里希通过分析工伤事故的发生概率，为保险公司的经营提出的法则。这一法则完全可以用于企业的安全管理上，即在一件重大的事故背后必有29件"轻度"的事故，还有300件潜在的隐患。可怕的是对潜在性事故毫无觉察，或是麻木不仁，结果导致无法挽回的损失。了解"海因里希法则"的目的，是通过对事故成因的分析，让人们少走弯路，把事故消灭在萌芽状态。

海因里希认为，人的不安全行为、物的不安全状态是事故的直接原因，企业事故预防工作的中心就是消除人的不安全行为和物的不安全状态。海因里希的研究说明大多数的工业伤害事故都是由于工人的不安全行为引起的。即使一些工业伤害事故是由于物的不安全状态引起的，则物的不安全状态的产生也是由于工人的错误造成的。

危机可以预防，也可以避免，关键在于人，在于每一个员工，在于每一个员

工在工作中的每一个细节。要从根本上防止事故的发生，就必须把安全生产中一切潜在的危险因素事先辨识出来，加以控制和解决。由"海因希里法则"我们可以看出，危机发生之前一定有其信号。

当这些尚处于隐性的危机信号没有引起管理者的重视时，一旦越积越严重，便会导致危机的爆发。

那么，危机前的隐性信号有哪些呢？在众多的案例中我们可以总结出这样几个方面，如企业有少部分优秀的人才流失、所占的市场份额逐渐萎缩、企业的盈利能力相对较差、执行力差、信息沟通与传递不畅、创造力低下、缺乏发展后劲等。

任何危机的发生都会有一个酝酿的过程，不要对潜在的危机视而不见，更不要纵容危机！作为管理者，在发现一些不好的苗头、认识到危机前的隐性信号的时候，就要采取有效的措施进行处理，把可能出现的危机消灭于萌芽阶段。

惠普曾经也在中国遭遇了危机。但这场危机本可以迅速解决却没有有效解决，大大影响了惠普在中国的销售。2009年以来，惠普DV2000、V3000等型号的笔记本电脑集中出现质量问题，引发消费者集体投诉，但惠普公司一直没有给予积极回应。

同时，根据有关媒体报道，中国惠普公司客户支持中心的有关人员否认惠普笔记本存在任何质量问题。客户体验管理专员袁明在接受采访时，称惠普笔记本出现故障与消费者笔记本使用环境的脏乱差有关，导演了一场"蟑螂门"。

直到2010年3月17日，惠普才召开紧急新闻发布会，承诺将在今后的30天中展开综合整顿计划，但整个发布会只用了20分钟便草草收场。

可以说，惠普的质量问题在很久之前就已经暴露了出来，面对消费者的不满，不仅显得反应缓慢，更是显得傲慢，"蟑螂门"一出，也让惠普的产品销量急骤下降。

其实，对于危机前的信号只有防而不实，没有防不胜防。预见和防范危机才能更好地避免危机。很多悲剧和意外事件的发生都是因为人们没有很好地防范而造成的。

2010年4月20日夜，位于墨西哥湾的"深水地平线"钻井平台发生爆炸并引发火灾，事故造成11名工作人员死亡。

"深水地平线"钻井平台属于瑞士越洋钻探公司，事故发生时由英国石油公司（BP）租赁。自事故之前的2010年4月24日，该钻井平台底部油井就漏油不止。但是并没有引起相关人的重视。就是事发半个月后，各种补救措施仍未有明显突破，沉没的钻井平台每天的漏油就达到5000桶，并且海上浮油面积不断扩大。此次漏油事件造成了巨大的环境污染和经济损失。

据有关调查显示，墨西哥湾原油泄漏的主要是由美国过早开放深海石油开采以及英国石油公司忙赶工期导致。但是，从理论上来讲，作为防止漏油的最后一道屏障,"防喷阀"安装在井口处,在发生漏油后关闭油管。但"深水地平线"的"防喷阀"并未正常启动。而美联社报道,自从美国联邦政府监管人员放松设备检测后,数年间数座钻井平台的"防喷阀"未能发挥应有作用。

如果"深水地平线"钻井平台所属公司和租赁公司有防范意识,并将这种意识落实到实处,那么,4月20号的危机就能避免。"今天不做,明天就会后悔",赶在危机之前就解决问题,这是应对企业危机最好的办法。

美国一家船运公司每年都评选一次最优秀的船队,这样的船队首先要满足一个条件:出海的过程中出现事故最少。有一个船队每年都会被评上,因为在海上航行的时候,这个船队几乎没有出过什么事故,当然,一些自然事故是无法避免的。

当有人问及是什么让这个船队如此优秀时,那个优秀船队的船员说:"其实没

○ 可预见的危机

很多危机在发生之前会有一定的征兆,企业管理者只要稍微留神,便能预见。可预见的危机有两种情况:

一为企业内部原因,可以自行控制,消除了危机隐患,实际上就走出了危机状态。但如果未能预见并加以防范,则迟早会出现危机。

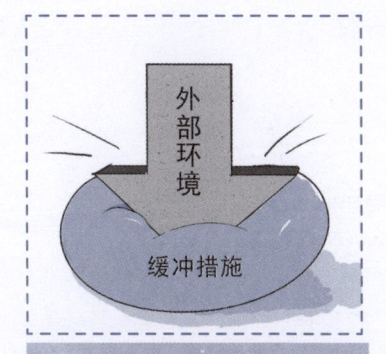

二是宏观环境的变化,企业不能控制,因而也难以避免,但可设法减弱或转移危机的破坏。

只要是可以预见的危机,即使不能完全避免,企业也可以尽可能地减少损失,因此,企业创业者一定要留意这两方面可以预见的危机。

什么，我们只是定期进行细心的船舶检修，尤其是航行前。因为我们知道，今天不做，明天就会后悔，仅此而已。"

熟悉航海的人都知道，由于船舶运行的故障和磨损、海水较强的腐蚀性、海洋生物强烈的附着力和快速的生长力，使得船体很容易出现问题，产生难以清除的锈斑、锈皮，严重影响船舶的行使效率和行驶安全。所以必须对船舶进行定期检修，这样才能不出问题或者少出问题。

我们要尽量在错误发生过程中准确地辨认出问题并有效地解决它，这样可以避免不必要的损失。

作为管理者，对危机前的隐性信号不予重视已然是失职，而危机前的显性信号还不能引起重视更是无法原谅。危机给企业的危害是不容忽视的，当管理者已经发觉的时候，一定要马上采取行动，冷静地面对危机。

找出危机的源头，把危机消灭在萌芽状态

任何一个企业发生事件以后，危机有放大功能，往往是一个小事情引发的。如果不加以控制，他就有可能变成第二个、第三个，甚至更多的危机，引爆更多的危机出来。

——艾学蛟
（北大光华管理学院教授，著名危机管理专家）

对企业进行经营管理，经常面对的都是看似琐碎简单却最容易被忽略、最容易错漏百出的事情。如果一个企业有着辉煌的目标，但如果在某一个环节连接上，某一个处理上不能够到位，都会导致最终的失败。

有这样的故事或许能给管理者以启发：

一位勇士发誓要排除万难去攀登一座高峰。从优良的身体条件和过人的勇气和毅力来看，成功的可能性很大。于是，在众人期待与敬仰的目光中，他出发了。然而，他却失败了。出人意料的是，使他放弃的原因只是鞋中的一粒沙子。

在登山途中，险峻的山势没能阻止他前行，疲惫和饥饿、寒冷没能使他畏惧，恶劣的气候没能使他退缩，不知何时他的鞋里落入的一粒沙子，却成了他攀登过程中难以逾越的障碍。

起初，他是有时间将那粒沙子从鞋里倒出来的，但是他并没在意，或许，一粒小小的沙子在勇士的眼里实在是太微不足道了。的确，和悬崖峭壁相比，那粒沙子的存在简直可以忽略不计。然而，随着路程的增加，那粒沙子钻进勇士的皮内，越走下去越是觉得磨脚，最后，每走一步都伴随着一阵锥心刺骨的疼痛，他终于意识

到这粒沙子的危害。但在陡峭的崖壁上他实在没有力气屈身脱掉鞋子取出沙子。当他终于把沙子取出来时，脚已被磨出了血泡，而且伤口很快就被肮脏的鞋袜感染而化脓。最后，除了放弃，他别无选择。

沙子虽小，不能像巨石般挡道，但在登山途中却成了勇士无法战胜的"高峰"。同样，每一个岗位、每一个流程都有可能成为管理中的沙子，如果我们看不到其中潜藏的危机，不能及时将其取出，危机就不可避免。

企业规模越大，就越容易出现各种各样的沙子。因为人们很容易忽略一些小的方面，就如登山的勇士一样，无暇去顾及鞋内的一粒沙子。小疏忽往往会带来大灾难。所以我们要尽量在危机发展过程中准确地辨认出危机并有效地解决它，这样可以避免不必要的损失。

宝洁公司对它的"Rely"牌卫生棉条被担心可能引起中毒性休克综合征后，它的早期反应就是一个例子。

宝洁公司在得到并不充分的且结论不完全一致的一些证据后，立即停止生产这一产品，并将它们从市场上收回，这一举动赢得了绝大多数人的赞赏。管理层勇敢地迅速采取措施，以保护宝洁产品用户的健康（这同时也保护了公司的声誉），这个决定在短期内确实使公司蒙受了部分损失，但与公司长期获得的收益相比，就微不足道了。公司由于遵循了一条商界管理者都认同但经常在危机中忽视的原则——顾客利益至上原则，从而避免了公司长期利益受损。很明显，在考虑自身健康和安全问题上，宝洁公司的客户最大的担心是这家他们多年使用其产品的公司是否真正值得信赖。宝洁公司把与客户的相互信任和沟通置于公司关心的问题的首位，使它成为一位长期赢家。

《淮南子·说山训》中有"一叶而天下知秋"的说法，"以小明大，见一叶落而知岁之将暮"，意思是说一个人见了树叶落，就能够预见到秋天即将来临，这和道家庄子所说的"飓风起于萍末"是一种思想。

我们看到台风的力量这么猛烈，但它在水面上初起的时候，只见到水面上的一叶浮萍稍稍动一下，紧接着水面上一股气流冒上来，慢慢大了，变成台风。道家这句话是说，个人也好，家庭也好，社会、国家、天下事都是一样，如果不在乎小事，则大问题都出在小事上。"飓风起于萍末"，大风暴是从一个小风波来的。同样，在工作中，事故的出现并不是偶然的，生活中没有偶然的现象。

大部分危机并不是由单一事件引起的，而是微小的、容易被人们忽视的一系列事件综合引发的结果。在工作中见微知著，防患于未然，是每个人都应当认真思考的问题。

海尔集团有一种"问题管理"，就是提早发现自己的不足并予以迅速解决。这些不足可能是自己主动找出的，也可能是从用户的批评和建议中感知的。对于"问题管理"，海尔集团的CEO张瑞敏声称，海尔注重问题管理而非危机管理模式，就是把企业出现的任何危机消灭在萌芽阶段。

　　造成企业危机的原因会有很多，有来自企业内部的，如产品质量问题、服务问题、管理问题等，也有可能是一些外部原因，如恶意竞争、虚假消息等。作为管理者，要找到危机的源头，找出使企业陷入危机的真正原因，这样才能让企业在处理危机时做到有的放矢。

　　2005年4月中旬，国内各大媒体转载国外的一则报道，报道称包括高露洁在内的数十种产品内含有致癌危险的物质。

引起企业危机的外部环境因素

企业要生存发展，必然要适应外部环境的变化。但如果外部环境的变化是突发性、致命性的，则会使企业措手不及，来不及做出反应就陷入危机。外部环境主要包括以下因素：

1. 政治、法律因素

如行政命令、法令法规、国际关系、政治事件等。

2. 社会文化因素

如环保卫生、消费者行为、新闻舆论等。

3. 经济因素

如经济政策(价格、税收、信贷等)、竞争态势、资源供给、经济纠纷等。

此消息一出，高露洁作为领军的牙膏品牌，在中国的销售大幅度下降，绝大部分人在接受调查时声称将不会再购买高露洁牙膏。

对此，高露洁迅速组建公关团队，召开新闻发布会，到了4月27日，高露洁又澄清信源，播放了美国弗吉尼亚理工学院的教授彼得·威克斯兰的一段录音。彼得表示，自己的研究只是关于自来水和含有玉洁纯的清洁剂相互之间的化学反应，根本没有涉及牙膏。同时"刷牙时仅用少量的水，因此研究中所提及的化学反应不会发生在任何类型牙膏的使用过程中"。通过各种措施的综合运用，高露洁慢慢地逐渐消除了危机造成的不利影响。

针对危机发生的原因，便能够在危机中对症下药，采取有针对性的措施解决危机。如果危机的原因在于企业内部，便进一步完善；如果危机的原因在于外部不实的报道或恶意竞争等，则快速澄清事实，最大限度地减轻危机给企业带来的损害。

疏忽容易导致危险的发生，麻痹大意就容易犯错误。所以，我们在工作中必须时刻保持警惕，认真对待每一件事情。

"千里之堤，溃于蚁穴。"联想到那些重大事件的起因往往都是微小的，容易被疏忽的小错误，也正是这些很难察觉、让人容易麻痹大意的小错误导致了无法收场的严重后果。

很多人和企业在认为危机是突发性的，面临危机时并不知道为什么企业会突然面临危机。不要去抱怨，而是要积极采取行动，找出危机的源头，把危机消灭在萌芽状态。

不可抗危机的应对机制——做些什么才能转危为安

我们说危机管理，首先要把逐步有可能放大的危机缩小，再缩小，大事化小、小事化了。

——艾学蛟
（著名危机管理专家）

虽然说"冰冻三尺，非一日之寒"，危机的爆发也是一个长期的过程，但这一瞬间的释放还是会让许多人觉得难以接受。不管危机该不该来，但还是来了。既然如此，管理者就不能选择在这个时候退缩，要勇敢地站出来，应对危机。

面对一些无法预料的不可抗性因素，很多企业都会因此而陷入危机，有的企业会因此而一蹶不振，有的企业却能够将危机转化为良机，从而扭转乾坤。那么作为一个企业的管理者，如何在面对危机的时候，化危机为良机，转败为胜呢？这需要领导者拥有过人的智慧，娴熟的危机管理的能力。

在危机管理中，有一个专门的词语叫"危机公关"，它指的是应对危机的有关机制，具有意外性、聚焦性、破坏性和紧迫性。对一个企业来讲，管理者需要想办法使"危"转"机"，在危机中克服危机。

2005年3月15日，在肯德基新奥尔良烤翅和新奥尔良烤鸡腿堡调料中发现了微量苏丹红一号成分。苏丹红（一号）是一种红色染料，用于为溶剂、油、蜡、汽油增色以及鞋、地板等的增光剂。有关研究表明，苏丹红（一号）具有致癌性，我国和欧盟都禁止其用于食品生产。

肯德基是怎样化解危机的呢？

危机出现后，肯德基一个由各相关部门组成的危机小组马上组成，共同应对危机。第一时间是极其重要的信息传播机会，积极面对、迅速反应是堵住虚假信息、抑制混乱局面的良方。在事件来龙去脉还未完全明朗的情况下，肯德基向公众公布权威部门的检测结果，同时向公众表示歉意的"自责"，在第一时间赢得了媒体的关注和支持。

由于肯德基以不回避问题的积极态度，并通过媒体公布事件的进展，在公众中塑造了"肯德基是一个有信誉和敢于承担责任的企业"的良好形象，在一定程度上减轻了消费者的疑虑和来自媒体的压力，防止了舆论环境的进一步恶化。

此后，肯德基一边向公众致歉，一边追查事件根源，并在事件发生的第四天，肯德基就公布了"调查苏丹红的路径图"，成功地把媒体的注意力从肯德基产品转移到对"苏丹红"来源的关心上，将公众的视线引向对"苏丹红"的关注，而非肯德基本身。

在危机事件后期，各大网站、新闻媒体跟踪报道，"肯德基自查出'苏丹红'"、"愿承担法律责任"、"肯德基将赔偿"等几百条标题醒目的报道，成为肯德基危机的一股强大的化解力量。

3月23日，肯德基在全国恢复了被停产品的销售，表示决定采取中国餐饮行业史无前例的措施确保食品安全，加强食品安全监测。

肯德基不仅将这次"苏丹红"危机成功化解，不但公众形象没有受到损害，反而在危机中体现出大品牌的社会责任感，不愧为危机应对的成功典范，值得我们在借鉴学习。

所以，要化危机为良机，企业管理者必须学会如何使得企业转危为安。很多时候，危机的形成是我们无法预料，也无法阻止的。危机降临后，有的企业管理者会迅速让自己龟缩起来，有的人会在危机面前惊慌失措、手忙脚乱，做出一些错误的决策，而有的人却能够从正面突破这种危机，靠自己的勇气和决心去突破危机，找到正确的突破口，并在危机中寻找良机，让自己的事业更加迅速地发展起来。

美国银行是全球最大的商业银行之一，它的创始人是艾曼迪奥·彼得·吉安尼尼。

第二十章
危机管理课：繁荣时代不要忘了自己的"渴求"

加利福尼亚州的旧金山地区经常发生地震。1906年，这里发生过一场严重的地震，致使许多建筑物倒塌，城市里到处都是废墟和蔓延的火苗。地震发生后，吉安尼尼匆匆坐火车赶到了旧金山，因为他刚刚在那里创办了一个意大利银行，他必须去确认一下情况。

旧金山在地震后的情况非常混乱，人们拥挤着要逃离市区，而吉安尼尼却逆着人群经过几个小时的艰难行进，终于到了银行大楼。当时火势已经蔓延到了银行大楼，他在员工的帮助下取出了银行里的现金后匆匆返回了家。

地震过后，银行家开始聚集在一起商议对策，很多银行家都主张在此后一段时间里要暂缓对旧金山市的放贷业务。可是吉安尼尼虽然在地震中遭遇损失，却觉得这是个好机会，第二天应该赶紧重新开张，他甚至大声喊道："我们要在这个时候重建旧金山。"

很多企业在地震中受到了严重创伤，又有很多小企业想趁机发展自己的事业，于是便有很多企业到吉安尼尼的银行做借贷业务，吉安尼尼也将钱贷给了这些企业。作为回报，这些企业也把自己的钱存进了吉安尼尼的银行里。

随着时间的推移，旧金山慢慢地从地震的混乱中恢复过来，经济发展也日渐繁荣。在这样的形势下，吉安尼尼把越来越多的钱贷给了这些企业，而这些企业也把越来越多的盈利资金存进了他的银行。伴随着经营业务的扩大，该银行的盈利迅速增加，最终业务遍布了整个加利福尼亚州，这家银行最终改名为美国银行。

要将危机转化为良机，最重要的还是要找到一个正确的突破口。只有先找到这个突破口，让自己有机会冲出危机的包围圈，才能拥有更加广阔的发展天地。

机遇往往与风险并存，一些优秀的企业管理者就是在危机中寻找机会，取得成功的。企业管理者通过应对危机，可以获得很多的间接经验，在真正的危机爆发时，如果能正确面对，措施得当，就能发现危机背后的成功机遇。

危机中同样蕴藏着机遇的种子。管理者需要做的，就是避开不利的条件，利用有利条件，化危机为良机，把握事业成功的契机。

第二十一章 管理艺术课：
难得糊涂，"在恰当的时候做最恰当的事"

不同人的不同管理方式——没有一成不变的管理模式

管理既是一门科学，更是一门艺术。

——北大管理理念

有些工作，必须按照一定的规律进行，不然就会出问题；同时还有大量问题需要对具体情况进行具体分析，从这个意义上来说，没有一成不变的管理模式。

尼克松在他的《领导人》一书中这么说："每一个领导人都属于特定的时间、地点和环境，领导人和国家是不能调换的。丘吉尔固然伟大，但是很难想象他在战后德国能扮演像康德拉·阿登纳所扮演的那么成功的角色；阿登纳也不可能像丘吉尔那样在英国存亡关头唤起民众的同仇敌忾。"

随着时代的发展，比如劳动者从奴隶社会的"会说话的工具"到今日作为推动社会前进的决定力量的角色、地位的转变，也带来了人才管理方式的转变，无论是X理论抑或是Z理论等，只要适合企业的发展，都是合适的管理。

1981年4月，杰克·韦尔奇接管通用电气。他拒绝了在华盛顿扮演的政客角色，全力以赴在通用电气进行大刀阔斧的改革。韦尔奇取消了整个官僚作风严重的管理层，抛弃了业绩不佳的部门，废除了数年来与政府来往的工作指导思想。他重新定义了CEO的角色任务。以前，通用电气集中关注收入的增长，雇员、股东与社会利益的平衡，但韦尔奇却提出了一个简单明了的成功准绳：提高通用电气的投票价格。在韦尔奇管理的20年里，通用电气的股价狂飙。韦尔奇最出色的一个方面就是他的自发性和先知性，因为并没有人要求他必须这样做，而当时其他总裁只是被动的公司管家。他的"铁腕"曾经被人戏称为"中子弹"，因为爆发力太强。也许在有人看来这样的强制性决策与今日"以人为本"的管理理念不相符，但通用和韦尔奇的成功却说明我们不能盲目地将过去的管理方式扫入垃圾堆。

此一时、彼一时，管理风格也是因时、因地、因人而异的，不能"一刀切"。因为没有哪一种领导风格是"最好"的，以菲德勒的"权变领导理论"来说，它们都是时势和天性的产物，不过可以通过后来的调整来进行磨合互补。

世界上没有一成不变的管理模式，必须选择最合适的管理方式。说管理是一门艺术，因为管理是一种操作性非常强的技能，任何生搬硬套都可能碰壁。权变管理理论认为，一个高明的管理者应该是一个善变的人，即根据环境的不同而及时变换自己的领导方式，不断地调整自己，使自己不失时机地适应外界的变化，或者把自己放到另一个适应自己的环境中。权变管理主要包括"因地制宜"和"因人制宜"两种方式。

1. 因地制宜

每位管理者都是在一定的工作环境中工作的，在不同的工作环境下管理者应该采取不同的管理方式。

美国管理学家菲德勒认为，管理者的工作环境主要由三个要素构成：上下级关系，比如管理者与下级的关系是否融洽；任务结构，比如管理者所管理的工作究竟是常规性的还是突发性的，一般来说常规性的任务结构比较明确简单，工作环境好，但突发性的任务就属于结构不明确，环境就比较差；职位越高，权力越大，环境也就越好。

当工作环境非常有利或非常不利时，一般采用以工作为中心的办法较好；当组织状态、任务情况对下级的控制要求居中时，可考虑用以人际关系为中心的方式；或者说当组织状态、任务情况、对下级的控制水平居高或居低时，集权方式比较有效。

某厂最近由于客户订单纷纷而来，而且催货特别急，产品供不应求。而分配到某车间的生产任务非常沉重，此时如果不能按照客户的要求生产，不仅失去了一大笔生意，而且还可能在市场上使自己的信誉受到较大影响。时间紧任务急，此时厂长决定采取突击办法抓紧生产，号召员工克服一切困难，加班加点按时完成任务，同时厂长也以身作则，与成员一起共同奋斗在生产一线。在大家的共同努力下，最终保质保量地按期交货。

在这种情况下，管理者就应该采取以生产为中心的方式，必要时甚至专断一些。

2.因人制宜

下级的综合素质更多地决定了管理者的管理方式。我们可以把管理者的素质看作是一片土壤，在什么样的土壤上就会滋生出什么样的管理方式。比如在文化水平较低的团队，在管理中要更多地运用命令的方式；而对文化素质较高的下属，则不宜用这种方法，应该多征求大家的意见。

做一名高明的管理者，就应该根据环境的变化和管理对象的不同，采取"因地制宜"和"因人制宜"的权变管理方式，使管理的效果达到最优。

不要和下属走得太近，保持适当的距离

作为一名管理者，要善于把握与下属之间的远近亲疏，领导和下属的距离，并不是越近越好。

——北大管理理念

孔子曾说："临之一庄，则敬。"意思是说管理者不要和下属过分亲密，要保持一点距离，给下属一个庄重的面孔，这样才可以获得他们的尊敬。有些管理者认为，越平易近人，越和下属打成一片，越能赢得下属的尊敬。但结果却往往是恰恰相反。

有些管理者认为，与下属打成一片、称兄道弟，这种融洽的关系最好。这种想法不仅是错误的，而且是可笑的。在管理方面，管理者必须树立起工作的权威，如果在工作中还是"兄弟"，一定会影响到工作效果。

如果你是个管理者，你可以反思一下，你是否想要把下属团结成你的"哥们"？你是否对某一位知心的下属无话不谈？你的下属是否当着其他人的面与你称兄道弟？如果上述几种情况已经在你身上出现，那么就应该引起你警惕了，你需要立即采取行动，与你的下属保持一定的距离。

管理学中有这样一则寓言故事：

曾经有两只困倦的刺猬，由于寒冷而拥在一起。可因为各自身上都长着刺，它们离开了一段距离，但又冷得受不了，于是又凑到一起。几经折腾，两只刺猬终于找到了一个合适的距离：既能互相获得对方的温暖又不至于被扎。

"刺猬"法则就是人际交往中的"心理距离效应"。领导者要搞好工作，应该与下属保持亲密关系，这样做可以获得下属的尊重。但也要与下属保持心理距离，以避免下属之间的嫉妒和紧张，可以减少下属对自己的恭维、奉承、送礼、行贿等行为，防止在工作中丧失原则。

"近则庸，疏则威"，与下属保持一定的距离，可以树立并维护领导者的权

威。适度的距离对管理者是有益的。即使你再"民主",再"平易近人",也需要有一定的威严。

"仆人眼里无伟人",这是法国历史上的伟人戴高乐的一句名言。此话怎讲呢?因为所谓的伟人,如果他的一点一滴,甚至每个毛孔都呈现在你眼前时,你不仅会发现他只是个凡人,或许某些方面比较突出的凡人;更有甚者,你会发现在暗角里,他也有那么多可耻的、不为人所知的缺点。

你可以是下属事业上的伙伴、工作上的朋友,但你千万不要成为他的"哥们"。当众与下属称兄道弟只能降低你的威信,使人觉得你与他的关系已不再是上下级的关系,而是哥们了,于是其他下属也开始对你的命令不当一回事。

领导者与下属保持一定的距离才能树立威严。适度的距离对于领导者管理工作的开展是有好处的。

○ 适当端起领导的"架子"

人们总是习惯用"架子大"来形容某些管理者脱离群众,目中无人。但是,"架子"绝不仅仅只是消极、负面的东西,也有着积极而微妙的意义,它其实可以理解为一种"距离感"。适当端起领导的"架子"是管理下属的一种十分有效的方法。

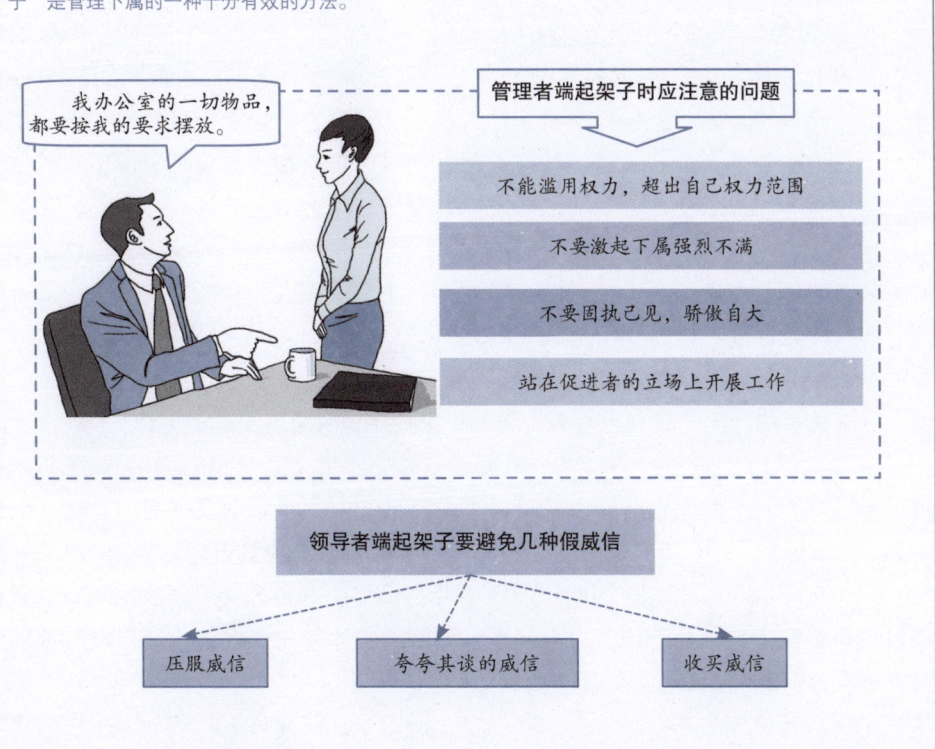

> 我办公室的一切物品,都要按我的要求摆放。

管理者端起架子时应注意的问题
- 不能滥用权力,超出自己权力范围
- 不要激起下属强烈不满
- 不要固执己见,骄傲自大
- 站在促进者的立场上开展工作

领导者端起架子要避免几种假威信
- 压服威信
- 夸夸其谈的威信
- 收买威信

在日常的管理中，你是否会听到下属这样议论你：王总这些天是怎么了，前天还与我们有说有笑地吃晚饭，今天又把我叫到办公室给训了一顿，一会儿把我们当朋友，一会儿又要做主管，真没想到他被提拔后会这样对待我们，太令人失望了。

领导者与下属等级还是有别的，扮演的角色更是截然不同。作为一名上级，最不讨好的事情就是纠正下属的行为，尤其是在工作进展不顺利时。如果你一方面想当下属的好朋友，另一方面又想当好管理者，同时想扮好这两个角色只会让你吃力不讨好。你的下属会对你的"两面派"行为怀恨在心，而你的上司则会怪你办事不力，你只好两头受气。

总之，作为管理者，必须摆正自己与下属的位置。与下属保持适当的距离，不即不离，亲疏有度。

不要把拥有的权力当成领导力：树立起你的威望

威信是"无言的召唤，无声的命令"。

——李彦宏

管理者的权力分为：职位权、专长权、威望权。具体来说，职位权是法律或公司制度所赋予的，所以有其强制性；专长权来自于个人拥有的知识和专业技能，即所谓的"才"；威望权来自于个人品质和心理素质以及处世风格，即所谓的"德"。对于管理者而言，这三种权力缺一不可，但很多人却忽视了威望权的重要性。由于威望权缺乏强制性，它们的影响完全出自于组员主动的内心认可，我们常说的领导魅力或领导影响力指的就是威望。

管理者要想带领好自己的团队，就要在员工心中树立一种威望。这种威望有时候比职位权力更重要。

拿破仑发动百日政变，不发一枪一弹便夺回了权力。这在别人是不可思议的事情，可拿破仑却做到了，原因之一就是他在士兵中享有崇高的威望。

威望对管理者而言，具有十分重要的作用。它是每个组织实施统御的必备条件，是领导者身上的无形光环，是领导者力量的化身，也是成就事业的基础。管理者如果没有威望，组织就不会有任何一致的行动，最终会使其走向衰亡。

一个利用职位权来行使管理权的管理者，只会让下属行动上服从；而一个靠自身威望来行使管理权的管理者，会让下属心服口服地服从管理，达到良好的管理效果。可以说，威望要比权力更能达到有效的管理效果。

聪明的管理者，都会想方设法建立自己的威望，从而最终收到事半功倍的管理效果。作为管理者，能够发号施令使下属依己之意行事，而下属也是言听计从，这当然是一件好事，但能够立权树威却不是一件简单的事情，只有从小事做起，在管理工作中注意细微小事，点点滴滴地树立自己的威信。

领导者要在下属中树立权威，赢得人心最重要的是以理服人，公正待人。俗话说，"有理走遍天下，无理寸步难行"。道理没讲清，下属会认为你是无理取闹，下属把怨气憋在心里还好一点，万一和你当面争执起来，你这个上司可就难看了。

松下电器的创始人松下幸之助批评下属是很出名的，但他批评下属有一个特点，他会边批评边讲出自己的道理，让下属虽然挨了批评，却都心服口服。以理服人是松下赢得下属尊重和信任的重要原因。

有近重信刚进入松下电器后被分到电池厂，按规定生产技术人员必须到第一线实习，他整天跟黑铅锰粉打交道，浑身黑乎乎的。一天，松下来电池厂巡视。有近见门外进来一个穿礼服的绅士，立即跑过去把他拦住，问道："请问你有公司开的参观证吗？"

松下说："没有。"

有近重信把双臂一伸，拦住了松下，并且毫不客气地说道："那就对不起，不能进去。""我是……"

"你是天王老子都不许进！"不等松下说完，有近就打断了他要说的话。

有近重信接着又说："我们老板松下先生有规定，没有公司的参观证，任何人都不得进来！"

松下没有生气，叫来了厂长后才进去。松下见了厂长井植薰说："你们员工中有个很固执的家伙，大概是新来的吧，死活不让我进去，真是个很有特点的人。"

这件事给松下的印象很深，他认为有近是个可造之才，原则性很强。所以井植薰每次去汇报工作，松下都很关注有近的情况。

不久，电池厂盖成品仓库，由于松下的坚持，决定采用木结构。井植薰把设计任务交给有近，有近说："我是学电子的。"井植薰说："我是做操作工的，现在不是在做厂长吗？"

有近经过计算，需增加四根柱子才能达到安全系数。其他的就没有多作考虑。仓库落成那天，松下见中间竖有四根柱子，大为不满，先把井植薰批评了一通，然后又把有近叫了进去。有近被训斥了整整9个小时，从下午三四点，到深夜12点，连晚饭都没吃。

刚开始有近的心里不服，可到后来，有近终于明白了松下的意思，他不知道要立柱子才坚持用木结构的，而有近明知要立柱子却不敢坚持钢筋结构。井植薰自己不懂，才找有近来帮忙，而有近明知不好，却偏偏要这么设计，这才是让松下恼火的原因。

松下不仅对普通的下属，就是对公司的管理人员，也会让他们明白道理，从而让大家心服口服。管理者在工作中一定要注意以理服人，才能赢得下属的敬重和追随。

○ 管理者如何树立威望

管理者怎样才能在下属心中树立起威望呢？如果管理者能做到以下三点，相信一定会树立起自己的威望。

有能力

管理者作为一个团队的核心，必须要有与其位置相匹配的能力让下属信服，才能树立起威望。

博学多才

管理者除了个人能力要出众之外，还应该博学多才，从各个方面让员工服气，这样员工会更加尊敬管理者。

有责任心

有的管理者一旦出现问题就将下属推出去承担责任，这样的管理者没人会信服。只有勇于承担责任的人才能让人尊敬。

要求下属必须遵从，就必须具有足以让下属心服口服的理由才行，这样的威信只有靠平时一点一滴才能树立起来。

管理者必须正确认识自己手中的权力结构，职位权可以被别人拿走，而一旦有了威望权，别人是拿不走的，永远属于你自己。因此，通过加强威望权来充实职位权，决不能仅仅凭借自己手中的职位权发号施令。如果忽视自身的威望权，这样的管理注定将会失败。

有的管理者缺失了威望权，就在员工中失去了支持的基础，管理工作必定难上加难，而威望又是在日常的管理工作中一点一滴形成和积累起来的。假如管理者知识超群、经验丰富、能力突出、关心下属、处世民主、实事求是、令人佩服，那么他在企业中就有非常大的影响力和支配力，员工都心甘情愿跟随和听从他。如果个人影响力小，就得不到团队成员的应有支持和拥护，管理者的管理效果必然会大打折扣。

人与人的交往，常常是影响力之间的较量。不是你影响他，就是他影响你，只有影响力大的人才有可能成为强者，才有可能成功。因此，如何塑造个人影响力、如何通过个人影响力创建一个超级团队，则是今天企业管理者们必须修炼的课程之一。

树立起管理者的威信，在很大程度上取决于自身的良好素质，包括资历、业务水平、品格、知识、才能和情感等诸多方面。要想使管理者具备较强的影响力，就必须努力提高自身的素质。

一个有威信的管理者，除了要靠其自身的品德及修养支撑起自己的人格魅力，还要依靠自身的思想修养、领导艺术、文化素养、群众关系等因素来练就。

那么，管理者如何做才能在下属心中树立起极高的威望呢？

（1）才干出众。

对于管理者来说，不仅要努力学习管理才能，还要学习本行业的各种技能，不当门外汉。同时也要学习法律、经济、心理学以及领导艺术等相关知识，以提高自己的综合素质。其综合素质越高，知识越丰富，能力越强，就越会受到员工的尊重和信赖。

（2）一专多能。

领导不仅要有过硬的专长，而且也要有广泛的兴趣，要博学多才，这样才能受员工尊敬。

（3）敢于承担。

在困难来临时，要勇于承担责任，不畏艰险，冲在前头，为战胜困难做出表率，带领全体员工战胜困难。真正受员工爱戴的领导会少说多做，不做表面文章。一切从实际出发，真真切切地为员工谋福利、办实事。

勇于担责，与员工一起分享荣耀

在企业中，领导要有和员工共享荣誉的精神和敢于为下属承担责任的勇气。

——北大管理理念

管理者对一个团队的管理，无论获得成功还是遭到失败，都负有不可推卸的责任。即使是员工的失误，也有领导失察、指挥不当的责任。所以，与下属共享荣誉，是领导应该做的。

著名的美国橄榄球教练保罗·贝尔在谈到他的球队如何建立团队精神时说："如果有什么事办糟了，那一定是我做的；如果有什么差强人意，那是我们一起做的；如果有什么事做得很好，那一定是球员做的。这就是使球员为你赢得比赛的所有秘诀。"这是一种很高的个人风范，这种共享荣誉的精神鼓励了球队的每一个人，能做到这一点，其团队是牢不可破的，球队每战必胜也是在情理之中。

共享荣耀，也就是说，管理者在获得各种荣誉后，如果不"贪污"，以各种形式让下属分享荣誉带来的喜悦，会使下属得到实现自身价值和受到领导器重的满足，这种满足在以后的工作中会释放出更多的能量，也在无形中冲淡了人们普遍存在的对受表彰者的嫉妒心理。

例如，不少主管拿到上级发的奖金后，请贡献大的中层干部、骨干员工到饭店"撮"一顿，实际上也是共享荣誉，这是物质的，更是精神的。一位获得上级表扬的厂长在全厂大会上讲话，他不是泛泛地说"成绩是归于大家的"之类的套话，而是颇有感情地把所有的在工作中有突出贡献的员工的事迹一件件列举出来，连一位员工休假提前上班的事也提到了。最后，他说，"荣誉是全厂员工的，没有你们的努力，就没有今天"，并且向大家表示深深的谢意。可以肯定地说，厂长的话起到了巨大的激励作用。

试想，如果这位厂长将光环紧紧地罩在自己头上，将一切成绩归为已有，那不但容易树立对立面，而且也会使员工失去继续努力的积极性。

与下属共享荣誉，而不是争功抢赏，可以用自己的人格力量感召下属，鞭策和激励他们，调动员工的积极性，让他们最大限度地发挥出自己的才智，促成事业发展。

美国零售大王山姆·沃尔顿在总结自己的成功时说："和帮助过你的人一起分享成功是我成功的秘诀。"通过与所有员工共享利润以及赋予他们在工作岗位上的权力，山姆赢得了员工极大的忠诚，这也是他创办的沃尔玛如此成功的重要原因。事实上，有的领导最容易犯的毛病之一就是有功劳归自己、有错误怪员工。

在向上邀功这件事上，假如主管是个喜欢独占功劳的人，相信他的员工也不会怎样为他卖力。反之，如果主管能乐于和员工分享成功的荣耀，员工做事也分外努力,希望下次也一样成功。所以领导者正确的做法是与员工分享功劳,分享成功的幸福和喜悦。每个人做事都希望被人肯定,即使工作不一定成功,但始终是努力了,谁也不希望被人忽视。一个人的工作得不到肯定,他的自信心必然会受到打击,所以作为主管,千万不能忽视员工参与的价值。

三国时期,曹操为了统一北方,决定北上征服塞外的乌桓。这是十分冒险的,所以许多将领纷纷劝阻,但曹操还是率军出击,将乌桓打败,基本完成了统一北方的大业。

班师归来,曹操调查当初有哪些人不同意他北伐的计划。那些提出反对意见的人认为要遭到曹操严惩了,一个个都十分害怕。不料,曹操却给了他们丰厚的赏赐。大家很奇怪:事实证明劝阻北伐是错误的,不仅不受惩罚,怎么反而会得到赏赐呢?

对此,曹操的解释是:"北伐之事,当时确实十分冒险。虽然侥幸打胜了,是天意帮忙,但不可当作正常之举动。各位的劝阻,是出于万全之计,所以要奖赏,我希望大家以后更加敢于表达不同意见。"从那以后,将士们更加进言献策,尽心尽力地要为他效劳。

事实上,合格的领导者,总是能够肯定员工的成绩,承担自己的错误。曹操就是这样的人,即使他力排众议而且大胜,也绝不骄傲,而是充分肯定那些有一定道理的将士。如果管理者都能像曹操这样,还愁企业没有凝聚力和向心力吗?

管理者必须具备这样一种胸怀,为别人的成就打上聚光灯,而不是为自己的成就打灯。他们应让别人成为组织里人人皆知的英雄。正如一位成功的企业家所说:"如果最高领导者从来都不让他的员工分享权力,分享成功荣誉,而是把功劳全往自己身上揽,那谁还会跟着他干呢?除非是傻瓜。"

放下自己的架子,让员工感受亲和力

有时候老板敬我们一尺,我们会还他一丈,人都是有感情的。

——俞敏洪

一个聪明的管理者,会尽可能地通过亲和式的管理方法拉近与下属之间的距离,这样才能让下属们真心地接纳管理者的想法与理念,愿意与管理者一起同甘共苦,更容易做出成绩来。

对一个管理者而言,要想让员工忠诚于你,将你的事业当成自己的事业去努力拼搏奋斗,就要善于与员工打成一片,让员工觉得可亲近的人,值得跟着你干。

李江现在是广东一家合资企业的董事长,但是在他年轻的时候,却因为自己工作上急于求成而被贬到一家分公司去担任营销经理。上任时,在欢迎酒会上,他一不善喝酒，二不善辞令，由此给老职员们留下了一个很不好的印象。因此，他在分公司一度很被动，工作开展不起来。

这样过了大半年后，在过年前夕举办同乐会，大家要即兴表演节目。他这时在同乐会上唱了几句家乡戏，赢得了热烈的掌声。连他自己也没想到，那些一向对他敬而远之的部下们，会因此而对他表示如此的亲近和友好。此后他还在矿上成立了一个业余家乡戏团。从此，他的部下非常愿意和他接近，有事都喜欢跟他谈，于是他从过去令人望而生畏的人变成了可亲可敬的人。在矿上无论多难办的事，只要经他出面，困难就会迎刃而解，事情定能办成。由此这个矿的生产突飞猛进。因为他工作有能力，而且如此得人心，后来他荣升为这个公司的董事长。

他升为董事长后，有一次在工厂开现场会，全公司的头面人物都出席了。会上大家都为本年度的好成绩而高兴，于是公司总裁的秘书提议使大家在高度欢乐的氛围中散会。她想出一个办法，把一个分公司的副经理抛到喷泉的池子中去，以此使大家的欢乐达到高潮，总裁同意这位秘书的提议，就和这位董事长打招呼，董事长表示这样做不妥，决定由他自己——公司最高领导者，在水池中来一个旱鸭子游水。

董事长转向大家说："我宣布大会最后一个项目就是秘书的建议：她叫我在水池中来一个旱鸭子戏水，我同意了，请各位先生注意了，我就此表演。"于是他跳入池中，游起泳来，引得参加会议的几百人哄堂大笑……

事后总裁问他："那天你为什么亲自跳下水池，而不叫副经理下去呢？"董事长回答说："一般说来，让那些职位低的人出洋相，以博得众人的取笑，而职位高的人却高高在上，端着一副架子，使人敬畏，那是最不得人心的了。"董事长一席话唤醒了总裁，使他和董事长一样平时注意贴近部下，学到了办好企业的招数。

如果管理者能让自己的下属从内心赞赏自己，那么他就可以轻轻松松指挥任何人。要达到这种境界，管理者必须塑造自我品格，贴近下属，不摆官架子。

管理者和下属在一起，不管是一般的交流、谈话，还是有针对性地对其说服、教育、批评、帮助，都要以平等、坦诚为沟通的基础。首先要明白一点，你和下属虽然有职位高低、权力大小、角色主动与被动等差别，但在人格上双方是完全平等的。你如果摆架子，下属或许会被你震慑住，你的权威感是建立起来了，但无法听到下属的心里话。

无论身处何时何地，说话、办事一定要遵循一个"真"字，对人要说真话，待人要以真心。那些言不由衷的空话、大话和假话要请出你的词典，更不要用虚情假意、矫揉造作的假感情糊弄下属。要聪明，但不要小聪明。只有放下架子，去掉偏见，才能与下属交朋友。一个真诚的人，在说话时自然会情真意切，从而在和风细雨中打动受教育者的心，增强我们的工作效果。当然，放下架子是在坚持原则的基础上。

管理者让下属感受其亲和力，下属就会对企业忠心耿耿，全心全意回报企业。企业对员工的亲和力，不是小恩小惠，更不是表面上的虚情假意。

其实，要拉近与下属的距离，让员工感受到亲和力，有时候只需要并不复杂的行动就可达到。

1.让员工感到平等和谐

让员工感受到与领导的关系是"亲切的关系"，沟通是"和谐的闲聊"，企业的氛围是"融洽的气氛"，使管理者与员工打成一片，这样可以有效激发员工的参

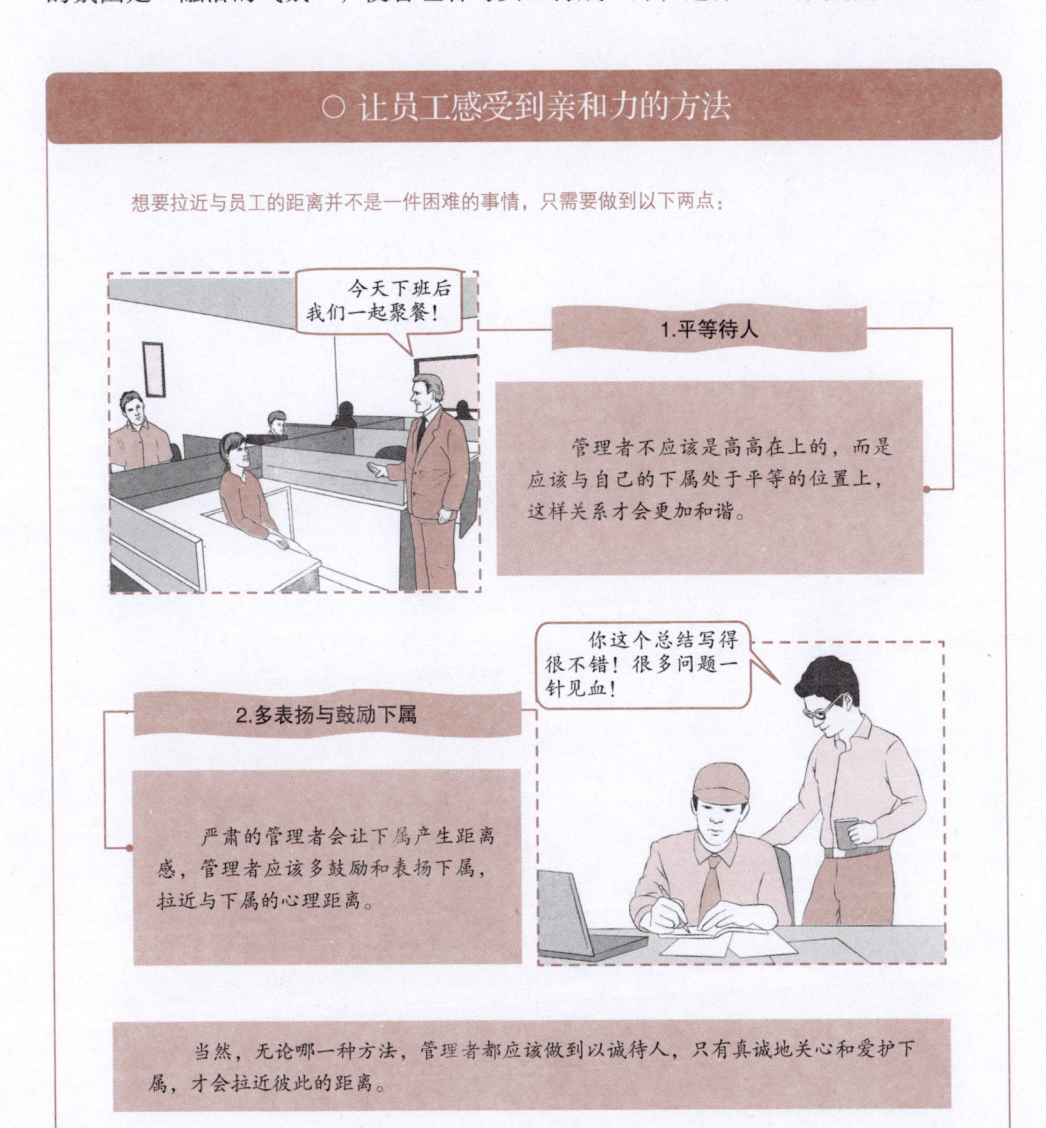

○ 让员工感受到亲和力的方法

想要拉近与员工的距离并不是一件困难的事情，只需要做到以下两点：

今天下班后我们一起聚餐！

1.平等待人

管理者不应该是高高在上的，而是应该与自己的下属处于平等的位置上，这样关系才会更加和谐。

2.多表扬与鼓励下属

严肃的管理者会让下属产生距离感，管理者应该多鼓励和表扬下属，拉近与下属的心理距离。

你这个总结写得很不错！很多问题一针见血！

当然，无论哪一种方法，管理者都应该做到以诚待人，只有真诚地关心和爱护下属，才会拉近彼此的距离。

与热情，管理者也更容易从下属那里得到更快、更有效的信息。

2. 多鼓励下属

鼓励是一种有效的方法，下属在工作中取得成绩，就要予以鼓励。否则，会让下属产生一种受冷落的情绪，认为管理者不够关注自己，影响工作积极性。在看到下属做出成绩以后，可以向他诚挚地说声"你辛苦了""谢谢你""你真棒""这个主意太好了"等，这可能会比给他一些物质奖励更有效；或者可以给他一个认可与信任的眼神、一个忘情的拥抱、一张鼓励的便条或亲笔信等，有时候，这比年终的模范证书还要管用。

管理者要学会在工作中利用亲和式的管理方法拉近与下属的关系，让下属立刻感觉到你是个关心下属的管理者，最终收获的是下属的追随。

其身正，不令而从：成为优秀的带队者

遵守纪律的风气的培养，只有领导者本身在这方面以身作则才能收到成效。

——王强

（毕业于北京大学英语专业）

"其身正，不令而行；其身不正，虽令不从。"北大管理理念认为，管理者作为一个团队的中心，其一言一行都会受到团队成员的关注，也会对员工造成深远的影响。所以，要想使管理卓有成效，就要懂得"正其身"。

玫琳·凯是当今世界上著名的女企业家，她非常重视管理者在员工中的榜样作用。她说："管理者的行为受到其工作部门员工的关注。下属往往模仿部门负责人的工作习惯和行为，而不管其工作习惯和行为的好坏。例如，我习惯在下班前把办公桌清理一下，把没干完的工作装进包里带回家，坚持当天的事当天做完。尽管我从未要求过我的助手和秘书也这样做，但是她们现在每天下班时，也常提着包回家。假如一个经理经常迟到，工作散漫松懈，上班期间打私人电话，经常因喝咖啡而中断工作，那么，他的部下大概也会如法炮制。"

管理者只有带好头、做好榜样，才能赢得下属的信任与追随，这是任何法定权力都无法比拟的一种强大的影响力和号召力。管理者职位越高，就越应重视给人留下好的印象，因为你总是处于众目睽睽之下。

正人先正己，做事先做人，管理之道正是如此，因此，领导者无论职务多高、权力多大、资历多深，都应该要求别人做到的自己先做到，这样才能树立起威望，增强执行力，提高管理效率。

能"正其身"的管理者浑身都闪耀着一种人格魅力，会有形或无形、有意或无

意地感染下属。如果管理者不能严于律己，却又对员工要求严格，员工自然不会服从。优秀的管理者首先应该做到"正身"以感染员工，为员工树立榜样。

作为管理者，要扮演好带队者的角色。有人说，带队者就应有"平常时段，看出来；关键时刻，站出来；生死关头，豁出去"的素养。"平常时段，看出来"，是个人素质、潜在能力和品质的体现；"关键时刻，站出来"，是勇气、原则和实力的展现；"生死关头，豁出去"，是一种勇于奉献和敢于牺牲的精神。很多人在关键时刻丧失领导力的原因就是：要求下属"照我说的做"，而不是"照我做的去做"！在

○ 如何成为有影响力的带队者

管理者想要管理好自己的团队，就要在团队中具有影响力。那么，如何提高自己的影响力呢？

以身作则

对于企业的管理制度，管理者要做到以身作则，严格按照制度来约束自己，给员工做一个好的榜样。

全力以赴

积极的工作态度会感染其他人，管理者如果对工作目标全力以赴，会给其他员工带来积极影响。

能力出众

管理者必须有过人之处，才更容易让员工信服，从而加强对团队的影响力。

关键时刻不能坚持原则，更没有勇气和实力站出来，也就是不敢说"看我的"！

事实上，任何一个管理者的行为，都会影响他的追随者和身边的每一个人。追随者会通过一种被称为"示范"的学习过程而受到影响。这种影响在平时是潜移默化的，也许不会被清醒地认识到，可在关键时刻却是非常强烈的。

1942年，"二战"进行得如火如荼。随着战争局势的变化，盟军与德军的战场逐渐转移到北非。盟军最优秀的将领之一巴顿将军意识到自己的部队可能无法适应北非酷热的气候。一旦移师北非，盟军士兵的战斗力就有可能随着酷热的天气而减弱。

战争不会随着人的意志而转移，摆在盟军面前的只有一条路，那就是适应。为了让部队尽早适应战场变化，巴顿建立了一个类似北非沙漠环境的训练基地，让士兵们在48℃的高温下每天跑一英里，而且只给他们配备一壶水。巴顿的训练演说词是："战争就是杀人，你们必须杀死敌人；否则他们就会杀死你们！如果你们在平时流出一品脱的汗水，那么战时你们就会少流一加仑的鲜血。"

虽然人人都意识到战争的残酷性，但酷热的天气还是让许多士兵暗地里抱怨不已。巴顿从不为训练解释，他以身作则，和士兵们一样在酷热的环境中坚持训练。当士兵们看到巴顿每次都毫不犹豫地钻进闷罐头一样的坦克车中时，再多的怨言也只能变成服从。

显然，巴顿把自己当作是普通的一个士兵，在这个角色上，他以完美的职业军人精神树立了典范，起到了榜样作用。在巴顿的带头作用之下，整个军队的训练进行得非常顺利。正是有了这样的训练，在随后的北非战场上，巴顿的部队迅速适应了沙漠环境，以较小的代价一举击败德军，取得重大胜利。

企业就是军队，其管理者也必然像巴顿将军一样，成为具有强大影响力的带队者，才能促进团队成长。建立成功的团队，就需要管理者推动团队成员共同进步。

优秀的管理者都懂得，领导的工作作风就是团队的工作作风，一个懒懒散散的管理者，其下属也不会勤快到哪里去！管理者应该考虑到自身的榜样作用，注意自身的一言一行。

管理者如何做才能成为具有影响力的带队者呢？不妨用以下方法。

（1）成为遵守制度的模范。管理者不仅是制度的制定者，更是制度权威的忠实维护者。

（2）加强自我管理。善于自我管理的管理者能够独立思考、工作，无须严密的监督。

（3）为目标的达成全力以赴。大多数人都喜欢和将感情和身心奉献给工作的人共事。

（4）具有超强的解决实际问题的能力。轻而易举地解决别人无法解决的问题，能够获得追随。

（5）具有非权力影响力。不仅要关爱员工，还要具有人格魅力。具有较高的道德标准，获得信赖。

错误面前，管理者该不该认错

作为一个管理者，重要的就是要勇于承认错误。

——李彦宏

企业家俞敏洪在谈到管理者的素质时，说道："我宁愿承认错误也不愿意死要面子。管理者一定要心胸开阔，敢于承认错误，这样才能起到应有的作用，才能为自己树立极好的威信。这个对我来说问题不大，因为我善于承认错误。如果我不承认，就可以被我的高层管理人员骂上很长时间，我还不如赶紧承认算了，他们就没得骂了。新东方的元老从来不把我当领导看。坏处呢，新东方结构调整管理的难度增加；好处呢，因为有人敢骂我，我能及时纠正自己的错误，因为这帮人都是我大学的朋友哥们，向他们承认错误不算丢面子。然后我发现向下属承认错误也不丢面子。有一次，我骂一个员工，凶了一点，伤他自尊了。第二天我意识到这个问题，就给他发了一个邮件，向他道了歉。这个员工感动得不得了，在我面前保证说一定要好好干，做出成绩来，所以，我们要勇于承认错误。"

但是有的管理者则喜欢将过错推给下属，这是很不好的现象。"现代管理之父"彼得·德鲁克说过，当自己分管的部门出现问题时，管理者不应推卸和埋怨，而应主动承担责任，从自身的管理中去找原因。

现实生活中，一些管理者犯了错误总会遮遮掩掩，支支吾吾给自己找客观理由，总是害怕部属会嘲笑自己。殊不知，勇于承认错误是自信心强大的表现：你在下属面前犯了错，能够主动承认，不仅不会引起部属的嘲笑，相反，还会让部属觉得你是个心胸宽阔的人，从而受到他们的崇敬、爱戴和拥护。

一个愿意主动承认错误的管理者，能够充分表现其对部属的尊重，也是树立威信的重要方式之一。

一家建材公司的采购员在采购一批货物时犯了一个错误：将客户订购的产品颜色弄混了。结果造成较大的损失，最后经理帮他处理了后续问题。自知闯下大祸的采购员向经理递交了辞职信。经理问他："我骂过你吗？""没有。""我跟老板说到你了吗？""没有。""一万多元的损失是你承担的吗？""没有。""我刚刚替你交完学费，你却要走，我不同意。"

采购员流下了眼泪，经理说："把眼泪擦掉；有本事就把那一万元赚回来再辞职，我马上就批。像个男人！这事就算了。"几年之后这个采购员成了公司的副总经理。

管理者主动承担责任，不但可以稳定军心、保持士气，还有助于维护自身的威望。不诿过于下属的管理者，下属看到了他的高风亮节，更加愿意追随。

在管理中，犯错和出现问题都不可怕，可怕的是否认和掩饰错误。有的管理者一味地为自己的错误辩解，找各种各样的理由来证明这些过错与己无关，把责任推给下属。明智的管理者则不然，他们会主动承认错误、承担责任，并努力改正。

对于智慧的管理者来说，在工作中出现过错时自己揽下来，而不是推到下属头

○ 勇于承认错误的好处

勇于承认错误是有责任心的表现，而有责任心的管理者更容易让员工信服。

这次是我的失误……

他真是一个有担当的领导！

敢于将错误揽到自己身上并勇于承认错误，并不是一件丢脸的事情，这样做反而会增加管理者在员工心中的好感度和认可度。

我们这次补救行动挽回了损失……

错误一旦铸成就应该积极想办法弥补错误带来的损失，及时承认错误就能及时做出对策，对企业发展更有利。

每个人都有犯错误的时候，这是不可避免的。面对错误，我们首先想到的不应该是逃避和推卸责任，而是勇于承担并及时补救，这才是管理者应该有的气度。

上，恰恰是树立权威的机会。

作为管理者如果能勇于认错，不但能给下属留下好印象，而且还能及时挽回因过错而造成的损失。勇于承认错误，不仅没有失去领导的"面子"，而且还会使领导在下属心目中的威信大增。

小张是一家建筑装饰公司的负责人，他带领着一个工作小组，除了他自己以外，还包括3名成员。这个小组负责企划、时间安排，并协调安装壁饰和窗帘，同时也为单位客户进行大型室内装修设计和环境美化工作。

小张的作业小组通常在客户的新写字楼竣工后，就进驻工地并完成内部的装修工作。但是该作业小组很少能够顺利完成工程，他们总是会碰到一些麻烦，害得他们总是花费更多功夫去加班。3名组员彼此之间相处得非常融洽，但一碰到重大工程要赶工的时候，就会为谁应该做什么事发生争执。他们一致认为是小张的管理不到位。

其实小张自己也意识到，这都是他协调工作没做好，分工不明确造成的。但他却碍于面子，不愿承认是自己的责任，总是责怪下属，结果小组成员抱怨连天，工作进度更慢。

如小张一样，有些领导总感到自己在下属面前承认错误有失"面子"，有时明明知道自己错了，却难以开口，任错误继续下去，这才是懦夫的表现。真正的勇士生死都可置之度外，区区一点小错便拿不起、放不下，如何统帅三军，叱咤商场？小张如果能找出他对问题处理不当的原因，并着手改正他的错误和缺憾，就能赢得属下的尊重及合作。

有时候，下属提出的意见可能过于片面，作为领导，一定要耐住性子，沉住气，听完下属的意见、批评，然后以全面、确凿的事例来向他解释，使其心服口服。千万不要一听到下属言论带有片面性时，便脸露不悦，顾左右而言他，一副十分不耐烦的样子。下属也并非不通情达理，听了领导解释，也能体谅你的苦心，意见虽不能被采纳，但却感其诚、会其意而心中释然。

"人非圣贤，孰能无过。"有错并不可怕，关键是勇于承认错误，知错必改，任何人和事物都是在不断地改进中得以逐步完善的。如果认识到错误却不改正，就没有大丈夫气概，大丈夫是能屈能伸的。

第二十二章 自我管理课：
我不进步，企业就不会进步

知人者智，自知者明：首先要认识自己

能和别人沟通的人也是能和自己沟通的人。

——北大管理理念

闻一多在20世纪30年代到清华大学执教前，在与人交往方面曾走过弯路，受过挫折。闻一多1925年5月回国，暑假结束后就到北京就任北京艺术专科学校教务长。他开始时热情极高，全力以赴地工作。但由于他只有诗人的热情，没有行政工作者的练达，很快就遭到了中伤和诽谤。他于是"愤而南归"，连衣物、书籍都没有带走。

1927年秋，"第四中山大学"成立时，聘他去担任外文系主任。但他还是不能适应环境，不久又离开了。他在一首诗里写道：

我挂着一面豹皮的大鼓，
我敲着它游遍了一个世界，
……
我战着风涛，
日暮归来，
谁是我的家。

第二十二章
自我管理课：我不进步，企业就不会进步

1932年秋，闻一多应清华之聘，任中文系教授。这时他觉得比较痛苦。他在给朋友的信里说："我现在最痛苦的是发现了自己的缺陷，一种最根本的缺陷——不能适应环境……"1933年春，应届毕业年级请他为纪念册题词，他竟以"败"为题，信笔挥就了一篇文字。

随后，总结过去"败"的经验教训和任教的需要，闻一多决心改走一条学者的道路，他把它叫作"向内走的道路"。他拟订了一个庞大的研究古典文学的计划，决心在这方面有一番作为和突破，他说："……向外发展的路既走不通，我就不能不转向内走。"于是，他在教学之余，便把自己关在书斋里完成他那庞大的计划，过起"隐士"的生活来。

认识自己才能超越自己。有人问哲学家泰勒斯："什么是最困难之事？"泰勒斯回答是："认识你自己。"

对于管理者来说，要使自己能在企业中发挥自己应有的作用，首先必须认识自己，认识自己作为一个管理者在企业中的作用，充分扮演好自己在企业中的角色。

一个管理者，只有在他最擅长的位置上才能发挥最大的作用，这利于他的优势能够得到最大限度的发挥。作为管理者，如果希望自己的能力也能得到有效的发挥，自然也需要把自己摆在一个正确的位置，正确地认识自己的长处与优势，并将其完全发挥出来。

美国军方曾进行过这样一项研究：成功者都具有什么样的品质？研究人员从军队不同部门选出12位成功人士，把他们集中在一起进行测试。这些人年龄大约三四十岁，有男有女，表面看上去都很普通，家庭也一般，但他们都取得了令人瞩目的成就。

在对他们进行的大量测试中，有一项尤其引人注目。这项测试要求他们按先后顺序写下三样东西，他们认为生活中最重要的三样东西。

就是这样一项简单的测试，第一个交卷的人竟花了40多分钟，许多人则花了1个多小时。尽管看到同组的多数人都已交卷，有些人仍一丝不苟地做完了问卷。更令人想不到的是，在每个人的答卷上，虽然选项各不相同，但几乎无例外地都写上了自己的缺点。

金无足赤，人人皆有短板。每个人都有自己的缺点，首先要意识到自己的缺点，才能有的放矢地去补。

很多时候，我们都需要主动寻找自己的缺点进行弥补的精神，时时揽镜自问：我哪方面还存在不足？一般来说，经常自省的人都非常了解自己的优劣，因为他们时时都在仔细检视自己。这种检视也叫作"自我观照"，其实就是跳出自我，以他人的眼光重新观看审察自己的所作所为是否为最佳的选择——审视自己时必须坦率无私。这样才可以真切地了解自己。

作为管理者，不求自己的职位越高越好，但求职位与自己越匹配越好。有一句

广告语说得好，"不选贵的，只选对的"。很多人也曾身居高位，但后来还是黯然而退，能力不及是一个重要的原因。作为管理者，要认识自己真正的长处，这样才能让自己在工作中更加得心应手。

李冰的销售业务能力很强，被誉为公司的金牌销售员。因为销售方面的出色业绩，深受上司的器重。刚好销售主管的位置空缺了，上级决定任命他为新的销售主管。这在很多人眼中真是求之不得，但李冰却并不高兴，有一种赶鸭子上架的感觉，因为销售主管必须要从事更多的管理性工作，离开了最熟悉的销售岗位，总让他提不起精神。

当然，上级领导也看出了他在新岗位上的问题，在与李冰进行一番交流后，又把他调回了原来的岗位。这样一来，李冰的工作激情似乎又重新点燃了。

作为管理者，要做到扬长避短，不要在自己不擅长的地方做那些让自己蹩脚的工作，这样只能是事倍功半，而我们要做的是事半功倍，发现自己的优势，才能让自己更好地工作。

自知之明，是追求进步的起点，没有这一点，也就没了成长的欲望。我们只有更好地认识自己，对自己有了清醒而正确的认识，有了客观而中性的评价，才能更好地完善自我。

A公司是一家中型广告公司，设计部有两男一女。平日里，3个人总能够在繁忙的工作中找到偷闲的机会。例如，聊聊电视剧，或者说说商场里最新的打折信息，就这样，3个人过得优哉游哉。

一天，老板领着一个稚气未脱的男孩走进了他们的办公室，说是新同事，应届大学毕业生小林。

小林来到设计部上班，就像每个新人一样默默无闻、勤勤恳恳地工作。早上，"元老"们还没到，小林就开始打扫办公室。设计部有很多需要跑腿的活儿，以前设计部的人都干得不情不愿的，"三个和尚没水喝"，总是以猜拳的方式决定谁是那个"倒霉蛋"。但是现在，不用言语，小林就揣起文件，送往有关部门。而小林跑前跑后的时候，"元老"们按照"惯例"，又将话题扯到热点新闻上去了。每当下班的时候，"元老"们都会迫不及待地离开公司，小林则毫无怨言地收拾着遍地狼藉的办公室。"元老"们还打趣说："新人都是活雷锋。"

没多久，老总开会说设计部是公司的重心，要适当扩大，还要选出一个部长。涉及各自的前途，那几个"元老"收敛了许多，都想在老总面前好好表现，以赢得升迁的机会。然而，不久后，人选张贴在办公室外的公布栏，是小林。

小林在上任致辞时说，现如今职场就是战场，一切都要靠自己努力，升迁的机会也是靠自己把握的。

原来小林每周六都会抽出至少半天的时间学习，学习最新的广告设计理念，提高自己。当领导找他谈话时，他说："我给自己'加班'，不是为了完成工作任务，而是为了提高自己的能力。当别人都在向前走的时候，我要跑起来，这样才会比别人进步快，而周六，正是我提高自己的最佳时机。"

正视自己，需要勇气，更需要行动。一个人若只对自己的缺点、错误停留在表面认识而不用行动改变时，那么正视自己也失去了意义，因此我们需要敢于承认错误，更需要敢于改正错误。

歌德说，一个目光敏锐、见识深刻的人，倘若还能承认自己有局限性，那他离完人就不远了。成功的人之所以能够成功的很大原因在于他能及时地认识到自己的缺点。一个人的成功不在于他有多大的优点，而在于他能分析自己的弱势，并巧妙利用，将其转变为自己的优势。

多与自己较劲，少在别人身上找问题

上帝制造人类的时候就把我们制造成不完美的人，我们一辈子努力的过程就是使自己变得更加完美的过程，我们的一切美德都来自于克服自身缺点的奋斗。

——俞敏洪

罗兹说："生活的最大成就是不断地改造自己，以使自己悟出生活之道。"改变了自己，相当于为自己提供了更多的生存机会，为职场发展扫除了诸多障碍，为事业的成功增添了砝码。

现代社会，一切都瞬息万变。要顺势而变、顺时而变，不学会去变，或没有能力去变，绝不可能有生存的空间。要改变，以自己的变化来应对外界环境的改变。

有一天，原一平来到东京附近的一座寺庙推销保险。他口若悬河地向一位老和尚介绍投保的好处。老和尚一言不发，很有耐心地听他把话讲完，然后以平静的语气说："听了你的介绍之后，丝毫引不起我的投保兴趣。年轻人，先努力去改造自己吧！""改造自己？"原一平大吃一惊。"是的，你可以去诚恳地请教你的投保户，请他们帮助你改造自己。我看你有慧根，倘若你按照我的话去做，他日必有所成。"

从寺庙里出来，原一平一路想着老和尚的话，若有所悟。接下来，他组织了专门针对自己的"批评会"，请同事或客户吃饭，目的是为让他们指出自己的缺点。原一平把大家的看法一一记录下来。通过一次次的"批评会"，他把自己身上的劣根性一点点消除了。

与此同时，他总结出了含义不同的39种笑容，并一一列出各种笑容所表达的心情与意义，然后对着镜子反复练习。

他像一条成长的蚕，悄悄地蜕变。最终，他成功了，并被日本国民誉为"练出价值百万美金笑容的小个子"，且被美国著名作家奥格·曼狄诺称为"世界上最伟大的推销员"。

"我们这一代最伟大的发现是，人类可以由改变自己而改变命运。"原一平用自己的行动印证了这句话。也许你不能改变别人、改变世界，但你可以改变自己。幸福、成功，从改变自己开始。

要让结果改变，首先要改变自己，要让结果更好的话，自己必须变得更好。只有

应对变化的三个技巧

多思考

最近公司发生的这些事说明了什么呢……

变化时时刻刻都在发生，要想应对这些变化，就要养成多思考的习惯，善于透过表面现象看本质。

打破传统思维

不要让一些旧思想束缚自己的思维，而是应该广泛吸取知识，扩展自己的思维，打破思维定式。

既然事情已经这样了，我们想办法应对就是……

学会接受变化

改变是唯一不会变的事情，我们应该试着接受各种变化，只有接受了，才能想办法适应，做出对策。

人进步了，事情才有进步。我们成功和进步的关键就在于改变自己，完善自我。

所以，做一切事、解决一切问题，我们必须随着客观情况的变化而不断地调整自己，不断地采取与之相适应的方法，做到以"己"变应万变，才能够使自己的职业之树常青。

以下是提高管理者应对变化的技巧的6个建议。

（1）花点时间考虑你的核心价值观和人生使命。

一种目标感对于成功和效力来说是必要的，而那些不清楚自己在干什么和为什么这么做的人，在面对变化时，就没有前进的基础。

（2）要坚持。

成功通常和天生的不屈不挠有很大关系。当你清楚自己的价值观时，当你有能力在目标的基础上发展时，坚持是唯一的可能。在变化面前，成功的人会继续前进，并找到新的创造性的方法来获取肯定的结果。

（3）要灵活和富有创造性。

坚持并不是说用力量来获得。如果你用一种方法不能成功时，试试另一种，然后再试一种。找到更多创造性的解决方法并有新意地处理问题。

（4）跳出框框思考。

广泛阅读，不要把自己局限在擅长的领域。试着从你的生活和经验中那些明显的、不同的部分中找出联系。

（5）接受不确定性。

生活本质上是不确定的，所以不要在预测未来上耗费你的能量。在所有可能的结果里，注重最有把握的一个。不是说做个"盲目乐观的人"，而是当你处理很好并以你最好的能力去做时，一个好的结果可能像其他的结果一样，这时，要接受它，不要过于消极。

（6）看到大局势。

变化是不可避免的，但是如果你鸟瞰景色，看到大局势，对于变化则不会如此迷茫，你也可以随时保持判断。

你也可以成为自己的人力资源主管

没有任何外界的力量能把一个人或者一个机构打败，把一个人打败的是自己的内心世界，把一个机构打败的是内部的管理。

——俞敏洪

管理者必须时时提醒自己：自我管理究竟有没有做好，能不能成为员工们的表率，自己还有哪些需要改进的地方。有潜力的管理者，总会面临比别人更多的机会。对于他们来说，高薪职位唾手可得，机遇到处都有，成功的巅峰触手可及。

实际上，每个人唯一经营的产品是自己，你做的每一件事都是你自己的"产品"，这就要求我们要学会自我管理，让自己变得更出色。每一个人都是自己的人力资源主管，只有能够自我管理的管理者，才能逐步实现自我价值。我们要回报企业，不仅要遵守规则，做好手头的工作，更要学会做自己的人力资源主管，努力提升自己，让自己的能力越来越强。这样，我们才可以随时做企业需要的事。

吴士宏原本只是一名小护士。一无所有，但她并不服输。工作之余，她自学成人高考英语专科，在还差一年就毕业的时候，她看到IBM公司在报纸上发文招聘，于是她通过外企服务公司准备应聘该公司。IBM公司的面试十分严格，但吴士宏都顺利通过了。到了面试即将结束的时候，主考官问她会不会打字。她十分珍惜这个机会，毫不犹豫地说道："会！"

"那么你一分钟能打多少？"

"您的要求是多少？"

主考官说了一个标准，吴士宏马上承诺说可以。因为她环视四周，发现考场里没有一台打字机。果然，主考官说下次面试时再加试打字。

实际上吴士宏从未摸过打字机，但她倍加珍惜这一次机会。面试结束，吴士宏飞快地跑回去，向亲友借了170元买了一台打字机，没日没夜地敲打了一星期，双手疲乏得连吃饭都拿不住筷子，竟奇迹般地敲出了专业打字员的水平。后来她用了好几个月才还清了这笔对她来说不小的债务，而IBM公司却一直没有测她的打字水平。

吴士宏就这样成了这家世界著名企业的一名最普通的员工。

得到这份工作之后，吴士宏满怀感激，更加努力地学习和工作着。每天，她比别人多花6小时，成为同一批应聘者中的首位业务代表。接着，同样的付出又使她成为第一批本土的经理，然后又成为第一批去美国本部进行战略研究的人。最后，吴士宏又第一个成为IBM华南区的总经理。感恩的心让她珍惜每一次机会，也更加努力地投入工作中，当好自己的人力资源主管，不断地提升自我。

1998年2月18日，吴士宏被任命为微软（中国）有限公司总经理，全权负责包括香港在内的微软中国区业务。据说为争取她加盟微软，国际"猎头公司"和微软公司做了长达半年之久的艰苦努力。吴士宏在微软仅仅用7个月的时间就完成了全年销售额的130%。

在中国信息产业界，吴士宏创下了几项第一：她是第一个成为跨国信息产业公司中国区总经理的内地人；她是唯一一个在如此高位上的女性；她是唯一一个只有初中学历和成人高考英语大专学历的总经理。在中国经理人中，吴士宏被尊为"打工皇后"。正是这种懂得感恩、主动晋升的进取精神，成就了吴士宏事业的辉煌。

齐格勒说："如果你能够尽到自己的本分，尽力完成自己应该做的事情，那么总有一天，你能够随心所欲地从事自己想要做的事情。"反之，如果你凡事得过且过，从不努力提升自己，不将自己的工作做到最好，那么你永远无法到达成功的顶峰。

　　对管理者而言，要学会自我管理，首先要控制好思想上的阀门，与时俱进，不断地吐故纳新，确立正确的理念、思路、心态等。另一方面，也要控制好行动的阀门，什么该做，做到什么样的程度；什么不该做，如何控制，都要有十分明确的目标要求与行为规范，并且还要自觉地强化自我约束。无论想问题、做事情，都要抓好事前、事中、事后的控制，经得住磨难，耐得住寂寞，抵得住诱惑。

○ 学会自我管理

作为一个优秀的管理者，在管理别人的同时，也要学会管理自己。

得学一些新的管理知识！

1.勤于吸取新知识
　　知识是无穷尽的，只有不断吸取新的知识，推陈出新，才能不断拓展自己的视野和思维。

接下来我们的计划是这样的……

2.控制自己的言行
　　管理者的一言一行都可能会给团队带来一定的影响，因此，一定要时刻注意自己的言行，做该做的，说该说的。

总之，在遇到事情的时候，一定要多想一想，多角度思考，严格约束自己。

一个觉得自己做得已经够多、够好的人不会知道进取为何物，躺在过去的功劳簿上的人永远也不会获得进步。做自己的人力资源主管，合理地分配自己的时间与精力，努力提高自己的工作能力和业务水平。

一个人只有把自己当成优秀的人看，努力提升自己，才有可能做出较好的业绩，成为企业的好员工、员工的好领导，最终登上职业的更高峰。

干出样子，形成榜样的力量

敬业，从领导开始。

——俞敏洪

"喊破嗓子，不如做出样子。"管理者必须要真真切切地去做，才会吸引员工追随。拿破仑常常用他那叱咤风云的豪迈气概，激发带动部队的士气和提高战斗力，他坚定地认为，在千钧一发的时刻，将帅本人的坚毅决心和模范行动，是拉动火车前行的火车头，是取得战斗胜利的巨大精神支柱。

俞敏洪的亲身经历也说明了这一点。一次，俞敏洪扁桃体发炎化脓，导致高烧不退，夏天接近40℃的天气居然冷得浑身发抖，但是他还坚持给学员上课。他穿着军大衣，披上棉被，哆哆嗦嗦为学员讲了5个小时的课。

管理者作为上司，理所当然地要起到模范、表率作用，形成上下同心协力的工作局面。美好的形象能产生一种形象效给下属以信心、勇气和力量，吸引他们勇往直前。管理者的顽强意志与人格魅力，影响着下属的工作方向。

提到海尔，人们就会想起张瑞敏，海尔的发展与张瑞敏的努力密不可分。而张瑞敏在谈及海尔时，除了称赞全体员工外，总会格外称赞他的助手、海尔集团的总裁杨绵绵。

1984年12月，上级派时任青岛市家电公司副总经理的张瑞敏组建青岛电冰箱厂。张瑞敏上任之后，决定引进德国利勃海尔电冰箱的生产线，实际上是购买利勃海尔的电冰箱生产技术。

在张瑞敏的真诚邀请之下，杨绵绵参与了项目的引进，并成为张瑞敏的主要助手。

几乎所有人都不看好这个项目。用杨绵绵的话说，当时的情况是：一分钱没有，就那么几块地，几间破房子，要把那些没有见过，也不懂的设备引进来，谁心里都没底。

但既然决定引进这个项目，那就必须做好。既然决定生产冰箱，那起码得对冰箱的生产过程有一个基本的了解。于是，张瑞敏便让杨绵绵去了解一下情况。

打听之下，杨绵绵才发现，国内并没有真正懂得生产冰箱的技术人才。而她自已对冰箱的印象还停留在小时候看到的古黄冰箱。

这么大的一个引进项目，总不能由一群门外汉来操作。于是，她特意去图书馆苦读关于冰箱制造的书籍。她发现一本名叫《电冰箱》的书，写得非常不错，便专程去上海向此书的作者请教，把他请来做企业顾问，让他把冰箱制作的基本原理详细讲了一遍。通过这样强化式的"学习"，杨绵绵从对冰箱一无所知，到初步掌握了相关知识。

之后，她又派人向国内的同行学习，回来之后结合自己之前掌握的知识，设计出了图纸，从此开始了电冰箱的制造和研究。

本来，张瑞敏只是希望杨绵绵去了解一下情况，换作他人，或许就会走走过场，或者干脆交给底下人去做。毕竟，对冰箱的制作一无所知，哪能那么快就成为这个领域的专家？何况，自己是管理者，具体的研发完全可以交给技术人员去做。

但杨绵绵却不这么想，既然决定转产做冰箱，那自己就得成为这方面的专家不可，不这样做，怎么抓好管理？所以，她不仅自己买书看，还亲自去拜访专家，了解冰箱的制作原理，甚至自己画图设计。正是凭借着这股要做就做最好的劲头，才有了今天的海尔。可以说，如果没有当年杨绵绵那种超乎寻常的努力钻研，或许就没有海尔后来那么迅速的发展。

杨绵绵用自己的经历给管理者们上了一堂生动的职业课，在工作中，只有走在员工们的前面，成为员工们的榜样，才会成为优秀的管理者。

想要在公司有所作为，就要带领员工解决企业发展过程中的各种问题。如何解决问题，除了有愿干的意愿、能干的资质，更要有实干的魄力。

曾经有这样一个"脑死亡"的小厂。新来的厂长修涞贵要召开全厂工人大会，到下午人才陆陆续续到齐。新厂长带来了上级领导的关心："医药局的领导很关心大家，希望这个厂能够很快地扭亏为盈，给大家发工资，让大家有饭吃。"大家只是静静地望着他，没什么反应。他又继续说："如果完不成，我就把我这后半生扔在这儿，跟大伙一块儿受苦、受穷……"

不管修涞贵说什么，下面始终没有掌声，也没有喝彩。这种近乎麻木的反应，已经在无言地回答他，这已是一个彻底瘫痪了的厂子。

彻底瘫痪了又能怎样呢？只有一个字——干。修涞贵不仅带头多干，并且要把结果干实。

那时，营销上大家都用广告来打开市场，1天、2天、10天、30天，要求广告支持的呼声一浪高过一浪。修涞贵的答复是："没有广告，继续坚持！"

时间是对每个人的最大考验，3个月过去了，还是没有广告支持，一部分人已经熬不住了，纷纷离开。

在那时修涞贵也已经认定，和这批充满活力但又急于赚快钱、挣大钱的年轻人分手是在所难免的。但是，做市场就是要踏踏实实，靠广告轰炸起来的市场是泡沫，一触就破。反之，越没有广告的支持所打下来的市场才越坚实，越是经过大浪淘沙下来的营销队伍才能在未来能打硬仗，越能决胜于未来的市场。

经过半年多的整合，人员大体稳定了下来，各地区市场纷纷回款，修涞贵审时度势，认为用广告推动销售的时机已经成熟。这时，才有了后来斯达舒广告的家喻

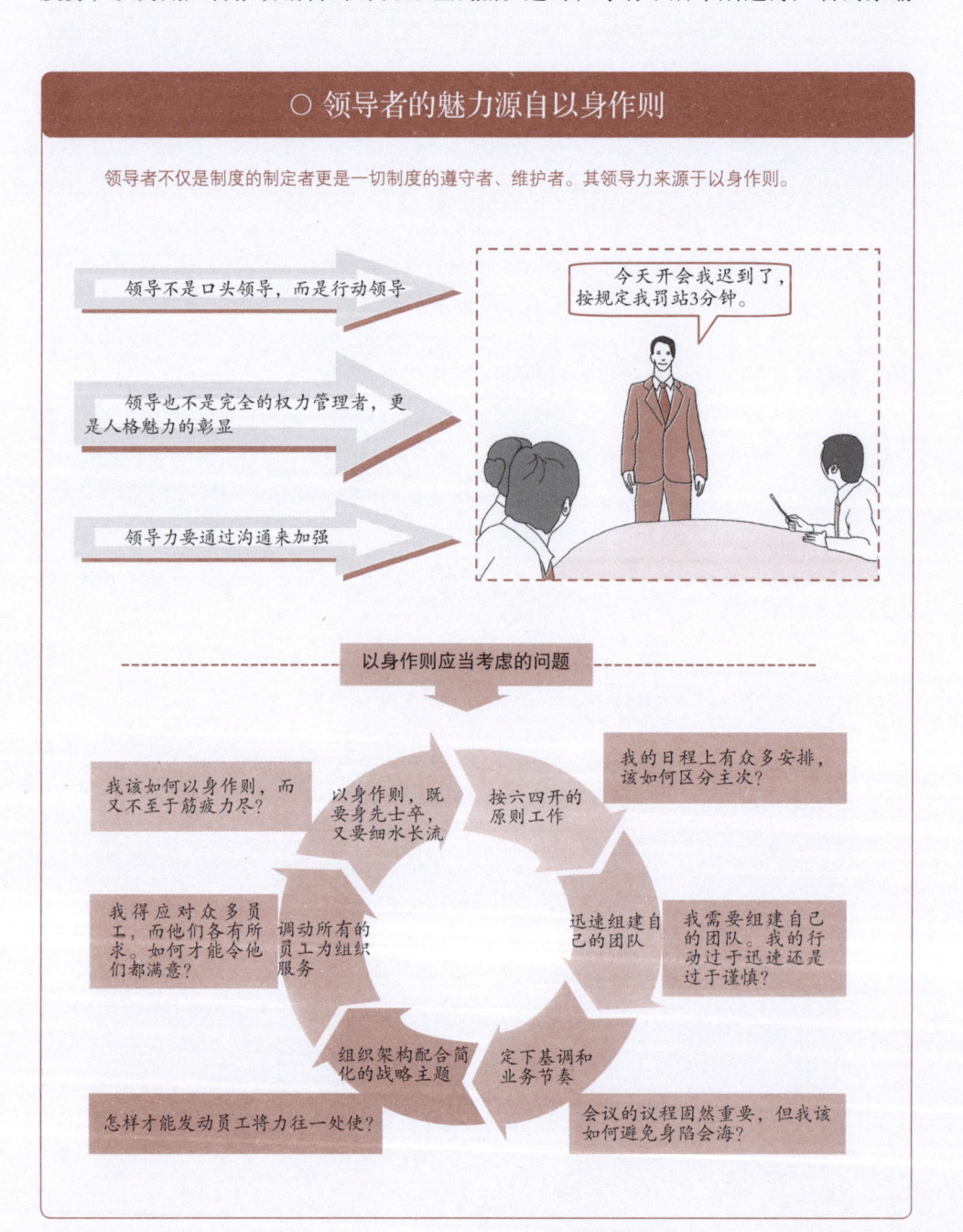

○ 领导者的魅力源自以身作则

领导者不仅是制度的制定者更是一切制度的遵守者、维护者。其领导力来源于以身作则。

- 领导不是口头领导，而是行动领导
- 领导也不是完全的权力管理者，更是人格魅力的彰显
- 领导力要通过沟通来加强

今天开会我迟到了，按规定我罚站3分钟。

以身作则应当考虑的问题

- 我该如何以身作则，而又不至于筋疲力尽？
- 以身作则，既要身先士卒，又要细水长流
- 按六四开的原则工作
- 我的日程上有众多安排，该如何区分主次？
- 我得应对众多员工，而他们各有所求。如何才能令他们都满意？
- 调动所有的员工为组织服务
- 迅速组建自己的团队
- 我需要组建自己的团队。我的行动过于迅速还是过于谨慎？
- 怎样才能发动员工将力往一处使？
- 组织架构配合简化的战略主题
- 定下基调和业务节奏
- 会议的议程固然重要，但我该如何避免身陷会海？

户晓，销量几倍几十倍地开始增长。在今天，那个小厂彻底翻身了，并高速成长。

面对问题的时候，再多的感慨也无济于事，实干的管理者，凭着一股"一定把工作做好"的劲头，会高质量、高效率地带领员工完成工作。

许多问题不是轻而易举就可以解决的，当遇到难题时，是临阵退缩，还是寻求解决问题的办法？优秀的员工选择后者！只要你肯行动，总能找到解决问题的办法。

管理者的形象使下属产生折射反应，会产生极好的效果。作为管理者，真正做到以身作则，才能成为下属在工作中的一个榜样。从来"强将手下无弱兵"，你有真实力，你有切实的行动，就能形成榜样的力量，带领下属一起前进。

归零心态——放下才能得到

> 生活中其实没有绝境，绝境是因为你自己的心没有打开。你把自己的心封闭起来，使它陷于一片黑暗，你的生活怎么可能有光明！
>
> ——俞敏洪

如果你的"杯子"里面装满了太多的"知识"、"优秀"、"经验"，等等，便再难装入更多的东西，我们要敢于"归零"。每一天都是一个新起点，每一次落实都应从零开始。

"归零"的心态就是空杯、谦虚的心态，就是重新开始。成功仅仅代表过去，如果一个员工沉迷于过去的成功业绩，那他就再也不会进步。

老宋是某公司的一名老员工，他经过数十年的努力，终于从一名普通的财务人员做到了公司财务部总监。论资历，公司很少有人能与他相比，于是，老宋常常以功臣自居，逐渐养成了自以为是、目中无人的习惯。

后来，公司扩大规模，陆陆续续进来了一批新人，很快，老宋感到了一种压力，因为财务部最近新进的一位员工各方面能力都很强，不仅精通财务、营销和电脑，还懂外语，相比较之下，老宋除了资历以外，别无他长。

老宋很不服气，于是，经过一番计划，老宋对财务部的这位新员工实行了"全面遏制"政策：尽量不让新员工接触核心业务，甚至连电脑也不让碰。可这也没有难倒这位新员工，一支笔、一把算盘，她把经手的账目做得漂漂亮亮、无可挑剔。而老宋自己做的一些账目却频频出错。

不久，公司领导决定，由那位新员工担任公司财务总监，老宋负责内务，这让他处在下岗的边缘。

老宋的心，就像一个装满水的杯子很难接纳新东西，这也导致了他的事业不顺利。事实上，如果你的"杯子"里面装了太多的知识、优秀、经验，等等，便再难装入更多的东西，自然也就谈不上超越和进步了。

想要发展，必须倒空杯中的水，敢于"归零"。每一天都是新的，每一次落实都应从零开始，每个任务都应以一种崭新的心态去学习新东西并完成。

美国当代杰出的管理学家柯林斯在畅销书《从优秀到卓越》中提出了一个明确的观点：优秀是卓越的大敌。

这句话十分耐人寻味。众所周知，从优秀往前面走一点，就到卓越了。应该说优秀是卓越的基础才对，为什么他偏偏会提出这样的观点来呢？

原来，职场上有不少这样的管理者，由于自己优秀就觉得自己了不起，不融入企业，越来越听不进别人意见、越来越不尊重领导和单位的规章制度，不是在混日子，就是在不停地"跳槽"，结果却是一番"空折腾"。因此，在迈步之前，先倒空你的"优秀"就显得尤为重要了。

有一个叫何维的人，他曾经在一家私企任人力资源部的经理。在成为人力资源经理之前，他工作非常卖命，并做出了突出的成绩。老板非常赏识他，工作的第二年就把他提拔为公司的人力资源部的经理。

坐上人力资源部经理的位子后，拿着丰厚的薪水，驾着公司配备的专车，住着公司购买的房子，他的生活品质得到了很大的提升。但他不满足于现在的工作环境，总认为公司发展很慢，于是跳槽到了现在这家大型合资企业。

到了这家企业以后，公司把何维安排在了人力资源部门担任一个小职员。何维心怀不满："凭什么我一个人事经理要屈居在你这里做一个小职员呢！凭我的能力，做一个经理还不是到手擒来。"面对工作任务，何维总是认为自己能力大，不屑于做"小事"。于是他在人力资源部待了半年，依旧没有什么特别的表现。

朋友曾善意地提醒他："应该踏实一点儿了，没有业绩是危险的。"没想到，何维竟然说："我是有能力的人，却在人力资源部门做个小职员，我早就不想干了。这家公司没发现我的能力，失去我是他们的损失！"

的确，老板确实没有发现何维有什么能力。因为他并没有在工作中展现自己的能力。而他的糟糕表现，最终让老板动了换人的念头。终于，在一个清晨，何维和往日一样优越感十足地迈着方步踱进办公室里，第一眼看到的却是一份辞退通知书。

从何维的例子中可以看出，优秀是一个变数。今天，你可能是一个很优秀的人，但如果环境变化了，你却不懂得用能力展现自己，不能将自己的能力发挥出来，明天，你的优秀就会不被认同，被一个又一个敢于倒空自己的"优秀"、融入企业的人超越。躺在过去的"优秀"上而不思进取，你将永远不再有"优秀"的机遇。

冰心说："冠冕，是暂时的光辉，是永久的束缚。"一个人只有摆脱了历史的束缚，才能不断地向前迈进。作为员工，我们要学会"自我革命"，只有从自身开始融入企业，不断地突破自我，才能够不断地成长。

学习"咖啡豆"精神，干部是折腾出来的

没有坚强的意志，领导就不可能在事业上获得成功，更不可能迎接各种力量对领导者本人及其所拥有权力的挑战。

——俞敏洪

优秀的人才是折腾出来的，这是世代相传的颠扑不破的真理，也是成为管理者的必经之路。这条路，尽管充满艰辛，但前途光明。在当今信息化社会里，每个人在职业生涯中要想迅速成长、百炼成钢，就必须成为一颗坚韧的咖啡豆，经历摔打的磨炼。

女孩总是不停地向父亲抱怨，生活太艰难了，总是一个问题刚刚解决，新的问题又出现了，烦琐的职场人际关系使她不知该如何应付。她已经厌倦了抗争和奋斗，想要自暴自弃了。

女孩的父亲是个厨师，听到女儿的抱怨，他什么也没说只是把她带到了厨房。他在三个壶里分别装满了水，然后放到炉上烧。很快，壶里的水被煮开了。他往第一个壶里放了些胡萝卜，往第二个壶里放了几个鸡蛋，在最后一个壶里放了些磨碎的咖啡豆，任由水不停地沸腾着。

女儿在一旁不耐烦地等着，对父亲的行为很不理解。20分钟后，父亲关掉了火炉，把胡萝卜捞出来，放到一个碗里。又把鸡蛋拣出来放进另一个碗里，接着把咖啡用勺子舀出来倒进一个杯子里，然后对女儿说，"亲爱的，你看到的是什么？"

"胡萝卜、鸡蛋和咖啡。"她答道。

父亲要她去摸胡萝卜，她摸了之后，注意到，它们变柔软了。然后，他又要她去拿一个鸡蛋并把它敲破，在把壳剥掉之后，她观察了这个煮熟的鸡蛋。最后，父亲要她饮一口咖啡。尝着芳香四溢的咖啡，她微笑起来。

"这是什么意思，父亲？"她谦逊地问道。

父亲解释说，同样的东西面临着同样的逆境——煮沸的水。但它们的反应却各不相同。胡萝卜本是硬的，坚固而且强度大，但受到煮沸的水的影响后，它变得柔软而脆弱。鸡蛋本来易碎，薄薄的外壳保护着内部的液体。但是在经历过煮沸的水以后，它的内部却变得坚硬。不过，最独特的却是磨碎的咖啡豆，当它们被放入煮沸的水之后，它们却改变了水。

"哪一个是你呢？"他问女儿。

我们也应该问问自己，当逆境找上你时，你该如何应对呢？你是胡萝卜、鸡蛋，还是咖啡豆？失败与磨难是工作的一种常态，面对困境是勇敢迎上，还是退避三舍，是决定一个人能否成长为骨干的重要因素。

一个人成长的过程中，不可能只有成功，他很可能经历过很多的失败或挫折才

磨难成就卓越

俗话说："玉不琢，不成器。"一个人只有经历种种磨炼才能够卓尔不群。卓越的人的一大优点是：在不利和艰难的境遇里百折不挠。

1. 平庸者被磨难压垮，卓越者越挫越勇

卓越者之所以卓越，一个重要原因就是他们不恐惧磨难，而是越挫越勇，因为他们明白，失败的是某件事情，而不是他这个人。

2. 磨难孕育着新的机遇

苦难孕育着新的机遇，卓越的人善于利用这些机会，勤于思考，就会获得一种新眼光。

3. 破茧成蝶才能成就卓越

人成长的过程恰似蝴蝶的破茧过程，在痛苦的挣扎中，意志得到磨炼，力量得到加强，心智得到提高，生命在痛苦中得到升华。

建立起成功的基础。史玉柱说，在巨人倒下时他看的全都是失败的书，看别人是怎么失败的，然后又是怎样在失败中一步步爬起来的。印度诗人泰戈尔说过："如果你因为失去了太阳而流泪，那么你也将失去群星。"失败并不可怕，关键是要从失败中总结，及时汲取经验。

杨元庆30岁时已经是联想微机事业部的总经理。他在联想最困难的时候临危受命，从整个联想挑选了18名业务骨干，组成销售队伍，以"低成本战略"使联想电脑跻身中国市场前三强，实现了连续数年的100%增长。

但与此同时，眼里揉不得沙子的杨元庆在天大的压力下也不肯妥协，让联想的老一代创业者不太舒服。他被一心提拔他的老板柳传志当着大家的面狠狠地骂了一顿。柳传志在骂哭杨元庆后的第二天给他写了一封信：只有把自己锻炼成火鸡那么大，小鸡才肯承认你比它大。当你真像鸵鸟那么大时，小鸡才会心服。

摔打、折腾其实就是对管理者最好的考验。正如柳传志的一句名言："折腾是检验人才的唯一标准。"在联想，作为接班人的杨元庆和郭为是被摔打折腾的典型代表。据说，他们是一年一个新岗位，摔打了十几年，不知换了多少次岗位，才成了"全才"。

失败往往是个人成长、企业创新的开始。微软公司就愿意聘用那些曾经犯过错误而又能吸取经验教训的人。微软的执行副总裁迈克尔·迈普斯说："我们寻找那些能够从错误中学会某些东西、主动适应的人。"在录用过程中，他们总是会问应聘者：你遇到的最大失败是什么？你从中学到了什么？

人只有经历过摔打，才能更好地答好人生成长这份答卷。

化抱怨为抱负，为自己的未来而努力奋斗

其实，哪一个人在人生的坎坷的路途上没有过颠簸？哪一个不在憧憬那神圣的自由的快乐的境界？不过人生的路途就是这个样子，抱怨没有用，逃避不可能，想飞也只是一个梦想。

——梁实秋

（曾任北京大学教授）

抱怨之所以不可取在于，抱怨等于往自己的鞋里倒水，只会使以后的路更难走。常言道，放下就是快乐。与其抱怨，不如将怨气转化为志气、化抱怨为抱负，用超然豁达的心态去面对一切，这样迎来的将是另一番新的景象。

抱怨对事情没有一点帮助，与其不停地抱怨，不如把力气用于行动。在职场上，也有许多人虽有远大的理想却因种种原因而无法实现，满腹的怨言无处倾诉，

如果能把怨气化为志气，努力奋斗，就能成就自己的事业。

肯德基的创始人哈兰·山德士，6岁丧父后，母亲出外工作，小小年纪的哈兰就要照顾3岁的弟弟，及尚在襁褓中的妹妹。他10岁到农场打工，赚取每月2美元的酬劳养家。他什么工作都做过：售卖车票、轮胎、保险，驾驶过蒸汽船。

哈兰经过10年的钻研，调配出一道独步单方——以11种香草和香料混合的腌料。后来，哈兰遂迁往加油站附近的餐厅开展他的饮食生意。为了配合旅客短促的逗留时间，率先采用能加快鸡块烹煮时间的压力锅，以最短的时间生产最大量的炸鸡。1935年，他被肯塔基州州长授衔上校，以表扬他对肯塔基州饮食界所做出的贡献。

第二次世界大战爆发令餐厅关门大吉。战争结束后，餐厅虽然重开，但一条横跨科尔宾的州际公路粉碎了哈兰东山再起的美梦。旅客都使用州际公路了，根本不会经过他的餐厅，生意一落千丈，哈兰不得不拍卖掉所有财产还债。

当时已62岁的他带着仅余的资产：一张炸鸡秘方、一个压力锅，驾着老爷车穿州过省从头干起。他逐间餐厅兜售自己的配方："尝尝我的炸鸡吧，要是你喜欢，我可以把调味料卖给你，条件只是你每卖出一块鸡，需要分我4美分。"放下自尊，顶着失败的创痛和年迈的身体，每天重复地说着同一番话，可不是每个人都能挨得住。终于，第一间被授权经营的肯德基餐厅在盐湖城成立了。至1964年，经哈兰游说成功的特许经营店已达600间，并遍及美、加，那年上校已经74岁。

肯德基上校面对事业的起落，并没有怨天尤人，而是努力重新开始，最终让肯德基名扬全球。

怨气并不能给你的工作以任何实质性的帮助或指导，在工作当中，怨气只能阻碍事业的发展，将怨气转化为志气，才能成为助推事业发展的动力。在面对坎坷的时候，要将自己的抱怨化为抱负，以重新来过的志气和勇气，一定能获得成功。

许多年前，史坦雷还是一位16岁年轻小伙子的时候，他在一家著名的五金公司当一名小店员，每个月领着极其微薄的薪水，他希望能通过自己脚踏实地的工作，使自己步步高升。所以他做起事来，永远抱着学习的态度，处处小心留意，想把工作做得十分完美。他希望能够获得经理的赏识，提升他为推销员，谁知他的经理对他的印象却恰好相反。

有一天，他被唤进经理室遭到了一顿训斥，经理告诉他说："老实说，你这种人根本不配做生意。但你的臂力健硕无比，我劝你还是到钢铁厂当一名工人去吧，那种活不需要大脑！我这里用不着你了。"

一个年轻气盛的人，踏入社会不久便遭受这样严重的打击，换了别人，谁也受不了。他们会气得暴跳如雷，从此做起任何事情来，都会抱着消极的态度。而史坦雷虽被辞退后，仍有他自己的理想。他要在被击倒后重新爬起来，争取更大的成绩。

"是的，经理。"他说，"你当然有权将我辞退，但你无法消磨我的意志。你说我无用，当然，你也有你的自由，但这并不减损我丝毫的能力。看着吧！迟早我要开一家公司，规模比你的大十倍。"

从此他借着这次受辱的激励，努力上进，几年后，果然有了惊人的成就。

唯有用实力才能证明自己的价值，抱怨别人、抱怨环境有什么作用？人人都有怨气，但并不是人人都能将怨气转化为志气。生活从来不简单，不要抱怨生活，要将抱怨化为抱负，要学习生存的智慧。

有一个10岁的小男孩，在一次车祸中失去了左臂，但是他很想学柔道。

最终，小男孩拜一位柔道大师做了师傅，开始学习柔道。他学得不错，可是练

○ 将抱怨化为抱负

抱怨并不能解决任何事情，反而会遭到其他人的厌烦。因此，遇到事情的时候，千万不要抱怨。

真是无聊，整天开会……

人的心理暗示作用十分明显，如果在工作中充满抱怨，就会失去对工作的兴趣，从而不能突破自己，最终碌碌无为。

如果面对工作和挫折，不是抱怨，而是尽全力拼搏，勇于面对，这样一定能获得成功。

抱怨并不能给我们带来成功，所以，与其自怨自艾，不如放手一搏，或许，成功就在不远处。

了3个月，师傅只教了他一招，小男孩有点不明白大师为什么要这样做。

他终于忍不住问师傅："我是不是应该再学学其他的招数？"

师傅回答说："不错，你的确只会一招，但你只需要会这一招就够了。"

小男孩仍旧不是很明白，但他很相信师傅，于是就继续照着师傅的教导练了下去。

几个月后，师傅第一次带小男孩去参加比赛。小男孩没有想到自己居然进入了决赛。

决赛的对手比小男孩要高大、强壮得多，也似乎更有经验。小男孩一度有点招架不住，裁判担心小男孩会受伤，就叫了暂停，还打算就此终止比赛，然而师傅不答应，坚持说："继续下去！"比赛重新开始后，对手放松了戒备，小男孩立刻使出他的那一招，制服了对手，由此赢得比赛，得了冠军。

回家的路上，小男孩和师傅一起回顾每场比赛的所有细节，小男孩鼓起勇气道出了心里的疑问："师傅，我怎么凭一招就能赢得冠军呢？"

师傅答道："有两个原因：第一，你基本掌握了柔道中最难的一招；第二，据我所知，对付这一招唯一的办法就是抓住你的左臂，可是你没有左臂。"

小男孩的成功在于把自己的劣势转化为了优势。职场上也是如此，遭遇不幸的时候，不要只是抱怨，主动在困境中寻找机遇，你也可以成功。

如果你对工作依然抱怨、消极和斤斤计较，把工作看成是苦役，那么，你对工作的热情和创造力就无法被最大限度地激发出来，你的工作将永远归于平庸。与其怨天尤人，不如立志实干，将自己的怨气转化为提升工作的动力，相信你一定会取得自己所期待的成功！

点燃激情，让自己发光发热

不管做任何事情都需要激情，因为只有激情才会让人变得积极主动。一个积极主动的人，总是很认真地去做每一件事情。

——俞敏洪

比尔·盖茨有这样一句名言："每天早晨醒来，一想到所从事的工作和所开发的技术将会给人类生活带来的巨大影响和变化，我就会无比兴奋和激动。"

这句话阐释了他对工作的激情，也是作为一名优秀的管理者应该具备的最重要的素质。在工作中，热情的表现就是：视热情如同生命，毫不保留，有多少力出多少力，要做就做最好的，哪怕是1%的小事也要用100%的热情投入其中。唯有如此，我们才有可能达到完美，才可能成为公司中不可或缺的人。

人一旦有热情就会受到鼓舞，鼓舞为热情提供能量，工作也因此充满乐趣。即使工作有些乏味，只要善于从中寻找意义和目的，热情也会应运而生。而且，当一个人对自己的工作充满干劲时，他便会全身心地投入到工作之中。这时候，他的自发性、创造性、专注精神就会体现出来。

在NeXT公司的时候，乔布斯对细节和完美的追求近乎疯狂。他在决定NeXT机箱外壳该使用何种黑色颜料时，不厌其烦地比对几十种不同的黑色颜料样本，又几乎对每一种都不满意。这把负责机箱制造的员工折腾得苦不堪言。

他还要求工程师把NeXT机箱内部的电路板设计得漂亮、吸引人。工程师不解地问："电路板只要清晰、容易维护就好了，为什么要吸引人呢？谁会去看机箱里的电路板呢？"

"我会。"乔布斯说。

事实证明，一个人能够在工作中创造出怎样的成绩，关键不在于这个人的能力是否卓越，也不在于外界的环境是否优越，关键在于他是否竭尽全力。一个人只要竭尽全力，即使他所从事的只是简单平凡的工作，即使外界条件并不有利，他仍然可以在工作中创造出骄人的成绩。

能力、责任等条件是作为优秀管理者所具备的，但是如果没有对工作的热情，这一切都将会黯然失色。作为管理者，对工作的热情是必不可少的，这样才能让自己的才能真正地发挥出来，才能让自己真正感受到工作所带来的快乐。

很多人工作没有做好，总是能给自己找到借口："我已经尽力了啊！"殊不知，做任何事情要想获得好的结果，就不能仅仅是尽力而为，而必须全力以赴，在每件小事上投入100%的热情。

弗兰克·帕特在做人寿保险推销工作之初，业绩平平。这时，卡耐基的一句话点醒了他，卡耐基说："弗兰克·帕特先生，你毫无生气的言谈怎么能使大家感兴趣呢？"于是，他决定以自己最大的激情来做推销员的工作。

有一天，弗兰克进了一个店铺，怀着极大的热情试图说服店铺的主人买保险。店主人大概从未遇到过如此热情的推销员，只见他挺直了身子，睁大眼睛，一直听弗兰克把话说完，而且最终没有拒绝弗兰克的推销，买了一份保险。从那天起，弗兰克的推销工作才真正开始。毫无生气的语言，足以使一个保险推销员业绩惨淡。每一件小事，都是能够影响我们工作成果的大事。一个对自己工作充满热情的人，无论在什么地方从事何种职业，他都会认为自己所从事的工作是世界上最神圣、最崇高的一项职业；无论工作的困难多大，或是质量要求多高，他都会一丝不苟、不急不躁地完成它。

如果我们在工作中无论做什么事都追求尽善尽美，不给自己留丝毫松懈的余地，那么无论我们做什么工作，身陷怎样的困境，处于怎样平凡的岗位，都能在最短时间获得成长和发展的机会。

现实中，许多人都会不可避免地遇到这样严酷的事实：即使不喜欢的工作，也必须长期、努力地干下去，因为很难改变什么。遇到这种境况，我们必须调节自己的心态，把它当作值得做的事去做，否则这份工作势必会成为我们的负担，长期下去将使心情压抑，甚至身心疲惫。但面对小事情时，我们也应该拿出百分百的精力，哪怕中间的过程很艰难，也要饱含激情，攻克一切困难。

管理者提升激情可以遵循以下几个步骤。

步骤一：从内心出发

迈出第一步总是最难的。坦承和接受这样的思想内心。我们必须先克服对感情和欲望的成见，并且肯定它们具有无比的威力。我们必须跨越自己所画的框框，如恐惧、怀疑、不安全感，放手拥抱我们的潜能。

步骤二：发掘激情

发掘激情，包括接触可以激发激情的事物，辨识伴随而来的感受。发掘是一种渐进的过程，可能找到已被遗忘的激情和发掘到新的激情，或确认目前已感受到却不了解的激情。在这个过程当中，你必须面对自己的弱点——自我怀疑、恐惧——找到让激情燃烧生命的勇气。

步骤三：澄清目的

一旦发现和确定自己的激情后，必须弄清楚发挥激情的目的所在，是追求名利、个人成长，还是丰富人生、追求世界和谐，你所界定的目的，将决定你追求激情的方式，也将提供执行激情计划的理由。

步骤四：确定行动

在确定目的后，须拟定行动计划，确定采取哪些行动来实现目的。有人或许会认为，激情是一股不受限制、自然发生的力量，似乎不可能跟着计划走。的确，激情的威力强大无比，但为了让它生生不息，需要赋予它一个结构，借着激情的扩大，可增强激情的威力。

行动计划，事实上也必须涵盖生活或事业的不同层面。这不是让你按部就班地执行一连串的步骤，而是兼顾许多不同领域的一张蓝图。

步骤五：热心推动

一旦计划拟定，下一个步骤就是执行，这个步骤让你的激情开始接受考验。发现、确认激情，并拟好计划后，除非你能将激情融入生活，否则一切都徒劳无功。

一旦你投入激情去执行计划，你看到的将是机会、可能性，而不是障碍、限制，你将亲眼看见激情的威力，并了解什么是推动成功和改变的一股重要力量，你会开始创造自我的成功模式。简单地说，你会成为激情者。

步骤六：传播愉悦

一旦激情成为生命的主宰力量，你会有很大的改变，连别人也会感受到。沃尔玛创始人山姆·沃尔顿坚信："如果你热爱工作，你每天都力求完美，你周围的每一个人也会从你这里感染这种热情。"在他的一生中，一直被一种追求卓越的念头所驱使，几十年如一日，每天起床就有一大堆事情干，他在对工作的热爱中找到了一条使生命一直激越和更加充实的阳光大道。

步骤七：持续追求激情

不管你多么富有激情，执行计划时仍会面临阻碍和挑战。当你面临这些困境时，就回到改变的源头——激情，它会提供你实现目标所需的精力和激励。